D1700089

NICHT NUR SIEG UND NIEDERLAGE

OBERRHEINISCHE STUDIEN

Herausgegeben von der
Arbeitsgemeinschaft für geschichtliche
Landeskunde am Oberrhein e.V.

Band 28

Jan Thorbecke Verlag

NICHT NUR SIEG UND NIEDERLAGE

SPORT IM DEUTSCHEN SÜDWESTEN IM 19. UND 20. JAHRHUNDERT

Herausgegeben von
Martin Furtwängler, Christiane Pfanz-Sponagel
und Martin Ehlers

Jan Thorbecke Verlag

Mit freundlicher Unterstützung
des Instituts für Sportgeschichte in Baden-Württemberg e.V.

Für die Schwabenverlag AG ist Nachhaltigkeit ein wichtiger Maßstab ihres Handelns. Wir achten daher auf den Einsatz umweltschonender Ressourcen und Materialien. Dieses Buch wurde auf FSC®-zertifiziertem Papier gedruckt. FSC (Forest Stewardship Council®) ist eine nicht staatliche, gemeinnützige Organisation, die sich für eine ökologische und sozial verantwortliche Nutzung der Wälder unserer Erde einsetzt.

Bibliografische Information der Deutschen Nationalbibliothek
Die Deutsche Nationalbibliothek verzeichnet diese Publikation in der Deutschen Nationalbibliografie; detaillierte bibliografische Daten sind im Internet über http://dnb.d-nb.de abrufbar.

© 2011 by Jan Thorbecke Verlag der Schwabenverlag AG, Ostfildern
www.thorbecke.de · info@thorbecke.de

Dieses Buch ist aus alterungsbeständigem Papier nach Din-ISO 9706 hergestellt.
Druck: Memminger MedienCentrum, Memmingen
Hergestellt in Deutschland
ISBN 978-3-7995-7828-8

Inhalt

Einführung

In der Geschichtswissenschaft spielt die Untersuchung gesellschaftlicher Phänomene eine wichtige Rolle. Im 19. und vor allem im 20. Jahrhundert hat sich der Sport weltweit zu einem solchen, in starkem Maße das Leben von Gesellschaften mitprägenden Phänomen entwickelt. Dabei wurde der Sport nicht nur ein Faktor der Freizeitgestaltung vieler Menschen, sondern eröffnete auch einen Raum für soziale Beziehungen, und avancierte sogar zu einem gesellschaftlichen Bindeglied mit integrativen Fähigkeiten. Letztlich besaß der Sport weltweit zu keiner Zeit einen derart hohen Stellenwert für die Menschen wie heute. Selbst in seiner ersten Blütezeit in der Antike blieb das Phänomen Sport auf Griechenland und seine dem agonalen Prinzip verhaftete Kultur begrenzt. Diese große Bedeutung hatte bald Konsequenzen: Der Sport ist seit dem ersten Drittel des 20. Jahrhunderts wie nie zuvor ein Faktor der Politik wie der Wirtschaft. Dies gilt insbesondere für den Leistungssport. Erfolge bei internationalen Wettkämpfen vermitteln nationales Prestige; die Ausrichtung von Großveranstaltungen wie Olympischen Spielen oder Fußballweltmeisterschaften bieten die Möglichkeit nationaler bzw. staatlicher Selbstdarstellung auf einer internationalen Bühne. Sowohl für die Sportler selbst wie auch für die Industrie ist die Sportkultur ein Wirtschaftsfaktor von der Bekleidungsindustrie bis hin zu Tourismus und Werbewirtschaft

Die Erforschung der Geschichte des Sports mit all seinen gesellschaftlichen und politischen Implikationen steckt jedoch immer noch in den Kinderschuhen. Vorangetrieben wurde sie bislang von den sportwissenschaftlichen Instituten der Universitäten. In der traditionellen Geschichtswissenschaft ist der Sport aber immer noch eher ein Randthema, wenngleich Ansätze zu einer stärkeren Hinwendung der Forschung zu diesem Komplex erkennbar sind. Im Bereich der Landesgeschichte hingegen ist Sportgeschichte im Allgemeinen kaum existent. Hier ist der Themenkomplex »Sport« in der Regel nicht institutionell verankert und seine Berücksichtigung ist deshalb meist nur dem persönlichen Interesse einzelner Forscher zu verdanken. Diese Zurückhaltung in der Behandlung sportgeschichtlicher Themen galt bislang auch für die Arbeitsgemeinschaft für geschichtliche Landeskunde am Oberrhein. Mit ihrer Tagung zur Geschichte des Sports im deutschen Südwesten, die vom 5. bis 7. November 2009 in Baden-Baden stattfand und deren Ergebnisse in diesem Band der Oberrheinischen Studien vorgestellt werden, betrat auch diese für sich wissenschaftliches Neuland. Andererseits sind in der südwestdeutschen Landesgeschichte in jüngster Zeit aber durchaus Ansätze für ein zunehmendes Interesse am Thema »Sport« zu erkennen. Beispielsweise wurde der Jahresband 2009 der »Ortenau« zu einem Großteil der Geschichte des regionalen Sports gewidmet,[1] das Stadtarchiv Karlsruhe wiederum brachte 2006 einen Band zur Geschichte des Sports in der ehemali-

---

1   Die Ortenau. Zeitschrift des Historischen Vereins für Mittelbaden 2009.

gen badischen Residenz heraus.[2] Diese Liste ließe sich noch fortsetzen. Darüber hinaus aber ist in Baden-Württemberg die Sportgeschichte auch institutionell verankert, im Gegensatz zu den meisten anderen Bundesländern. Mit dem Institut für Sportgeschichte Baden-Württemberg e.V. existiert hier eine Einrichtung, die vom Ministerium für Kultus, Jugend und Sport Baden-Württemberg und von den Sportorganisationen des Landes Baden-Württemberg getragen wird und die die Geschichte der Leibesübungen und des Sports in Baden-Württemberg erforscht und dokumentiert.

Bei der Planung der Tagung zur Sportgeschichte lag es für die Arbeitsgemeinschaft für geschichtliche Landeskunde am Oberrhein daher nahe, eine Partnerschaft mit dem Institut, vertreten durch Martin Ehlers, einzugehen, die sich auch als sehr fruchtbar erwies. Zudem konnte die Stadt Baden-Baden als Gastgeberin der Tagung gewonnen werden, in deren vorzüglichem Engagement nicht zuletzt deren intensive Verbindung mit dem Sport einmal mehr deutlich zum Ausdruck kam. Schließlich ist Baden-Baden unter den Städten Baden-Württembergs sicherlich am längsten dem Sport verbunden. Als Sommerhauptstadt Europas beherbergte man im 19. Jahrhundert an der Oos u.a. viele wohlhabende Personen aus England, die den Gedanken des modernen Sport mitbrachten: Nicht umsonst prägten neben Bergsteigen typische englische Sportarten wie Pferderennen und Tennis die frühe Sportgeschichte der Stadt. Im vorliegenden Band kommt diese Beziehung Baden-Badens zum Sport in den zwei Beiträgen zur Sprache.[3]

Den Facettenreichtum des Sports mit seinen gesellschaftlichen Ausprägungen und Bezugspunkten konnte die Tagung und damit auch der vorliegende Band naturgemäß nicht vollständig abbilden, auch nicht bei der räumlichen Beschränkung auf den deutschen Südwesten. Daher soll der Band vor allem Schlaglichter auf die Geschichte des Sports in diesem Teil Deutschlands werfen, die zu weiteren Forschungen anregen. Ganz bewusst wurde deshalb versucht, möglichst viele Aspekte des Phänomens »Sport« zu integrieren: Die Spanne reicht vom Sportstättenbau, dem Verhältnis von Sport und Tourismus bis hin zu politischen Implikationen des Sports etwa beim Arbeitersport oder bei der Verfolgung und Benachteiligung jüdischer Sportler in der Zeit des Nationalsozialismus. Darüber hinaus wird das Verhältnis von Sport und kommunaler Politik in mehreren Beiträgen näher beleuchtet wird. Gefragt wird in verschiedenen Beiträgen auch nach dem Verhältnis gesellschaftlicher Gruppen zum Sport, wie etwa in dem Beitrag über die in Iffezheim bei Baden-Baden seit über 150 Jahren stattfindenden Pferderennen. Einige Themen weisen dabei aber auch deutlich über die Region hinaus, wie etwa das Thema Doping, Sport und Staat. Eine Verortung im rein regionalen Bezugsrahmen erschien hier aufgrund der Internationalität des Phänomens wenig hilfreich.

Insgesamt bleibt der Band dem Motto der Tagung in Baden-Baden verpflichtet, dass Sport eben mehr ist als die Summe der Wettkämpfe, mehr als die Feststellung von Sieg und Niederlage.

Karlsruhe, im Dezember 2010   Martin Furtwängler

---

2   E. O. BRÄUNCHE/V. STECK (Hgg.), Sport in Karlsruhe. Von den Anfängen bis heute, Karlsruhe 2006.
3   Vgl. die Beiträge von K. STOBER und M. FURTWÄNGLER.

Historische Sportstätten und Stadtentwicklung in Baden und Württemberg

VON KARIN STOBER

Architektur für ein Massenphänomen

Historische Sportstätten und Stadtentwicklung: Das Thema setzt da an, wo die Sport-stätte großflächig und großräumig eine Verbindung mit dem Stadtraum einerseits und dem Naturraum anderseits eingeht, wo der Stadtraum durch die Sportstätte in den Natur-raum hinübergeleitet wird. Wir sind mit unserem Thema also nicht in der Anfangszeit der Turnbewegung, sondern da, wo – anders als das Turnen – der Sport Gebäude und Freiflä-chen in Dimensionen beanspruchte, die bereits dem Phänomen der Massenbewegung Rechnung trugen. Wie unterschiedlich in baulicher und städteplanerischer Hinsicht mit dem Massenphänomen Sport umgegangen wurde, werde ich am Beispiel der Kurstadt Baden-Baden und der beiden Residenzstädte Stuttgart und Karlsruhe skizzieren.

Turnen gilt als typisch deutsche Form der Leibesübungen, Sport als typisch englische.[1] Turnen hat mit systematischer, disziplinierter Körperschulung, mit Ästhetik und Ord-nung zu tun. Im Sport hingegen kann es wenig zweckorientiert, spontan, wild und unge-stüm, aber auch spielerisch, laut, schmutzig, bisweilen sogar blutig und meist sehr kampf-betont zugehen. Konzentriert zur Schau gestellter, in eine exakte Form gebrachter, meist an einem Gerät ausgeübter Bewegungsablauf ist Sache des Turnens, das Mannschaftsspiel und der Wettkampf sind eher dem Sport zuzuordnen.

Im 19. Jahrhundert traf sich der englische Adel mit besonderer Vorliebe in den Kurbä-dern auf dem europäischen Kontinent. Mit ihm hielten Lawn-Tennis und Golf als vor-nehme Disziplinen des englischen Sports Einzug und übten auf das deutsche Bürgertum einen unwiderstehlichen Reiz aus.[2] Darüber hinaus war der Sport seiner spielerischen Komponente wegen auf Plätzen im Freien gegenüber dem erstarrten und antiquiert er-scheinenden Turnen gerade für Jugendliche besonders attraktiv, und durch seine vielfälti-gen Ausdrucksformen verhalf er auch dem weiblichen Geschlecht auf dem Gebiet der Leibesübungen zur Emanzipation. Sport machte Spaß, verschaffte Erfolg und hob das gesellschaftliche Ansehen. Nicht zuletzt trug die olympische Bewegung erheblich dazu

---

1   M. KRÜGER, Von Klimmzügen, Aufschwüngen und Riesenwellen. 150 Jahre Gymnastik, Tur-nen, Spiel und Sport in Württemberg, Tübingen 1998, S. 92.
2   O. GRUPE/M. KRÜGER, Einführung in die Sportpädagogik. Sport und Unterricht Bd. 6, Schorn-dorf 1997, S. 109f.

bei, mit ihrer Idee von Uneigennützigkeit, Demokratie, Friedenserziehung und Völkerverständigung der modernen Welt des 20. Jahrhunderts international verbindende Leitbilder zu vermitteln. Mit der Devise »schneller, höher, stärker« trafen die Spiele den Nerv der Zeit, korrespondierte dies doch mit dem Wesen der bürgerlichen Leistungsgesellschaft, die auf dem Prinzip der Konkurrenz beruhte. Der Sport erfuhr während der Weimarer Republik einen fulminanten Aufschwung.

Turnen besaß eine große Breitenwirkung – der Sport ist ein Massenphänomen. Wie kaum ein anderes gesellschaftliches Ereignis – weder der Politik noch der Kunst – sind Sportveranstaltungen dazu in der Lage, Menschenmassen zu mobilisieren und zu emotionalisieren. Dazu bedarf es der Medien. Der Sport und die Medien sind auf Engste miteinender verflochten.[3] Zum Sport gehören nicht nur die Sportler. Es gibt die Gruppe derer, die den Sport finanzieren, die Förderer und Sponsoren, es gibt andere, die am Sport verdienen, und es gibt die Sportberichterstatter. Die zahlenmäßig größte Gruppe der Sportbegeisterten stellt aber das Publikum dar. Für sie, die Fans und Zuschauer, wurden die großen Hallen und Stadien errichtet, in denen sie sich zu Tausenden und Zehntausenden zusammenfinden können, um einem sportlichen Ereignis unmittelbar beizuwohnen. Folglich legte der Sportstättenbau erheblich an Volumen zu, griff weit aus in das bebaute und unbebaute Umfeld und brachte neue Konstruktionstypen im Hallen-, Tribünenbau sowie in den Stadionanlagen hervor.

Neue Konzeptionen für den Sportstättenbau im 20. Jahrhundert

Wir beginnen an der Wende vom 19. zum 20. Jahrhundert in den beiden Residenzstädten Stuttgart und Karlsruhe. Sport passte in den Zeitgeist der Jahrhundertwende, in eine Zeit des Auf- und Ausbruchs aus gesellschaftlichen Konventionen, Moral, Kleiderordnung, sozialen Zwängen und überfüllten Stadträumen. Das »Zurück-zur-Natur« erlebte eine Renaissance mit betont sportlicher Note und erfasste sämtliche sozialen Schichten. Sport wurde ein Teil der Volksgesundheitspflege.

Für den Sportstättenbau brachte die Rezeption der Sportidee auf breiter Ebene die entscheidende Wende. Der Vorkämpfer der Entwicklung des Sports in Deutschland war Carl Diem.[4] Für jede Kommune forderte er eine Übungsstätte, bestehend aus Fußballfeld, Laufbahn und Leichtathletikeinrichtungen. Für den Ausbau eines »Normalsportplatzes« hatte er Richtlinien entwickelt, den Übungsstättenbau hob er auf das Niveau von Wissenschaft und Kunst. Der Sportstättenbau wurde – anders als noch bei den Turnhallen – aus den geschlossenen Strukturen der Städte und Gemeinden hinaus an die Stadtränder verlegt und ging eine neue Verbindung mit der Natur ein. Übungsplätze, Gebäude und Badeanstalten wurden in parkähnliches Gelände gebettet, so dass sie gerade für die städtische Bevölkerung erheblich an Erholungs- und Freizeitwert dazu gewannen. Hierfür freilich musste auch die verkehrstechnische Infrastruktur ausgebaut werden, denn die neuen Anlagen im Grünen sollten auch bequem zu erreichen sein.

---

3   F.-J. VERSPOHL, Stadionbauten von der Antike bis zur Gegenwart. Regie und Selbsterfahrung
    der Massen. Gießen 1976, S. 154.
4   VERSPOHL (wie Anm. 3), S. 169.

Die Aufgabe, für den Sport einen gebauten Rahmen zu schaffen, stellte die Architekten vor grundsätzlich neue Aufgaben. Die Vielfalt sportlicher Wettkämpfe, die enormen Zuschauermengen und die neuen Dimensionen der erforderlichen Infrastruktur bei sportlichen Großveranstaltungen brachten als neuen Bautyp das Stadion und die Sporthalle hervor. Der Eisenbeton als neues Baumaterial ließ seit Beginn des 20. Jahrhunderts bislang nicht gekannte Spannweiten und Raumdimensionen zu, und der radikale Bruch mit den traditionellen Bauformen erlaubte kühne Konstruktionen in Skelettbauweise, die den Bauwerken ein bisweilen phantastisches Erscheinungsbild verliehen. Mittels der neuen Stahlseilkonstruktionsweisen konnten stützenfreie Dachkonstruktionen und Hallendimensionierungen von bislang nicht da gewesener Größe erstellt werden. Für die Bewältigung des Stadionbaus griffen die Architekten ganz bewusst auf die beiden Grundtypen der 2000 Jahre zuvor gebauten Vorbilder aus der Antike zurück:[5] Die Erdschüttungsanlage nach dem Vorbild des Stadions im antiken Olympia einerseits, die sich geschickt der Geländetopographie anpasst, und der Hochbau über ovalem Grundriss andererseits, der alle Zuschauer möglichst nah ans sportliche Geschehen heranrückt. Beispielhaft hierfür stand als Vorbild das Colosseum in Rom. Dem Tribünenbau kommt im horizontalen Liniengefüge des Stadionovals eine besondere Rolle zu: Er wurde zur Krone der sportlichen Architekturschöpfung.

Für die modernen Sporthallen und Stadien gilt gleichermaßen: Die Ansprüche an die ästhetische Gesamterscheinung wurden enorm nach oben geschraubt, bis die Architektur in der Lage war, dem nunmehr kultartig überhöhten Sportideal eine angemessene Rahmung zu verleihen. Als moderne, anspruchsvolle, zukunftsweisende Bauaufgabe hat das Stilwollen des Expressionismus den zeitgenössischen Sporthallenbau geprägt.

Baden-Baden und die Anfänge des modernen Gesellschaftssports

Der Nucleus des Sports sozusagen und die Anfänge des modernen Gesellschaftssports liegen auf dem europäischen Kontinent in der kleinen Stadt am Rand des Schwarzwalds. Nach dem Rastatter Kongress von 1798/99, dem wichtigsten politischen Ereignis für die zukünftige Neuordnung Europas durch Napoleon, erlebte die idyllisch in das Tal der Oos eingebettete Kurstadt Baden-Baden einen fulminanten Aufschwung. Bald schon sah sich die kleine badische Provinzstadt mit der Benennung »Sommerhauptstadt Europas« an die Seite der großen Machtzentren Paris, Wien, St. Petersburg und London gerückt. Baden-Baden wurde zum Treffpunkt des Erholung und Abwechslung suchenden Hochadels aus ganz Europa. Gemeinsam mit der vornehmen Gesellschaft hielt hier der Dernier-Cri Einzug, die allerneuesten Erscheinungen in Mode, Elegance, Kultur, Komfort und Klatsch.

Im 19. Jahrhundert kam der »letzte Schrei« nicht mehr aus Frankreich, sondern aus England. Die aus England angereiste Elite brachte in ihrem Handgepäck den modernen Sport mit nach Baden-Baden, und das schon zu einer Zeit, als die Turnbewegung selbst noch in den Kinderschuhen steckte. Im zeitlichen Vergleich: 1811 wurde Jahns Turnplatz in Berlin, die Hasenheide, eröffnet, 1816/17 erhielt das Königreich Württemberg seine

---

5   L. Schoenfelder, Antike und moderne Theater und Kampfstätten, in: Das Schulhaus Nr. 16, 1914, S. 285–292; O. E. Schweizer, Sportbauten und Bäder, Berlin/Leipzig 1938.

erste Turnhalle in Hirsau. Bereits 1804 wurde in der Kurstadt am Rand des Schwarzwaldes damit begonnen, konsequent den Ausbau eines Wegenetzes zu den Sehenswürdigkeiten und Aussichtspunkten rund um die Stadt voranzutreiben.[6] Für Wanderungen zu Fuß waren diese Chaisenwege zunächst weniger gedacht. Sie dienten vielmehr dem kommoden Transport der hochgestellten Badegäste in der landschaftlich reizvollen Umgebung. Sie waren mit bewusst malerisch gestalteten Halteplätzen ausgestattet, so dass es nicht lange ging, bis die Freunde ausgedehnter Fußmärsche diese Wege für ihre Bedürfnisse vereinnahmt hatten. 1814 wurde auf Wunsch der Großherzogin Stephanie das Geroldsauer Tal bis hin zu den Wasserfällen mit einem Fußweg erschlossen. Das Netz der Wanderwege um Baden-Baden breitete sich immer weiter in die bis dahin touristisch noch nicht erschlossene Schwarzwaldlandschaft hinein aus. 1894 wurde in Baden-Baden der Schwarzwaldverein gegründet, der sich bis heute um die einschlägigen Wanderkarten und Höhenwege des Schwarzwalds kümmert. Fast gleichzeitig machten sich die Anhänger einer weiteren Sportart, des Kletterns, den Naturraum der Kurstadt zunutze. Oberhalb der Stadt in der Felsenlandschaft des Battert fanden sie Übungsmöglichkeiten, wie sie in dieser Vielfalt nur selten außerhalb alpiner Klettergärten anzutreffen sind.

Die bedeutendste Bewegungs- und Begegnungsanlage der Kurstadt war die Promenade in parkähnlicher Landschaft, die entlang der Oos zum drei Kilometer entfernten Kloster Lichtenthal führt (siehe Stober Abb. 1; Farbabbildung nach S. 16). Diese, die Lichtenthaler Allee, wurde zu Beginn des 19. Jahrhunderts angelegt und galt als die schönste Promenade Europas. 1821 wurde hier auf halben Weg nach Lichtenthal an der Oos die erste Flussbadeanstalt Baden-Badens ausgebaut.[7] Nach und nach reihte sich entlang der Lichtenthaler Allee eine Übungsstätte an die andere, so dass hier sozusagen die erste weitläufige Sportanlage im deutschen Südwesten entstand. Für die promenierenden Spaziergänger und Flaneure bot der Anblick der Sport treibenden Kurgäste eine willkommene Abwechslung. 1882 verlegte der Lawn-Tennis-Club seinen Spielplatz an die Lichtenthaler Allee (siehe Stober Abb. 2; Farbabbildung nach S. 16). 1881 war der Club von der Englischen Kirche und ihrem Pfarrer, Reverend White, als erster Lawn-Tennis-Club Deutschlands in Baden-Baden gegründet worden. Seine Mitgliederliste wies fast ausschließlich Namen aus dem europäischen Hochadel auf.[8] Der Platz des Lawn-Tennis-Clubs wurde zum gesellschaftlichen Treffpunkt. Die Zuschauer stellten sich in immer größerer Zahl und Regelmäßigkeit ein, so dass 1891 die Idee aufkam, die Platzanlage durch einen Pavillon mit Veranda und einen Restaurationsbetrieb zu erweitern. Baden-Baden besaß nun, wie es hieß, den »schönsten und komfortabelsten Lawn-Tennis-Platz der Welt«,[9] und 1896 wurde hier das bis dahin größte Tennisturnier Deutschlands ausgetragen.

Gleich neben der Lawn-Tennis-Anlage lag die Fest- und Spielwiese der Kurverwaltung, die im Winter gewässert und als Eisbahn benutzt wurde. Eine bemerkenswerte

---

6   L. Brandstetter, Wege und Hütten im Wald für Adel und Badegäste anfangs des 19. Jahrhunderts, in: Aquae 93, 1993, S. 49–55.
7   GLAK 195/1095.
8   R.G. Haebler, Geschichte der Stadt und des Kurortes Baden-Baden, Baden-Baden 1969, S. 149.
9   J. Loeser, Geschichte der Stadt Baden-Baden von den ältesten Zeiten bis in die Gegenwart, Baden-Baden 1891, S. 406.

Einrichtung befand sich auf dem 1861 vom russischem Fürsten Menschikoff erworbenen Landsitz an der Lichtenthaler Allee: Der Fürst hatte sich eine Trabrennbahn anlegen lassen.

Die Englische Kirche und ihr sportbegeisterter Reverend verhalfen noch zwei weiteren Sportarten in Baden-Baden zum Durchbruch, dem Golfspiel und dem Fußball.[10] Auch Golf und Fußball wurden zunächst auf einem Rasen an der Lichtenthaler Allee gespielt. Bald schon stellten sich jedoch Beschwerden der promenierenden Kurgäste ein, die sich von den anfliegenden Bällen bedroht sahen. Der Fußballplatz wurde daraufhin in den so genannten Ooswinkel und der Golfplatz auf ein Gelände im Westen der Stadt beim Bahnhof Oos verlegt. 1901 wurde der Baden-Badener Golf-Club gegründet, dessen Leitung 1905 Willy Roosevelt, ein Neffe des amerikanischen Präsidenten, übernahm.[11] Die Eröffnung der Anlage geriet zum spektakulären Ereignis, dem die Elite der Baden-Badener internationalen Gesellschaft beiwohnte. 1911 wurde hier das erste offene deutsche Meisterschafts-Golf-Turnier ausgetragen. Noch heute gilt die Anlage des Baden-Badener Golf-Clubs als eine der landschaftlich schönsten der ganzen Welt.

1858 begann die Tradition der Baden-Badener Pferdewettrennen. Die Pferderennbahn wurde im neun Kilometer entfernten, in der weiten Ebene des Oberrheintals gelegenen Iffezheim angelegt, denn für den notwendigen Platzbedarf bot das dicht bebaute, von Bergen umsäumte Oostal auf der Höhe der Bäderstadt zu wenig Raum. Die Initiative zur Errichtung der Rennbahn ging vom Baden-Badener Spielbankpächter Edouard Bénazet aus. Ein ganzer Fuhrpark an Chaisen und Kutschen stellte die Verbindung von der Stadt aus zur Rennbahn her. Mit der Eröffnung der Iffezheimer Bahn begann Baden-Badens größte Glanzzeit. Die Bahn selber besaß eine im Oval laufende Länge von drei Kilometern. An ihrer Westseite standen drei elegante, in Holzbauweise aufgeführte Gebäude; sie öffneten sich zur Bahn hin mit Terrassen und Tribünen. Ein kleiner Pavillon war ausschließlich dem fürstlichen Besuch vorbehalten, ein zweiter der Rennkommission, den »Sportsmen«, den Rennbeamten sowie den Presseberichterstattern. Das dritte und größte Gebäude nahm die große Zuschauertribüne auf. Unterhalb der Tribüne war ein Restaurationsbetrieb eingerichtet. Die Baden-Badener Rennwoche wurde Ende August/Anfang September veranstaltet und dauerte vier Tage. Während dieser Zeit war die Rennbahn zugleich Festplatz und Schaubühne der europäischen Elite und Noblesse.[12]

Und so stellte sich Baden-Baden seinen Bewohnern und Gästen am Ende des 19. Jahrhunderts dar: Die mittelalterliche Stadt unterhalb des neuen Schlosses war zur Talseite nach Süden hin begrenzt durch den Bäderbezirk mit seinen opulenten fürstlichen Badeanstalten. An diesen schloss sich die Stadterweiterung der Zeit um 1800 an, die wiederum unmittelbar in den mondänen Bereich entlang der Oos überleitete, mit Kurhaus, Trinkhalle, Theater, Konzertmuschel, Boutiquen, vornehmen Hotels, repräsentativen Villen und dem grünen Band der Parklandschaft mit den Sportplätzen. Weiter nach Westen Richtung Rheinebene hinaus waren die weitläufigen Sportanlagen gezogen, der Golfplatz, der Fußplatz und die Trabrennbahn, und schließlich war die ganze Stadt umgeben vom

---

10 HAEBLER (wie Anm. 8), S. 150.
11 Golf Club Baden-Baden (Hg.), 100 Jahre Golf Club Baden-Baden, Baden-Baden 2001, S. 13.
12 P. MARTIN, Salon Europas. Baden-Baden im 19. Jahrhundert, Konstanz 1983, S. 91–93.

Geflecht der Wanderwege, die Aussichtspunkte und Sehenswürdigkeiten miteinander verbanden und übergangslos die Verbindung von Stadt- und Naturraum herstellten.

Hinter dem systematisch und bevorzugt beförderten Ausbau der Sportplätze und Freizeitanlagen zur weitläufigen Sportanlage, zum Sportpark möchte man sagen, der sich um den Stadtraum legte und diesen in die Schwarzwaldlandschaft hinübergeleitete, steckte System und auch eine treibende Kraft. Diese lag beim Gemeinnützigen Verein, dem Vorläufer der Kurverwaltung, und im Vorstand des Vereins befand sich über viele Jahre hinweg der Spielbankpächter Edouard Bénazet. Es ging darum, das in hohem Maß finanzkräftige Publikum in Baden-Baden über einen möglichst langen Zeitraum zu binden. Stadt und Umland mussten deshalb ein den Neigungen der Klientel und den Moden der Zeit entsprechendes, vielseitiges und interessantes Angebot an Divertissements bereitstellen. In Baden-Baden setzte man in erster Linie auf das Glückspiel – und auch auf den Sport. Die Rechnung ging über ein Jahrhundert lang auf.

Nachspiel: Ein Denkmal für Pierre de Coubertin

Mit dem Ausbruch des Ersten Weltkriegs änderten sich europaweit die gesellschaftlichen und politischen Strukturen. Auch wenn in Iffezheim noch heute die Rennwochen ausgetragen werden, hatte Baden-Baden als »Salon Europas« und Treffpunkt der Zerstreuung suchenden Eliten 1918 nahezu ausgedient. Eines schwachen Widerscheins der einstigen Glanzzeit der Bäderstadt konnte man noch einmal 1938, am Vorabend des Zweiten Weltkriegs, gewahr werden. Vom 19. bis zum 25. Juli wurde hier die Zweite deutsch-französische Kulturtagung abgehalten.[13] Die Anwesenden, allesamt hochkarätige Vertreter aus Politik, Kultur und Sport, gaben sich bei dem Anlass redlich Mühe, am Verhältnis der beiden Nationen zueinander zu retten, was noch zu retten war. Es wirkt schon fast wie die Beschwörung einer übergeordneten Macht, die zur Friedensstiftung angerufen wird, dass bei diesem Anlass ein Denkmal für Pierre de Coubertin eingeweiht wurde. Die Weiherede anlässlich der Aufstellung des Denkmals hielt Carl Diem. Optimistisch wurde der insgesamt versöhnliche Festakt als deutsch-französische Annäherung gewürdigt. Das Denkmal, eine Porträtbüste auf hohem Sockel von Bildhauer Wilhelm Gutwillinger, kam in der Gönneranlage zur Aufstellung. Seither hat der Standort mehrfach gewechselt (siehe Stober Abb. 3; Farbabbildung nach S. 16). Als 1981 der IOC-Kongress in Baden-Baden abgehalten wurde, erhielt es auf Anregung des IOC-Vizepräsidenten Daume auf der Rasenfläche diesseits der Oosbrücke, die zur Kunsthalle führt, seinen heutigen Standort.

Sportstättenbau und Stadtentwicklung in Stuttgart und Karlsruhe

Um es gleich vorneweg zu sagen: Im Badischen wurde nach der Jahrhundertwende der Ausbau von Sportanlagen offenbar systematischer betrieben als in Württemberg. Groß angelegte Projekte in Karlsruhe und Freiburg zeugen von einer gezielt betriebenen Sport-

---

13   R. ROESSLER, Das Coubertin-Denkmal und der Deutsch-Französische Kongreß, in: Aquae 97, 1997, S. 53–60.

förderung, wie sie in Württemberg wohl nicht auf den Weg gebracht wurde. Hier verlor man sich mehr in der zögerlichen Förderung kleinerer Anlagen, zu deren Ausbau immer auch die Vereine die Initiative ergriffen hatten. Während die Residenz Stuttgart mit großartigen Einzelbauwerken glänzt, wurde in Karlsruhe der Sport konsequent im Gesamtplan der Stadt verankert. Aber davon später.

Zunächst soll der Blick auf Stuttgart gerichtet werden. Anspruchsvolle Bauwerke des Turnens und des Sports sprossen hier als Einzelbauwerke in außergewöhnlicher Dichte und Vielfalt aus dem Boden, Architekten mit prominenten Namen wurden verpflichtet. Einige Beispiele möchte ich kurz vorstellen:

Schon die 1902 neu errichtete Turnlehrerbildungsanstalt am Hoppenlaufriedhof zeigte eine bis dahin für den Turnhallenbau ungewöhnlich repräsentative Architektur.[14] Die neubarocken Formen der Fassade bildeten das Corps de Logis einer Schlossanlage des 18. Jahrhunderts nach und legten Zeugnis davon ab, dass der Bauherr, der württembergische König, hier wieder erkannt werden wollte. 1944 fiel sie dem Bombenangriff zum Opfer.

Besonders der Bau von Schulturnhallen wurde in Stuttgart nach der Jahrhundertwende im großen Stil vorangetrieben. Der Schulbau wandelte sich zur in hohem Maß anspruchsvollen Bauaufgabe, die dem Selbstverständnis des Herrschers als erstem Diener des Volkes Rechnung trug, und fast alle Schulgebäude waren mit einer Turnhalle ausgestattet. Eine ganze Reihe von Schulgebäuden ist mit berühmten Architektennamen verbunden. Theodor Fischer, einer der bedeutendsten und einflussreichsten Architekten vor dem Ersten Weltkrieg, setzte dabei wegweisende Maßstäbe. Einen Markstein im Turn- und Festhallenbau hat er 1904 im Bau der Pfullinger Hallen im Kreis Reutlingen gesetzt, ein Gesamtkunstwerk, das dem Zeitgeist und seiner Bestimmung nach ein »Kulturhaus zur Pflege des Schönen und Edlen« werden sollte.[15] Die Fangelsbachschule (heute Heusteigschule) in Stuttgart mit dem lang gelagerten Turnhallenbau wurde ebenfalls nach Fischers Plänen errichtet. Sie galt lange Zeit als vorbildliches und wegweisendes Schulgebäude, denn hier waren reformpädagogische Grundsätze in ein architektonisches und künstlerisches Konzept umgesetzt.[16] Turnunterricht und Körperbewegung spielten in der Reformpädagogik eine herausragende Rolle. Entsprechend großzügig war die in der Längsachse sich erstreckende Turnhalle ausgebaut.

Für das Schulgebäude mitsamt der Turnhalle am Lerchenrain in Stuttgart-Heslach zeichnete Paul Bonatz verantwortlich. Ihrer künstlerischen Gestaltung wegen erregte die neuartige Eisenbeton-Decke der Turnhalle unter der zeitgenössischen Architektenschaft Aufsehen: Paul Bonatz hatte hier den Eisenbeton erstmals als dekoratives Gerippe einerseits und zur zweckmäßigen Aufhängung der Oberlichter andererseits eingesetzt.

---

14   R. MÜLLER, Die Baugeschichte der Stuttgarter Turnlehrerbildungsanstalt, in: M. KRÜGER (Hg.), »Eine ausreichende Zahl turnkundiger Lehrer ist das wichtigste Erfordernis …«. Zur Geschichte des Schulsports in Baden-Württemberg, Schorndorf 1999, S. 187.

15   M. BÄCHER, Die Pfullinger Hallen, der Architekt Theodor Fischer und der Stifter Louis Laiblin, in: Landesdenkmalamt Baden-Württemberg Außenstelle Tübingen (Hg.), Die Pfullinger Hallen. Ein Kulturdenkmal des frühen 20. Jahrhunderts, Pfullingen 1999, S. 10.

16   K. KREBBER, Die Heusteigschule von Theodor Fischer in Stuttgart 1904–1906, Stuttgart 1995; J. BREUER, Ein kindgerechter Schulbau. Die Heusteigschule in Stuttgart, in: Nachrichtenblatt des Landesdenkmalamtes Baden-Württemberg, 3/2001, S. 150–152.

Eine in konzeptioneller, gestalterischer und baulicher Hinsicht neue Sportanlage erhielt Stuttgart-Feuerbach in den Jahren 1911/12 nach Entwürfen von Paul Bonatz und
Friedrich Eugen Scholler.[17] Sportfeld und Hallengebäude sind in der Art barocker Schloss-
und Gartenarchitekturen aufeinander bezogen, entlang einer Achse angelegt und in die
Tiefe gestaffelt. Bonatz und Scholler hatten den Anspruch, Kultur, Turnen und Sport zu
einer Einheit werden zu lassen, hier in die Formensprache der Architektur übertragen.

So gut wie gar nicht mehr wieder zu finden ist in der heutigen Gestaltung der Merce-
des-Benz-Arena, bis vor kurzem noch Gottlieb-Daimler-Stadion benannt, der Grün-
dungsbau von 1932. Mehrfach wurde die zu ihrer Erbauungszeit hochmoderne Arena
seitdem erweitert, überarbeitet und verändert, so dass das ursprüngliche Erdwall-Stadion
heute von einer gewaltig in die Höhe gebauten Architektur überfangen ist. 1932 hatte Paul
Bonatz die Pläne für die weitläufige, auf die Flusslandschaft des Neckars am Rand der
Stadt zugeschnittene Sportanlage geliefert, die für das 1933 stattfindende Deutsche Turnfest geplant war.[18]

Nicht nur 1933 – für viele sporthistorisch herausragende Großveranstaltungen bot das
Stuttgarter Stadion seither eine eindrucksvolle Szenerie. Schon die unglaubliche Zahl von
60.000 Zuschauern hatte alle Erwartungen, die an das Deutsche Turnfest gestellt waren,
bei weitem übertroffen. Wie viele Architekten des so genannten Neuen Bauens hatte sich
auch Paul Bonatz auf den gestalterischen Umgang mit der horizontalen Linie spezialisiert.
Als gestalterische Qualität unterlegte er dem Stuttgarter Stadion das betont ästhetische
Sichtbarmachen der konstruktiven Elemente, den Verzicht auf Monumentalisierung und
die Einbeziehung der umliegenden Landschaft. Unübertroffen elegant, ästhetisch und
zugleich minimalistisch ist der Tribünenbau inszeniert. Mit der Anlage für das Deutsche
Turnfest hat Paul Bonatz zweifelsohne die architektonisch bedeutendste Sportstätte ge-
schaffen, die im gesamten Großraum Stuttgart jemals errichtet wurde.

Karlsruhe, die Residenz der badischen Markgrafen und späteren Großherzöge, gelangte als Planstadtanlage der Barockzeit mit dem Grundriss in Gestalt einer Sonne zu
weltweitem Ruhm. Ebenso wie Stuttgart hat auch die badische Residenz Einzelbauwerke
aufzuweisen, die von herausragender Bedeutung sind. Das Vierordtbad von Josef Durm
beispielsweise mit seiner anspruchsvollen und zugleich opulenten Gestaltung,[19] oder das
Universitätsstadion von Hermann Alker,[20] ein dem Neuen Bauen verpflichteter Architekt, der zu seiner Zeit so bedeutend war, dass er von Adolf Hitler zum geplanten Ausbau
der »Hauptstadt der Bewegung«, München also, herangezogen wurde. Aufsehen erregte
bei der Einweihung des Stadions im Jahr 1930 der Tribünenbau wegen der ungewöhnli-
chen Spannweite seines stützenfreien Daches. Auch die Anlagen für Leibesübungen der
Universität Freiburg wurden nach Alkers Plänen ausgebaut.

---

17   G. DEHIO, Handbuch der deutschen Kunstdenkmäler, Baden-Württemberg I, bearbeitet von
      D. ZIMDARS, München/Berlin 1993, S. 230.
18   Amtsblatt der Stadt Stuttgart. Beilage zu Nr. 30, 29. Juli 1993.
19   F. GENZMER, Handbuch der Architektur. Bade- und Schwimmanstalten IV, 5. Heft 3, Leipzig
      1899, S. 153.
20   K. STOBER, Der Tribünenbau des ehemaligen Hochschulstadions in Karlsruhe, in: Institut für
      Sportgeschichte Baden-Württemberg e.V. (Hg.), Historische Sportstätten in Baden-Württem-
      berg, Maulbronn 1998, S. 51–64.

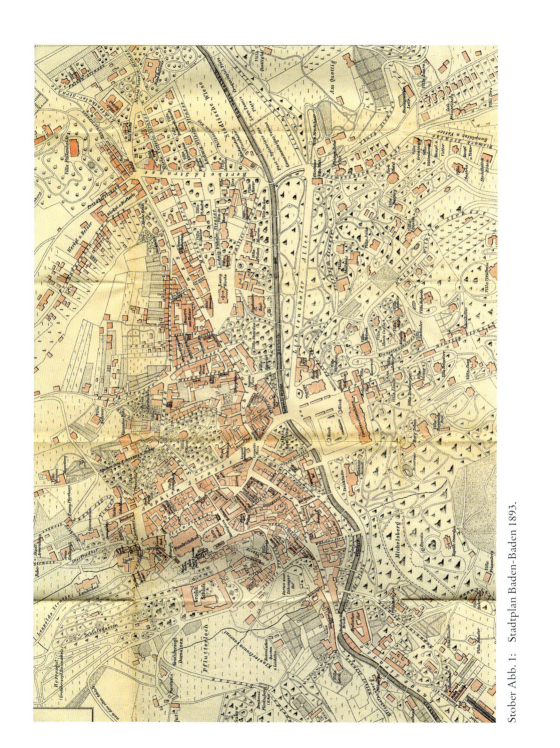

Stober Abb. 1: Stadtplan Baden-Baden 1893.

Stober Abb. 2:   Tennisplatz Baden-Baden.

Stober Abb. 3:   Baden-Baden,
Denkmal für Pierre de Coubertin
von Wilhelm Gutwillinger.

Stober Abb. 4:
Karlsruhe,
»Sportpark
Hardtwald«,
General-
bebauungsplan
von 1927.

Stober Abb. 5:
Karlsruhe,
»Der Sportpark
im Hardtwald«,
Gesamtplan
von 1927, mit
Eintrag des
geplanten Rhein-
strandbades
Rappenwörth
von Karl
Pflästerer und
Robert Amann.

Einzigartig und bis dahin einmalig in der Geschichte des Sportstättenbaus jedoch steht ein Projekt der Stadt Karlsruhe im Raum, das ebenso kühn wie kurios gedacht war und zugleich Zeugnis davon ablegt, welche Wertschätzung dem Sport und den Leibesübungen in den 1920er Jahren entgegengebracht wurde: Der Generalbebauungsplan von 1927 zeigt den *Sportpark im Hardtwald* (Stober Abb. 4; siehe Farbabbildung nach S. 16). Neben dem Ausbau des Rheinstrandbades Rappenwörth war der Sportpark das zweite groß angelegte Sportstättenprojekt der Stadt, der *für die Hygiene des Volkes kein Opfer zu groß* war.[21] Die Zahl der Spiel- und Sportplätze innerhalb der städtischen Gemarkung war bis dahin auf 65 angewachsen; ähnlich wie in Stuttgart hatten sie sich auch in Karlsruhe im Bereich der Stadtrandbebauung bislang planlos und verstreut ihren Platz gesucht. Der neue Sportpark sollte einen Teil dieser Anlagen bündeln.

In diesem Projekt erfuhr der Sportstättenbau einen fulminanten Höhepunkt, denn mit dem Ausbau neuer und moderner Sportanlagen wurde der Grundriss der Stadt ganz im Sinn der barocken Planung in streng geometrischen Formen weiter geschrieben (Stober Abb. 5; siehe Farbabbildung nach S. 16). In der Geschichte des Städtebaus steht Karlsruhe mit dieser Konzeption einmalig da. Zur Erschließung der Anlagen musste in den Hardtwald eine neue, das Westende (Mühlburger Tor) und Ostende (Durlacher Tor) der Stadt verbindende Ringstraße ausgebaut werden. Es war geplant, 28 Sportplatzanlagen zwischen den strahlenförmigen Alleen nach einheitlich erarbeiteten Grundrissen entlang dieser Ringstraße anzulegen. Sie sollten *den organischen Abschluss des Stadtkerns nach Norden, ein städtebauliches Glanzstück von seltener Geschlossenheit, ein Geschenk schon des ersten Stadtplans, eine köstliche Frucht, die uns heute heranreift,*[22] werden. Und so glaubte man, dass sich der zukünftige Sportpark dem Waldspaziergänger zeigen werde: *Zu all diesen Bildern froher und starker Menschen gelangte er* [gemeint ist der Spaziergänger] *auf schönen Waldwegen, der saftig grüne Rasen der Spielplätze ist eine wohltuende Abwechslung in der Waldlandschaft.*[23] Der zuständige Bürgermeister, der dieses Idyll beschrieben hat, störte sich nicht daran, dass noch im selben Jahr ein Erweiterungsplan für das Projekt in Vorschlag gebracht wurde, der in der Hauptachse des Gesamtplans die Anlage einer Motorradrennbahn vorsah.

Der Ausbau schritt zügig voran. Die Ringstraße (Parkring genannt) war bereits 1928 fertig gestellt, und die ersten Plätze waren angelegt. Der Ausbau geriet jedoch ins Stocken. Kritische Stimmen mehrten sich, und auch die Stadt befürchtete, hier werde wertvolles Baugebiet an eine *Luxusanlage* verschwendet.[24] Dennoch: Den Sportpark im Hardtwald gibt es. Zwar nicht wie geplant, der Idee der Barockzeit verpflichtet auf streng geometrischen Grundrissen, sondern so, wie es eben dem Sport entspricht, etwas wildwüchsig und anarchisch. Zahlreiche große und kleine Sportvereine haben sich entlang der Ringstraße niedergelassen, und jeder hat so gebaut, wie er eben konnte oder wollte. Die Ringstraße, der heutige Adenauerring, die wichtigste Nord-Umfahrung der Innenstadt, und auch das große Stadion des KSC, das Wildparkstadion, zeugen von dem ehrgeizigen Projekt, das letztlich auch dazu beigetragen hat, die Bebauung des Waldgebiets nördlich der Stadt zu

---

21   StadtAK, H-Reg. 2147, Turn- und Sportplätze.
22   StadtAK, TBA 409, Der Sportpark im Hardtwald, Juni 1927, S. 4.
23   Ebenda, S. 13.
24   StadtAK, TBA 410, Karlsruher Tagblatt vom 20. Juli 1928.

verhindern. Kaum jemandem, der heute über den Adenauerring die Stadt umfährt, wird wohl bekannt sein, dass er sich hier auf einer asphaltierten Zirkellinie bewegt, die dem Sportstättenbau im ganz großen Stil zu verdanken ist.

Tourismus durch Sport: Die Entwicklung des Skitourismus im Schwarzwald 1891–1914[*]

VON RÜDIGER HITZ

Die Entdeckung des Winters: Der Skiclub Todtnau und die Anfänge des organisierten Skilaufs im Schwarzwald

Dass Sport und Tourismus aufeinander bezogene Phänomene sein können, beweisen die heute vielfach angebotenen Radtouren, Tauch- und Segelurlaube, um nur einige Beispiele zu nennen. Eine der frühesten Verbindungen beider Bereiche war jedoch der Skitourismus. Ab den 1890er Jahren kann man beim Tourismus von einer »Entdeckung des Winters« sprechen. Zusätzlich zur bestehenden Sommersaison entwickelte sich durch einen neuen Sport eine neue Wintersaison. Die für den Wintertourismus entscheidende Sportart war das Skilaufen, welches sich ab den 1890er Jahren rasch ausbreitete. Norwegen war das große Vorbild für die Skiläufer, auch Schneeschuhläufer genannt, in Deutschland, insbesondere auch im Schwarzwald. Ende der 1880er Jahre besaßen schon einige Deutsche Skier, die sie aus Norwegen importiert hatten. Zu einer nennenswerten Verbreitung des Skisports kam es jedoch noch nicht. Es fehlte schlichtweg das Know-how: Skilehrer waren in Deutschland unbekannt.

Ganz wesentlich zur Verbreitung des Skilaufens in Deutschland trug das Buch »Auf Schneeschuhen durch Grönland« des Norwegers Fridtjof Nansen bei. Dieser ausführliche Expeditionsbericht, 1891 erstmalig in deutscher Sprache veröffentlicht, hatte durchschlagenden Erfolg und führte zu einer Art »Erweckungserlebnis« bei sportbegeisterten Menschen. Nansen führte seinen Expeditionserfolg auf die Benutzung von »Schneeschuhen« zurück. Umfassend schilderte er seine Ausrüstung und gab Gebrauchsanweisungen für die Nutzung von Skiern. Die 159 Abbildungen in Nansens zweibändigem Werk trugen ihren Teil zur Veranschaulichung dieser neuartigen Fortbewegungsmöglichkeit bei.[1] Nansens Text versprach viel, hatte zuweilen den Charakter einer Werbeschrift für das Skilaufen und appellierte an die Emotionen der Leser:

---

[*] Über »Entstehung und Entwicklung des Tourismus im Schwarzwald. Das Beispiel Hochschwarzwald 1864–1914« ist im Februar 2011 im Schillinger Verlag Freiburg vom gleichen Autor ein Buch erscheinen. Dort wird ausführlicher, als dies hier möglich ist, der Entwicklung des Wintersports und des Wintertourismus von 1891–1914 nachgegangen.

[1] F. NANSEN, Auf Schneeschuhen durch Grönland. Autorisirte deutsche Uebersetzung von M. Mann, ²Hamburg 1897, S. 30–131.

Nichts stählt die Muskeln so sehr, nichts macht den Körper elastischer und geschmeidiger, nichts verleiht eine größere Umsicht und Gewandtheit, nichts stärkt den Willen mehr, nichts macht den Sinn so frisch wie das Schneeschuhlaufen. Kann man sich etwas Gesünderes oder Reineres denken, als an einem klaren Wintertag die Schneeschuhe unter die Füße zu schnallen und waldeinwärts zu laufen? Kann man sich etwas Feineres oder Edleres denken, als unsere nordische Natur, wenn der Schnee ellenhoch über Wald und Berg liegt? Kann man sich etwas Frischeres, Belebenderes denken, als schnell wie der Vogel über die bewaldeten Abhänge dahinzugleiten, während die Winterluft und die Tannenzweige unsere Wangen streifen und Augen, Hirn und Muskeln sich anstrengen, bereit, jedem unbekannten Hinderniß auszuweichen, das sich uns jeden Augenblick in den Weg stellen kann? Ist es nicht, als wenn das ganze Kulturleben auf einmal aus unseren Gedanken verwischt wird und mit der Stadtluft weit hinter uns zurückbleibt, – man verwächst gleichsam mit den Schneeschuhen und der Natur. Es entwickelt dies nicht allein den Körper, sondern auch die Seele, und hat eine tiefere Bedeutung für ein Volk als die meisten ahnen. [...] Zu sehen, wie ein tüchtiger Skiläufer seine Luftsprünge ausführt, – das ist eins der stolzesten Schauspiele, welche diese Erde uns zu bieten vermag. Wenn man sieht, wie er frisch und keck den Berg hinabgesaust kommt, wie er sich wenige Schritte vor dem Sprung zusammenduckt, auf der Sprungkante den Anlauf nimmt und – hui! – wie eine Möve durch die Luft dahinschwebt, bis er 20–25 m weiter abwärts die Erde berührt und in einer Schneewolke weitersaust, – da durchzittert es den Körper vor Freude und Begeisterung.[2]

Auch in der Kleinstadt Todtnau im Schwarzwald, am südwestlichen Ausläufer des Feldbergs gelegen, sorgten diese Zeilen von Fridtjof Nansen für Diskussionsstoff. Unter den meist jüngeren Angehörigen der wirtschaftlichen Oberschicht erregten die »Heldentaten« Nansens in Grönland die Gemüter. Zu ihnen gehörten u.a. die nach Todtnau zugezogenen Karl Schlimbach, Fritz Breuer und Dr. Carl August Tholus. Karl Schlimbach, der 1891 eigentlich nach Todtnau gekommen war, um in eine Bürstenfabrik einzuheiraten (die Heirat kam nicht zustande; er blieb trotzdem in der Firma), war gegenüber technischen Neuerungen und neuen Trendsportarten sehr aufgeschlossen.[3] Den aus Düsseldorf stammenden Rheinländer Fritz Breuer hatte es im Juni 1889 aus beruflichen Gründen nach Todtnau verschlagen. Er arbeitete als Prokurist in Todtnau.[4] Der in Paderborn geborene Dr. Tholus hatte sechs Jahre lang als Schiffsarzt gearbeitet und dabei in Norwegen Schneeschuhe kennengelernt. Ab 1887 arbeitete er in Todtnau als Arzt. Für Krankenbesuche im winterlichen Schwarzwald schienen ihm Skier nützlich zu sein, und er ließ sich daher 1888 aus Norwegen ein Paar Skier kommen. Nach ersten Versuchen in seinem Garten stellte er das Skilaufen wieder ein – aufgrund seiner Korpulenz waren diese norwegischen Schnee-

---

2   F. Nansen (wie Anm. 1), erster Teil Zitat S. 79–80, zweiter Teil Zitat S. 123.
3   SCTA, Kurzlebenslauf Dr. Tholus (1845–1901); SCTA, Brief Karl Vollgärtner 20.11.1952 an Miss Alice Schlimbach; SCTA, [Wilhelm Dietsche], Karl Schlimbach. Der vermutliche Autor Dietsche schreibt, 1891 hätte Karl Schlimbach die kleine Bürstenfabrik der Gebrüder Kirnbach käuflich erworben.
4   SCTA, Brief Breuer 12.12.1930 an den Ski-Club Todtnau; K. Vollgärtner, Aus der Geschichte des Ski-Club Todtnau 1891, in: Ski-Club Todtnau: Jubiläums-Schrift zum 75-jährigen Bestehen des Ski-Club Todtnau 1891 e.V. 5. Februar 1966, Todtnau 1966 (Heft ohne Seitenzahlen).

schuhe für ihn wohl eher ungeeignet.[5] Dieses Paar Skier stellte Dr. Tholus seinem jüngeren Freund Breuer zur Verfügung, der damit erste Versuche zwischen Todtnau und dem nahegelegenen Todtnauer Wasserfall anstellte.[6] Breuer sollte nicht der einzige auf Skiern bleiben. Der in Heidelberg wohnende französische Konsul Dr. Pilet gelangte nachweislich als erster mit Skiern auf den Feldberg. Am 8. Februar 1891 trug er seinen Namen in das Gästebuch des Feldberger Hofes mit dem Zusatz *mit norwegischen Schneeschuhen* ein.[7]

Es waren also Fremde, die den Skisport auf den Feldberg und nach Todtnau brachten, und »Zugereiste« bzw. Neu-Todtnauer wie Breuer, die diese neue Sportart begierig annahmen und betrieben. Es blieb aber keine Sportart der Fremden. Schon in der Anfangszeit gab es einige wenige Einheimische, die dabei waren und ebenfalls wissen wollten, wie man auf Schneeschuhen läuft. Fritz Breuer und der Todtnauer Carl Thoma II trafen später Dr. Pilet auf dem Feldberg. Der Franzose brachte ihnen das Skilaufen bei.[8] Pilet unterrichtete ebenfalls die Angestellten und die Gastwirtsfamilie des Feldberger Hofes. Am schnellsten erlernte Oskar Mayer, Sohn des Gastwirts Carl Mayer, den neuen Sport.[9]

Für die Verbreitung des Skilaufens ausschlaggebend war aber nicht nur die Begeisterung einzelner. Der Durchbruch wurde durch die Schaffung von organisatorischen Grundlagen sowie durch eine professionelle Informationsvermittlung erreicht. Zwei Neu-Todtnauer und vier Einheimische gründeten am 20. November 1892 im Gasthaus Feldberger Hof auf dem Feldberg den Skiclub Todtnau. Fritz Breuer war der erste Vorsitzende. Der Prokurist Breuer und seine Mitstreiter, wie der Bürstenwarenfabrikant Schlimbach oder auch der Inhaber einer weiteren Todtnauer Bürstenfabrik, Carl Thoma III, führten den Club wie ein Unternehmen. Werbung, großflächiges Denken in überregionalen Absatzstrukturen, technisches Wissen, die Verwaltung von Bestellungen bzw. die Versendung von Produkten gehörten zum Know-how der Unternehmensführer Schlimbach, Breuer und Thoma III. Ihre wirtschaftlichen Fähigkeiten brachten sie in ihr neues »Unternehmen« Skiclub ein: So organisierten die Clubmitglieder einen Skiversand. Dabei blieb es nicht beim Bestellen der Skier in Norwegen. Vom Fabrikschreiner der Bürstenfabrik Faller in Todtnau ließ man sich 1892 Skier anfertigen.[10] Sehr schnell fingen deutsche Hersteller an, Skier mitsamt dem nötigen Zubehör zu produzieren.[11]

Vor allem aber betrieben die Gründer eine weitreichende Öffentlichkeitsarbeit: Breuer schrieb Pressemitteilungen, führte Korrespondenz mit Ski-Interessenten im ganzen Deutschen Reich und der Schweiz, die Clubmitglieder warben wo immer es ging für den Ski-

---

5   SCTA, Kurzlebenslauf Dr. Tholus (1845–1901); VOLLGÄRTNER (wie Anm. 4).
6   K. VOLLGÄRTNER, Die Werbearbeit des Skiclubs Todtnau 1891 für den Skilauf, in: A. STINGELIN, Ski Heil. An der Wiege des deutschen Skilaufs, Freiburg 1936, S. 9–21, hier S. 20.
7   SCTA, Foto Gästebuch des Feldberger Hofes mit Eintrag vom 8.2.1891.
8   VOLLGÄRTNER (wie Anm. 4).
9   SCTA, Marie Faller, Erinnerungen über die Entstehung des Schneeschuhsports auf dem Feldberg, November 1922.
10 SCTA, Brief Karl Vollgärtner 20.11.1952 an Miss Alice Schlimbach; VOLLGÄRTNER (wie Anm. 4). Zu den Gründern des Skiclubs zählen die Zugezogenen Fritz Breuer und Karl Schlimbach sowie die Todtnauer Carl Thoma II, Carl Thoma III, Rudolf Thoma und Oskar Faller.
11 SCTA, Rundschau vom Feldberg, 22.11.1892.

sport. Die Pressemitteilungen über seinen neuen Club und den neuen Skisport verbreitete Breuer nicht nur in Todtnau und im Schwarzwald, sondern auch in überregionalen Zeitungen wie der Frankfurter Zeitung, den Münchner Neuesten Nachrichten, dem Schwäbischen Merkur, dem Berliner Tageblatt und anderen mehr.[12]

Neben den vom Vorsitzenden des Skiclubs Todtnau angesprochenen Zeitungen und Journalen gab es aber auch noch andere Presseorgane, die von sich aus das Thema »Wintersport« dem Publikum nahebrachten. So veröffentlichte »Der Schwarzwald. Illustrirte Zeitschrift für den Fremdenverkehr« am 31. Oktober 1892 auf der ersten Seite einen Artikel über »Das Schneeschuhlaufen ein neuer Wintersport.« Diese in Freiburg herausgegebene Zeitschrift verstand sich als »Organ zur Hebung und Förderung des Fremdenverkehrs im badischen und württembergischen Schwarzwald« und kam von Mai bis Oktober wöchentlich, von Oktober bis Mai monatlich heraus. Laut eigenen Angaben wurde diese Tourismuszeitschrift an *sämmtliche Hotels, Gasthöfe und Lesezimmer der grösseren und kleineren Orte im Schwarzwald, dem Elsass und der Schweiz, sowie an die Vorstände der Sektionen des W. u. B. Schwarzwald-Vereins gratis verschickt und ausserdem in allen bedeutenderen Städten Nord- und Süddeutschlands, sowie im Bahnhofsbuchhandel und in allen Badeorten verbreitet.* Die Touristen in allen Teilen Deutschlands und der Schweiz konnten Erbauliches über die neue Sportart lesen, die im Winter einen vollwertigen Ersatz für Radfahren, Rudern und Wandern bot.[13] Die Tourismuszeitschrift »Der Schwarzwald« ist nur ein Beispiel unter vielen. Die Verleger dieser Zeitschriften waren froh, daß sie jetzt durch den neuen Wintersport auch im Winter ihre Zeitungsseiten mit genügend Text füllen konnten.

Der Skipionier Wilhelm Paulcke (1873–1949)

Was waren das für Menschen, die ehrenamtlich die Organisation des Skisports in die Hand nahmen und die die Idee des Skilaufens verbreiteten? Auf einen dieser Skienthusiasten möchte ich näher eingehen: Wilhelm Paulcke. Einer seiner Zeitgenossen, Wilhelm Offermann, der erste Vorsitzende des Deutschen Skiverbandes von 1905 bis 1908, bezeichnete Paulcke 1909 rückblickend als Seele der Bewegung, die Skiläufer zu organisieren.[14]

Wilhelm Paulcke, 1873 in Leipzig geboren, Sohn eines Apothekers mit angeschlossener Pharmaziefabrik, wuchs von 1879–1886 in Davos auf. Die Krankheit der Stiefmutter war ein Grund für den Umzug in die Schweiz. Der naturkundlich interessierte Vater verließ den Leipziger Besitz jedoch auch, um seiner Leidenschaft, der Alpinistik und der Malerei, zu frönen. Der junge Wilhelm durfte zusammen mit dem Vater zeichnen und malen und ihn häufig auf seinen Bergtouren begleiten. Seine norwegische Erzieherin Ag-

---

12   VOLLGÄRTNER (wie Anm. 4); SCTA, Anlage zum Brief von Fritz Breuer vom 12.12.1930 an Ski-Club Todtnau, S. 1–2; SCTA, Korrespondenz, Briefe, Postkarten 1892–1893.

13   SCTA, Der Schwarzwald. Illustrirte Zeitschrift für den Fremdenverkehr, Nr. 21, 31. Oktober 1892, III. Jahrgang.

14   W. OFFERMANN, Der Deutsche Ski-Verband. Begründung, Organisation und Entwicklung von 1905–1908, in: Ski-Chronik (1908/09), (Jahrbuch des Mitteleuropäischen Ski-Verbandes 1), Karlsruhe 1909, S. 318–339, hier S. 318.

Abb. 1.   Wilhelm Paulcke 1893 als 20-jähriger Skifahrer auf dem Feldberg.

nes Duborgh aus Christiania, dem heutigen Oslo, hatte ihm viel vom Skilaufen erzählt und weckte in ihm den Wusch, solche Skier zu besitzen. Weihnachten 1883 erhielt er sie und lief mit ihnen an den Hängen der Davoser Berge. 1886 nach München übergesiedelt, starb dort 1887 sein Vater – die Stiefmutter war schon 1885 gestorben – und er kam zu Pflegeeltern nach Baden-Baden. Neben seinem Vater und dem Schweizer Bergführer Christian Klucker, dem »Erschließer der schönsten Berggruppe der Alpen, der heroischen Bergeller Berge«, hatte er noch ein anderes Vorbild: Karl Peters.[15] Paulcke schrieb über den im Sommer 1889 in Baden-Baden weilenden Peters: *Ich hatte alle Afrikabücher verschlungen von Livingstone bis Wißman und Peters. Für Karl Peters war ich besonders begeistert, seine Emin-Pascha-Expedition mit dem famosen Leutnant Tidemann war mein Lieblingsbuch. Die Art, wie er uns Ost-Afrika erwarb, wie er die Emin-Pascha-Expedition führte, rissen mich hin. Mit so einem hervorragenden Mann durfte ich zusammensitzen, ihm zuhören, ich durfte ihn photographieren, und er schrieb freundliche Worte unter das Bild. Wenn er wieder nach Afrika ginge, versprach er mich mitzunehmen.*[16]

Nach Afrika nahm ihn Peters dann doch nicht mit. Afrika war inzwischen ohnehin unter den europäischen Mächten weitgehend aufgeteilt, neue Kolonien für das Deutsche Reich zu erobern,[17] wäre für Paulcke kaum möglich gewesen. Die weißen Flecken auf der Weltkarte, die erforscht und erobert werden konnten, waren sehr zusammen geschrumpft. Der winterlich verschneite weiße Schwarzwald sowie die Alpen konnten allerdings noch für das Skilaufen gewonnen werden.

Paulckes Berufsziel war es, Forschungsreisender zu werden, als er sich im Herbst 1894 an der Universität Freiburg für Zoologie im Hauptfach sowie Geologie und Botanik im Nebenfach immatrikulierte. Vorher hatte er schon im Elsass für die Verbreitung des Skilaufens gesorgt. Sein Skiwissen war beim Militär so gefragt, dass er als Einjährig-Freiwilliger im Winter 1893/94 in den Vogesen Offiziere, Unteroffiziere und Mannschaften im Skilaufen ausbildete.[18] In November 1895 gründete er mit dem Leiter der Handelslehranstalt Freiburg, Professor Franz Kohlhepp, und 12 anderen Männern den ersten Skiclub in Freiburg. Sie wählten Kohlhepp auf der ersten Hauptversammlung im Dezember 1895 zum ersten, Paulcke zum zweiten Vorsitzenden.[19] Mit missionarischem Eifer gingen Paulcke und seine Mitstreiter an die Werbung für das Skilaufen und die Gewinnung neuer Mitglieder.[20] Werbung für den Skisport und eine persönliche Herausforderung waren dabei die skialpinistischen Unternehmungen, die sowohl Paulcke als auch Offermann mit

15   E. ULMRICH/K. SPATHELF, Die Freiburger Skipioniere der Frühzeit, in: Ski-Club Freiburg (Hg.), 100 Jahre Freiburger Ski-Geschichte, Freiburg 1995, S. 75–86, hier S. 75; G. FALKNER, Wilhelm Paulcke (1873–1949). Initiator der Gründung des Deutschen und des Mitteleuropäischen Skiverbandes, in: SportZeiten 8 (2008), S. 79–99, hier S. 80–81; W. PAULCKE, Berge als Schicksal, München 1936, S. 9, 11, 19–27, 32–36, 40, Zitat über den »Erschließer« Klucker auf S. 25.
16   PAULCKE (wie Anm. 15), S. 40.
17   H. GRÜNDER, Geschichte der deutschen Kolonien, Paderborn ²1991, S. 51ff.; R. ROBINSON /J. GALLAGHER/A. DENNY, Großbritannien und die Aufteilung Afrikas, in: H.-U. WEHLER (Hg.), Imperialismus, Königstein (Taunus)/Düsseldorf ³1979, S. 201–239.
18   PAULCKE (wie Anm. 15), S. 42–45.
19   E. ULMRICH, Die Frühgeschichte des Ski-Clubs Freiburg (1895–1914), in: Ski-Club Freiburg (Hg.), 100 Jahre Freiburger Ski-Geschichte. Freiburg 1995, S. 34–74, hier S. 42–43; ULMRICH/ SPATHELF (wie Anm. 15), S. 75.
20   PAULCKE (wie Anm. 15), S. 48.

Freunden durchführten. Für Expeditionen in Afrika hatten andere die Lorbeeren geerntet, Grönland war von Nansen schon durchquert worden. Neu waren jedoch die von den Skienthusiasten durchgeführten »Expeditionen« in den Alpen: Über Ostern 1894 leitete Offermann in der Schweiz mit Skiläufern aus Todtnau und Straßburg eine Tour von Airolo über den Gotthard nach Hospental, Realp, Furka, Nägeligrat, Grimsel und Guttannen. 1896 bestieg Paulcke mit seinen Freiburger Skifreunden de Beauclair, Baur und Steinweg auf Skiern den 3330 m hohen Oberalpstock in den Glarner Alpen. 1897 durchquerte Paulcke mit den Vereinskameraden de Beauclair, Mönnich und Ehlert das Berner Oberland auf Skiern. Mit diesen und anderen Skitouren in der Schweiz bewiesen die Skipioniere, daß Skilaufen nicht nur für das Mittelgebirge, sondern ebenfalls für das Hochgebirge taugte.[21]

Sowohl bei Paulcke als auch bei Offermann stand die Begeisterung für das Skilaufen, für den Sport im Vordergrund. Der Wunsch nach Anerkennung, Ruhm und Ehre existierte meines Erachtens ebenfalls bei beiden. Auf allen Ebenen des organisierten Skisports hatte z.B. Paulcke Ämter übernommen. Neben dem zweiten Vorsitz der Sektion Freiburg ab 1895 amtierte er beim Skiclub Schwarzwald von 1900–1903 als Schriftführer, von 1901–1905 als zweiter Vorsitzender.[22] Beim 1905 von ihm mitgegründeten Deutschen Skiverband saß er im Beirat des Hauptvorstandes. Im Mitteleuropäischen Skiverband war er ab Ende 1908 erster Vorsitzender,[23] ab Ende 1910 zweiter Vorsitzender.[24] Kommerzielle Interessen am Skilaufen hatten diese Enthusiasten jedoch nicht. Sie setzten vielmehr parallel zu ihren ehrenamtlichen Tätigkeiten als Skifunktionäre ihre bürgerlichen Karrieren fort. Offermann führte seine Laufbahn als Eisenbahnbeamter weiter, Paulcke machte an der Universität Karriere: Schon mit 32 Jahren wurde er 1905 als Professor an die Technische Hochschule Karlsruhe berufen. 1911 übernahm er dann den dortigen Geologielehrstuhl (Hitz Abb. 2; siehe Farbabbildung nach S. 32).[25]

Werbung für den Wintertourismus:
Die Internationale Wintersportausstellung in Triberg 1909/10

Ausstellungen waren eine oft genutzte Möglichkeit, für den Wintersport und die dafür nötigen Wintersportprodukte zu werben. Normalerweise geschah dies als kleiner Teil einer größeren Ausstellung. Eine neue Art der Ausstellung und eine Neuheit für Baden war die Präsentation des Wintersports in Triberg 1909/10: Die »Internationale Wintersport-

---

21 VOLLGÄRTNER (wie Anm. 4); ULMRICH, Frühgeschichte des Ski-Clubs Freiburg (wie Anm. 19), S. 52; SCTA, Grußpostkarte 23. Januar 1897 von de Beauclair, Paulcke und Mönnich, gesendet nach der erfolgreichen Durchquerung des Berner Oberlandes auf Skiern.

22 ULMRICH, Frühgeschichte des Ski-Clubs Freiburg (wie Anm. 19), S. 47.

23 W. PAULCKE/R. GOMPERZ, Der Mitteleuropäische Ski-Verband. M.-E. S.-V. Bericht, in: Ski-Chronik (1908/09) (Jahrbuch des Mitteleuropäischen Ski-Verbandes 1), Karlsruhe 1909, S. 314–317; OFFERMANN (wie Anm. 14), hier S. 322.

24 W. PAULCKE/R. GOMPERZ, Der Mitteleuropäische Ski-Verband. M.-E. S.-V. Bericht, in: Ski-Chronik (1909/10) (Jahrbuch des Mitteleuropäischen Ski-Verbandes 2), Karlsruhe 1910, S. 220–223, hier S. 222.

25 ULMRICH, Frühgeschichte des Ski-Clubs Freiburg (wie Anm. 19), S. 54–55; ULMRICH/SPATHELF (wie Anm. 15), S. 76–77; FALKNER (wie Anm. 15), S. 87.

Ausstellung« in Triberg vom 18. Dezember 1909 bis 6. März 1910 war eine Spezialausstel-
lung, auf der der Wintersport im Mittelpunkt stand. Von den ausgestellten Wintersportar-
ten Skilauf, Schlittenfahren und Eislauf nahm ersterer den meisten Raum ein. Neben der
Ausstellung sah das Beiprogramm zahlreiche Veranstaltungen vor, die von der Beleuch-
tung des Triberger Wasserfalls über Lichtbildervorträge bis zur Vorführung von ausgestellten Neuheiten von Wintersportgeräten im Freien gingen. Außerdem waren noch etliche Ski- und Rodel-Wettkämpfe, Skikurse und ein Fastnachtsrodelkorso geplant.[26]

Initiator und treibende Kraft hinter der Wintersportausstellung war der Triberger Bürgermeister[27] de Pellegrini. Er kooperierte mit den verschiedenen Skiverbänden im In- und
Ausland wie z.B. mit dem Deutschen Skiverband oder auch dem entsprechenden Verband
in Norwegen. Viele Wintersportvereine sowie Einzelpersonen stellten leihweise Ausstel-
lungsstücke zur Verfügung.[28] Der Badische Landesverband zur Hebung des Fremdenverkehrs unterstützte die Ausstellung finanziell. Der Vorstand dieses Tourismusverbandes
war überzeugt, dass durch die Ausstellung der Wintersport im ganzen Schwarzwald gefördert und das Hotelgewerbe leistungsfähiger werde.[29] De Pellegrini bezweckte mit dieser Ausstellung die Erhöhung der Touristenzahlen, Werbung für seine Stadt und hier insbesondere die verstärkte Bekanntmachung Tribergs als Wintersport- und Winterkurort.
Noch zehn Jahre zuvor erwähnte der vom Triberger Kurkomitee herausgegebene kleine
Reiseführer den Wintersport mit keinem Wort.[30] Zielgruppe für den neuen Wintertourismus waren nicht nur die deutschen Reisenden. Das verkehrsgünstig an der Schwarzwald-
bahn gelegene Triberg sollte auch die internationalen Touristen anlocken, die auf ihrer
winterlichen Eisenbahnreise vom Norden kommend dem sonnigen Engadin oder der Ri-
viera entgegenstrebten: Sie sollten in dem Schwarzwalddorf im Winter einige Zeit Zwi-
schenstation machen.[31] Daher war die Ausstellung als internationale Präsentation angelegt, auch wenn sich die Zahl der ausstellenden Nationen in Grenzen hielt: Neben
Deutschland, Österreich, Liechtenstein und der Schweiz waren noch Rußland und insbesondere Norwegen vertreten.[32]

---

26   W. ROMBERG, Die internationale Wintersportausstellung in Triberg, in: Ski-Chronik (1909/10)
      (Jahrbuch des Mitteleuropäischen Ski-Verbandes 2), Karlsruhe 1910, S. 134–140; Internationale
      Wintersports-Ausstellung Triberg (bad. Schwarzwald), Offizieller Katalog. Triberg (1909),
      S. 18–20; Freiburger Zeitung, Nr. 347, Zweites Morgenblatt, 20.12.1909: »Die Eröffnung der
      Internationalen Wintersport-Ausstellung in Triberg.«; GABer/Firmenarchiv Köpfer Nr. 290.
      Die Ausstellung in Triberg war bis 20.2.1910 geplant, wurde aber bis 6.3.1910 verlängert.
27   ROMBERG (wie Anm. 26), S. 134.
28   Internationale Wintersports-Ausstellung Triberg (bad. Schwarzwald) (wie Anm. 26).
29   StadtAF C3/285/3.
30   O. ZEHNLE/Heimat- und Gewerbeverein Triberg e.V., Jubiläumsschrift. 100 Jahre Triberger
      Gewerbeverein 1853–1953. Die Geschichte des Vereins, Triberg 1953, S. 45; Kurkomité Triberg:
      Führer durch Triberg und Umgebung mit einer Karte, Triberg ³1899.
31   Freiburger Zeitung, Nr. 347, Zweites Morgenblatt, 20.12.1909: »Die Eröffnung der Internatio-
      nalen Wintersport-Ausstellung in Triberg.«
32   Internationale Wintersports-Ausstellung Triberg (bad. Schwarzwald) (wie Anm. 26).

Abb. 3.   Start zum Jägerrennen auf dem Feldberg 1897: Graf Schlieffen von den 14. Mecklenburgischen Jägern startet die Kommandoteilnehmer von den Jägerbataillonen 4, 8, 10 und 14 aus Colmar und Schlettstadt.

Der Feldberg als Zentrum des Skitourismus im Schwarzwald

Zur Verbreitung der Idee des Skilaufens und zur Demonstration der Nützlichkeit der Skier in unterschiedlichem Gelände in den Bergen führte der Skiclub Schwarzwald Wettkämpfe auf dem Feldberg durch.[33] Die Mitgliederwerbung war meines Erachtens ein weiterer Grund dafür. Die Skiwettbewerbe wurden zu einer großen Attraktion und fanden ab 1896 jedes Jahr im Januar, Februar oder März statt. Das gedruckte Rennprogramm verkündete 1896: *Erster Ski-Wettlauf auf dem Feldberg am 1. März 1896.* Dabei waren für den Vormittag ein *Herzogenhorn-Dauerlauf* mit 8 km Distanz, ein *Feldbergturm-Dauerlauf* mit 6 km Distanz, das kleine Hindernisrennen *Feldsee-Jugendlauf*, ein *Seebuck-Bismarckrennen* und ein *Sprungrennen* mit einer *Sprungwallhöhe* von 1,50 Meter vorgesehen. Am Nachmittag stand ein *Kunst- und Hindernislaufen* auf dem Programm. In den folgenden Jahren baute der Skiclub sein Programm sogar noch aus. Schon 1897 fanden die Wettkämpfe an zwei Tagen statt. An dem zweiten Wettkampftag, am 7. Februar 1897, nahmen erstmals Militärs in einem eigenen *Jägerrennen* teil. 29 Soldaten beteiligten sich

---

33   E. ULMRICH, Zur Geschichte des Skiclubs Schwarzwald von 1895 bis 1913, in: fdSnow. Fachzeitschrift für den Skisport (1993), S. 1–27, hier S. 12.

an diesem Distanzrennen über 7 km.[34] Der Skiclub Schwarzwald veranstaltete ab 1900 zusätzlich die deutsche Skimeisterschaft auf dem Feldberg. Trotz dieses großen Namens waren die Anfänge dieser Meisterschaft eher bescheiden: Anfang Februar 1900 waren bei diesem Langlauf über rund 23 km lediglich sieben Läufer am Start. Da es ein internationales Rennen war, konnte der in Darmstadt studierende Norweger Bjarne Nilssen deutscher Meister werden.[35] Nilssen berichtete, dass er früher als erwartet durch das Ziel kam und deshalb nur von wenigen Zuschauern begrüßt wurde. Er musste daher, nach kurzer Zeit aus seiner Unterkunft gerufen, noch einmal die Skier anschnallen, um nun bei einem zweiten offiziellen Zieleinlauf von allen herbeigeeilten Personen richtig bejubelt und auf einem Foto verewigt zu werden.[36] Dies verdeutlicht, wie wichtig den Verantwortlichen im Skiclub Schwarzwald Fotos für die Propagierung ihres noch recht jungen Sports waren. Dabei passten die ca. 40 jubelnden Personen auf Skiern gut ins Bild: Die auf dem Foto verewigte Emotionalität sollte die Begeisterung für den neuen Sport in die Öffentlichkeit transportieren.

Als ein sehr großer Publikumsmagnet entpuppte sich das Skispringen. Dieses bot den neugierigen Zuschauern mehr Sensationen als etwa der 23 km Langlauf vom Belchen zum Feldberg, dem man lediglich am Zieleinlauf beiwohnen konnte. Die einheimischen Skispringer kamen allerdings nur einige Meter weit. Bjarne Nilssen zeigte 1900 diesen lernwilligen Skispringern die Kunst des Skispringens nach norwegischer Art. Das Publikum nahm 1900 mit Begeisterung zur Kenntnis, daß auch weite Sprünge gestanden werden konnten.[37] Zu den gelehrigen jungen Skiläufern gehörte auch der 18-jährige Oskar Mayer, Sohn des Feldbergerhofwirtes. Zwei Jahre später konnte er schon in der Schweiz ein Skispringen mit einem gestandenen 14,75 Meter-Sprung gewinnen.[38]

Diese Skifeste mit ihren vielen Wettbewerben und der Hauptattraktion Skispringen lockten auf dem Feldberg immer mehr Leute an. Nilssen schätzte 1900 die Zuschauer auf tausend Personen. 1914 waren schon rund 3.000 Leute auf dem Feldberg dabei.[39] Ein vergleichbar großes Interesse riefen die Skiwettbewerbe auch in anderen Skigebieten hervor, wie z.B. in Bayern. Hier richteten Ende Januar 1908 die Münchner Skivereine in Bad Kohlgrub für den Deutschen Skiverband Wettläufe aus. Bei diesen dreitägigen Skiwettkämpfen stand am Schluß der Veranstaltung als Höhepunkt das Skispringen. Auch hier

---

34 SCTA, Ausschreibungen für Wettkämpfe vor dem Ersten Weltkrieg, insbesondere: Ski-Club Schwarzwald. Programm für den ersten Ski-Wettlauf auf dem Feldberg am 1. März 1896; Ski-Club Schwarzwald. Programm für den zweiten Ski-Wettlauf auf dem Feldberg. 31. Januar und 7. Februar 1897; Mitteilungen des Ski-Club Schwarzwald. Freiburg, den 23. Februar 1897. Bericht über den am 6. und 7. Februar 1897 veranstalteten II. Ski-Wettlauf auf dem Feldberg.
35 ULMRICH, Geschichte des Skiclubs Schwarzwald (wie Anm. 33), S. 13.
36 B. NILSSEN, Das Erlebnis der ersten deutschen Skimeisterschaft, in: C. J. LUTHER (Hg.), Deutscher Skilauf. Ein Querschnitt, [München 1930], S. 15–22, hier S. 18–19.
37 O. ROEGNER, Einst und jetzt! in: A. STINGELIN (Hg.), Ski Heil. An der Wiege des deutschen Skilaufs, Freiburg [1936], S. 61–67, hier S. 64–65; NILSSEN (wie Anm. 36), S. 18–20.
38 ROEGNER (wie Anm. 37), S. 64–65; A. VETTER, Der Feldberg, Freiburg 1968, S. 464.
39 NILSSEN (wie Anm. 36), S. 20; Badner Land (1914), 6.2.1914, S. 46; Badner Land (1914), 13.2.1914, S. 54. Die Wettkämpfe des Skiclub Schwarzwald fanden 1914 am 1., 6., 7. und 8. Februar statt. Die Personenzahl 3.000 bezieht sich auf Sonntag, den 8. Februar 1914. Außerdem empfingen am 1. Februar 1914 mehrere hundert Personen die Teilnehmer des 60-km-Dauerlaufs.

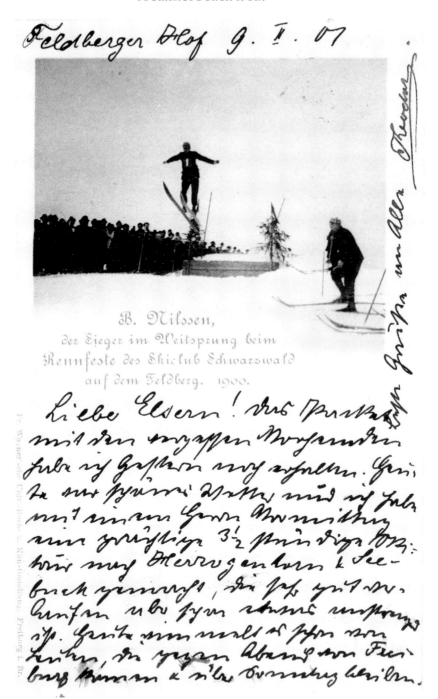

Abb. 4.   Bjarne Nilssen als Star der Skiveranstaltung im Jahr 1900 auf einer Postkarte verewigt.

Abb. 5.   Postkarte eines Doppelsprunges auf Skiern, ca. 1908/1909.

fanden sich rund 3.000 Personen ein, um an den beiden Schanzen den Junioren- und Seniorensprunglauf zu verfolgen. Darunter waren Kameraleute der Deutschen Kinematoskop-Gesellschaft, die die bewegten Sportbilder dieses Wintersportfestes für ihre Kinovorführungen festhielten. Wie im Schwarzwald bezweckten auch hier die Veranstalter mit solchen Wettbewerben eine Popularisierung des Skisports. Die Vertreter des neuen Mediums Film waren ihnen daher sehr willkommen.[40] Auch am Feldberg filmten 1910 Kameraleute des Welt-Kinematographen Freiburg die Sprünge um die Meisterschaft von Deutschland.[41] Die Zuschauer vor Ort konnten nicht nur die Meisterschaftsspringer bewundern, sondern als Sensation an der Waldschanze auch zwei Doppelsprünge und einen Dreiersprung miterleben. Dabei fuhren drei Norweger nebeneinander über die Schanze. Auch 1910 fanden sich an dem Wettbewerbssonntag rund 3000 Personen auf dem Feldberg ein. Die Veranstaltung war international. Sie lockte Skisportler nicht nur aus Deutschland an, sondern auch aus Österreich, der Schweiz, Frankreich und Norwegen. Der Norweger Trönnes gewann schließlich die Deutsche Meisterschaft.[42]

Die Popularität dieser Skifeste mit ihren ansehnlichen Zuschauerzahlen stießen jedoch gerade bei den Skifunktionären nicht auf ungeteilte Freude. Diejenigen Skienthusiasten, die jahrelang Werbung für ihren neuen Sport gemacht hatten, sahen sich ab ca. 1908, 1909 von dem Erfolg ihrer eigenen Propaganda überrollt. Es gab immer mehr Wintersportfeste, immer mehr Ortschaften und Vereine, die solche durchführten. Einerseits machte sich bald eine gewisse Festmüdigkeit bei den Skiläufern breit. Andererseits entzündete sich die Kritik an den Fremdenverkehrsinteressen, die mit den Zielen der Sportler oftmals kollidierten. Der Schriftleiter des Deutschen Skiverbandes, Karl Gruber, einer der besten Skiläufer und Deutscher Meister im Sprunglauf von 1904, monierte 1909, dass oft Wirte Vereine gründeten, die sich einen wirtschaftlichen Vorteil vom Skilauf versprachen. Solche jungen Skivereine, mit Unterstützung des interessierten Ortes oder auch eines Hotels, begingen sehr häufig den Fehler, im Sommer für viel Geld einen Sprunghügel mit fester Sprungschanze zu bauen, welche sich im Winter als unbrauchbar erwies. Der Reklame für das erste winterliche Skirennen würde mehr Aufmerksamkeit gewidmet als zuerst einmal erfahrene Skiläufer um Rat zu fragen oder selbst Personen heranzubilden, die als Kampfrichter, Organisationsleiter oder Skiwettkämpfer etwas vom Skisport verstünden.[43] Die

---

40 C. J. Luther, Deutscher Ski-Verbands-Wettlauf München 1908 in Kohlgrub am 24., 25. und 26. Januar, in: Der Winter (1907/08), 31.1.1908, S. 119–122, hier S. 120–121; C. J. Luther, Bad Kohlgrub, der Wettlaufplatz 1908 des Deutschen Ski-Verbandes, in: Der Winter (1907/08), 13.12.1907, S. 53–55, hier S. 55.

41 DVD des Haus des Dokumentarfilms, Europäisches Medienforum Stuttgart, O Heimatland. Filmschätze aus 100 Jahren Baden und Württemberg, [Stuttgart] 2002, Kapitel 2, Abschnitt »Die Sprünge beim Schneeschuh Wettlauf um die Meisterschaft von Deutschland Feldberg 1910«.

42 D. Hotze, Chronik, in: Ski-Club Freiburg e.V. (Hg.), 100 Jahre Freiburger Ski-Geschichte. Ski-Club Freiburg e.V. 1895–1995, Freiburg 1995, S. 151–209, hier S. 155–156; H. Maegerlein, Faszination Ski. 100 Jahre Skilauf, München 1980, S. 54.

43 K. Gruber, Der Skilauf in Mitteleuropa, in: Ski-Chronik (1908/09) (Jahrbuch des Mitteleuropäischen Ski-Verbandes 1), Karlsruhe 1909, S. 21–31, hier S. 22, 29, 30; Verzeichnis der Verbände und Vereine des Mitteleuropäischen Ski-Verbandes, in: Ski-Chronik (1908/09) (Jahrbuch des Mitteleuropäischen Ski-Verbandes 1), Karlsruhe 1909, S. 361–381, hier S. 363; Maegerlein (wie Anm. 42), S. 56.

Spitzensportler und langjährigen ehrenamtlichen Skifunktionäre wollten also um Rat gefragt werden und für ein laienhaft organisiertes Skifest nicht verantwortlich sein. Die Kritik an den lediglich am Fremdenverkehr interessierten Veranstaltern bezog sich auch auf die Art der Feste. Paulcke beanstandete die Zusammenkoppelung vieler verschiedener Zweige des Wintersports zu einem Wintersportfest. Während es tourismuspolitisch richtig sein konnte, für jeden Geschmack etwas im Programm zu haben, sei es sportlich der falsche Weg. Der einzelne Sportzweig leide unter der Vermengung mit anderen und die Organisation solch einer Veranstaltung werde noch schwieriger.[44] Gegen diese bisher bei Wintersportlern sehr beliebten Feste wuchs die Kritik, und zwar vor allem an dem Spektakel, dem Rummel und den kommerziellen touristischen Interessen. Die Sportler wollten nicht zu einer Attraktion einer Tourismusveranstaltung degradiert werden.[45] Paulcke drückte es 1909 sehr drastisch aus: *Nie darf der Skilauf die dienende Magd des Fremdenverkehrs werden.*[46] Die Skiläufer wollten also weiterhin Herren des Geschehens bleiben und sich nicht für touristische Zwecke vereinnahmen lassen (Hitz Abb. 6; siehe Farbabbildung nach S. 32).

Trotzdem: Der Skisport war und blieb ein Fremdenverkehrssport. Es waren nämlich hauptsächlich Städter, die im Schwarzwald Ski liefen. Die mussten sehen, wie sie von der Stadt zum entfernten Skiberg kamen und dort die benötigten Tische und Betten fanden. Die Skiläufer waren also auf die Dienstleistungen der Eisenbahn und vor allem der Gastwirte und Hoteliers angewiesen. Zu einer Massensportart entwickelte sich der Skilauf im Kaiserreich nicht, denn das winterliche Skivergnügen war nicht billig. Die Eisenbahnfahrt, die Aufenthalte und Übernachtungen im Skigebiet und nicht zuletzt die teure Skiausrüstung verursachten erhebliche Kosten.[47] Dennoch gab es genügend Personen, größtenteils aus dem Bürgertum, die ihrem neuen Sport nachgehen wollten und die für ihr Freizeitvergnügen die entsprechenden Mittel aufbrachten. Sie verwandelten den Feldberg in ein Zentrum des Skitourismus. Kurz vor dem Ersten Weltkrieg war die Entwicklung schon so weit gediehen, dass mehr Menschen in der Wintersaison 1912/13 auf dem Feldberger Hof übernachteten als in der Sommersaison 1913.[48] Der Wintertourismus hatte also in den schneesicheren Lagen des Schwarzwaldes eine ebenso große Bedeutung erlangt wie der bisher dominierende Sommertourismus.

---

44   W. PAULCKE, Der Skilauf. Seine Erlernung und Verwendung im Dienste des Verkehrs, sowie zu touristischen, alpinen und militärischen Zwecken, Freiburg ⁴1908, S. 160–161.
45   MAEGERLEIN (wie Anm. 42), S. 50.
46   W. PAULCKE in einer Rede beim Hauptverbandswettlauf 1909, zitiert nach: MAEGERLEIN (wie Anm. 42), S. 50.
47   ULMRICH, Geschichte des Skiclubs Schwarzwald (wie Anm. 33), S. 5, 8–9.
48   KrABH B 1–3, Realgastwirtschaft zum Feldbergerhof auf dem Feldberg, 1863–1922, S. 221.

Hitz Abb. 2: Eine Mitgliedschaft im Skiclub Schwarzwald versprach Freiheit und Abenteuer: Dramatische Winterlandschaft mit dem Feld-berg im Hintergrund, gemalt von E. Riester 1896, auf dem Ausweis von Ernst Köpfer, Sektion St. Blasien.

Hitz Abb. 6:   Postkarte eines Skifestes auf dem Feldberg. Der Absender versah das Bild
1907 noch mit dem handschriftlichen Zusatz »Schi-Heil«.

Die Galopprennen von Baden-Baden.
Facetten einer internationalen Sportveranstaltung

VON MARTIN FURTWÄNGLER

Ein trüber Oktobertag, Nieselregen. Der Applaus bei der Ehrung für das siegreiche Team war nur dünn, doch Maria Papke, die junge Reiterin des Siegers, strahlte. Am letzten Renntag 2007 war ihr der erste Triumph im Mekka des deutschen Galopprennsports, auf der Rennbahn in Iffezheim bei Baden-Baden, gelungen und das mit einem krassen Außenseiter. Dass für den Sieg des 5-jährigen Wallachs »Lots of dots« am Toto 278 € für 10 € Einsatz gezahlt wurden, erklärt letztlich die spärlichen Beifallsbekundungen: Denn im Gegensatz zu vielen anderen Sportarten besitzen Außenseiter auf der Rennbahn nur bedingt die Sympathien des Publikums. Wenn sie gewinnen, hat nämlich der Großteil der

Abb. 1:   Start eines Rennens aus einer Startmaschine in Iffezheim, 2010.

Wetter und damit der Zuschauer verloren. Schließlich zieht es immer noch viele der Besucher vor allem wegen der Möglichkeit zu wetten auf die Rennbahnen in Deutschland. Dies ist auch in Iffezheim nicht anders.

Im folgenden Beitrag wird zunächst auf die Gründungsphase der Baden-Badener Galopprennen eingegangen und anschließend in drei Abschnitten der gesellschaftliche Aspekt dieser Veranstaltungen, die sportlichen Facetten und schließlich das mit den Rennen verbundene Wettgeschäft näher beleuchtet. Abschließend folgen noch einige kurze Bemerkungen zur Geschichte der Finanzierung der Rennen.

Die Etablierung einer Sportveranstaltung

Seit mehr als 150 Jahren werden im Hippodrom nahe der Kurstadt Baden-Baden Galopprennen veranstaltet.[1] Ihre Geburt verdanken sie letztlich einem Mann: Edouard Bénazet. Seit 1848 Nachfolger seines Vaters als Pächter der Spielbank in Baden-Baden suchte dieser bald darauf eine neue Attraktion, um die Anziehungskraft Baden-Badens für reiche Besucher und damit auch die seines Unternehmens zu steigern. Baden-Baden, das Mitte des 19. Jahrhunderts seine Blütezeit als Sommerresidenz der feinen Gesellschaft Europas erlebte, zog damals neben Engländern und Russen in starkem Maße illustre Gäste aus Frankreich an. Besonders seitdem Ende 1837 die Spielkasinos in Paris verboten worden waren, reiste »tout le monde« im Sommer über den Rhein, um dort den eigenen kostspieligen Vergnügungen nachgehen zu können.[2] Dieser starken französischen Präsenz war es wohl nicht zuletzt geschuldet, dass sich Bénazet Pferderennen als zusätzliche Attraktion aussuchte. Denn mit der Restauration der Bourbonenherrschaft 1815 hatte eine Anglophilie die Spitzen der französischen Gesellschaft ergriffen und mit ihr wuchs vor allem seit den 1830er Jahren mehr und mehr auch die Anziehungskraft des englischen Pferderennsports.[3] Dieser wiederum hatte im 18. Jahrhundert auf der Insel seinen Durchbruch geschafft und basierte damals wie heute auf einer eigens dafür gezüchteten Pferderasse: dem Vollblut.[4] Bénazets Plan kam sicherlich entgegen, dass sich die Rennen mit den schnellen englischen

---

1	Im Zusammenhang mit dem 150-jährigen Jubiläum sind auch einige neuere Publikationen zur Geschichte der Rennen bei Baden-Baden erschienen: vgl. M. Furtwängler, Sport und Glücksspiel zwischen feiner Gesellschaft und Massenpublikum. 150 Jahre internationale Galopprennen in Iffezheim, in: ZGO 156 (2008), S. 285–313; K. Reinbote, 150 Jahre Rennbahn Iffezheim, Baden-Baden 2008.

2	G. Erbe, Der Jockey Club als gesellschaftlicher Mittelpunkt der Pariser Dandys unter der Julimonarchie, in: Francia 29/3 (2002), S. 1–11, hier: S. 5; P. Martin, Salon Europas. Baden-Baden im 19. Jahrhundert, Konstanz 1983, S. 83.

3	Erbe (wie Anm. 2), S. 1 f.; K. Fischer, »Faites Votre Jeu«. Geschichte der Spielbank Baden-Baden, Baden-Baden ²1983, S. 53.

4	Das Vollblut ging Anfang des 18. Jahrhunderts in England aus der Paarung von im Wesentlichen drei Araberhengsten (»Byerley Turk«, »Darley Arabian«, »Godolphin Arabian«) und einheimischen Gallowaystuten hervor. Als Prototyp der neuen Rasse gilt der 1764 geborene »Eclipse«. Als Vollblut wird heute nur ein Pferd anerkannt, das sich über seine Vorfahren lückenlos auf das englische Gestütsbuch von 1793 zurückführen lässt; vgl. A. Basche, Geschichte des Pferdes, (Sonderausgabe) Künzelsau 1999, S. 306, 316, 318 ff.

Abb. 2:   Der Begründer der Galopprennen bei Baden-Baden Edouard Bénazet
(1801–1867).

Rennpferden auch in Deutschland seit der ersten Galoppveranstaltung in Bad Doberan 1822 einer zunehmenden Beliebtheit erfreuten.[5]

Nördlich des Dorfes Iffezheim fand sich schließlich 1856 ein Areal, dessen Lage und Bodenbeschaffenheit allen Anforderungen für die Durchführung von Rennveranstaltungen gerecht wurde.[6] Nach umfangreichen Erdarbeiten konnte schließlich eine Rennbahn erstellt werden, die an ihrer Westseite drei Besucherpavillons aufwies: einen für fürstliche Familien, einen für geladene Gäste, Pferdebesitzer, Rennleitung und Presse und einen für die Zuschauer der höheren Stände.[7] Die rennsportliche Leitung wollte Bénazet in die Hände des damals in Deutschland führenden Rennvereins, des Berliner Unions-Clubs, legen. Doch ständisch und moralisch verursachter Dünkel verhinderte wohl eine Zusammenarbeit, sah man doch in Berlin einen Spielbankpächter nicht als einen geeigneten Partner an. Schließlich übernahm der Pariser Jockey-Club das Protektorat und die rennsportliche Leitung der Veranstaltungen, und so konnten am 5. September 1858 die ersten Rennen gestartet werden.[8] Finanzielle Absicherung erfuhren deren Dotierungen und Ehrenpreise durch die Einnahmen der Spielbank in Baden-Baden. Die Renntage im Gründungsjahr wurden ein Erfolg, weshalb diese Veranstaltung in den kommenden Jahren eine Fortsetzung fand und auch expandierte.

Mit dem Krieg von 1870/71 drohte jedoch schon das Ende der Rennveranstaltungen. Denn von nun an boykottierten der Pariser Jockey-Club und auch die bis dato in Iffezheim dominierenden französischen Besitzer die Rennen. Noch schwerwiegender war jedoch, dass die Spielbank aufgrund eines Reichsgesetzes Ende Oktober 1872 schließen musste und erst am 3. Oktober 1933 den Spielbetrieb wieder aufnehmen sollte.[9] Damit war den Rennveranstaltungen die finanzielle Grundlage entzogen. Unter den in Baden-Baden regelmäßig logierenden vermögenden Gästen hatten die Rennen inzwischen jedoch viele Anhänger gefunden, die nur ungern auf ihr Vergnügen verzichten wollten. Sie hoben deshalb am 26. November 1872 den Internationalen Club aus der Taufe,[10] dessen Vereinszweck es nach § 2 der Satzung sein sollte, *die Pferdezucht zu fördern und die hierzu als Mittel dienenden Pferde-Rennen zu Baden-Baden unter Wahrung ihres internationalen Charakters zu veranstalten.*[11] Bis ins Jahr 2009 war der Club als Veranstalter der Rennen diesem Anspruch verpflichtet.

Dieser Internationale Club war und ist jedoch kein gewöhnlicher Verein.[12] Von Anfang an zeichnete er sich durch soziale Exklusivität aus, was schon an der Liste seiner Grün-

---

5   BASCHE, Geschichte (wie Anm. 4), S. 360 ff.; D. FANELSA, Regionalwirtschaftliche Effekte sportlicher Großveranstaltungen. Die Internationalen Galopprennen Baden-Baden, Baden-Baden 2003, S. 81.

6   Vgl. hierzu K. HOCHSTUHL, Iffezheim, Geschichte eines Dorfes am Rhein, Heidelberg/Ubstadt-Weiher 2006, S. 138 f.

7   HOCHSTUHL (wie Anm. 6), S. 139.

8   Vgl. FISCHER, Jeu (wie Anm. 3), S. 59; Die Rennen in Iffezheim seit 1858 und 80 Jahre Rennen des Internationalen Clubs 1873 – 1953, zusammengestellt vom Generalsekretariat des Internationalen Clubs unter Mitwirkung von Herrn Oskar Christ, Baden-Baden 1953, S. 10.

9   Vgl. hierzu FISCHER, Jeu (wie Anm. 3), S. 60 ff.

10   Vgl. hierzu: Rennen in Iffezheim (wie Anm. 8), S. 92 f.

11   GLAK 236/26492, Satzung des Internationalen Clubs in Baden-Baden.

12   Vgl. zum Internationalen Club: FURTWÄNGLER, Sport und Glücksspiel (wie Anm. 1), S. 287 ff.; REINBOTE (wie Anm. 1), S. 21–29.

Abb. 3:   Die drei Mitte des 19. Jahrhunderts errichteten Tribünen der Rennbahn Iffezheim.

dungspaten deutlich wird. Zu ihnen gehörten vornehmlich Mitglieder des europäischen Hochadels wie Landgraf Friedrich von Hessen, Herzog William Alexander von Hamilton, Fürst Hugo von Hohenlohe-Öhringen, Fürst Nikolaus Gagarin, Fürst W. A. Menschikoff und Graf Nikolaus Esterhazy. Erster Präsident wurde mit Fürst Carl Egon III. von Fürstenberg einer der vermögendsten Hochadligen seiner Zeit in Deutschland. Wenngleich der Internationale Club nie ein Adelsverein war und der Zugang von Anfang an auch vermögenden Bürgerlichen offen stand, blieb die Gesamtzahl der Clubmitglieder doch überschaubar:[13] Denn selbst heute noch kann nicht jedermann einfach Mitglied werden. Der Betreffende oder *seine Familie* [muss vielmehr] *schon seit Jahren im Dienst der Rennen stehen oder…muß als Sponsor oder Mäzen einen Teil seines Vermögens in die Rennen investiert haben*, um Aufnahme finden zu können, wie Dr. Frank Joyeux als Generalsekretär des Clubs, vor ein paar Jahren erläuterte.[14] Diese Betonung der eigenen Exklusivität beschränkte sich jedoch nicht nur auf die Stellung der einzelnen Mitglieder, sondern bestimmt bis heute das Selbstverständnis des Clubs als solchen. Er sieht sich als etwas besonderes, als einen Verein, der mehr als ein gewöhnlicher Rennverein ist. Dies machte sich z.B. Ende der 1960er Jahre bemerkbar, als die Stadt Baden-Baden eine Erweiterung des damals auf die »Große Woche« im August beschränkten Rennprogramms anregte. Der Club nahm dies zunächst sehr zurückhaltend auf. Er verlangte, dass, *der besondere, in der Bundesrepublik einmalige Charakter der jetzigen Großen Woche* […] *in jedem Falle uneingeschränkt erhalten bleiben* [müsse, und ebenso sollte] *das sportliche Niveau eines Frühjahrsmeetings unter dem der Großen Woche bleiben*, [sollte andererseits] *aber mindestens das der großen Renntage in Köln und Düsseldorf erreichen.*[15] Ganz deutlich kommt hier zum Ausdruck, dass der Internationale Club weder die Singularität der eigenen Veranstaltung in Deutschland gefährden noch die eigene herausgehobene Position unter den deutschen Rennveranstaltern verlieren und ein Rennverein unter vielen werden wollte.

Die gesellschaftliche Dimension der Baden-Badener Galopprennen

Diese Ausführungen deuten schon an, dass die Rennen in Iffezheim nie nur ein sportliches Ereignis waren, sondern von Anfang an auch ein gesellschaftliches. Schon das erste Meeting 1858 gestaltete sich als ein Stelldichein des europäischen Hochadels. Zu den Gästen zählten der Großherzog von Baden, der König von Württemberg, der Herzog von Sachsen-Coburg und viele andere deutsche Adlige.[16] Darüber hinaus ließen es sich zahlreiche russische und französische Adlige, die in Baden-Baden logierten, nicht nehmen, die Ren-

---

13 Vgl. GLAK 233/15256, Badisches Ministerium des Innern an das Staatsministerium vom 16.11.1895; R. VOELTZEL, Denkschrift aus Anlass der Feier des fünfzigjährigen Bestehens der vom Internationalen Klub zu Baden-Baden veranstalteten Iffezheimer Rennen, Baden-Baden 1908, S. 9, 12 f.; Badische Neueste Nachrichten vom 27.8.2002, Artikel »Trotz Event-Charakter stehen die Pferde immer im Vordergrund«.

14 Ebenda.

15 StadtA Baden-Baden A 28–7 Nr. 258, Internationaler Club an Oberbürgermeister von Baden-Baden vom 21.8.1969; Badische Neueste Nachrichten vom 25.8.1969, Artikel »Zweites Meeting wirft ernsthafte Problem auf«.

16 Vgl. Badeblatt für die großherzogliche Stadt Baden vom 06. und 13.09.1858, S. 823 bzw. 877 f.

Abb. 4:   Großherzog Friedrich I. von Baden (1826-1907) vor der Clubtribüne auf der Rennbahn
in Iffezheim, um 1900.

nen zu verfolgen. So stand denn auch die erste Rennwoche unter der Schirmherrschaft des französischen Innenministers, des Herzogs von Morny, einem Halbbruder des französischen Kaisers Napoleon III.[17] Dieser Reigen an hochrangigen Persönlichkeiten schmückte die Rennveranstaltungen auch in den folgenden Jahren – Iffezheim wurde so zu einem Treffpunkt der feinen Gesellschaft Europas.[18] Wenngleich der gesellschaftliche Rang der Rennen in den 1860er Jahren, der Glanzzeit Baden-Badens als Weltbad, bis heute unerreicht ist, stand die Zeit des Kaiserreiches dem kaum nach. Kaiser Wilhelm I. konnte regelmäßig als Gast in Iffezheim begrüßt werden – besonders bei den Armeejagdrennen im Oktober – und er zog natürlich viele Mitglieder des deutschen Hochadels mit an die Oos.

Die starke Hinwendung des Adels zum Rennsport im 19. Jahrhundert hing sicherlich mit Moden und dem sich sportlich gebenden Zeitgeist zusammen. Doch die Anziehungskraft der Galopprennen hatte in diesen Kreisen durchaus noch tieferliegende Gründe: Zum einen kamen die Veranstaltungen von ihrer Art her dem traditionellen Lebensbild des Adels entgegen, boten sie doch Vergnügungen mit einem agrarisch-militärischen Hintergrund. Insbesondere bei den auch ausgetragenen Hindernisrennen war die Verwandtschaft zur Jagd, dem traditionellen adligen Freizeitvergnügen, ganz offensichtlich. Außerdem bot sich bei den Rennveranstaltungen für den Adel aufgrund des hochstehenden Publikums die Möglichkeit zu umfangreicher gesellschaftlicher Repräsentation und Kommunikation. So bestand hier vielfach die Gelegenheit mit den ebenfalls anwesenden regierenden Monarchen in Kontakt zu treten. Zudem eröffneten die Iffezheimer Rennen aufgrund ihrer internationalen Ausrichtung den Zugang zur europäischen Bühne der feinen Gesellschaft. Und dies entsprach der traditionellen Orientierung insbesondere des hohen Adels. Auf die deutschen Verhältnisse bezogen waren dies Aspekte, die vor allem für die Standesherren anziehend wirken mussten. Diese 1806 mediatisierten hochadligen Reichsstände hatten ihren Anspruch auf Ebenbürtigkeit mit den noch regierenden Häusern nie aufgegeben.[19] Gerade die großen und wirtschaftlich potenten Familien waren bestrebt, zumindest gesellschaftlich auf der nationalen und internationalen Bühne zu agieren und so den Verlust an politischer Selbständigkeit und Macht zu kompensieren. Es ist deshalb nicht verwunderlich, dass Fürsten wie Carl Egon III. von Fürstenberg oder Hugo von Hohenlohe-Öhringen nicht nur im Internationalen Club aktiv mitarbeiteten, sondern auch eigene Rennställe unterhielten und ihre Pferde in Baden-Baden an den Start brachten, um Ruhm und Ansehen auf diesem Feld gesellschaftlicher Interaktion zu erlangen.[20]

Besonderen gesellschaftlichen Glanz verbreiteten in der Zeit des Kaiserreiches die verschiedenen Jubiläumsveranstaltungen der Rennen. Zum 25-jährigen Jubiläum 1883 z.B. übernahm der Prince of Wales die Schirmherrschaft der Veranstaltung.[21] Die Rennen um-

17   K. FISCHER, Ein Dorf und seine Rennen. Iffezheim, in: Baden-Württemberg 34. Jg. H. 3 (1987), S. 7; DERS., Jeu (wie Anm. 3), S. 59.
18   Vgl. z.B. Badeblatt für die großherzogliche Stadt Baden vom 12.09.1859, S. 759.
19   Vgl. M. FURTWÄNGLER, Standesherren in Baden (1806–1848). Politische und soziale Verhaltensweisen einer bedrängten Elite, Frankfurt a.M. u.a. 1996, S. 261 – 275.
20   So gewann z.B. der Hengst »Il Maestro« des Fürsten Hugo von Hohenlohe-Öhringen 1874 den »Großen Preis von Baden« und Fürst Max Egon von Fürstenbergs »En bloc« war in diesem Rennen 1897 erfolgreich, vgl. Rennen in Iffezheim (wie Anm. 8), S. 104 f.
21   GLAK 371 Zugang 1940/29 Nr. 395, Programm der Rennen vom 23.8.1883.

rahmte dabei ein über drei Wochen dauerndes Begleitprogramm, bei dem sich Diners, Il-
luminationen der Stadt Baden-Baden, Picknicks, Konzerte etc. in rascher Folge abwech-
selten.[22] Kritik an diesen Inszenierungen kam nach der Jahrhundertwende nur aus
sozialdemokratischen Kreisen. Hier lehnte man den immensen finanziellen Aufwand ab,
den diese Feiern verursachten, und charakterisierte diesen als *Verbeugung vor dem Herr-
scher der Welt, dem – Geldsack.*[23] Wie sehr die Rennveranstaltungen in den ersten Jahrzehnten ihres Bestehens auf ein aristokratisches, mondänes und vermögendes Publikum
ausgerichtet waren, zeigt sich auch daran, dass ab 1871 im Rahmenprogramm der Rennen
als zusätzliche Attraktion ein Taubenschießen veranstaltet wurde. Die anwesenden
Gentlemen sollten sich neben dem Vergnügen auf der Bahn auch noch bei der Jagd »sportlich« betätigen, also einem adligen Freizeitvergnügen nachgehen können. Nach heftigen
Protesten von Tierschützern verbot der badische Landtag dieses Treiben jedoch 1882.
Beim Internationalen Club stieß dies damals allerdings nur auf geringes Verständnis.[24] Die
Exklusivität der illustren Rennbahnbesucher wurde in Iffezheim selbst mehrfach betont:
Zum einen durch die hohen Eintrittspreise sowie durch die Abgrenzung der Bezirke auf
der Bahn in Clubplatz, ersten und zweiten und später auch dritten Platz. Zum anderen
grenzte sich die feine Gesellschaft auch durch die eigene Kleidung äußerlich vom Rest der
Besucher ab (Furtwängler Abb. 5; siehe Farbabbildung nach S. 48).[25]

Dieses gesellschaftliche Ambiente suchte man auch nach dem Ende der Monarchie
1918 weiterleben zu lassen. Weiterhin gab es rauschende Bälle, zeigten die Damen auf der
Bahn und an den »Rails« die neuesten und teuersten Modekreationen.[26] Doch so recht
wollte die Anknüpfung an die Vorkriegszeit nicht mehr gelingen. Denn trotz der Anwesenheit ehemaliger oder noch amtierender gekrönter Häupter nahm das internationale
Flair in der Zwischenkriegszeit in Iffezheim ab. Wenn man dennoch in Baden-Baden die
Rennen Mitte der 1920er Jahre als das *Ereignis der internationalen Gesellschaft* betrach-
tete, so war dies eher Zweckoptimismus denn Beschreibung der Realität.[27] Der Club versuchte daher auch neuere Entwicklungen in sein Programm zu integrieren, sich quasi an
die Spitze des Zeitgeistes zu stellen. So wurde 1931 erstmals ein Amazonenrennen – also
ein Rennen mit weiblichen Rennreitern – ausgetragen. Dieses hatte man, wie die Badische
Presse am 24. August schrieb, *aus propagandistischen Gründen dem reichhaltigen Programm angegliedert* und es gab dem Rennsonntag sein besonderes Gepräge.[28] Doch wirk-

---

22 GLAK 371 Zugang 1940/29 Nr. 395, Programm Renn-Jubiläum Baden-Baden für die Festlich-
    keiten vom 14.8. bis 8.9.1883.
23 Volksfreund vom 2.9.1908, Artikel »Der Tanz ums goldene Kalb«.
24 Vgl. hierzu Rennen in Iffezheim (wie Anm. 8), S. 31, 40; A. MIETINGER, Internationaler Club
    und internationale Rennen zu Baden-Baden, Baden-Baden 1898, S. 12 (StadtA Baden-Baden A
    26–15 Nr. 190).
25 Vgl. FISCHER, Dorf (wie Anm. 17), S. 10.
26 Vgl. Badeblatt. Fremdenliste und Mitteilungsblatt der Bäder- und Kurverwaltung Baden-Baden
    vom 3.9.1927, Artikel »Die internationalen Rennen zu Iffezheim. Oleander Sieger im Großen
    Preis«.
27 Badeblatt. Fremdenliste und Mitteilungsblatt der Bäder- und Kurverwaltung Baden-Baden
    vom 2.9.1927, Artikel »Um den Großen Preis«.
28 Badische Presse vom 24.8.1931, Artikel »Sonnenschein über Iffezheim« (StadtA Baden-Baden
    A 26–15 Nr. 185). Letztlich blieben diese Rennen Randerscheinungen, heute reiten weibliche
    Jockeys gegen ihre männlichen Kollegen.

lich kompensieren ließen sich die Einbußen der Rennveranstaltungen an gesellschaftlicher Bedeutung dadurch nicht. Nach dem Zweiten Weltkrieg brachten die Filmstars der 1950er Jahre, die sich bei den Rennen trafen, noch einmal »Glamour«[29] und das Auftreten arabischer Scheichs im Rennsport sorgte für einen Hauch Exotik. Auch heute noch lassen sich an den Tagen der großen Rennen neben schlichter Eleganz diverse modische Extravaganzen und Selbstdarsteller auf der Rennbahn beobachten. Führende Vertreter aus Politik, Wirtschaft und Kultur hingegen finden sich nicht mehr in größerer Zahl ein.

Neben ihrer Anziehungskraft auf die »feine Gesellschaft« entwickelten sich die Rennen schon recht bald nach ihrer Gründung auch zu einem Magneten für breitere Bevölkerungskreise. Die Zuschauerzahlen stiegen, und vor den Haupteingängen fanden sich immer mehr Geschäftemacher ein, die dort die verschiedensten Waren und Dienstleistungen anboten. Vor der Schauseite der Bahn, dort wo das mondäne Publikum sich zum Rennen begab, war dieses Treiben dem Internationalen Club allerdings ein Dorn im Auge. Er versuchte es deshalb verstärkt in den Iffezheimer Bogen der Rennbahn zu verlagern.[30] Die Gemeinde Iffezheim wiederum trug dem gesteigerten Publikumsinteresse an den Rennen insoweit Rechnung, als sie mehr und mehr Bierbuden und Verkaufsstände während der Renntage erlaubte.[31] Vor allem auf dem Kapellenbuckel gegenüber den Tribünen – wo es nichts kostete – drängte sich viel Publikum und auch dort wurde 1910 die Errichtung von Buden zugelassen. Dieser Aufschwung bei den Besucherzahlen verursachte jedoch auch bald erste Verkehrsprobleme. Schon ab den 1880er Jahren wurde an Renntagen die Ankunft »mehrere[r] hundert Equipagen und sonstiger Fuhrwerke« auf dem Rennplatz registriert.[32] Zwar gab es seit 1895 eine direkte Bahnverbindung von Baden-Baden zur Rennbahn,[33] doch auch diese stieß nach wenigen Jahren an ihre Grenzen. *Die Eisenbahnwägen sind zum Erdrücken voll von Menschen*, wie der »Volksfreund« 1908 bemerkt.[34] Mitte der 1930er Jahre verlagerte sich das Problem auf den zunehmenden Autoverkehr, kamen doch z.B. zum Grand-Prix-Sonntag 1937 rund 1.600 Automobile, was zu Staus und erheblichen Verzögerungen bei An- und Abfahrt führte.[35] Bereits in der Weimarer Republik konnte der damalige badische Innenminister Adam Remmele deshalb nicht zu Unrecht hervorheben, dass Rennveranstaltungen […] *den Charakter von Volksfesten* hätten.[36] Allerdings galt dies für Iffezheim nur eingeschränkt, fanden die Bedürfnisse der einfachen Besucher gegenüber denen der Reichen und Adligen doch recht lange wenig Berücksichtigung. Noch in den 1960er Jahren notierte der Publizist Klaus Fischer in sein Tagebuch: *Die Iffezheimer Rennbahn, ich denk' es jedes Mal, wenn ich sie vor mir sehe, spiegelt ein Gesellschaftsmodell. Auf den billigen Plätzen herrscht ein fürchterliches Gedränge, man erhält Stöße und Püffe und sieht vom Rennen fast nichts. Auf der Club-Terrasse ist es angenehm, hier stehen Tische und Stühle, Markisen schützen vor Wind und Regen, Kellner springen eilfertig herbei und servieren Erdbeertorte oder Champagner, die*

---

29   Vgl. hierzu: Fischer, Dorf (wie Anm. 17), S. 11.
30   Hochstuhl (wie Anm. 6), S. 148.
31   Ebenda.
32   GLAK 371 Zugang 1940/29 Nr. 395, Bericht des Bezirksamtes Rastatt vom 3.9.1882.
33   Rennen in Iffezheim (wie Anm. 8), S. 47.
34   Volksfreund vom 2.9.1908, Artikel »Der Tanz ums goldene Kalb«.
35   Hochstuhl (wie Anm. 6), S. 156.
36   GLAK 236/26494, Minister Remmele an das Bezirksamt Rastatt vom 31.8.1927 (Durchschlag).

Flasche zu 195 Mark. Nur: Clubplatz-Karten kann man nicht käuflich erwerben, man muß in die Liste eingetragen ein. Die Welt zerfällt in Iffezheim deutlich in zwei Ränge: die einen haben es bequem, die anderen nicht.[37]

Dass dieser Kurs einer Korrektur bedurfte, erkannte schließlich auch der Internationale Club. Die gesellschaftlichen Verhältnisse hatten sich nach dem Zweiten Weltkrieg grundlegend gewandelt. Die alten deutschen Eliten aus Adel und Großbürgertum hatten an Einfluss verloren oder waren gar aufgrund von Diktatur und Weltkrieg teilweise physisch ausgelöscht worden. Eine nivellierte Mittelstandsgesellschaft bestimmte den sozialen Rahmen vor allem der 1960er bis 1990er Jahre. In ihr entwickelte sich in zunehmendem Maße eine Freizeitkultur, an der dann auch der größte Teil der Bevölkerung Anteil nehmen konnte. Denn die meisten Bürger waren nun in der Lage, in erheblichem Umfang Geld für ihre Freizeitgestaltung auszugeben, und dies machte sich auch auf der Rennbahn in Iffezheim bemerkbar. So stellte die Mitgliederversammlung des Internationalen Clubs 1968 fest, dass die Bahn ihre Kapazitätsgrenze für die Aufnahme von Besuchern erreicht habe und ein Um- und Ausbau dringend notwendig sei.[38] Unter dem aus der Wirtschaft kommenden und von 1977–1996 amtierenden Generalsekretär Karsten von Werner und dem Präsidenten Carl-Friedrich Fürst von Oettingen-Wallerstein (1967–1989) reagierte der Club auf diese neuen Herausforderungen. Er verstand sich mehr und mehr als ein Unternehmen der Freizeitindustrie, das auch auf die Bedürfnisse eines Massenpublikums einzugehen hatte.[39] In den 1970er Jahren erhielt die Haupttribüne einen Anbau mit Blick auf Führring und Sattelplatz, außerdem wurde eine neue Clubtribüne mit Richterturm erbaut.[40] (Furtwängler Abb. 6 und 7; siehe Farbabbildungen nach S. 48). In den 1980er Jahren erfolgte dann für insgesamt über 5,5 Millionen DM eine umfassende Renovierung der Anlage.[41] Diese Maßnahmen machten sich schnell positiv bemerkbar. Von ca. 75.000 Zuschauern im Jahr 1970 stiegen die jährlichen Besucherzahlen über 150.000 (1980) bis auf rund 250.000 im Jahr 1995 an.[42] Erst in den letzten Jahren sanken die Zuschauerzahlen im Zuge eines allgemein nachlassenden Interesses an Galopprennen wieder ab. Im Jahr 2009 besuchten noch rund 145.000 Menschen die Rennen in Iffezheim.[43]

---

[37] Zitiert nach: FISCHER, Dorf (wie Anm. 17), S. 12.
[38] StadtA Baden-Baden A 27–5 Nr. 412, Protokoll der Mitgliederversammlung des Internationalen Clubs vom 29.8.1968.
[39] Vgl. das Interview mit Karsten von Werner in: R. JOST, Iffezheimer Meetings, mehr als nur Tradition…., in: Regio-Magazin 10 (1995), S. 46 ff.
[40] Badische Neueste Nachrichten vom 12.5.1972, Artikel »Jubiläumsgeschenke des Internationalen Clubs«.
[41] Badische Neueste Nachrichten vom 5.5.1993, Artikel »Streit um die Zukunft der Iffezheimer Pferderennen«; StadtA Baden-Baden A 28/5 Nr. 396, von Werner an den Oberbürgermeister von Baden-Baden vom 17.1.1980.
[42] Vgl. das Interview mit Karsten von Werner in: JOST (wie Anm. 39), S. 46 f.
[43] Vgl. www.baden-galopp.de: Bilanz Frühjahrs-Meeting vom 25.05.2009; Sales & Racing Festival: Trendwende bei den Wettumsätzen; www.baden-baden.tv/Iffezheim-Rennbetrieb-geht-wie-gewohnt-weiter.

»Eine Nase Vorsprung genügt!«:
Große Siege und bittere Niederlagen auf der Iffezheimer Rennbahn

Neben ihrer Eigenschaft als Teil der Freizeitindustrie dienen Pferderennen gemäß dem deutschen Renngesetz der Förderung der Pferdezucht. Es gilt die besten und leistungsfähigsten Tiere für die Fortpflanzung zu ermitteln. Diese Verbindung der Rennen mit der einträglichen Zucht von Spitzengaloppern ist aber auch Teil der Bedeutung des Hippodroms in Iffezheim. Denn zum einen finden hier im Rahmen der jährlichen drei Rennmeetings große Auktionen insbesondere des Vollblutnachwuchses statt. Außerdem enthält das umfangreiche Rennprogramm, das 2009 139 Rennen mit weit mehr als 1.400 Startern umfasste,[44] eine Dichte an züchterisch bedeutsamen Rennen, die in Deutschland einmalig ist. Denn hier werden an den heute 15 Renntagen im Jahr 13 so genannte Europagruppe-Rennen gelaufen. Solche Europagruppe-Rennen sind in drei Rangklassen (I–III) unterteilt und markieren die höchste Rennkategorie des Kontinents. Einige der Baden-Badener Traditionsrennen gehören dazu, wie das »Zukunftsrennen« für den zweijährigen Galoppernachwuchs (Gruppe II), das erstmals 1859 ausgetragen wurde.[45] Dazu zählen aber auch einige neuere, später eingeführte Rennen wie das 1972 ins Leben gerufene Bénazet-Rennen. Daneben wurden im Laufe der Zeit auch renommierte Rennen von anderen Veranstaltern übernommen. So kam z.B. 1953 die bedeutendste deutsche Sprintprüfung nach Iffezheim, die 1867 erstmals in Berlin-Hoppegarten ausgetragene »Goldene Peitsche« (Gruppe II).[46] Die wertvollste Prüfung ist jedoch der seit dem ersten Meeting gelaufene »Große Preis von Baden« (Gruppe I). Kein anderes Rennen in Deutschland besitzt ein so großes internationales Renommée und eine solche sportlich-züchterische Bedeutung, mit Ausnahme vielleicht des »Deutschen Derbys« in Hamburg. Ende der 1990er Jahre gelang es dem Internationalen Club, sein Hauptereignis als einziges Rennen hierzulande in der »World Series of Racing Championship« zu platzieren, die eine Art »Formel 1« des Galoppsports werden sollte (Furtwängler Abb. 8; siehe Farbabbildung nach S. 48). Eine deutliche Erhöhung der Dotierung auf umgerechnet eine Million Dollar war die Voraussetzung, die der Internationale Club in den Folgejahren meist mit Sponsoren auch aufbringen konnte. Iffezheim wurde so zum Schaufenster des deutschen Galoppsports und rangierte auf einer Ebene mit den Rennbahnen von Paris, Ascot, Melbourne oder Hongkong. Entgegen der weitgehenden Zurückhaltung in den deutschen Medien erfreute sich der »Große Preis von Baden« nun international einer bisher nie gekannten Beachtung mit Fernsehliveübertragungen u.a. nach den USA und nach Asien.[47] Die gewachsene Bedeutung des Rennens schlug sich aber auch im Starterfeld sichtbar nieder. Bei der Premiere der »Series« im Jahr 2000 trat mit »Holding Court« erstmals sogar ein amtierender französischer Derbysieger in Iffezheim an.[48] Doch letztlich ließ sich

---

44 www.baden-galopp.de.
45 Zur Geschichte der einzelnen wichtigen Rennen in Iffezheim vgl. REINBOTE (wie Anm. 1), S. 64–116.
46 StadtA Baden-Baden A 28–7 Nr. 258, Ausschreibung internationale Pferderennen in Baden-Baden, 23.8.-30.8.1953.
47 Vollblut. Das Rennsportmagazin Nr. 176, S. 7 ff.
48 Frankfurter Allgemeine Zeitung vom 5.9.2000, Artikel »Derbysieger Samum triumphiert in Iffezheim«.

Abb. 9:   Der Abgang vom Kapellenberg während des »Altes Badener Jagdrennens« 1930.

die Serie nicht halten und auch der »Große Preis« musste 2007 erheblich in seiner Dotierung herabgestuft werden.

Bedeutende Prüfungen kann Iffezheim aber auch im Hindernissport vorweisen. Hier
ist insbesondere das »Alte Badener Jagdrennen« zu nennen. Erstmals 1861 ausgetragen
führte es zunächst weitgehend über offenes Gelände, bis es im Interesse der zahlenden
Zuschauer in die Bahnanlage integriert wurde.[49] Aber auch in dieser veränderten Form
besitzt der Kurs der Iffezheimer Jagdbahn eine Besonderheit: Er führt über einen Hügel,
den so genannten Kapellenberg, wobei der Abgang vom Berg von einer scharfen Kurve
begleitet wird, was schon manchem Reiter zum Verhängnis wurde. Wie schwierig es zuweilen ist, auf diesem Hinderniskurs in der Spur zu bleiben, zeigte sich beispielsweise 1913.
Damals kam Graf Holck auf »Onvide« im »Alten Badener Jagdrennen« zwar nur als Vier-
ter ins Ziel, er gewann aber dennoch, weil die drei Erstplatzierten den falschen Kurs genommen hatten und disqualifiziert wurden (Furtwängler Abb. 10; siehe Farbabbildung
nach S. 48).[50]

Sportlich standen die Anfangsjahre der Baden-Badener Rennen ganz im Zeichen der
Pferde aus Frankreich, die fast alle wichtigen Prüfungen für sich entschieden. Die deutschen Starter konnten mit deren Klasse nicht mithalten, weshalb die einheimischen Pferdebesitzer Iffezheim weitgehend mieden. Erst das Ausbleiben der Franzosen nach 1870
veränderte das Bild. Neben deutschen und englischen Pferden reihten sich nunmehr in
stärkerem Maße auch Starter aus Österreich-Ungarn in die Siegerlisten ein und sorgten so
dafür, dass Baden-Baden seinem internationalen Anspruch gerecht werden konnte. Der
erste wirkliche vierbeinige Star in Iffezheim war dann auch eine Stute aus Österreich-

---

49   HOCHSTUHL (wie Anm. 6), S. 141; Die Rennen (wie Anm. 8), S. 11; REINBOTE (wie Anm. 1),
      S. 94.
50   Die Rennen (wie Anm. 8), S. 65.

Der ungarische Vollblutrenner Kincsem. (S. 106.)

Abb. 11:   Die ungarische Wunderstute Kincsem.

Ungarn: »Kincsem«. In ihrer von 1876–1879 andauernden Rennkarriere ging sie 54 Mal an den Start und blieb unbesiegt.[51] Eine vorher und nachher nie mehr erreichte Bilanz, weshalb »Kincsem« wohl zu Recht »als das erfolgreichste Rennpferd aller Zeiten und Länder bezeichnet werden« kann.[52] Die reisefreudige Stute errang ihre Siege dabei gegen stärkste Gegner in Ungarn, Österreich, Deutschland, England und Frankreich. In Iffezheim war »Kincsem« als erstes Pferd drei Mal hintereinander (1877–1879) im »Großen Preis von Baden« siegreich. Besonders bemerkenswert war dabei ihr zweiter Sieg 1878.[53] Das Ren-

---

51   Wie um viele berühmte Pferde ranken sich auch um »Kincsem« zahlreiche Geschichten. So lehnte die Stute trotz ihrer Vorliebe für das Reisen fremden Hafer und fremdes Wasser strikt ab. Alles musste vom Heimatgestüt in Ungarn mitgenommen werden. Bei einem Aufenthalt in Baden-Baden ging jedoch einmal das Wasser aus. »Kincsem« trank drei Tage nicht, bis man aus einer alten Quelle Wasser mit einem ähnlich erdigen Geschmack wie bei dem aus ihrer Heimat fand. Seit dieser Zeit wurde diese als »Kincsem-Quelle« bezeichnet; vgl. A. BASCHE, Turf, München 1978, S. 66 f.; F. CHALES DE BEAULIEU, Vollblut. Eine Pferderasse erobert die Welt, Verden/Aller 1960, S. 95.
52   Ebenda, S. 93; vgl. auch www.kincsem.de/Berühmte Pferde.
53   Badeblatt für die großherzogliche Stadt Baden vom 4.9.1878.

nen, das damals über 3200 m gelaufen wurde (heute 2400 m), endete mit dem Richter-spruch »totes Rennen« zwischen »Prince Giles« und »Kincsem«. Deren Besitzer ver-langte daraufhin eine Wiederholung des Rennens zwischen den beiden Erstplatzierten – er war verärgert über den Ausgang des Rennens, weil sein Jockey sich zu früh als Sieger ge-fühlt und aufgehört hatte, »Kincsem« weiter anzutreiben. Diese Neuauflage wurde nach einer kurzen Pause über die gleiche Distanz ausgetragen und endete mit einem deutlichen Sieg von »Kincsem«. In Erinnerung an dieses große Rennpferd wird in Iffezheim heute noch ein Rennen nach »Kincsem« benannt und auch ein Turm der Iffezheimer Tribüne trägt ihren Namen.[54]

Zum 25-jährigen Jubiläum der Rennen 1883 kehrten die französischen Starter wieder nach Iffezheim zurück, wenngleich zunächst nur vereinzelt. Bis zur Jahrhundertwende hatten sie jedoch wieder eine derartige Dominanz erreicht, dass man sich in Baden-Baden Sorgen um die Internationalität der eigenen Rennen machte, weil die deutschen und öster-reichischen Pferde aus Resignation ihrer Besitzer wieder ausblieben.[55] Der Club versuchte deshalb gegenzusteuern. 1903 wurde beschlossen, in den wichtigsten Rennen (»Zukunfts-rennen«, »Altes Badener Jagdrennen«, »Fürstenberg-Memorial« und »Großer Preis von Baden«) den nicht aus England und Frankreich stammenden Pferden eine Gewichtser-laubnis von 3,5 kg zu gewähren.[56] Diese Pferde hatten also im Rennen weniger Gewicht zu tragen, als ihnen gemäß den Bedingungen der jeweiligen Rennausschreibung eigentlich zukommen wäre. Dies war ein nicht zu unterschätzender Vorteil. Ein Jahr später legte das Rennkomitee zudem noch fest, jenseits der Hauptrennen einen Teil der Rennpreise zu-künftig deutschen bzw. österreichisch-ungarischen Pferden vorzubehalten, eine Rege-lung, die noch nach dem Zweiten Weltkrieg Gültigkeit besaß.[57] Dennoch blieben Siege deutscher Vollblüter in den großen Iffezheimer Rennen zunächst selten. Erst mit der In-tensivierung und Weiterentwicklung der deutschen Zucht zu Beginn des 20. Jahrhunderts sollte sich dies allmählich ändern. Die in diesem Bereich sehr innovativen Brüder Arthur (1860–1943) und Carl (1861–1943) von Weinberg[58] waren dabei vielen Züchtern ein Vor-bild, konnten sie mit den Pferden ihres Gestüts »Waldfried« doch schon vor dem Ersten Weltkrieg erste Erfolge verbuchen:[59] So gewann deren Hengst »Faust« 1908 unter großem

---

54 Der gegenüberliegende Turm ist »Oleander« aus dem Gestüt Schlenderhan gewidmet.

55 VOELTZEL (wie Anm. 13), S. 20, 24, 27, 37, 42.

56 Ebenda, S. 24, 27.

57 Rennen in Iffezheim (wie Anm. 8), S. 54; GLAK 371 Zugang 1981/42 Nr. 1982, Ministerium des Innern an den Internationalen Club vom 5.6.1924.

58 Die Brüder von Weinberg entstammten einer jüdischen Kaufmannsfamilie, waren erfolgreiche Unternehmer in der Chemieindustrie in Frankfurt und wurden 1908 in den erblichen Adels-stand erhoben. 1925 brachten sie ihr Unternehmen in die I.G. Farbenindustrie AG ein. Beide waren auch politisch aktiv. Carl gehörte z.B. der deutschen Delegation bei den Friedensver-handlungen von Versailles an. Wegen ihrer jüdischen Herkunft mussten sie 1933 auf Druck der Nationalsozialisten alle öffentlichen Ämter niederlegen. Arthur starb 1943 nach seiner Depor-tation in Theresienstadt, Carl konnte 1939 nach Italien emigrieren, wo er bis zu seinem Lebens-ende 1943 lebte; vgl. W. KILLY/ R. VIERHAUS (Hgg.), Deutsche Biographische Enzyklopädie, Bd. 10, München 1999, S. 393 f.

59 Zu »Waldfried« vgl. BASCHE, Turf (wie Anm. 51), S. 141; L. KNOLL, Das Englische Vollblut. Zucht – Rennsport – Einfluß, Stuttgart 1990, S. 22 ff.

Abb. 12:   Der Hengst Faust, Sieger u.a. im Großen Preis von Baden 1908.
Abb. 13:   Carl von Weinberg (1861–1943) beim Besuch der Rennbahn in Iffezheim im Jahr 1908.

Jubel der Besucher auf der Iffezheimer Bahn drei wichtige Rennen, darunter auch den
»Großen Preis von Baden«.[60]
    Nach der durch den Ersten Weltkrieg bedingten Rennpause kamen erstmals 1924 wie-
der ausländische Pferde in Iffezheim an den Start, zunächst aus Italien, später aber auch
wieder aus den Ländern der übrigen ehemaligen Kriegsgegner. Die deutsche Zucht zeigte
sich nun jedoch erstarkt, und erstmals avancierte ein deutsches Pferd zum unbestrittenen
Star der Rennen in Iffezheim: »Oleander« aus dem Gestüt Schlenderhan.[61] Ihm gelang es
als einziges Pferd bis heute, den Dreifach-Triumph von »Kincsem« im »Großen Preis
von Baden« zwischen 1927 und 1929 zu wiederholen.[62] Seine Siege über die lange Zeit
übermächtige französische Konkurrenz waren dabei mehr als nur einfache Rennerfolge.
Sie wurden zu Triumphen der vom Krieg und der Niederlage 1918 gebeutelten Deutschen

---

60   Rennen in Iffezheim (wie Anm. 8), S. 58; R. STERNFELD, Von Patience zu Nereide. Drei Jahr-
      zehnte des Aufstiegs der deutschen Vollblutzucht, Gelting 2002 (ND von 1937), S. 29 f.
61   Das Gestüt Schlenderhan, nahe Köln beheimatet, ist das älteste und auch erfolgreichste Privat-
      gestüt Deutschlands. Gegründet wurde es 1869 von Eduard von Oppenheim, einem Sohn des
      Kölner Bankiers Símon Freiherr von Oppenheim. Noch heute ist es im Besitz der Familie; vgl.
      zu Schlenderhan M. STOFFREGEN-BÜLLER, Schlenderhan. Schwarz-blau-rot – die Farben der
      Sieger. 140 Jahre Vollblutzucht und Rennen, Hildesheim/Zürich/New York 2009.
62   Vgl. Ebenda, S. 215 -235.

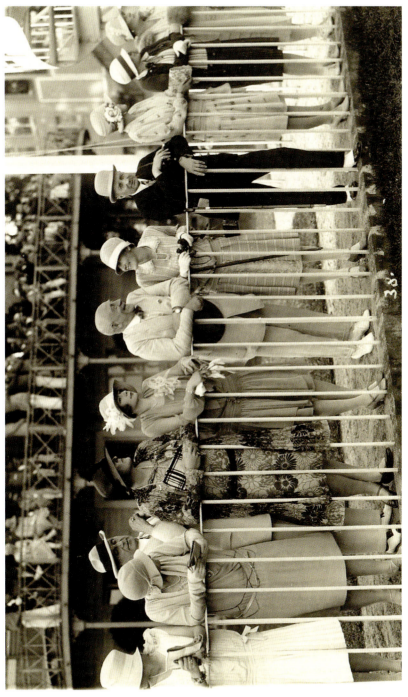

Furtwängler Abb. 5:   Besucher an den Railsum 1925.

Furtwängler Abb. 6:   Die große, 1910 errichtete Sattelplatztribüne.

Furtwängler Abb. 7:   Der Führring von der Sattelplatztribüne gesehen, im Jahr 2008.

Furtwängler Abb. 8:   Presseauflauf um Samum, den Sieger im ersten »Großen Preis von Baden«
im Rahmen der World Series of Racing Championship im Jahr 2000.

Furtwängler Abb. 10: Ehrenpreis für den Sieger im »Alten Badener Jagdrennen«, wohl im Jahr 1863. Gefertigt 1863 von Johann Spiess, Hofgraveur aus Mannheim, ab jenem Jahr ansässig in Baden-Baden.

Furtwängler Abb. 17: Endkampf eines Rennens in Iffezheim, 2010.

Furtwängler Abb. 19:
Die 2003/2004 errichtete neue Bénazettribüne.

Abb. 14:   Der Fährhofer Hengst Silvano mit Andy Boschert im Sattel nach seinem Sieg im Preis der Wirtschaft im Jahr 2000. Ein Jahr später gewann der Hengst mehrere Millionenrennen in Asien und Amerika, u.a. die Arlington Million in Chicago.

über den ehemaligen Kriegsgegner Frankreich stilisiert und entsprechend gefeiert.[63] Allerdings, mit dem Erstarken der deutschen Zucht ging auch eine etwas geringere Beteiligung wirklicher ausländischer Spitzenpferde in Baden einher, galt Iffezheim doch damals nicht mehr als allererste Adresse des internationalen Rennsports.[64] Ausdruck dieser gewandelten Verhältnisse war letztlich die Tatsache, dass es bis 1937 dauerte, ehe mit »Dadji« wieder ein französisches Pferd den »Großen Preis von Baden« gewann.

Nach dem Zweiten Weltkrieg setzten sich diese Tendenzen fort, und die Sieger z.B. im »Großen Preis von Baden« kamen seitdem mehrheitlich aus einheimischen Rennställen. Dabei ist das in den letzten Jahrzehnten des 20. Jahrhunderts beachtlich hohe Leistungsniveau der deutschen Vollblutzucht bemerkenswert, vor allem da diese im Vergleich zu den großen Zucht- und Rennsportländern wie Großbritannien, Irland, Frankreich, USA etc. zahlenmäßig weit weniger Pferde umfasst.[65] Stars der Rennbahn wurden nun in stär-

---

63   Badische Neueste Nachrichten vom 3.9.2003, Artikel »Große Woche vor 75 Jahren (2)«; Badeblatt. Fremdenliste und Mitteilungsblatt der Bäder- und Kurverwaltung Baden-Baden vom 3.9.1927, Artikel »Die Internationalen Rennen zu Iffezheim. Oleander Sieger im Großen Preis«.

64   FISCHER, Dorf (wie Anm. 17), S. 11..

65   Als Maßstab für die Größe einer Vollblutzucht gilt die Anzahl der Mutterstuten in einem Land, denn sie zeigt an, wie groß die Jahrgänge sind, aus denen dann die Spitzenpferde hervortreten. Je größer diese Basis ist, desto größer auch die Chance herausragende Pferde hervorzubringen. Im Jahr 2004 gab es in Deutschland 2.281 Mutterstuten, in Großbritannien hingegen 12.938, in

Abb. 15:   Siegessprung vom Pferd von Lanfranco Dettori, einer der besten Jockeys der Welt, nach
seinem Erfolg auf Emerald Commander im Darley-Öttingen-Rennen, Gruppe II, am 31.8.2010 in
Iffezheim.

kerem Maße auch in Deutschland geboren: In Bezug auf Iffezheim gilt dies insbesondere
für den Hengst »Acatenango« aus dem Gestüt Fährhof,[66] der den »Großen Preis von Baden« 1986 und 1987 gewann, oder auch für dessen Sohn »Lando«, der 1993 und 1994 an
der Oos siegreich war.[67] Dennoch zeigt sich in manchen Jahren auch in den Baden-Badener Hauptrennen die in der Leistungsbreite natürlich immer noch bestehende Überlegenheit der großen Galoppsportländer. So gab es 2003 nur einen deutschen Sieg in den
sechs Gruppe-Rennen der »Großen Woche«.[68]

Frankreich 8.661, in Irland 18.867, in Australien 24.478 und in den USA sogar 58.268; vgl. Vollblut. Das Rennsportmagazin Nr. 193, S. 31.
66   Das Gestüt Fährhof wurde 1964 von dem Kaffeeröster Walter J. Jacobs gegründet und wird
heute in Form einer Stiftung als eines der erfolgreichsten deutschen Gestüte und Rennställe
weitergeführt; KNOLL (wie Anm. 59), S. 33 ff.
67   Vgl. zu den Rennkarrieren der Hengste »Acatenango« und »Lando«: P. SCHMANNS, Von Herero
bis Boreal, Isernhagen 2005, S. 170 ff.; 256 ff.
68   Vollblut. Das Rennsportmagazin Nr. 184, S. 36.

Abb. 16:   Siegerehrung im Darley-Öttingen-Rennen 2010. Der Sieg ging an den weltgrößten
Rennstall Godolphin, der sich im Besitz der Herrscherfamilie von Dubai, Al Maktoum, befindet,
die rund 2.000 Rennpferde im Training hat. Zweiter von links: Jockey Lanfranco Dettori; zweiter
von rechts: Trainer Saeed bin Suroor.

Wettfieber

Im Jahr 1895 vermerkt der damalige Generalsekretär des Internationalen Clubs, Freiherr
Taets von Amerongen, in einem Schreiben an das Bezirksamt Rastatt, dass das Publikum
sein *Interesse an den Rennen nur erhält und steigert, wenn ihm die Unterhaltung des Wet-*
tens geboten wird.[69] Und der englische Autor und Galoppexperte Wray Vamplew formu-

---

69   GLAK 236/26491, von Amerongen an Bezirksamt Rastatt vom 24.5.1895.

lierte: »gambling is the keystone of racing«.[70] Beide Aussagen verdeutlichen die innige, ja
beinahe elementare Verbindung des sportlichen und gesellschaftlichen Ereignisses »Pferderennen« mit dem Glücksspiel. Dies gilt besonders für die vielen unterklassigen Rennen,
die auch in Iffezheim gelaufen werden. Bei diesen spielt der sportliche Aspekt für die
meisten Zuschauer nur eine geringe Rolle. Hier entspringt der Reiz für das Publikum im
Wesentlichen aus der Möglichkeit zu wetten. Dabei sind für die Wetter, die bewusst wetten möchten und die nicht Aspekte wie den Namen des Pferdes oder dessen schöne Augen
zur Entscheidungsgrundlage machen, die Kriterien vielfältig: Ist die Renndistanz für den
eigenen Favoriten die richtige? Wie hoch ist das zu tragende Gewicht? Wie kommt das
Pferd mit der Beschaffenheit des Bodens zurecht? Mag es die Bahn? Wie gut ist die Form
des Jockeys? All dies ist im Vergleich zu den Konkurrenten des oder der ins Auge gefass-
ten eigenen Favoriten zu berücksichtigen. Trotz der Komplexität einer so gearteten Ent-
scheidungsfindung erzeugt das Wetten beim Erleben der Rennen ein prickelndes Gefühl
der Spannung, das über die Hoffnung auf materiellen Gewinn oft hinaus geht. Viele Wetter fühlen sich für die Zeit des jeweiligen Rennens nämlich in gewisser Weise als Mitbesit-
zer der von ihnen getippten Pferde (Furtwängler Abb. 17; siehe Farbabbildung nach
S. 48). Das Wetten ist somit einerseits ein Magnet, der die Menschen stark anzieht. Er verleiht den Pferderennen auf der anderen Seite aber auch eine gewisse Aura des Zwielichti-
gen, die viele Zeitgenossen auf Distanz gehen lässt. Schließlich übt das Glücksspiel doch
traditionell eine starke Anziehungskraft auf die Halbwelt aus. Eine geläufige Sentenz im
Galoppsport lautet daher nicht ganz zu Unrecht: »Nicht alle Rennbahnbesucher sind
Ganoven, aber alle Ganoven sind auf der Rennbahn«.

Die Geschichte des Wettens reicht in Iffezheim zurück bis in die Anfangsjahre der
Rennen: Schon damals wurden wohl Wetten getätigt, im privaten Rahmen oder über
Buchmacher.[71] Über das Ausmaß dieser Wettgeschäfte lassen sich heute keine Angaben
mehr machen. Erst mit der Einführung des Totalisators 1880[72] wurde die Situation trans-
parenter. Der Totalisator, das sei hier kurz erläutert, stellt ein Verfahren zur Bestimmung
der Gewinnhöhen der Wetten bei Pferderennen dar. Dabei wetten alle teilnehmenden
Spieler mit ihrem Einsatz gegeneinander, wobei gilt: je weniger Wetter in einem Rennen
richtig tippen, desto höher ist die Gewinnquote (vgl. Lotto). Die Rennveranstalter, die
den Totalisator in der Regel betreiben, sind dabei lediglich Vermittler der Wetten und erhalten dafür einen Anteil vom Einsatz. So auch der Internationale Club, weshalb seine
Einkünfte aus diesem Geschäft Rückschlüsse auf die Entwicklung des Wettmarktes in Iffezheim zulassen. Die Anfänge waren hier bescheiden – ganze 400 Mark wurden bei der
ersten Rennveranstaltung 1880 vom Club als Gewinn erzielt.[73] Für die folgenden Jahre ist

---

70 Zitiert nach J. SCHÄFER, Die ersten konzessionierten Buchmacher in Baden-Baden, in: Badische
     Heimat 81 (2001), S. 285.
71 Ebenda; Rennen in Iffezheim (wie Anm. 8), S. 27.
72 Vgl. HOCHSTUHL (wie Anm. 6), S. 150. Der Totalisator kam schon 1865 in Paris erstmals
     bei einem Pferderennen zum Einsatz. In Deutschland wurde diese Art zu wetten, zum ersten
     Mal in Hamburg beim »Großen Hamburger Handicap« im Jahr 1870 praktiziert. Schon da-
     mals versprachen sich die Veranstalter der Rennen von diesem System eine Erhöhung ihrer
     Einnahmen; vgl. Rennen in Iffezheim (wie Anm. 8), S. 27; Basche, GESCHICHTE (wie Anm. 4),
     S. 370.
73 HOCHSTUHL (wie Anm. 6) S. 150.

jedoch eine deutliche Zunahme der Wettleidenschaft in Iffezheim wie auf den Rennbahnen in Deutschland insgesamt zu konstatieren, die immer weitere Kreise der Bevölkerung mit einbezog.

Das starke Ansteigen der Totalisatorumsätze stieß allerdings nicht überall auf ein positives Echo und ungeteilte Freude. Vielmehr regte sich dagegen recht bald moralisch fundierter Widerstand, der selbst vornehme adlige Rennsportkreise erfasste. So legten Fürst Karl Trauttmannsdorff und Prinz Paul Esterhazy ihre Posten im Direktorium des Wiener Jockey-Clubs nieder, *weil ihnen der riesige Gewinn, den der sogenannte Totalisator dem Club zuführt, unheimlich wurde [...und] sie dessen Gewinn [...] nicht für »vornehm«* hielten,[74] berichtete die Kölnsche Zeitung 1887. Und auch die staatliche Seite reagierte, um dem Wetten, das man als abträglich und verwerflich für die moralische und sittliche Entwicklung des Volkes ansah, einen Riegel vorzuschieben. 1881 erließ Preußen ein allgemeines Verbot des Totalisators – ein Verbot allerdings, das 1886 wieder aufgehoben werden musste, weil es in der Praxis nicht durchsetzbar war.[75] Da sich das Wetten somit nicht verhindern ließ, versuchte die Reichsregierung in der Folgezeit wenigstens fiskalisch aus der Wettleidenschaft Nutzen zu ziehen. Seit 1887 mussten die Veranstalter vom erzielten Nettoertrag des Totalisators 20 % an den deutschen Stuten-Import-Fonds zur Förderung der deutschen Vollblutzucht abgeben. Im Jahr 1891 wurde zudem eine 5 %ige Stempelabgabe auf den Totalisatorumsatz eingeführt, die man 1894 auf 10 % und 1901 gar auf 25 % erhöhte.[76] Das großherzoglich-badische Ministerium des Innern wollte sich dem preußischen Verdikt von 1881 nicht anschließen. Man folgte Berlin aber insoweit, als am 4. August 1882 an das Bezirksamt Rastatt und den Internationalen Club eine Verfügung erging, nach der die Wettspiele *an dem »Totalisator« und an den Stationsplätzen der s.g. »Buchmacher«[...], dem Publikum unter keinen Umständen zugänglich gemacht werden dürfen.*[77] Wettgeschäfte waren danach nur noch in einem abgegrenzten Bereich bzw. später in einem geschlossenen Gebäude erlaubt. Sie sollten in diesen abgeschirmten Bezirken auch allein den Mitgliedern des Clubs und denen anderer Rennvereine vorbehalten bleiben. Und selbst diese Wettberechtigten mussten, um ihrem Vergnügen nachgehen zu können, noch ein hohes Extraeintrittsgeld für den Totalisatorbereich bezahlen. Darüber hinaus waren auch die Mindesteinsätze für die Wetten mit 10 Mark (1887) beträchtlich.[78] Zusammengefasst heißt dies: Das Wetten sollte nur der obersten Schicht der Gesellschaft möglich sein, das allgemeine Publikum hingegen sollte davon ausgeschlossen werden. Von Erfolg gekrönt waren diese Regelungen jedoch nicht. Der Club selbst hatte wenig Interesse daran, diesen Beschränkungen zum Erfolg zu verhelfen, und setzte die Anweisungen

---

74 GLAK 236/26491, Auszug aus der Kölnschen Zeitung No. 172 vom 23.6.1887.
75 GLAK 371 Zugang 1940/29 Nr. 396, Cirkular an die kgl. Regierungspräsidenten etc. vom 30.4.1886; SCHÄFER (wie Anm. 70), S. 288.
76 Vgl. VOELTZEL (wie Anm. 13), S. 18, 37. Dem widerspricht SCHÄFER (wie Anm. 70), S. 288 bzgl. der Höhe der Steuer ab 1901, die er nur mit 20 % veranschlagt. Leider ließ sich diese Divergenz aufgrund der Angaben in den mir zugänglichen Quellen nicht auflösen. Doch erscheint mir eine drastische Erhöhung auf 25 % plausibler zu sein, da die Umsätze in Iffezheim eben nach 1901 sehr stark zurückgingen und nach der Absenkung des Steuersatzes 1905 auf 16 2/3 % sich rasch wieder erholten, was auf deutliche Veränderungen in dessen Höhe schließen lässt.
77 GLAK 371 Zugang 1940/29 Nr. 395, Bericht des Bezirksamts Rastatt (Richard) vom 26.8.1882.
78 GLAK 371 Zugang 1940/29 Nr. 396, Ministerium des Innern an das Bezirksamt Rastatt vom 3.8.1887.

des Ministeriums zunächst eher lax um. Aber auch nachdem der Club sich aufgrund staatlicher Beschwerden und Ermahnungen bemühte, den Zugang zum Totalisator wirksamer
zu beschränken, fanden die Wettwilligen Mittel und Wege, diese Maßnahmen zu umge-
hen. Dies veranlasste manche Ordnungshüter dazu, die Forderung zu erheben, das Wetten am besten ganz zu verbieten.[79]

Durch den staatlichen Druck auf den Totalisator ging die Wettleidenschaft folglich
nicht zurück. Der Wettumsatz verlagerte sich vielmehr zu einem erheblichen Teil auf die
auch in Iffezheim an den Renntagen zahlreich anwesenden Buchmacher. Sie betrieben ihre
Geschäfte vielfach unerlaubterweise auch außerhalb des offiziellen Wettbezirks und waren somit für jedermann greifbar.[80] Diese Situation war für die staatliche Seite letztlich
noch unerfreulicher als eine starke Frequentierung des Totalisators: Denn einerseits ent-
gingen dem Staat nun nicht unbeträchtliche Steuereinnahmen. Zudem verloren die Rennvereine Gelder, mit denen sie über die Rennpreise die einheimische Zucht unterstützten,
was von staatlicher Seite aus militärischen Gründen – Versorgung der Kavallerie mit gu-
tem Pferdematerial – ja erwünscht war.[81] Schließlich sahen die staatlichen Behörden in den
Buchmachern ein noch größeres Übel für das sittliche Wohlergehen der Bevölkerung als
im Totalisator. Denn Buchmacher galten als tendenziell betrügerisch. Schon seit den frühen 1880er Jahren hatte die staatliche Obrigkeit deshalb mittels offener Polizeipräsenz
und verdeckten Ermittlern versucht, das Buchmacherwesen auch in Iffezheim außerhalb
des abgesonderten Wettbereichs zu unterbinden.[82] Allerdings ohne durchschlagenden
Erfolg.[83] Diese Aspekte bewirkten letztlich ein Umdenken auf staatlicher Seite und führten zu einer zunehmenden Akzeptanz der Totalisatorwette. Ab den späten 1880er Jahren
wurden die Bedingungen für den Totalisatorbetrieb nach und nach gelockert, bis durch
das heute noch gültige Rennwettgesetz von 1922 der Zugang zu den Wettschaltern für alle
Erwachsenen freigegeben wurde.

Trotz dieser Liberalisierung stagnierte der Wettumsatz jedoch nach dem Ende der Kai-
serzeit. Nach dem Zweiten Weltkrieg ging der Anteil der Pferdewette am Glücksspiel in
Deutschland durch die zunehmende Konkurrenz anderer Wettarten (Lotto etc.) sogar
zurück. In absoluten Zahlen erlebte der Umsatz der Pferdewette allerdings eine bemerkenswerte Zunahme. In Iffezheim stieg er von rund 2 Mio. DM 1958 bis auf über 33 Mil-

---

79   GLAK 371 Zugang 1940/29 Nr. 398, Bezirksamt Rastatt an die Staatsanwaltschaft Karlsruhe
     (Konzept) vom 11.9.1884.
80   Vgl. z.B. GLAK 371 Zugang 1940/29 Nr. 398, Anzeige Gendarm Hügler vom 2.9.1884; Bezirks-
     amt Rastatt an Staatsanwaltschaft Baden-Baden vom 11.9.1884 (Konzept); GLAK 236/26491,
     Internationaler Club an Bezirksamt Rastatt vom 28.5.1896; Bezirksamt Baden-Baden an Minis-
     terium des Innern, Präsentatum vom 20.9.1900.
81   GLAK 233/10969, Vermerk des Reichskanzlers von Bülow an die badische Regierung vom
     10.11.1903.
82   Vgl. z.B. GLAK 371 Zugang 1940/29 Nr. 399, Bericht des Bezirksamts Rastatt an das Ministe-
     rium des Innern, 21.10.1885 (Konzept); GLAK 236/26491, Bezirksamt Rastatt an das Ministe-
     rium des Innern vom 22.6.1894. Innerhalb des Wettbezirks war das Buchmachen anfangs noch
     erlaubt.
83   GLAK 236/26491, Bezirksamt Baden-Baden an Ministerium des Innern, Präsentatum vom
     20.9.1900.

Abb. 18:   Wetter beim Abgeben ihrer Wettscheine an den Kassen.

lionen DM 1981 an.[84] Anfang bis Mitte der 1990er Jahre erlebte das Wetten in Iffezheim gar einen Boom. Begünstigt durch die gute wirtschaftliche Lage im Zuge der Wiederverei-nigung und durch werbewirksame Fernsehserien wie die »Rivalen der Rennbahn« oder die Sat-1-Sendung »Telewette« wuchs das Interesse an Pferderennen und damit auch der Wettumsatz: 1994 wurde der bisherige Umsatzrekord mit 48,9 Millionen DM (= 25,02 Millionen €) erreicht. Ab 1997 kehrte sich die Entwicklung dann jedoch um und die Um-sätze sanken wieder.[85] Nach der Jahrtausendwende gerieten alle Rennbahnen in Deutsch-land und so auch Iffezheim durch drastisch einbrechende Wetteinnahmen in eine zuneh-mende Krise, deren Ende noch nicht abzusehen ist. Allein von 2000 bis 2004 schrumpften die Wettumsätze in Deutschland um über 40%.[86] Der Wettumsatz im Galoppsport betrug 2004 in ganz Deutschland nur noch rund 214 Millionen Euro und sank in den Folgejahren

---

84   W. ZIEGLER, Iffezheim und seine Rennbahn, in: Um Rhein und Murg 2 (1962), S. 137; 125 Jahre
      Internationaler Club Baden-Baden. Ein kurzer Streifzug durch die bewegte Geschichte des In-
      ternationalen Clubs und der internationalen Galopprennen Baden-Baden, Baden-Baden 1997,
      S. 38 f., 44.
85   Vgl. FANELSA (wie Anm. 5), S. 85 f.
86   Vollblut. Das Rennsportmagazin Nr. 193, S. 31.

noch weiter.[87] Grund für diesen Einbruch waren vor allem neue Wettangebote insbesondere im Internet. Im Gegensatz zu hiesigen Verhältnissen boomt die Pferdewette auf den Wettmärkten in Frankreich, England, Australien und vor allem in Ostasien. In Hongkong z.B. ist der »Jockey-Club«, der bei den dortigen Rennen den Totalisator betreibt, der größte Steuerzahler der ehemaligen britischen Kronkolonie und konnte im Jahr 2004 einen Wettumsatz von rund 6 Milliarden € vorweisen.[88]

Finanzprobleme

Die gegenwärtigen großen wirtschaftlichen Probleme des Internationalen Clubs, die im Frühjahr 2009 sogar zu seiner Insolvenz geführt haben, sind sicherlich zu einem Großteil durch die Krise des Rennsports in Deutschland insgesamt bedingt. Dieser fristet allenfalls noch ein Mauerblümchendasein und wird von den Medien – selbst vom hier in Baden-Baden residierenden Südwestrundfunk kaum noch wahrgenommen. Das ist allerdings ein Los, das viele traditionelle Sportarten unter der Übermacht des allgegenwärtigen Fußballs teilen, man denke nur z.B. an die Probleme der Leichtathletik. Jedoch sind wirtschaftliche Schwierigkeiten für den Club keineswegs neu, sie ziehen sich wie ein roter Faden durch seine Geschichte. Vor allem wirtschaftliche Krisenzeiten hinterließen ihre Spuren. So standen z.B. die Rennen Anfang der 1930er Jahre schon einmal kurz vor dem Ende. Die strukturelle Finanzsituation des Internationalen Clubs hat 1932 dessen späterer Präsident Richard Haniel einmal mit den Worten zusammengefasst: *Die Iffezheimer Rennen […] waren von jeher ein Zuschußbetrieb.*[89] D.h. die Deckung der Ausgaben für die Anlage, die Preisgelder etc. war in Iffezheim nie allein mit den Einnahmen aus den Eintrittsgeldern der Besucher sowie den Nenn- und Reugeldern der Pferdebesitzer,[90] die ihre Tiere in Iffezheim laufen lassen wollten, möglich. Und auch die Einnahmen aus dem Wettgeschäft, so wichtig sie zur Finanzierung seit dem Ende des 19. Jahrhunderts auch wurden, reichten nicht aus. Nach dem Ausfall der Spielbank als dem zentralen Geldgeber 1872 mussten daher stets noch andere Finanziers gefunden werden.[91]

---

87   Vgl. auch für das Folgende: Vollblut. Das Rennsportmagazin Nr. 193, S. 31; Nr. 197, S. 12–17; vgl. auch FANELSA (wie Anm. 5), S. 86.

88   Vollblut. Das Rennsport-Magazin Nr. 193, S. 31, vgl. auch Nr. 197, S. 12–17.

89   GLAK 233/27928, Internationaler Club an den Oberbürgermeister von Baden-Baden vom 20.4.1932.

90   Für die Starterlaubnis müssen Pferdebesitzer so genannte Nenngelder an den Veranstalter zahlen. Bei den Galopprennen gibt es in der Regel drei Nennungen, bei denen jedes Mal in steigendem Maße diese Gebühren fällig werden. Wird einmal nicht gezahlt, so verliert das betreffende Pferd seine Starterlaubnis. Wurden die ersten Nennungen verpasst, können bei den meisten Rennen Pferde auch noch nachgenannt werden, dann aber zu erheblich höheren Taxen. Reugelder hingegen sind Entgelte für die Einräumung eines vertraglichen Rücktrittsrechts.

91   Eine Auflistung der Geldgeber und ihrer Beiträge in den Jahren 1889 bis 1907 findet sich bei VOELTZEL (wie Anm. 13), S. 50f. und von 1901 bis 1932 als Anlage des Schreibens von Kurdirektor Hoehne an den badischen Ministerpräsidenten Köhler vom 11.5.1933 in GLAK 233/27928.

Dies war einerseits der Staat, der dies seit 1922 durch die weitgehende Rückerstattung der Rennwettsteuer tat, und auch Zuschüsse für Bauten und in Krisenzeiten gewährte.[92] Dies war und ist aber vor allem die Stadt Baden-Baden, für die die Rennen einen nicht zu unterschätzenden Werbeeffekt im Fremdenverkehr mit sich bringen.[93] Neben der finanziellen Hilfe der öffentlichen Hand verfügte der Club auch stets über eine ganze Reihe privater Geldgeber. Eine besonders wichtige Gruppe waren dabei bis zum Zweiten Weltkrieg die Baden-Badener Geschäftsleute und Hoteliers. Sie besaßen natürlich ein vitales Geschäftsinteresse an der Durchführung der Rennen und wurden deshalb von Stadt und Club bereits zu Zeiten des Kaiserreichs direkt in die Pflicht genommen. Die einzelnen Geschäftsleute verpflichteten sich damals meist für mehrere Jahre im Voraus zur Leistung eines bestimmten Geldbetrages.[94] Der Anteil dieser Gruppe am Spendenaufkommen für die Rennen wuchs im Laufe der Zeit immer mehr an und zog in der Weimarer Republik fast mit dem der Stadt gleich. Nach dem Zweiten Weltkrieg gewann modernes »Sponsoring« für die Finanzierung der Rennen zunehmend an Bedeutung. Sichtbar wurde dies am Namenswechsel vieler Rennen, die nun nach ihrem Sponsor hießen: Aus dem »Spreti-Rennen« wurde der »Preis der Sparkassen-Finanzgruppe«, aus dem »Zukunftsrennen« die »Maurice-Lacroix-Trophy« etc. Der Einfluss der Sponsoren verstärkte sich in den letzten Jahren in dem Maße, in dem die Pferdewette an Bedeutung für die Rennfinanzierung einbüßte. Er veränderte sogar die Besucherpolitik des Internationalen Clubs,[95] der sich nun wieder stärker um die Bedürfnisse eines exklusiveren Publikums bemühte. Sichtbares Zeichen dieses Wandels ist der Neubau der Bénazettribüne 2003/2004, welche die alte Clubtribüne ersetzte (Furtwängler Abb. 19; siehe Farbabbildung nach S. 48).[96] Diese sollte gemäß ihrer Ausgestaltung insbesondere auch den Sponsoren und ihren Gästen zugute kommen. Denn moderne Sponsoren wollen eine Gegenleistung für ihren Einsatz, wollen die Rennen als Werbebühne oder als »Event« zur Mitarbeiter- und Kundenmotivierung. Altruistisches Mäzenatentum wie das eines Spenders aus dem Jahr 1932, der 2.000 RM für die Rennen in Baden-Baden zur Verfügung stellte und dabei ungenannt bleiben wollte,[97] ist ihnen meist fremd.

Ausblick

In ihrer mehr als 150-jährigen Geschichte haben sich die Rennen in Iffezheim von einem kleinen, aber mondänen Meeting zu volksfestähnlichen Großveranstaltungen entwickelt. Gleichwohl sahen die Zukunftsperspektiven in den letzten Jahren nicht rosig aus: Struk-

---

92 Vgl. FURTWÄNGLER, Sport und Glücksspiel (wie Anm. 1), S. 310f.
93 Vgl. zu den Hilfsleistungen der Stadt Baden-Baden z.B.: StadtA Baden-Baden A 28–5 Nr. 396, passim; A 28–7, Nr. 258, passim; A 26–15, Nr. 182, passim.
94 StadtA Baden-Baden A 26–15 Nr. 182, Verzeichnis der Einwohner, die sich zur Geldabgabe für fünf Jahre verpflichtet [o.D., wohl 1890].
95 125 Jahre (wie Anm. 84), S. 40; vgl. auch HOCHSTUHL (wie Anm. 6), S. 161; Vollblut. Das Rennsportmagazin Nr. 182, S. 20f.; Nr. 186, S. 22–24.
96 Vgl. GLAK 233/27928, Vertretung Badens beim Reich an das Staatsministerium in Karlsruhe vom 9.7.1932.
97 Vollblut. Das Rennsportmagazin Nr. 182, S. 20f.; vgl. FANELSA (wie Anm. 5), S. 168.

Abb. 20:   Dr. Andreas Jakobs
(erster von rechts), der Präsident
von BadenRacing, des neuen
Betreibers der Rennbahn in Iffezheim.

turelle finanzielle Probleme der Veranstalter gepaart mit einem weitgehenden Desinter-
esse der Öffentlichkeit in Deutschland gegenüber dem Galopprennsport sind Hypothe-
ken, die auch die Existenz der Rennen im »deutschen Ascot« gefährden. 2009 musste der
Internationale Club gar Insolvenz anmelden und die Ausrichtung der Rennen letztlich
aufgeben. Erst Anfang 2010 konnte mit der Übernahme der Veranstaltungen in Iffezheim
durch die Baden Racing GmbH zum 1. Juni 2010 deren Weiterexistenz vorerst gesichert
werden. Hinter dieser neuen Gesellschaft verbirgt sich ein Firmenkonsortium mit der Dr.
Andreas Jacobs gehörenden Sportmarketingagentur »Infront Sports & Media« an der
Spitze. Unter dem Motto *Volksfest-Charakter auf Qualitätsniveau*, so Dr. Jakobs in einem Interview,[98] sollen die Rennveranstaltungen an der Oos in eine bessere Zukunft geführt werden. Es bleibt zu hoffen, dass das Konzept der neuen Betreiber Erfolg hat. Denn
eine Aufgabe der Rennen wäre nicht nur für den Galoppsport ein schwerwiegender Verlust, auch die Region am mittleren Oberrhein wäre um ein internationales Großereignis
im Jahr ärmer.

---

[98]   Vollblut. Das Rennsportmagazin Nr. 210, S. 24.

Aus der Frühzeit des Fußballs –
badische Fußballhochburgen

VON ERNST OTTO BRÄUNCHE

Wer fragt, wo in Deutschland Fußball gespielt wird, dem wird der Eingeweihte immer in erster Linie den Namen der badischen Residenzstadt Karlsruhe nennen. Dieser Name bedeutet ein Programm im deutschen Fußballsport, ihn umgibt der Nimbus des Vollendeten ...[1] Derart ins Schwärmen geriet ein Journalist der in München erscheinenden »Illustrierten Sportzeitung« nach dem Zwischenrundenspiel um die Deutsche Meisterschaft am 1. Mai 1910 des in Karlsruhe amtierenden Deutschen Fußballmeister FC Phönix Karlsruhe und seinem Nachfolger, dem Karlsruher Fußballverein (KFV). Der Karlsruher Fußball hatte zu diesem Zeitpunkt bereits eine mehr als zwanzigjährige Geschichte hinter sich. Süddeutschland und hier speziell Karlsruhe können deshalb tatsächlich gemeinsam mit Berlin »als Wiege des organisierten Fußballs in Deutschland« bezeichnet werden.[2] Da zudem zwei verschiedene Karlsruher Vereine die Deutsche Fußballmeisterschaft in zwei aufeinander folgenden Jahren errangen – bis heute hat dies keine andere Stadt vorzuweisen –, ist Karlsruhe in der Tat eine der deutschen Hochburgen in der Frühzeit des Fußballs vor dem Ersten Weltkrieg.[3] Der erste badische Club mit einem Meistertitel kam aber nicht aus Karlsruhe. Diese Ehre gebührt dem FC Freiburg, der zwei Jahre vor dem FC Phönix Karlsruhe im Endspiel in Mannheim Viktoria Berlin mit 3:2 besiegt hatte. Deshalb liegt der Schwerpunkt im Folgenden zwar auf der Karlsruher Fußballgeschichte, es werden aber Freiburg und darüber hinaus Pforzheim – der 1. FC Pforzheim wurde 1906 deutscher Vizemeister – sowie der Austragungsort der Deutschen Meisterschaft 1907 Mannheim zu einem knappen Vergleich einbezogen.

---

1 Artikel in der »Münchener Illustrierten Sportzeitung«, zitiert nach: Karlsruher Sport-Club Mühlburg-Phönix e. V. (Hg.), Festschrift zum 60jährigen Jubiläum des Karlsruher Sportclub 1894–1954, Karlsruhe 1954, S. 36.
2 H. GRÜNE, 100 Jahre Deutsche Meisterschaft. Die Geschichte des Fußballs in Deutschland, Göttingen 2003, S. 40.
3 Ausführlich dazu: E. O. BRÄUNCHE, Fußballhochburg Karlsruhe, in: E. O. BRÄUNCHE/V. STECK (Hgg.), Sport in Karlsruhe von den Anfängen bis heute, Karlsruhe 2006, S. 168–218.

Ursprünge des Fußballs

Ursprünglich kam der Fußball aus England. Dort hatten sich seit den 1820er-Jahren ausgehend von den Public Schools Spiele etabliert, bei denen zwei Mannschaften um einen
Ball kämpften und diesen in ein gegnerisches Tor zu bugsieren versuchten. Die Public
School von Rugby stand dabei für das nach ihr benannte Spiel, bei dem der Ball auch mit
der Hand aufgenommen werden konnte und der Gegner mit dem Einsatz des ganzen
Körpers fair »bekämpft« wurde. Die Public School von Eaton bevorzugte dagegen das
körperlose Spiel, bei dem der Ball nicht mit der Hand berührt und überwiegend mit dem
Fuß gespielt wurde. Die Anhänger dieser Richtung gründeten 1863 die »Football Association«, die Rugbyspieler folgten 1871 mit der »Rugby-Union«.[4]

In Deutschland wurde erstmals in Braunschweig Fußball gespielt, ohne dass dies zu
einer Vereinsgründung geführt hätte. Der Lehrer Konrad Koch, der eigentlich ein über-
zeugter und ausgewiesener Turner war, richtete mit einem Kollegen am Braunschweiger
Gymnasium Martino-Katherineum einen freiwilligen Spielnachmittag an. Im Herbst
1874 etablierte sich rasch eine Schülergruppe, die nach englischem Vorbild Fußball spielte.
Andere Schulen in Hamburg, Göttingen und Bremen folgten. Der Durchbruch war dies
aber noch nicht, denn es gab es immer noch viele Vorbehalte im Deutschland der Kaiser-
zeit gegen das englische Spiel. Die Turner beobachteten das neue Treiben ebenfalls eher
skeptisch, und auch das Rugbyspiel war ein ernsthafter Konkurrent.

Erfolgreicher war der zweite Anlauf, wiederum vornehmlich mit Schülern, die diesmal
aber außerhalb des Schulbetriebs spielten. Beteiligt waren häufig Engländer, die aus unterschiedlichen Gründen in Deutschland weilten. Die ersten Fußballvereine hatten in der
Regel aber nur eine kurze Lebensdauer, der erste Fußballclub im engeren Sinne, der BFC
Frankfurt 1885, besteht heute nicht mehr, wobei Frankfurt nicht etwa für den Heimatort
des Vereins steht, der war nämlich Berlin, sondern für den Heimatort des ersten Klubpräsi-
denten. Der älteste noch bestehende deutsche Fußballverein kommt ebenfalls aus Berlin,
der BFC Germania 1888, der am 15. April 1888 von drei Berliner Gymnasiasten gegründet
wurde.[5] 1889 folgte dann die erste Fußballvereinsgründung in Karlsruhe, die des »Karlsruher Footballclub«, aus dem zwei Jahre später der Karlsruher Fußballverein (KFV) hervor-
ging. Ein Zeitzeuge erinnerte sich später, dass in dieser Zeit die Fußballvereine in Karlsruhe
kamen und gingen wie die Pilze im Herbst.[6] Die Existenz der Vereine hing oft nur von dem
Besitz eines Balles ab. Doch mit diesen bescheidenen Anfängen begann eine bis heute anhaltende Fußballtradition in Karlsruhe. Motor war Walter Bensemann (Bräunche Abb. 1;
siehe Farbabbildung nach S. 64), »Der Mann, der den Fußball nach Deutschland brachte«.[7]

---

4   Vgl. dazu Grüne (wie Anm. 2), S. 12ff.
5   Der Verein wirbt auf seiner Homepage (http://www.bfcgermania88.de/, Stand 20. Februar
     2010) damit, der älteste deutsche Fußballclub zu sein.
6   K. Geppert, Entstehung und Entwicklung des Fußballsportes in Baden, in: Sportschule
     Schöneck des Badischen Fußballverbandes. Festschrift aus Anlass der Eröffnung der Sport-
     schule Schöneck auf dem Turmberg am 11. und 12. Juli 1953, Karlsruhe 1953, S. 33–69, S. 35.
7   B. M. Beyer, Der Mann, der den Fußball nach Deutschland brachte. Das Leben des Walther Ben-
     semann. Ein biographischer Roman, Göttingen 2003. Zum Folgenden Ders.: Walther Bensemann
     – ein internationaler Pionier, in: D. Schulze-Marmeling (Hg.), Davidstern und Lederball. Die
     Geschichte der Juden im deutschen und internationalen Fußball, Göttingen 2003, S. 82–100.

Abb. 2: Das »Engländerplätzle«, wie es in den 1890er-Jahren ausgesehen haben soll. Walther Bensemann erhielt das Bild von Egon Itta 1933 zu seinem 60. Geburtstag.

Abb. 3:   Die Engländer-Kicker, Bild aus dem Nachlass von Julius Hirsch, um 1890.

Walther Bensemann

Der am 13. Januar 1873 geborene Fußballpionier stammte aus einer vermögenden jüdischen Bankiersfamilie in Berlin. Erste Kontakte zum Fußball knüpfte Bensemann in der Schweiz, wohin ihn seine Eltern auf eine englische Privatschule geschickt hatten. In Montreux gründete er bereits im Jahr 1887 einen Fußballclub. Von dort kam er nach Karlsruhe und ging auf das Karlsruher Gymnasium, das heutige Bismarck-Gymnasium. Über seine ersten fußballerischen Aktivitäten in Karlsruhe berichtete er später rückblickend: *Im September 1889 ließ ich aus der Schweiz einen Fußball kommen; der Ball wurde morgens vor der Schule aufgeblasen und in der 10-Uhr-Pause musste bereits ein Fenster des Gymnasiums daran glauben. Der im Schulhof wandelnde Professor du Jour .... hielt eine Karzerstrafe für angemessen, allein Direktor Wendt erklärte sich mit der Bezahlung des Fensters einverstanden und schickte uns auf den kleinen Exerzierplatz, Engländerplatz genannt. Hier hatten zwei Jahre zuvor einige Engländer sowie Gymnasiasten, zu denen auch Prinz Max von Baden gehörte, Rugby gespielt; der Spielbetrieb war aber bald wieder eingeschlafen. Wenige Tage nach der Übersiedlung auf diesen Engländerplatz gründeten wir den »Karlsruher Footballclub«, der zuerst nur aus Pennälern bestand, dem aber in Kürze etwa 15 bis 20 Engländer beitraten.*[8]

---

8   Zitiert nach J. FREY, 90 Jahre Karlsruher Fußballverein. Eine illustrierte Chronik, Karlsruhe 1981, S. 7.

Auch in Karlsruhe hatte Bensemann also rasch einen Verein ins Leben gerufen. Aus dem »Karlsruher Footballclub« ging 1891 der KFV hervor. Der Straßburger FV, der 1899 und 1900 zweimal hintereinander die Süddeutsche Fußballmeisterschaft gewinnen sollte, entstand ebenfalls auf seine Initiative. Darüber hinaus war Bensemann maßgeblich an der Gründung der ersten süddeutschen Fußballverbandsgründung, der Süddeutschen Fußball-Union, beteiligt. Der Verband löste sich 1895 allerdings wieder auf, da es in dieser Frühzeit des deutschen Fußballs noch nicht gelang, einen regelmäßigen Spielbetrieb aufzubauen. Die Vereine bewegten sich nach wie vor eher im lokalen Umfeld, regelmäßige Reisen in weiter entfernt liegende Städte waren noch nicht zu finanzieren.[9] Darüber hinaus gab es auch Kritiker wie den Karlsruher Gymnasiallehrer August Marx, der Gefahren für die Moral seiner Schüler durch die Fußballreisen sah.[10] Ob Bensemann noch selbst bei August Marx Unterricht hatte, kann nur vermutet werden. Marx setzte sich auf jeden Fall sehr kritisch mit dem Fußball auseinander, vor allem mit den von älteren Schülern gegründeten Vereinen, da diese Beiträge erhöben, die für manche unerschwinglich seien und damit Schranken aufbauen würden. Außerdem sah er eine finanzielle Überforderung der Familien, die die Kosten der Ausrüstung und der Fahrten zu tragen hatten. Da die Spiele in der Regel mit Wirtshausbesuchen verbunden waren, erblickte Marx darin den *Keim zu den verschiedensten unerfreulichen Ausschreitungen*. Speziell Bensemann hatte er wohl im Visier, als er vom Schaden sprach, den der *sportsmässige Betrieb in den Köpfen* anrichten würde: *Wenn die Wettspiele sich häufen, wenn jedes Spiel mit seinem großen Apparat von Vorbereitungen zu einer Haupt- und Staatsaktion aufgebauscht wird, so gewinnt die Sache eine Wichtigkeit, die sie nach ihrem wahren Wert niemals hat noch haben darf, die dagegen sehr geeignet ist, die jungen Köpfe gehörig zu verwirren .... Und wenn vollends die Ergebnisse eines solchen Wettkampfes andern Tags in Zeitungsartikeln, abgefaßt in jenem unglaublichen geschmacklosen deutsch-englischen Jargon, ausposaunt werden, wenn dort der Sekundaner Müller oder der Tertianer Maier gedruckt lesen kann, welch ausgezeichnete Kraft die Welt an ihm besitze, wenn ein Wettspiel, bei dem schließlich zwei hiesige Vereine gegen einander kämpfen, unter dem bescheidenen Titel eines »Kampfes um die Meisterschaft des Kontinents« in den Zeitungen angekündigt wird, dann ist eine an sich gute Sache zur reinen Karikatur verzerrt und jeder, der es mit unserer Jugend gut meint, wird gegen das Eindringen eines renommistischen und unwahren Wesens Front machen.*[11] Dies widersprach den Ansichten Bensemanns, dessen Karlsruher Kicker sich zu dieser Zeit tatsächlich mit dem Titel des Meisters des Kontinents schmückten, diametral, denn ihm ging es immer um den Wettkampf über Stadt- und Ländergrenzen hinaus. Besondere Verdienste erwarb er sich deshalb auch bei der Etablierung des deutschen Fußballs auf internationalem Parkett. Auf sein Betreiben wurde erstmals ein deutsches Fußballteam nach Frankreich eingeladen. Die Mannschaft um Walther Bensemann gewann in Paris Spiele gegen den dortigen Meister White Rovers und eine Stadtauswahl. Dieses Engage-

---

9   Vgl. Grüne (wie Anm. 2), S. 27.
10 Vgl. R. Binz, Räumliche Sozialisation und Fußball in Europa. Eine Einführung in die Bedeutung der Reisen im Fußballsport, S. 11 (http://www.ruhr-uni-bochum.de/fussball/_publi/Sozialisation.pdf., Stand 20. Februar 2010). Binz zitiert A. Marx, Turnen und Bewegungsspiel am Karlsruher Gymnasium. Beilage zu dem Programm des Großherzogl. Gymnasiums zu Karlsruhe für das Schuljahr 1893/94 (Programm 1894 No 608), Karlsruhe 1894.
11 Marx (wie Anm. 10), S. 24f.

ment stieß nicht überall auf Gegenliebe. Vor allem in dem 1897 gegründeten Süddeutschen
Fußball-Verband gab es einflussreiche Stimmen, die den Fußball zunächst einmal als
»deutsches Spiel« etablieren wollten.[12] Der Süddeutsche Fußball-Verband, der u. a. von
den Karlsruher Vereinen KFV, Phönix und Fidelitas als Gegenreaktion auf Alleinvertre-
tungsansprüche des in Berlin residierenden Deutschen Fußball- und Cricket-Bundes gegründet worden war, hätte auch fast das von Bensemann angestoßene erste Gastspiel der
englischen Football Association auf dem Kontinent verhindert. Mit Unterstützung des
Berliner Fußballverbandes und der finanziellen Absicherung durch Ivo Schricker, der
ebenfalls zu den in Karlsruhe tätigen Fußballpionieren zählt und später FIFA Generalsekretär wurde,[13] sowie durch die Bereitschaft einiger Karlsruher Fußballer entgegen dem
Verbot des Verbandes zu spielen, kamen drei Spiele gegen die Engländer zustande. Die
Karlsruher Spieler traten allerdings für den Spieltag kurzfristig aus ihren Vereinen aus, um
Sanktionen zu vermeiden.[14] In den drei Spielen gab es zwar deutliche Niederlagen bei einem Torverhältnis von 4:30, sie wurden aber auch eine Lehrstunde in Sachen Spielkultur
und Taktik. Deshalb gelten sie heute als ein Wendepunkt in der deutschen Fußballgeschichte, da man nun begann, das englische Vorbild zu übernehmen. Das dritte Länderspiel fand in Karlsruhe statt, ohne dass dies allerdings in der Presse wahrgenommen
wurde.

Bensemann machte in der Diskussion um dieses richtungweisende Spiel klar, dass es
ihm darum gehe, den *klaffenden Gegensatz der Stände zu mildern* und um *das Bemühen,
die Begriffe der Freiheit, der Toleranz, der Gerechtigkeit, im inneren Sportleben, des Nationalgefühls ohne chauvinistischen Beigeschmack dem Auslande gegenüber zu vertreten.*[15]
Wie kaum ein anderer in seiner Zeit erkannte er auch, *dass Fußball nicht nur eine Form
von Leibesübung war, sondern das Zeug zu einem publikumsträchtigen und Identität stif-
tenden Volkssport hatte.*[16] Diese Programmatik zieht sich auch durch das weitere Wirken
Bensemanns. In Karlsruhe war er 1899 an der Gründung des Karlsruher Fußballbundes
mit den Vereinen KFV, Phönix, Frankonia, Germania, Alemannia, Victoria und Südstadt
beteiligt.[17] Als Delegierter wirkte Bensemann noch an der Gründung des Deutschen Fußballbundes am 28. Januar 1900 in Leipzig mit, ehe er nach England ging und dort bis zum
Ersten Weltkrieg als Sprach- und Sportlehrer tätig war. 1914 kehrte er nach Deutschland
zurück, wo er 1920 die bis heute erscheinende Fußballfachzeitschrift »Kicker« gründete,
den er als *Symbol der Völker-Verständigung durch den Sport* sah.[18] 1933 musste Bense-

---

12   Vgl. hierzu und zum Folgenden BEYER, Walther Bensemann (wie Anm. 7), S. 85ff. Zum Süd-
      deutschen Fußballverband vgl. W. RASSBACH, Der süddeutsche Fußball-Verband, in: Deutscher
      Fußball-Bund (Hg.), Deutsches Fußball-Jahrbuch 1921–1922, Leipzig und Zürich o. J. [1921],
      S. 58–61. Für die Überlassung dieses Buches zur Auswertung danke ich Herrn Dr. Hans-Jürgen
      Vogt, Karlsruhe.
13   Zu Ivo Schricker vgl. H. WAHLIG, Dr. Ivo Schricker. Ein Deutscher in Diensten des Weltfuß-
      balls, in: L. PEIFFER/ D. SCHULZE-MARMELING (Hgg.), Hakenkreuz und rundes Leder. Fußball
      im Nationalsozialismus. Göttingen 2008, S. 197–206.
14   Vgl. BEYER, Der Mann (wie Anm. 7), S. 118.
15   Zitiert nach BEYER, Walther Bensemann (wie Anm. 7), S. 86.
16   Zitiert nach ebenda.
17   Vgl. Badische Abendzeitung vom 16. Februar 1951, und GEPPERT (wie Anm. 6), S. 38.
18   Zitiert nach BEYER, Walther Bensemann (wie Anm. 7), S. 88.

Bräunche Abb. 1:   Walther Bensemann (1873-1934) im Jahr 1896.

Nr. 30. 4. Juli 1921
Erscheint Montags.

Einzelpreis
1.— Mk.

Süddeutscher

Illustrierter Sport

Verlag der Badischen Presse

Das berühmte Innentrio der Altmeister-Mannschaft des KFV.

Förderer   Fuchs   ·   Hirsch

Bräunche Abb. 9:   Titelblatt »Süddeutscher Illustrierter Sport«. Verlag der Badischen Presse vom 4. Juli 1921 mit dem KFV Innensturm der Meistermannschaft von 1910 Albert Förderer, Gottfried Fuchs und Julius Hirsch (von links).

Abb. 4: Der Karlsruher Fußballverein (KFV) im Jahr 1898.

mann vor den Nationalsozialisten in die Schweiz fliehen, wo er am 12. November 1934 in Montreux starb, also in dem Ort, in dem er seinen ersten Fußballverein gegründet hatte.

Der Karlsruher Fußballverein

Obwohl Bensemann den Karlsruher Fußballverein schon 1893 wieder verlassen hatte, konnte sich der Verein nach einer kurzen Krise bald etablieren, ohne dass sich zunächst besonders bemerkenswerte Erfolge einstellten. Ein Wendepunkt bedeutete aber ein Spiel, das der KFV gegen den Straßburger FV im März 1897 deutlich mit 10:0 Toren verlor. Die Spieler trainierten danach täglich und rangen Straßburg im Rückspiel sechs Wochen später immerhin ein torloses Unentschieden ab. Damit begann der Aufstieg der Mannschaft, die von 1900 bis 1905 fünfmal in Folge süddeutscher Meister wurde. In den Jahren 1901 bis 1905 blieb der Verein gegen deutsche Mannschaften ungeschlagen, nur die Fußballer der Universität Oxford besiegten ihn im Jahr 1903 mit 3:1. Die Süddeutsche Meisterschaft war nach der Gründung des Verbandes Süddeutscher Fußballvereine am 17. Oktober 1897 in Karlsruhe in der Gastwirtschaft »Zum Landsknecht« erstmals 1898 ausgespielt worden, der KFV unterlag dem Freiburger FC 2:0 im Endspiel.[19] Dass drei der acht Gründungsmitglieder des Verbandes aus Karlsruhe kamen, unterstreicht die Vorreiterrolle der badischen Hauptstadt. Neben dem KFV waren dies aus Karlsruhe der FC Phoenix und der FC Fidelitas, der 1. FC Pforzheim, der Fußballclub Heilbronn, der Hanauer Fußballclub 1893, die Mannheimer Fußballgesellschaft 1896 und der Frankfurter FC Germania.

---

[19] Vgl. GRÜNE (wie Anm. 2), S. 28.

In den Jahren 1909 bis 1912 wurde der KFV, dessen Mitgliederzahl im Jahr 1908 auf 355 gestiegen war, noch dreimal Süddeutscher Meister.[20] Aber erst im Jahr 1910 gewann der Verein die Deutsche Meisterschaft – der KFV hatte zuvor diesen Titel wiederholt nur knapp verpasst. Zu den Kuriosa der deutschen Fußballgeschichte gehört dabei ohne Zweifel, dass die KFV-Verantwortlichen im Jahr der erstmals ausgespielten Deutschen Meisterschaft 1903 auf ein gefälschtes, angeblich vom Deutschen Fußballbund abgesandtes, Telegramm hereinfielen, mit dem ein Halbfinalspiel gegen den späteren Vizemeister Prag abgesagt wurde. Das Spiel wurde für Prag gewertet und nach Meinung vieler zeitgenössischer Experten verpasste mit dem KFV die damals spielstärkste deutsche Mannschaft den ersten Meistertitel. Auch im folgenden Jahr scheiterte der KFV, diesmal erst im Endrundenspiel gegen Britannia Berlin mit 1:6 – etliche Stammspieler des KFV hatten keinen Urlaub für die lange Reise nach Berlin bekommen. Da das Spiel aber entgegen der Regel nicht in einem neutralen Ort ausgetragen worden war, gab das DFB-Präsidium dem Protest des KFV statt und setzte die deutsche Meisterschaft in diesem Jahr aus.[21] Auch 1905 verpasste die »Mannschaft der Stunde«[22] die Deutsche Meisterschaft nur knapp, zuvor in allen Spielen ungeschlagen, unterlag man im Endspiel Union 92 Berlin mit 2:0.

Der KFV hatte sich inzwischen auch gesellschaftlich etabliert. Er stand seit 1905 unter dem Protektorat des Prinzen Max von Baden, der 1918 letzter Reichskanzler des Deutschen Kaiserreichs werden sollte. Dies mag neben der bürgerlichen Struktur des Vereins dazu beigetragen haben, dass er in der Stadt als »eingebildeter« Verein galt.[23] Auch zur Stadtverwaltung waren engere Kontakte geknüpft worden. Seit Oktober 1899 erhielt die Stadt Einladungen zu Fußballspielen, die noch auf dem Engländerplatz stattfanden. Dieser wurde aber auch von etlichen anderen Vereinen genutzt und erwies sich deshalb zunehmend als zu klein, zumal auswärtige Fußballmannschaften, die nun nach Karlsruhe kamen, auch steigende Zuschauerzahlen nach sich zogen. Mitte 1903 legte der Verein der Stadt Pläne für einen neuen Sportplatz vor. Das Anliegen wurde ein Jahr später noch einmal durch ein Schreiben untermauert, das deswegen von besonderem Interesse ist, weil ihm wenige Tage später eine Liste der 130 Mitglieder nachgereicht wurde, mit der die über die Vereinsstruktur zum Nachweis der Solidität des Vereins gemachten Angaben bestätigt wurden: Die Mitglieder rekrutierten sich wie bei den meisten anderen deutschen Fußballvereinen in dieser Zeit aus Schülern, Studenten, Angestellten und Kaufleuten.[24] Stärkste Gruppe bei den Aktiven waren die Studenten, womit bestätigt wird, dass Technische Hochschulen die Entstehung und Existenz von Fußballvereinen gefördert haben.[25]

Der zweite Anlauf, einen eigenen Platz zu bekommen, war schließlich erfolgreich: 1904 erhielt der Verein ein ca. 20.000 m² großes Gelände am Rande der heutigen Nordweststadt, auf dem der Fußballplatz entstand, auf dem deutsche Fußballgeschichte geschrieben wurde: »Auf diesem Platz spielte sich seit seiner Einweihung die große Glanz-

---

20   Vgl. FREY (wie Anm. 8), S. 65.
21   Vgl. GRÜNE (wie Anm. 2), S. 54f.
22   Ebenda, S. 53.
23   Vgl. das gedruckte Programm zum Fussball-Wettspiel Holstein Kiel, Norddeutscher Meister gegen den Karlsruher F.-V., Ostermontag, 17. April 1911, o. O. [Karlsruhe], o. J. [1911], o. S.
24   Vgl. Ch. EISENBERG, Fußball in Deutschland, in: Geschichte und Gesellschaft 20. Jg. Heft 2, 1994, S. 181–210, S. 190.
25   Vgl. ebenda.

Mitgliederstruktur des KFV 1904

	Aktive	Passive	Ehrenmitglieder
Abiturient	1	1	
Aktuar		1	
Architekt	1	1	
Arzt	1		
Bäckermeister	2		
Bahnbeamter	2		
Bankbeamter	3	3	
Beamter			1
Betriebssekretär	1		
Buchhändler		1	
Finanzpraktikant	1		
Handwerker	1		
Ingenieur	1	5	
Kaufmann	6	11	1
Kunstgewerbeschüler	2		
Lehrer	1		2
Maler		1	
Militär	1	1	
Pfarrer			1
Postbeamter	1		
Professor			2
Schüler	6		
Student	16	12	
Techniker	4		
Zahntechniker	1		

Abb. 5:   (Tabelle)

Abb. 6:   Fußballspiel im KFV-Stadion nach der Errichtung der Zuschauertribüne 1907 (links oben) und vor dem Bau des Vereinsheims 1909.

Abb. 7: Prinz Max von Baden auf der neuen Zuschauertribüne im KFV-Stadion beim Spiel KFV gegen den Oxford-University-Association-Footballclub, das Oxford 3:1 gewann.

zeit des KFV ab, hier erlebte man internationale Spiele, von denen man im europäischen Fußball sprach. Es gab kaum eine Spitzenmannschaft aus der Zeit um die Jahrhundertwende aus den fußballbegeisterten Ländern Europas, die nicht auf dem Platz gegen den KFV angetreten wäre.«[26] Der knapp 10.000 Zuschauer fassende Platz galt als richtungweisend, er verfügte erstmals über aufgeschüttete Zuschauerränge, moderne Umkleidekabinen mit Duschen und erhielt 1907 eine eigene Zuschauertribüne.[27] Eingeweiht wurde der Platz gegen den FC Zürich, den der KFV vor 2.000 Zuschauern, darunter der neue Protektor des Vereins Prinz Max von Baden, mit 8:0 besiegte. Nicht zufällig berichtete die seit 1885 erscheinende Karlsruher Chronik in diesem Jahr erstmals über Fußball und hob die Anwesenheit des Prinzen Max von Baden hervor, der den von ihm gestifteten Pokal dem Spielwart des KFV Ivo Schricker überreichte.[28] Damit war der Fußball hoffähig geworden. 1909 fand auch erstmals ein offizielles Länderspiel im KFV-Stadion gegen die Schweiz statt. Am 4. April machte sich *schon in den frühen Mittagsstunden ein außerordentlicher Verkehr … geltend, der, je weiter der Zeiger der Uhr vorrückte, gewaltige Dimensionen annahm,* heißt es in einem Pressebericht. Mit dem Anpfiff um 15.30 Uhr wurden deutlich mehr als 5.000 Zuschauer Zeuge des ersten Sieges einer deutschen Nationalmannschaft. In

26 So der Sportjournalist Richard Volderauer, zitiert nach FREY (wie Anm. 8), S. 337.
27 Vgl. StadtAK 1/H Reg 2141.
28 Chronik der Haupt- und Residenzstadt Karlsruhe für das Jahr 1905, XXI. Jg., Karlsruhe 1906, S. 131.

der offiziellen Statistik der deutschen Länderspiele wird dieses Spiel als fünftes aufgeführt. Das Siegtor zum 1:0 schoss der Stuttgarter Eugen Kipp.

Zurück zum KFV: Das Pech war dem KFV trotz des neuen Stadions zunächst treu geblieben. 1906 verpasste man die süddeutsche Meisterschaft mit einer weiterhin starken Mannschaft, weil man vergessen hatte, einen neuen Spieler anzumelden.[29] In den folgenden drei Jahren verlor der Verein dann vorübergehend seine Spitzenstellung. Die Wende kam 1909 mit der Verpflichtung des ersten englischen Trainers William Townley,[30] der zuvor die europäische Spitzenmannschaft DFC Prag trainiert hatte. Townley, in seiner aktiven Zeit Linksaußen bei den Blackburn Rovers, brachte den Spielern Technik, Taktik und das Flachpassspiel bei, wobei er aber auch eine Reihe hervorragender und lernfähiger Spieler vorfand. So verwundert es nicht, dass in einem Länderspiel gegen Holland am 24. März 1912 z. B. allein sechs KFV-Spieler auf dem Platz standen. Da außerdem Phönix Karlsruhe zwei Spieler stellte, könnte man tatsächlich von einer auf drei Positionen verstärkten Karlsruher Stadtauswahl sprechen, die Zeitzeugenberichten zufolge ein überzeugendes Spiel gegen die spielstarke holländische Mannschaft ablieferte.[31]

Abb. 8:   Die KFV-Meistermannschaft 1910.

---

29   Vgl. hierzu und zum Folgenden FREY (wie Anm. 8), S. 61ff.
30   Zu Townley vgl. H. GRÜNE: William J. Townley. Der Engländer, der den »süddeutschen Stil« prägte, in: D. SCHULZE-MARMELING (Hg.), Strategen des Spiels. Die legendären Fußballtrainer, Göttingen 2005, S. 46–53.
31   Vgl. Badische Presse vom 25. März 1912 und Deutsches Fußball-Handbuch 1927, Leipzig o. J. [1927], S. 28. Für die Überlassung dieses Buches zur Auswertung danke ich Herrn Dr. Hans-Jürgen Vogt, Karlsruhe.

Die mit Nationalspielern gespickte KFV-Mannschaft holte 1910 schließlich die Deutsche Meisterschaft und errang durch den 1:0 Sieg über Holstein Kiel am 15. Mai in Köln den größten Erfolg der Vereinsgeschichte. 1912 kam der Verein zwar erneut gegen Holstein Kiel ins Endspiel, doch diesmal verlor man 1:0, nicht zuletzt weil sich Mittelstürmer Gottfried Fuchs früh verletzte. Danach zeigte die Leistungskurve des KFV nach unten. Mit Julius Hirsch verließ einer der besten Stürmer den Verein nach Fürth, wohin er dem englischen Trainer Townley zur dortigen Spielvereinigung folgte. Max Breunig wechselte nach Pforzheim, der linke Verteidiger Ernst Hollstein beendete wegen seines Studiums die aktive Laufbahn, Fritz Förderer brach sich 1913 das Bein und fiel lange Zeit aus. Förderer war nicht nur der erste Karlsruher Nationalspieler, sondern auch der Rekordnationalspieler des KFV. Er spielte in den Jahren 1908 bis 1913 elfmal im Nationaltrikot und schoss zehn Tore.[32] Mit neun Spielen in den Jahren 1910 bis 1913 folgte Max Breunig, Kapitän und Torschütze der Meistermannschaft des KFV. Der linke Innenstürmer des KFV, Julius Hirsch, brachte es ebenfalls auf neun Länderspiele, zwei davon für den 1. FC Pforzheim, in den Jahren 1911 bis 1913. Hirsch ist einer der beiden einzigen deutschen Nationalspieler jüdischen Glaubens. Er wurde am 1. März 1943 nach Auschwitz deportiert und dort ermordet.[33] Auch der Sturmpartner von Julius Hirsch und sechsmalige Nationalspieler Gottfried Fuchs war Jude. Legendär sind die zehn Tore, die er im Spiel gegen Russland während der Olympischen Spiele in Stockholm am 1. Juli 1912 schoss (Bräunche Abb. 9; siehe Farbabbildung nach S. 64). Fuchs konnte nach Kanada fliehen, wo er 1972 verstarb.[34] Beide jüdischen Nationalspieler stammten aus bürgerlichen, der Fabrikantensohn Gottfried Fuchs sogar aus großbürgerlichen Verhältnissen und damit aus einer Schicht, die in den Anfangsjahren des Karlsruher Fußballs und des deutschen Fußballs insgesamt das Geschehen weitgehend bestimmte.

Zur Meistermannschaft gehörte auch Ernst Hollstein, der sechs Länderspielen in den Jahren 1910 bis 1912 aufzuweisen hat. Der Linksaußen der Meistermannschaft Hermann Bosch spielte 1912/13 fünfmal in der Nationalmannschaft. Nur einmal international spielte der rechte Läufer Wilhelm Gros.

---

32 Zu Fitz Förderer vgl. E. O. BRÄUNCHE, Fritz Förderer, in: Blick in die Geschichte Nr. 86 vom 19. März 2010 (http://www.karlsruhe.de/kultur/stadtgeschichte/blick_geschichte/blick86/biographie.de, Juli 2010).

33 Zu Julius Hirsch vgl.: S. SCHOLLMEYER, Julius »Juller« Hirsch. Deutscher Fußballnationalspieler. 1892 Achern – 1943 Auschwitz, Berlin 2007; W. SKRENTNY, Der Tod des »Juller« Hirsch, in: DERS. (Hg.), Als Morlock noch den Mondschein traf. Die Geschichte der Oberliga Süd, Essen 1993, S. 7–10; DERS., Julius Hirsch – der Nationalspieler, der in Auschwitz starb, in: SCHULZE-MARMELING, Davidstern (wie Anm. 7), S. 115–122; DERS., Julius Hirsch – der Nationalspieler, den die Nazis ermordeten, in: D. SCHULZE-MARMELING (Hg.), Die Geschichte der Fußball-Nationalmannschaft, Göttingen 2004, S. 118–121; DERS., Julius Hirsch: Der Nationalspieler, den die Nazis ermordeten, in: PEIFFER/SCHULZE-MARMELING (wie Anm. 13), S. 489–497; L. SYRÉ, Julius Hirsch, in: Badische Biographien Neue Folge Bd. V, Stuttgart 2005, S. 124–126, sowie G. TÖNNIHSEN, Julius Hirsch. Ein deutscher Fußballnationalspieler jüdischer Herkunft aus Karlsruhe, Karlsruhe 2008.

34 Vgl. zu dieser Kurzbiographie W. SKRENTNY, Gottfried Fuchs – Nationalspieler mit Torrekord, in: D. SCHULZE-MARMELING, Davidstern (wie Anm. 7), S. 123–130.

FC Phönix Karlsruhe

Der FC Phönix Karlsruhe verdankte seine Entstehung der Weigerung der »Karlsruher Turngemeinde«, eigene Fußballabteilungen zu gründen. Die Anfänge waren allerdings noch bescheiden. Anschaulich schildert ein Fußballpionier des Phönix die Spielbedingungen auf dem Engländerplatz: *Offizielle Spielzeit war der Sonntagnachmittag. Die Torstangen wurden im Hause Raible in der Bismarckstraße aufbewahrt und mußten jedesmal vor dem Spiel dort geholt und nach dem Spiele zurückgebracht werden. »Der« Ball – es gab nur einen – wurde von einem Spieler zu Hause gepflegt und notfalls auch geflickt.*[35]

1896 kam mit Arthur Beier, der neben seinen spielerischen Qualitäten als Mittelläufer auch durch Organisationstalent überzeugte, ein für den Erfolg des Vereins entscheidender Mann zum FC Phönix. Beier stand auch hinter der Beteiligung des Phönix an der Gründung des Verbandes Süddeutscher Fußballvereine im Jahr 1897. Nachdem Phönix schon bald wieder aus dem Süddeutschen Fußballverband ausgetreten war, reduzierte sich die Zahl der Spiele deutlich. Aus dieser Zeit ist eine Liste über die Vereinsstruktur erhalten, die angefertigt wurde, weil man sich mit dem FC Frankonia um den Engländerplatz stritt und glaubte, sich durch den Nachweis einer soliden bürgerlichen Mitgliederstruktur von dem Arbeiterclub Frankonia positiv absetzen zu können. In diesem Streit um den Engländerplatz, konkreter um die Sonntagsnutzung des lange Zeit einzigen brauchbaren Platzes in Karlsruhe, setzte sich Phönix durch. Dem Vorstand der Frankonia wurde vom Bezirksamt bei Androhung von Strafen bis hin zum Spielverbot auf dem Engländerplatz untersagt, den Spielbetrieb des Phönix am Sonntag zu stören. Diesem unerfreulichen Streit ist aber immerhin eine Mitgliederübersicht (Abb. 10) zu verdanken, die belegt, dass der Verein wie der KFV eine durchaus typische bürgerlich-mittelständische Mitgliederstruktur aufwies mit einem starken Schüleranteil, vielen Kaufleuten, Handwerkern und Beamten. Vergleichsweise gering war allerdings der Anteil der Studenten, ein deutlicher Unterschied zum KFV. Arbeiter fehlten wie beim KFV gänzlich.[36]

1904 stieß auch Arthur Beier, der schon 1898 aus beruflichen Gründen zunächst nach Stuttgart, dann nach Kiel gezogen war, wieder zur Mannschaft. In Kiel war Beier maßgeblich an der Gründung und dem Aufstieg von Holstein Kiel, dem späteren Vizemeister von 1909 und Meister 1912 beteiligt.[37] Beier wurde nun zum Garant des Erfolges, mit ihm begann ein Neuaufbau. Der spätere Pädagogikprofessor hatte entscheidenden Anteil daran, dass Phönix ein eigenes Stadion bekam. Nachdem der Engländerplatz zu klein geworden war, spielte Phönix seit 1905 sonntags auf dem großen Karlsruher Exerzierplatz, was aber nur eine Übergangslösung sein konnte. Arthur Beier und ein weiteres Vereinsmitglied kauften deshalb ein rund 18.000 m² großes Gelände, auf dem 1906 ein Fußballplatz, ein Tennisplatz sowie ein Klubhaus mit zwei Umkleideräumen und einem Wirtschaftsraum mit Küche entstanden. Mit dem neuen Platz war auch die Grundlage für die Erfolge des Phönix der nächsten Jahre gelegt. Der Verein hatte nun 150 Mitglieder, aus denen eine spielstarke Mannschaft entstand, die 1907 einen 4:0 Sieg über den ersten Deutschen Meis-

---

35   Zitiert nach: Festschrift (wie Anm. 1), S. 24.
36   Vgl. EISENBERG (wie Anm. 24), S. 190f.
37   Vgl. H. Grüne (u.a.), 100 Jahre Holstein Kiel. Kieler S. V. Holstein von 1900, Berlin 2000,
      S. 11.

Vereinsstruktur des FC Phönix Karlsruhe 1898/99

1.	Studierende	3
2.	Kaufleute	11
3.	Bankbeamte	4
4.	Beamte der Versorg[ungs]-Anstalt	2
5.	Beamte (subaltern)	7
6.	Maschinentechniker	1
7.	Bautechniker	2
8.	Musikdirigent	1
9.	Optiker	1
10.	Handwerker und Geschäftsleute, die im Geschäft ihres Vaters tätig sind	4
11.	Andere Handwerker (Schlosser 1, Küchenchef 1, Lithograph 2, Hylograph 1)	5
12.	Schüler /Oberrealschule und Gymnasium	11
13.	Städtische Kanzleibeamte	2
	Zusammen	54

Abb. 10:   (Tabelle)

Abb. 11:   Postkarte um 1906.

Abb. 12:   Postkarte 1912.

Abb. 13: Die erste Mannschaft des FC Phönix, 1909.

ter aus Süddeutschland, den FC Freiburg, bejubeln durfte. 1909 setzte sich Phönix dann in der Endrunde um die Süddeutsche Meisterschaft durch mit teilweise sehr deutlichen Ergebnissen: Auswärts gewann man z. B. gegen Hanau 93 mit 8:0, zuhause triumphierte man gar mit 16:0 über den FC Kaiserslautern. Auch in der Endrunde um die Deutsche Meisterschaft gelang gegen den SC Erfurt mit 9:1 ein Kantersieg. (Bild 13) Im Endspiel in Breslau traf Phönix auf die Berliner Spitzenmannschaft Viktoria Berlin, die bereits zum dritten Mal im Finale stand und als Titelverteidiger antrat. Ein Spielbericht der Süddeutschen Sportzeitung vom 17. Juni 1909 bestätigt die deutliche spielerische Überlegenheit des Phönix: *Die Karlsruher zeigten ein großartiges Zusammenspiel, vollendete Ballbehandlung und oft große Schußsicherheit. Was waren das für flotte Angriffe von der Stürmerreihe, ... Schießen können alle fünf Stürmer, so dass die Torzahl auch hätte höher ausfallen können.*[38] Phönix siegte 4:2, Mannschaftskapitän Beier, der das wichtige 1:1 erzielt hatte, telegraphierte stolz an den *verehrlichen Stadtrat der Haupt- und Residenzstadt Karlsruhe*, dass Phönix *heute in Breslau gegen den vorjährigen Deutschen Meister, Fußballclub Viktoria Berlin, die Deutsche Fußballmeisterschaft errungen hat, mit vier zu zwei Tore.*[39]

Auch 1910 spielte Phönix eine wichtige Rolle bei der Entscheidung um die Süddeutsche Meisterschaft. In einem Zwischenrundenspiel am 1. Mai 1910 unterlag die Phönixelf dem Lokalrivalen KFV knapp mit 2:1 im KFV-Stadion an der Hertzstraße. Auf den neutralen Spielort hatte man im gegenseitigen Einvernehmen verzichtet, was aber zu Beschwerden seitens der Phönixspieler wegen eines zu schweren Balles führte. Die Vermutung, dass der listenreiche englische KFV-Trainer Townley den Ball und auch den von den Spielern geforderten Ersatzball mit zwei Blasen hatte ausstatten lassen, konnte allerdings nie bewiesen werden – der Schiedsrichter hatte beide Bälle für unverdächtig befunden.[40]

Das Spiel vor einer Rekordkulisse von 6.000 bis 8.000 Zuschauern muss ein bis dahin nicht gekannter Höhepunkt der Spielkunst gewesen sein, der Journalisten wie den der eingangs zitierten »Illustrierten Sportzeitung«, aber auch die Zuschauer zu wahren Lobeshymnen veranlasste. Die Zeitschrift »Fußball« berichtete ebenfalls überschwänglich von einem *denkwürdigen* Spiel und lobte das *prachtvolle Stopp- und Pass-Spiel der KFV-Elf vor der Halbzeit*, als der KFV 2:0 in Führung ging sowie *das forcierte Drängen der Phönix-Elf, das seinen Lohn in einem Kopfstoß Beiers fand*. Es reichte aber nur zum Anschlusstor gegen die seit der 15. Minute nur noch mit zehn Mann spielenden KFVler.

Die einheimische Badische Presse sah das Spiel allerdings kritischer als die Fachzeitschriften und bemängelte, dass das Spiel *viel zu wünschen übrig* gelassen habe. Nur wenige interessante Momente fielen demnach für das Publikum ab, *da die Überlegenheit zuerst vom K.F.V. und dann von Phönix zu stark hervortrat.*[41] Auch das Publikum *aus ganz Süddeutschland*, der Badischen Presse zufolge *wohl die höchste Zahl von Zuschauern, die bisher in Deutschland einem Wettspiel beiwohnten*[42], bekamen ein schlechtes Urteil, man bemängelte, dass diese *versuchten, durch Zwischenrufe und Gejohle den Schiedsrichter für ihre Partei einzunehmen*, womit sie sich kein *gutes sportliches Zeugnis*

38   Zitiert nach: Festschrift (wie Anm. 1), S. 34.
39   StadtAK 1/H-Reg 2142.
40   Sowohl in der Festschrift des KSC zum 60jährigen Jubiläum (wie Anm. 1), S. 36, als auch in der KFV-Festschrift, FREY (wie Anm. 8), S. 68, wird von diesem Verdacht berichtet.
41   Badische Presse vom 2. Mai 1910.
42   Ebenda.

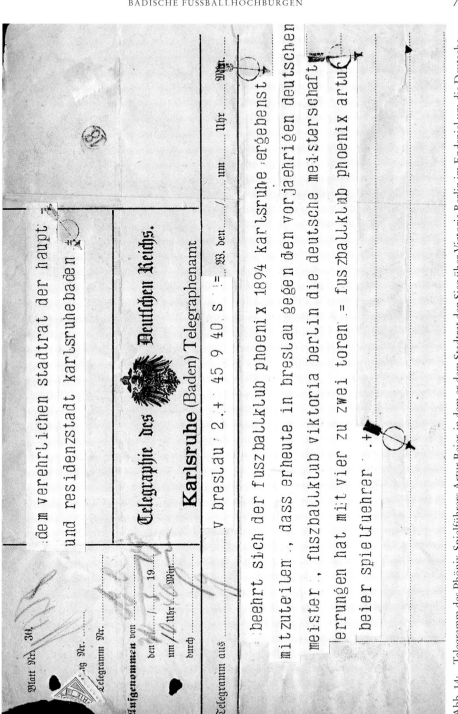

Abb. 14: Telegramm des Phönix-Spielführers Artur Beier, in dem er dem Stadtrat den Sieg über Victoria Berlin im Endspiel um die Deutsche Fußballmeisterschaft 1910 mitteilt.

ausstellten. Auch hier war die auswärtige Fachpresse weniger kritisch, sondern lobte im Gegenteil das Engagement der Zuschauer: *Kopf an Kopf drängte es sich rings um den großangelegten prächtigen Sportplatz des KFV. Das Schöne an der Sache ist, dass die Zuschauer in Karlsruhe aus allen Bevölkerungsschichten sich zusammensetzen. Da sehen wir Soldaten mit ihren Mädels am Arm, dort Mitglieder des Fürstenhauses; auch alle Altersstufen sind vertreten, die Schuljugend und ergraute Männer. Alle verfolgen mit demselben lebhaften Interesse den Verlauf eines Spieles, und man kann da mit Recht sagen, daß arm und reich, jung und alt durch das Fußballspiel begeistert werden. Das will etwas heißen in einer Stadt, deren gesellschaftliches Leben als steif und spießbürgerlich bezeichnet wird.*[43]

Die große Zeit des Phönix war aber vorbei. Trotz der Fusion mit dem FC Alemannia im Jahr 1912, der ebenfalls noch vor der Jahrhundertwende gegründet worden war, konnte die Mannschaft ihren Leistungsstand nicht halten. Nach einem deutlichen Einbruch mit einem vorletzten Platz in der Südkreisliga stabilisierte sich die Mannschaft zwar wieder, ohne allerdings an die alten Erfolge anknüpfen zu können. Zudem zwangen finanzielle Probleme zur Aufgabe des Sportplatzes an der Rheintalbahn noch vor dem Ersten Weltkrieg.

Zu den Nationalspielern des Phönix: Karl Wegele war mit 15 Länderspielen der erfolgreichste Nationalspieler. Auf fünf Länderspiele in den Jahren 1909 und 1912 brachte es der Linksaußen der Meistermannschaft Emil Oberle. Auf drei Länderspiele kam Robert Neumaier in den Jahren 1909–1912. Ein Länderspiel absolvierte der halbrechte Stürmer Otto Reiser, der am 24. Dezember 1884 als Sohn eines Hofküchendieners in Karlsruhe geboren wurde und damit in der ansonsten eher bürgerlichen Vereinsstruktur auffiel.

Freiburg

Auf den ersten Blick ergeben sich viele Gemeinsamkeiten der Fußballgeschichte zwischen Freiburg und Karlsruhe.[44] Auch in Freiburg gab es einen Engländerplatz, ebenso gab es einen Mann, mit dessen Namen die frühe Fußballgeschichte verbunden ist. Um 1880 wurde eine englische Militärschule gegründet, die unter Leitung eines Oberst a. D. Sir Henri Bradley Roberts Jugendliche zwischen 16 und 20 Jahren auf den militärischen Dienst in der englischen Infanterie vorbereiten sollte. Roberts erwarb für die Schule Häuser an der Dreisamstraße und pachtete für den Sportunterricht Wiesen an der Schwarzwaldstraße im Osten der Stadt. Da die Schüler zum Staunen der Freiburger Bevölkerung dort auch Fußball spielten, fanden sich bald auch einheimische Nachahmer. Die Wiesen der Militärschule erhielten wegen der dort ansässigen Engländer den Namen »Engländerplatz«. Ein Verein im engeren Sinne entstand aber noch nicht. Schüler aller Schularten trafen sich im »Nägelesee« und beschlossen, von nun an regelmäßig zum Fußballspielen zusammenzukommen und fanden bald auch eine eigene Wiese im Bereich der heutigen Zasiusstraße. Der Chronist des FC Freiburg Werner Kirchhofer, langjähriger Sportredakteur der »Badischen Zeitung«, erzählt im Zusammenhang mit der Inbesitznahme des

---

43   Illustrierte Sportzeitung, zitiert nach FREY (wie Anm. 8), S. 36.
44   Die folgenden Ausführungen basieren auf W. KIRCHHOFER, 100 Jahre FFC 1897–1997. Ein Stück Freiburger Fußballgeschichte, Freiburg 1997, S. 9–25.

Freiburger F.C.: Phönix Karlsruhe

G.G. 1905
26.

Abb. 15: Spiel des FC Freiburg gegen FC Phönix Karlsruhe in Freiburg 1905 auf dem dortigen Engländerplatz, benannt nach den ursprünglichen Benutzern dieses Platzes, dem englischen Militärinstitut in der Dreisamstraße. Der Gebäudekomplex im Hintergrund ist das Altersheim Kartause auf der Nordseite der Dreisam.

Platzes eine amüsante, aber auch bezeichnende Anekdote: Die auf die jungen Fußballer auf ihrer Wiese aufmerksam gewordene Besitzerin der Wiese, eine Frau Pfister, soll sich demzufolge erkundigt haben, was man dort eigentlich treibe. Der Wortführer der jungen Fußballer Felix Hunn antwortete: »Wir spielen Fußball.« Frau Pfister darauf: »Das sehe ich.« Hunn: »Warum fragen Sie dann?« Pfister: »Weil ich die Besitzerin der Wiese bin« Hunn: »Das können Sie auch in Zukunft bleiben.« Frau Pfister soll darauf kopfschüttelnd von dannen gegangen sein, was die Fußballer als Einverständnis werteten.

Wie in Karlsruhe waren es also Schüler, die zunächst dem englischen Beispiel folgten. 1893 entstanden sogar erste Vereine, die die schulische Herkunft des Freiburger Fußballs dokumentieren, zunächst der »Fußballverein Freiburger Gymnasium«, dann der »Verein Freiburger Oberrealschule«. Zu einer Vereinsgründung mit Bestand kam es aber erst sechs Jahre nach Karlsruhe. In Freiburg gründeten am 17. Dezember 1897 Studenten um den bereits genannten Felix Hunn, der von Kirchhofer als die Zentralfigur des frühen Freiburger Fußballs ausgemacht wird, den Freiburger Fußballclub, den FFC. Mit Hunn waren weitere der Schüler, die auf Frau Pfisters Wiese gespielt hatten und die wie Hunn nun studierten, bei der Vereinsgründung dabei. Erster Vorsitzender wurde aber nicht Hunn, wie man hätte erwarten können, sondern der Medizinstudent Georg Manning, ein Amerikaner. Hunn zog aber die Fäden, und sein Verdienst war auch der Gewinn der ersten Süddeutschen Meisterschaft 1898 mit 2:0 gegen den KFV. Diese aufstrebende Mannschaft benötigt natürlich eine geeignetere Spielfläche als Frau Pfisters Wiese. Wie in Karlsruhe bot sich kurzfristig nur militärisches Gelände als Lösung an: Der FFC durfte auf dem Freiburger Exerzierplatz spielen, sofern der nicht für seinen eigentlichen Bestimmungszweck benötigt wurde. Wie in Karlsruhe musste man Tore und Eckfahnen aber jedes Mal mitbringen. Die Lösung des Platzproblems kam im Jahr 1903, als die englische Militärschule wohl auch aufgrund einer aufkommenden Engländerfeindlichkeit im Gefolge des Burenkrieges verkleinert wurde. Mit dem neuen Leiter Captain Arthur Adams,

Abb. 16:   FC Freiburg, Deutscher Meister 1907 am 21. Mai 1907 auf dem Platz an der Eichbaum-Brauerei Mannheim.

der auch oft als souveräner Schiedsrichter bei Spielen des FFC fungierte, gelang es eine Vereinbarung über die Fußballplätze der Militärschule, die beiden Engländerplätze, im Bereich der heutigen Messehalle zu erzielen. Nachdem es dem Mentor des FFC noch gelungen war, die Mannschaft prominent zu verstärken, war der Weg zur ersten Deutschen Fußballmeisterschaft eines badischen Vereins geebnet. Als Torhüter kam aus Berlin der Chemiestudent von Goldberger (zuvor Britannia Berlin), aus Freiberg in Sachsen als Verteidiger der Südafrikaner De Villiers, der an der Universität Freiburg promovieren wollte, aus der näheren Umgebung schließlich der Mittelstürmer Lehramtsanwärter Joseph Glaser. Sie trugen wesentlich zum Höhenflug des FFC bei. Mit einer spielstarken Mannschaft, der auch noch Felix Hunn angehörte, gelang es auf dem Weg ins Endspiel so prominente Mannschaften wie den Straßburger FV, den KFV, den 1. FC Nürnberg und den amtierenden Meister VfB Leipzig zu besiegen. Das Endspiel fand am 19. Mai 1907 in Mannheim auf dem Platz der Mannheimer Fußballgesellschaft vor 3.000 Zuschauern statt, eine für die damalige Zeit außerordentlich gute Besucherzahl. Bei den Endspielen in den Vorjahren waren z. T. deutlich weniger Besucher gezählt worden. Der FFC siegte gegen die Viktoria aus Berlin trotz skandalöser Schiedsrichterleistung mit 3:1, Torschützen waren zweimal Linksaußen Philipp Burkart und einmal Mittelstürmer Joseph Glaser. Der ursprünglich vorgesehene Schiedsrichter aus Hamburg war vom Freiburger Endspielgegner abgelehnt worden, weil er dem Verein angehörte, den Viktoria Berlin im Halbfinale unter umstrittenen Umständen besiegt hatte, so dass man nun die Rache der Unterlegenen fürchtete. Unter den Zuschauern fand sich jemand, der vorgab, Schiedsrichter zu sein, das Regelwerk aber offensichtlich nicht so recht beherrschte, zumindest war der Elfmeter, der zum Gegentor der Berliner führte, nicht regelkonform verhängt worden.[45]

Mit dem Höhepunkt begann aber auch der Niedergang. Nach Beendigung ihres Studiums verließen viele Stammspieler Freiburg, und die nachrückenden Kicker konnten das auch von der Presse hoch gelobte Niveau der Meistermannschaft des FFC nicht halten. Zwar gelang es 1910 um den Mittelläufer Joseph Glaser eine neue starke Mannschaft aufzubauen, die vor allem im Ausland bei ihren Auftritten viel Lob erntete. Der Erste Weltkrieg verhinderte aber wie bei den Karlsruher Spitzenmannschaften einen erneuten Höhenflug.

Die Nationalspieler des FFC: Joseph Glaser spielte fünfmal für Deutschland, u. a. gehörte er als Mannschaftskamerad von Torschützenkönig Gottfried Fuchs der Mannschaft an, die bei den Olympischen Spielen in Stockholm 16:0 gewann. Außerdem spielte er in der Nationalelf, die 1909 das erwähnte Länderspiel gegen die Schweiz im Stadion des Karlsruher FV vor den Augen des Prinzen Max von Baden mit 1:0 gewann. Das dritte Länderspiel Glasers gibt einen guten Einblick in den Organisationsgrad des Deutschen Fußballbundes zu dieser Zeit. Das Länderspiel gegen Belgien am 16. Mai 1910 fand an demselben Tag statt, an dem der KFV seinen Deutschen Meistertitel gegen Viktoria Berlin gewann. Spieler dieser beiden Spitzenmannschaften, die zum Länderspiel eingeladen waren, fielen also aus, so dass sich nur sieben deutsche Fußballer in Duisburg einfanden, um gegen Belgien zu spielen. Das Problem war schnell gelöst: aus dem Duisburger Publikum wurden kurzerhand vier Männer zu Nationalspielern ernannt, von denen nicht bekannt ist, dass sie jemals noch einmal zu solchen Ehren kamen. In Anbetracht dieser Umstände

---

fiel die 0:3 Niederlage der Mannschaft um Kapitän Glaser noch glimpflich aus. Der zweite Freiburger Nationalspieler Heiner Mechling spielte 1912/13 zweimal gegen die Schweiz.

Pforzheim

Auch Pforzheim hatte Vieles gemeinsam mit den bislang vorgestellten Städten. Das erste Kapitel der Vereinschronik des 1. FC Pforzheim steht unter der Überschrift »Standort-probleme – gelöst in Etappen«. Als am 1. Mai 1896, also auch mit einer zeitlichen Verzö-gerung von acht Jahren gegenüber Karlsruhe, der 1. FC Pforzheim, ebenfalls auf Anre-gung von Walther Bensemann, gegründet wurde, fand sich zunächst ein Platz auf der alten Rennbahn im Würmtal, in Zeiten ohne Straßenbahnverbindung nicht gerade stadtnah gelegen. Dort spielte der Verein, der 1898 ebenfalls zu den Gründungsmitgliedern des Süddeutschen Fußballverbandes gehörte, bis 1901, als der Pachtvertrag mit dem Bicycle-club nicht verlängert wurde. Nach einem Zwischenspiel auf dem Platz an der Kaiser Friedrich-Straße beim Sägewerk Common konnte man schließlich einen neuen Platz pachten, die so genannten Weiherwiesen. Die Weiherwiesen musste der Verein jedoch wegen der Enzkorrektion aufgeben und die Spielzeit 1912/13 als Gast auf dem Platz von Germania Brötzingen am Calwer Eisenbahnviadukt bestreiten. Am 7. September 1913 konnte dann mit einem Spiel gegen den FC Phönix-Alemania Karlsruhe (1:1) das heutige Stadion Brötzinger Tal eingeweiht werden. Dieses Stadion ist damit eines der ältesten noch bespielten Fußballstadien in Deutschland.[46]

Auf den Weiherwiesen spielte die Mannschaft, die 1905 zunächst Süddeutscher Meis-ter, 1906 dann Deutscher Vizemeister wurde, – im Endspiel unterlag der 1. FC Pforzheim denkbar knapp in Nürnberg gegen den VfB Leipzig mit 1:2. Zur Süddeutschen Meister-schaft kam der Verein aber nur, weil dem KFV ein Fehler unterlaufen war – er hatte einen nicht spielberechtigten Spieler in einem Meisterschaftsspiel eingesetzt, was zu einem Punkteabzug führte, der es dem 1. FC Pforzheim erst ermöglichte, in die Endrunde einzu-ziehen. Doch auch die Pforzheimer bewiesen letztlich nicht viel mehr Geschick, denn wie in einer populären Geschichte des Fußballs in Deutschland »100 Jahre Deutsche Meister-schaft« nachzulesen ist, kam der VfB Leipzig schon am Vortag des Spiels nach Nürnberg, während die Pforzheimer den Nachtzug nahmen und auch den Vormittag des Endspielta-ges mit einer Stadtbesichtigung »vergeudeten«. Es heißt weiter: »In der zweiten Halbzeit war den Badensern [sic] ... rasch die Kraft ausgegangen und der VfB Leipzig war zu einem hoch verdienten Sieg gekommen.«[47] Nachzulesen ist dort übrigens auch, dass nur rund 1.100 Zuschauer dieses Endspiel sahen. Es wundert nicht, dass auch der 1. FC Pforzheim aufgrund seiner erfolgreichen Spielweise in der Frühzeit des Fußballs einige Nationalspie-ler stellte. Torwart Robert Faas stand in dem bereits erwähnten Länderspiel 1910 gegen Belgien in Duisburg im Tor, in dem die vier Zuschauer mitspielten. Der Pforzheimer Mit-telläufer Arthur Hiller, einer der Säulen der Vizemeistermannschaft, war der erste Kapitän der deutschen Nationalmannschaft. 1908 spielte er in den ersten drei offiziellen deutschen

---

46   Für die Informationen über die Stadien und die Nationalspieler des 1. FC Pforzheim danke ich
      Herrn Werner Skrentny.
47   GRÜNE (wie Anm. 2), S. 60.

Abb. 17:   Deutscher Vizemeister FC Pforzheim 1906.

Länderspielen. Beim Länderspiel am 4. April 1909 in Karlsruhe absolvierte der Pforzheimer sein viertes und zugleich letztes Länderspiel. Der Pforzheimer Nationalstürmer Marius Hiller, Neffe von Arthur Hiller, ist deshalb ein besonders interessanter Fußballer, weil er gleich in zwei Nationaltrikots spielte, 1910 und 1911 dreimal für Deutschland, 1916 nach seiner Einbürgerung zweimal für Argentinien. Als Eduardo Marius Hiller gelang ihm 1917 ein südamerikanischer Rekord mit 52 Toren in 39 Meisterschaftsspielen. Der Verein litt in den Jahren vor dem Ersten Weltkrieg immer wieder darunter, dass erfolgreiche Spieler aus beruflichen Gründen die Stadt verließen. Neben Marius Miller, der schon vor seiner Auswanderung nach Argentinien weggezogen war und in der Schweiz, in der Schmuckstadt La Chaux-de-Fonds, Arbeit und einen neuen Verein gefunden hatte, war auch Fritz Wetzel dorthin gezogen. Wetzel spielte von 1906 bis 1912 in Pforzheim und wurde nach dem Ersten Weltkrieg, wieder als Spieler des 1. FC Pforzheim, auch Nationalspieler mit einem Länderspiel 1922 gegen Österreich.

Mannheim

Im Gegensatz zu den zuvor untersuchten Städten hatte Mannheim vor 1914 keine wirklich herausragende Mannschaft vorzuweisen. Wenn man Hochburg mit dem Kriterium Erfolg verbindet, hätte Mannheim also eigentlich nichts in diesem Überblick verloren, denn die Stadt war zwar wie schon erwähnt Austragungsort des Endspiels um die Deutsche Meisterschaft 1907, zu eigenen überregional bedeutsamen Titeln reichte es allerdings in der Frühzeit des Fußballs nicht. Dennoch gibt es Gründe, Mannheim mit zu berücksichtigen. Der Inhaber des Fußballplatzes, auf dem das Endspiel 1907 stattfand, die Mannheimer Fußballgesellschaft 1896, ist der erste Mannheimer Fußballverein, der länger Bestand hatte. Auch in Mannheim begann die Fußballtradition also später als in Karlsruhe. Die ersten auch hier von Schülern ausgehenden fußballerischen Versuche erfolgten in Mannheim erst 1892. Initiator war der an der Großherzoglichen Realschule tätige Professor Dr. Carl Specht, der den Fußball bei einer Englandreise kennen und schätzen gelernt hatte. Einer seiner Schüler, Alex Schrade, unternahm dann um die Jahreswende 1895/96 einen ersten Versuch, einen Fußballverein als Abteilung des Mannheimer Turnerbundes »Germania« zu gründen, der aber rasch scheiterte. Erfolgreicher war der zweite Anlauf, als sich mit Unterstützung von Specht Schüler der Realschule und des Realgymnasiums zur Mannheimer Fußballgesellschaft 1896 (MFG 1896) zusammenschlossen. Dieser älteste Mannheimer Fußballverein fusionierte 1911 mit der Mannheimer Fussball Gesellschaft Union 1897 und dem Mannheimer Fussball Club Viktoria 1897 zum VfR Mannheim, der vor dem Ersten Weltkrieg mit rund 1.110 Mitgliedern der größte Fußballverein der Stadt war und zweitgrößter in Deutschland. 1949 sollte er Deutscher Fußballmeister werden, heute fristet er aber in der Verbandsliga ein eher trauriges Dasein.

Erst als weitere Vereine in Mannheim entstanden und sich die Fußballgesellschaft 1897 dem Verband Süddeutscher Fußball-Vereine anschloss, kam es zu regelmäßigen Spielen, die alle auf dem Exerzierplatz stattfinden mussten. Bei der ersten ausgespielten Süddeutschen Meisterschaft waren zwei Mannheimer Mannschaften am Start, die MFG 1896 und die MFG Union 1897, die in der ersten Runde auch noch gegeneinander spielen mussten. Mit einem 13:0 verließ die MFG 1896 den Platz als Sieger. Erst in der dritten Runde schied man gegen den 1. FC Pforzheim aus. Die MFG 1896 war auch Mitglied des in Mannheim ebenfalls auf Initiative von Walther Bensemann gegründeten Mannheimer Fußball-Bundes im Jahr 1899, dem fünf Vereine angehörten. Da die Lokalisierung des Fußballs aber auf Kosten der Spiele gegen auswärtige Mannschaften ging, hielt sich diese Gründung auch in Mannheim nicht lange. 1902 wurde der Fußballbund wieder aufgelöst, nachdem auch die Versuche, Vereine aus der Umgebung Mannheims, darunter auch aus der benachbarten Rheinpfalz, zu integrieren, letztlich scheiterten. Immerhin war am 4. Juni 1900 auf Vermittlung von Walther Bensemann ein erstes internationales Spiel des Bundes gegen eine durch vier Engländer verstärkte Westschweizer Auswahl zustande gekommen, das unter Bensemanns Leitung als Schiedsrichter mit einem 2:3 endete.[48]

Zu dieser Zeit spielten die Vereine immer noch auf dem Exerzierplatz, womit die Platzfrage nicht oder nur ungenügend gelöst war, denn es fanden häufig vier Spiele gleichzeitig auf abgesteckten Feldern statt. Der Exerzierplatz wurde gar zeitweise an eine Schäferei verpachtet, was zu erheblichen Problemen bis hin zu einer zweimonatigen Sperre des Platzes führte. Im Dezember 1905 erhielt die MFG 1896 bei der Eichbaum-Brauerei schließlich drei Monate nach dem MFC Viktoria 1897 einen eigenen Platz. Dieser war 1907, im Jahr des 300. Mannheimer Stadtjubiläums, Schauplatz des Endspiels um die Deutsche Fußballmeisterschaft. Damit war der Durchbruch geschafft, es entstanden rasch weitere Vereine, darunter auch der SV Waldhof, in dem vor allem Arbeiter spielten.[49] Der SV Waldhof stieg zwar bis zum Beginn des Ersten Weltkrieges von der C- in die A-Klasse auf, die große Zeit dieses Vereins sollte aber erste noch kommen, u. a. spielte bis in die 1920er-Jahre Sepp Herberger für den Verein.

Große Erfolge für Mannheimer Vereine blieben aber vor 1914 aus. Für die Zeit, als die Karlsruher Mannschaften ihre Meistertitel holten, stellt der Chronist des Mannheimer

---

48   Vgl. G. ZEILINGER, Die Pionierzeit des Fußballs in Mannheim. Die ersten Jahre von 1894 bis 1919, Heidelberg 1992, S. 25.
49   Vgl. H. STOCKERT, »…. der Jungen die Köpfe verwirrt. Fußball in Mannheim, in: U. NIESS/M. CAROLI (Hgg.), Geschichte der Stadt Mannheim Bd. II 1801–1914, Mannheim 2007, S. 670–671, hier S. 670.

Abb. 18:   Gründungsmannschaft der Mannheimer Fußball-Gesellschaft 1896.

Fußballs Gerhard Zeilinger fest: »Mannheim im Südkreis unter »ferner liefen««. In dieser Zeit hatte sich der Fußball aber dennoch fest in Mannheim etabliert, er war aus der Stadt nicht mehr wegzudenken, wie Harald Stockert in der neuen Stadtgeschichte Mannheims

Abb. 19:   Sportplatz bei den Eichbaum-Brauereien Mannheim eingefriedet durch Zuschauertribüne, Restauration, Garderobe, Duschräume und Kegelbahn, 1912.

Abb. 20:   Die Mannschaft des Sportvereins Waldhof im Jahre 1912.

schreibt.[50] Vor allem hatten die Mannheimer einen so großen Besucherstamm, dass es durchaus gerechtfertigt ist, Mannheim als Hochburg zu bezeichnen.

Die trotz aller Fußballbegeisterung eher mäßigen Erfolge wirkten sich natürlich auch auf Einsätze Mannheimer Fußballer in der Nationalmannschaft aus. Erster und einziger Mannheimer Nationalspieler vor dem Ersten Weltkrieg war der als Mittelläufer und als Stürmer einsetzbare Werner Trautmann von MFC Victoria 1897, der einmal im Spiel gegen die Schweiz am 3. April 1910 auflaufen konnte.

Fazit

Der deutsche Südwesten hat in der Anfangszeit des Fußballs eine herausragende Rolle gespielt, wofür in erster Linie Walther Bensemann verantwortlich war. In drei der vorgestellten Städte war er Motor bedeutender Vereins- bzw. Verbandsgründungen, die alle auf einem schulischen bzw. studentischen Hintergrund aufbauten und zunächst bürgerlich geprägt waren.[51] Besonders in Freiburg wirkte sich die Universität ausgesprochen positiv auf die Entwicklung des Fußballs aus, was zwar auch in Karlsruhe festzustellen ist, aber nicht mit dieser Deutlichkeit wie in Freiburg. In beiden Städten ist aber die Dominanz von Spielern und Funktionären aus dem bürgerlichen Umfeld eindeutig, womit einmal mehr bestätigt wird, dass der frühe Fußball in Deutschland eine bürgerliche Angelegenheit war – bis heute bekannte Arbeiterfußballvereine wie der FC Schalke 04 oder der BVB

---

50   Vgl. ebenda, S. 671.
51   Die bis heute anhaltende Bedeutung der frühen Sozialisation im Fußballsport als Schüler unterstreicht Binz (wie Anm. 10), S. 16.

09 Dortmund wurden gerade erst gegründet, als der FC Freiburg und die beiden Karlsruher Vereine ihre Meistertitel holten. In der badischen Arbeiterstadt Mannheim gab es zwar auch schon frühe Fußballvereine, deren große Zeit sollte aber erst nach dem Ersten Weltkrieg bzw. nach dem Zweiten Weltkrieg kommen.

Die herausragende Rolle Badens in der Frühzeit des Fußballs wird unterstrichen durch die Zahl der süddeutschen Meisterschaften: Von den 17 in den Jahren 1898 bis 1914 errangen nur fünfmal nichtbadische Vereine diesen Titel, in den von 1903 bis 1914 ausgespielten 11 Deutschen Meisterschaften standen sechsmal badische Mannschaften im Endspiel, dreimal blieb der Titel in Baden, einmal war eine badische Stadt Austragungsort des Endspiels. Unter diesen badischen Städten spielte wiederum Karlsruhe eine herausragende Rolle mit neun süddeutschen und zwei deutschen Meisterschaften, wobei in Karlsruhe der KFV das herausragende Team war. Auch die Zahl badischer Nationalspieler unterstreicht diese Konstellation: 17 badische Nationalspieler absolvierten 91 Länderspiele, 11 davon kamen aus Karlsruhe, die allein 71 Spiele aufzuweisen hatten. Von den damals dominierenden Vereinen spielt nur noch der FC Phönix eine wenn derzeit auch zweitklassige Rolle, da dieser 1952 mit dem VfB Mühlburg zum Karlsruher Sport-Club Mühlburg-Phönix e.V. fusionierte. Die beiden aktuellen badischen Erstligisten (Saison 2010/11) SC Freiburg und TSG Hoffenheim spielten in den Anfangsjahren des Fußballs noch keine große Rolle.

Kampf um die Klasse. Arbeitersport in Ludwigshafen am Rhein

VON KLAUS J. BECKER

Das 1843 zum bayerischen Handels- und Gewerbeplatz erhobene Ludwigshafen[1] entwickelte sich innerhalb weniger Jahrzehnte – insbesondere dank der Ansiedlung der BASF 1865 – zu einer exemplarischen Arbeiterstadt; gleiches gilt für die Vororte bzw. Vorstädte wie Friesenheim, Oppau oder Oggersheim, die sich von landwirtschaftlich geprägten Gemeinden in Arbeitersiedlungen verwandelten.

Da aber weder Ludwigshafen noch seine Vororte bis weit in die siebziger Jahre des vergangenen Jahrhunderts ausreichend Wohnraum für alle in die neue Industriemetropole pendelnden Arbeitskräfte bot, erfolgt die nachfolgende Darstellung zum Ludwigshafener Arbeitersport unter der Berücksichtigung der gesamten linksrheinischen Agglomeration. Keimzelle der Ludwigshafener Arbeiterbewegung und des -sports war nicht die Kernstadt, sondern die Vororte; zum ersten Streik kam es 1871 in der Oggersheimer Samtfabrik und der nachfolgende organisatorische Aufbau von Sozialdemokratischer Partei und Gewerkschaftsbewegung im Untersuchungsgebiet ging ebenfalls von dort aus.[2] Das Sozialistengesetz von 1878 konnte den Aufstieg der Sozialdemokraten in der Kernstadt zur zweitstärksten Wählerpartei in den nächsten Jahren zwar organisationspolitisch behindern aber nicht mehr aufhalten. Entsprechend konnten die Sozialdemokraten auch gegen den allgemeinen Trend zwischen 1878 und 1890 keine ihnen nahe stehende Sportvereine gründen, was aber Arbeiter nicht an der sportlichen Betätigung in von ihnen geprägten Sportvereinen hinderte, wie z.B. im Kraftsport betreibenden 1. Athletenklub Oggersheim, der sich noch unter dem Sozialistengesetz 1890 konstituierte.[3]

Dass das Organisationsverbot für Sozialdemokraten bereits vor der offiziellen Aufhebung des Sozialistengesetzes auch in Ludwigshafen gescheitert war, hatte sich aber schon 1889 durch den symbolträchtigen Einzug des charismatischen Führers der Ludwigshafener Arbeiterbewegung, Franz Josef Ehrhart, in den Ludwigshafener Stadtrat angekündigt. Bis 1908 blieb der reformorientierte Ehrhart – nachfolgend auch als Landtags- und Reichstagsabgeordneter – in der Ludwigshafener SPD bestimmend und positionierte die

---

1   StALu, LuA 706.
2   J. QUEVA, Der erste Ortsverein in der Pfalz. Erinnerungen an die Gründung des ADAV in Oggersheim, in: M. GEIS/G. NESTLER (Hgg.), Die pfälzische Sozialdemokratie, Edenkoben 1999, S. 94–97.
3   StALu, N 22 (Nachlass Paul Farnbach), Nr. 51.

Abb. 1:   Werksangehörige der BASF vor dem Haupttor des Firmengeländes 1895.

hiesigen Sozialdemokraten nachhaltig auf dem rechten Parteiflügel innerhalb der Gesamt-
partei.[4]

War unter dem Sozialistengesetz der Kraftsport die am stärksten besetzte Nische
durch den Arbeitersport gewesen, so übernahm nach dessen Fall das Turnen diese Funktion. Gezielt wurden gegen die staatstragend auftretende Deutsche Turnerschaft (DT) nun
selbstständige Arbeiterturnorganisationen gegründet, um dem Klassenbewusstseinsver-
lust der Arbeiter in bürgerlichen Sportvereinen entgegen zu wirken.[5] 1893 schlossen sich
die Arbeiterturnorganisationen zum Arbeiter-Turn-Bund (ATB) zusammen, um *ein altes
System mit Stumpf und Stiel auszurotten, alte Ruinen niederzureißen, damit neues Leben
aus ihnen erblühe.*[6] Der Turnergruß »Jahn Heil« wurde zum Bundesgruß »Frei Heil« verändert. Der Namenszusatz »Arbeiter« oder »Frei« kennzeichnete nun deutlich die Arbeitersportvereine, wie z.B. die Freie-Turner-Gesellschaft 1893 Oggersheim.[7]

Revolutionärer Attentismus kennzeichnete bis 1914 sowohl die SPD als auch den Arbeitersport – dennoch wurden auch bereits Möglichkeiten zur Machtteilhabe genutzt, so
wurde schon 1904 in Ludwigshafen mit Jakob Binder der erste sozialdemokratische Ad-

---

4   W. BREUNIG, Anfänge der Ludwigshafener Sozialdemokratie, in: (wie Anm. 2), S. 98–107.
5   H. TIMMERMANN, Geschichte und Struktur der Arbeitersportbewegung, Ahrensburg 1973,
     S. 14–15.
6   Arbeiter-Turn-Zeitung, Leipzig, Jg. 1 (1893), Nr. 1.
7   StALu, N 22, Nr. 70.

Abb. 2:   Die Gewichtheberriege des Athleten-Clubs Oggersheim 1890 mit Rundhanteln – Aufnahme aus dem Jahr 1910.

junkt in ganz Bayern gewählt,[8] 1909 im benachbarten Lambrecht der erste sozialdemokratische Bürgermeister in Bayern.[9] Damit war auch im Arbeitersport der Dammbruch
nicht mehr zu stoppen – 1910 gründete sich die Ludwigshafener Ortsgruppe der Naturfreunde, die ebenfalls die Arbeiter durch das Vermitteln von Kunst und Kultur, aber auch
durch Wandern, Bergsteigen, Skilaufen und Kanusport *von der Geisel der Schänke und
des Spießertums befreien* wollten.[10] 1911 folgte die Gründung der Ortsgruppe des Arbeiter-Samariter-Bundes (ASB), der sich zwar nicht durch eigene sportliche Aktivitäten aus-
zeichnete, aber dessen Sanitätskolonnen zum festen Bestandteil jeder Arbeitersportveran-
staltung wurden.[11]
      Andernorts waren schon früher Naturfreundegruppen und der ASB entstanden – im
März 1911 übernahmen aber die Ludwigshafener die Vorreiterrolle, indem sie das erste
Kartell der Arbeiterkulturvereine gründeten. Reine Sportkartelle gab es schon in anderen

---

8   S. MÖRZ, Jakob Binder, in: S. MÖRZ/K. BECKER (Hgg.), Geschichte der Stadt Ludwigshafen am
      Rhein, Bd. 1, Ludwigshafen am Rhein 2003, S. 520.
9   C. KLEMM, Lambrecht wählt 1909 den ersten sozialdemokratischen Bürgermeister in Bayern,
      in: (wie Anm. 2), S. 264–268.
10   K. BECKER/J. SCHADE, 100 Jahre Naturfreunde in Deutschland, in: Pfalzsport, Ausgabe 05
      (2005), S. 19.
11   StALu, Ds 81/2 (80 Jahre Arbeiter-Samariter-Bund (ASB) e.V., Ortsverband Ludwigshafen am
      Rhein).

Städten – in Ludwigshafen dagegen waren erstmals von Beginn an nicht nur die Arbeitersportvereine sondern auch andere Kulturträger der Arbeiterbewegung, wie z.B. die Ar-
beiter-Gesangvereine aus den Stadtteilen Süd und Nord beteiligt.[12] Diese Zentralisierung
auf kommunaler Ebene vollzog sich am 17. November 1912 auch auf Reichsebene mit der
Bildung der Zentralkommission für Sport und Körperpflege (ZK), der sich neben dem
Arbeiter-Turn-Bund, der Arbeiter-Radfahrerbund »Solidarität«, der Arbeiter-Athleten-
bund, der Arbeiter-Wasser-Sport-Verband, die Naturfreunde und der ASB anschlossen –
sämtliche mit Filialen auch in Ludwigshafen vertreten.[13] 1913 trat der Zentralkommission
auch der Verband der Vereine für Volksgesundheit (VVg) bei – die Dachorganisation na-
turheilorientierter Arbeitervereine, die innerhalb des Arbeitersports die Heilwirkung von
Luft-, Licht- und Sonnenbädern propagierten. Nach bescheidenen Anfängen entwickelte
sich die Ludwigshafener Ortsgruppe des VVg zur größten Sektion außerhalb ihres Kern-
bereichs im ostthüringischen und sächsischen Raum.[14]

Jäh unterbrochen wurde diese organisatorische Aufwärtsentwicklung mit dem Beginn
des Ersten Weltkriegs, als sich auch der Arbeitersport in die Front der »Vaterlandsverte-
digung« einreihte. Ähnlich wie bei Sozialdemokraten und Gewerkschaften war das zentrale Motiv für die freiwillige Gleichschaltung die Hoffnung auf eine zukünftige Demokratisierung – verbunden mit der Absicht, das Erreichte zu erhalten. Mit zunehmender
Kriegsdauer wurde jedoch immer deutlicher, dass sich durch den anhaltenden Kriegsein-
satz der männlichen Mitglieder ein geregeltes Vereinsleben nicht aufrechterhalten ließ.
Gleichzeitig wurden durch diese mangelnde Präsenz in den Vereinen von Seiten des Arbeitersports für die sich im Ersten Weltkrieg zu einem Massenphänomen entwickelnden
Mannschaftssportarten Fußball und Handball kaum Angebote gemacht. Der DT war hier
wesentlich erfolgreicher und profitierte zusätzlich von der Gesamtmilitarisierung der
Gesellschaft, in der Sport nun nicht mehr als gemeinsames und verbindendes Erlebnis –
wie im Arbeitersport – sondern nur noch zur reinen Wehrkrafttüchtigung vorgesehen
war.[15]

Je länger der Krieg dauerte, umso mehr sank auch in der Arbeiterbewegung die Zustimmung zu verlängernden Maßnahmen, wie z.B. Kriegskredite. Zwar waren die Kriegs-
kreditgegner in der traditionell dem rechten Parteiflügel zuneigenden Ludwigshafener
SPD eine deutliche Minderheit, aber auch hier vollzog sich ab 1917 die Spaltung der Arbeiterbewegung.[16] Dass der hiesige Arbeitersport bei dieser Entwicklung keinesfalls au-
ßen vor war, zeigte sich in der Nachbarstadt Speyer, in der sich *die erste bewusst oppositi-
onell eingestellte Gruppe gegen die Burgfriedens- und Kreditbewilligungspolitik der
Sozialdemokratie* innerhalb der Freien Turnergesellschaft entwickelt hatte.[17]Als sich im

---

12 StALu, Le 1 (J. DITTHARDT, Die Entwicklung von Leibesübungen und Sport in der Stadt Lud-
    wigshafen vom Ende des Ersten Weltkriegs bis zur nationalsozialistischen Machtergreifung
    unter besonderer Berücksichtigung des Arbeitersports. Staatsexamensarbeit im Fachbereich
    Sport an der Johannes-Gutenberg-Universität Mainz 1992).
13 StALu, Le 1.
14 F. WALTER/C. REGIN, Der »Verband für Volksgesundheit«, in: F. WALTER/V. DENECKE/C. RE-
    GIN (Hgg.), Sozialistische Gesundheits- und Lebensreformverbände, Bonn 1991.
15 TIMMERMANN (wie Anm. 5), S. 32f.
16 A. HERMANN, Die Geschichte der pfälzischen USPD, Neustadt an der Weinstraße 1989, S. 60ff.
17 StALu, M 153 (Gesprächsprotokoll Hans Weber).

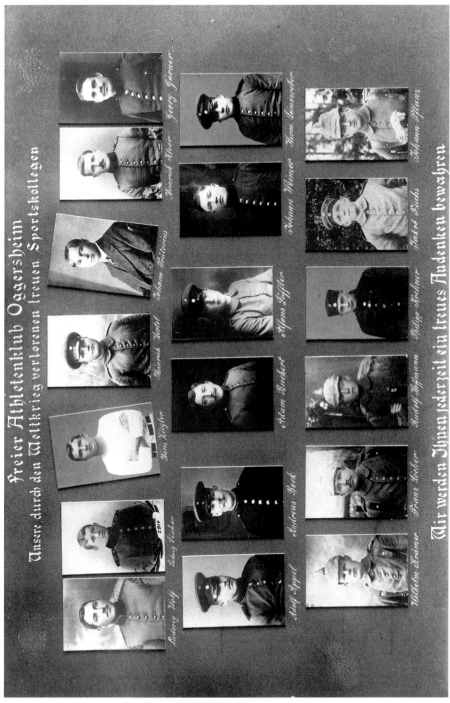

Abb. 3: Gedenktafel für die im Ersten Weltkrieg gefallenen Arbeitersportler des Freien Athletenclubs Oggersheim.

November 1918 endlich die erhoffte Demokratisierung vollzog und damit auch das Ende der Burgfriedenspolitik gegenüber dem DT gekommen war, hatte der Deutsche Arbeitersport binnen vier Jahren zwei Drittel seiner Vereine verloren.[18]

Der faktische Neubeginn vollzog sich trotz organisatorischer Spaltung der Mutterpartei jedoch erstaunlich schnell und erfolgreich – der nun erkämpfte Achtstundentag bildete hierfür eine unentbehrliche Grundvoraussetzung. Organisationspolitisch tat zunächst der ATB das seinige dazu, indem er sich nicht nur in Arbeiter-Turn- und Sportbund (ATSB) umbenannte, sondern indem seine Mitgliedsvereine neben dem traditionellen Turnen nun auch Gymnastik, Leichtathletik, Fußball, Handball, Wassersport und Wintersport anboten. Neben dem Zentralorgan – der »Arbeiter-Turn- und Sportzeitung« – entstanden insgesamt 60 weitere dem ATSB nahe Fachorgane, wie »Der Vorturner«, »Der Fußballstürmer«, »Freier Wassersport«, »Die Bundesgenossin«, »Jugend und Arbeitersport« oder die »Kinderzeitung«. Damit entwickelte sich der ATSB zu der mit Abstand stärksten Mitgliederorganisation innerhalb der ZK, der sich – neben den Vorkriegsmitgliedern – nun auch noch der Arbeiter-Angler-Bund, Arbeiter-Kegler-Bund, Arbeiter-Schach-Bund, Arbeiter-Schützen-Bund und der Freie Segler Verband anschlossen. Zudem wurde die ZK nun als gleichberechtigte Spitzenorganisation neben dem bürgerlichen Deutschen Reichsausschuss für Leibesübungen durch die staatlichen und kommunalen Behörden anerkannt.[19]

Auch in Ludwigshafen erkannte man die Zeichen der neuen Zeit. Zusätzlich zu der gleichberechtigten Anerkennung des Kartells der Arbeiterkulturvereine durch den städtischen Ausschuss zur Förderung der Leibesübungen ging z.B. der VVg im Frühjahr 1919 daran, neben den traditionellen Vortragsabenden, nun auch ein groß angelegtes Licht-, Luft- und Sonnenbad zu errichten und Gelände für Schrebergärten zu erwerben. Beide Maßnahmen trugen erheblich zum Ausbau der Mitgliederzahl des VVg bei.[20]

Positiv für die Neuformation des Deutschen Arbeitersports wirkte sich sicher auch aus, dass – im Gegensatz zum bürgerlichen Sport – sehr schnell nach Kriegsende auch wieder internationale Kontakte bestanden. So gehörten die Deutschen Arbeitersportverbände 1920 zu den Gründungsmitgliedern der Luzerner Sportinternationale (LSI) mit Sitz in Brüssel, die sich für die Internationale Solidarität der Arbeitersportler und gegen jegliche Revanchegedanken aussprach.[21] Als sich jedoch im Dezember 1920 der linke Flügel der USPD der weitaus radikaleren KPD anschloss,[22] verkomplizierten sich die Dinge wieder: Auf dem Ersten Deutschen Arbeitersportkongress am 15. Januar 1921 bekannte sich zwar eine sozialdemokratische Mehrheit der Delegierten zur Parlamentarischen Demokratie und parteipolitischer Neutralität – für eine starke kommunistische Minderheit stellte dies jedoch einen *Verrat an der Revolution dar.*[23] Im Anschluss an den Kongress fanden sich jährlich nur noch die leitenden Funktionäre der einzelnen Sportkartelle – in Ludwigshafen nun als »Kartell der Arbeitervereine (Sportkartell)« bezeichnet – zu einer Konferenz zusammen; eine ernsthafte Kontrolle des Funktionärskorps durch die Basis

---

18   TIMMERMANN (wie Anm. 5), S. 39.
19   H. UEBERHORST, Frisch, frei, stark und treu. Die Arbeitersportbewegung in Deutschland 1893–1933, Düsseldorf 1973, S. 112ff.
20   StALu, ZR I 4254/1.
21   TIMMERMANN (wie Anm. 5), S. 74.
22   Bericht über die Verhandlungen des I. Parteitages der VKPD, Berlin 1921.
23   UEBERHORST (wie Anm. 19), S. 102f.

Abb. 4:   Der Ludwigshafener VVg vor dem 1919 neu errichteten Licht-, Luft- und Sonnenbad an der Blies.

war damit aber verhindert.[24] Kaum demokratischer dürfte es aber bei der Gründung der kommunistischen Roten Sportinternationale (RSI) im Juni 1921 in Moskau anlässlich des III. Weltkongresses der Kommunistischen Internationale zugegangen sein.

Auf Deutschland wirkte sich die Spaltung der Internationalen Arbeitersportbewegung zunächst jedoch nicht aus. So war der erste Reichsarbeitersporttag – eine anschließend jährlich reichseinheitlich organisierte aber lokal durchgeführte Werbeveranstaltung der der ZK angeschlossen Verbände – auch in Ludwigshafen am 29. Mai 1921 politisch geschlossen und mit großer Beteiligung durchgeführt worden.[25] Auch nachfolgend standen – insbesondere nach der Ermordung von Reichsaußenminister Walter Rathenau am 24. Juni 1922 – die Zeichen auf »Einheitsfront«. Aus Protest gegen diese Mordtat der »Reaktion« führten die drei Ludwigshafener Arbeiterparteien am 24. Juni und 4. Juli 1922 mit 30.000 bzw. 50.000 Teilnehmern die beiden größten Demonstrationen in der bisherigen Geschichte der Stadt durch (Becker Abb. 5; siehe Farbabbildung nach S. 96).[26]

Das gesamte politische Spektrum der Arbeiterbewegung war dann auch an den Vorbereitungen und an der Durchführung des ersten deutschen Arbeiter-Turn- und Sportfestes vom 22. bis 25. Juli 1922 in Leipzig beteiligt. Mit über 100.000 Teilnehmern und 15 internationalen Delegationen der Landesorganisationen der LSI war das Bundesfest der erste Höhepunkt im deutschen Nachkriegssport.[27] Dass mit den 66 Sonderzügen auch zahlrei-

24   TIMMERMANN (wie Anm. 5), S. 44.
25   StALu, Le 1.
26   K. BECKER, Die KPD in Rheinland-Pfalz, Mainz 2001, S. 27.
27   H. DIERKER, Arbeitersport im Spannungsfeld der Zwanziger Jahre, Essen 1990, S. 70.

che Teilnehmer aus der Kurpfalz angereist waren, belegen die Ergebnisse im Vereinsturnen. Während bei den Männern die Vereinigte Freie Turnerschaft Frankenthal und die Freie Turnerschaft Neckarau zu den Siegern zählten, erreichte bei den Frauen der Arbeiter-Turn- und Sportverein Rheinau ein herausragendes Ergebnis. Im Mannschaftstauziehen lag wiederum die Athletik-Vereinigung Ludwigshafen-Nord vorne.[28] Nach Auffassung der sozialdemokratischen Leipziger Volkszeitung hatte der ATSB mit seinem Fest bewiesen, dass durch gesunde Leibsübungen auch ein gesunder Geist in der Arbeiter-Turn- und Sportbewegung herrscht und mit diesem Geiste werden gesunde Klassenkämpfer für die Idee zu kämpfen wissen.[29] Allerdings waren auf dem Bundesfest nicht alle ideologischen Vorgaben eingehalten worden: Das paramilitärische Auftreten des ASB blieb genauso umstritten, wie lautstarke Sympathiekundgebungen des Publikums oder *das Gejohle der Sportler,* das noch zu stark *bürgerlichen Manieren* ähnelte.[30]

Der auf dem Bundesfest des ATSB propagierte gemeinsame Klassenkampf ging anschließend fast nahtlos wieder in den Kampf um die Klasse über: Zwar schlossen sich auch in Ludwigshafen nach der Vereinigung von USPD und MSPD zur VSPD auf dem Nürnberger Parteitag am 24. September 1922 nahezu alle USPD-Mitglieder der VSPD an,[31] die Gemeinsamkeit mit der KPD war jedoch schon wieder zerbrochen. Ausdruck fand dies im November 1922 als VSPD und Gewerkschaften sich nicht einem von der KPD wegen der Entlassung missliebiger kommunistischer Betriebsräte ausgerufenen und von einer deutlichen Mehrheit der Ludwigshafener Arbeiter mitgetragenen Generalstreik in der BASF anschlossen. Ohne Unterstützungszahlungen der Gewerkschaften brach der reichsweit beachtete Generalstreik nach vier Wochen zusammen und hinterließ eine vergiftete Atmosphäre unter der Ludwigshafener Arbeiterschaft, die nachfolgend zur erstmaligen Spaltung der Gewerkschaftsbewegung in der Chemiemetropole führte.[32]

Im Krisenjahr 1923 wurden beide verbliebenen Arbeiterparteien durch die Massenarbeitslosigkeit in die Defensive gedrängt – auch der ATSB verlor rund 100.000 Mitglieder[33] – aber mit der ökonomischen Stabilisierung nach der Einführung der Rentenmark zum 20. November 1923 trat die Spaltung wieder offen zu Tage: Schon am 3. März 1924 wagte die KPD in Ludwigshafen die erneute Machtprobe, als sie gestützt auf den eigenen kommunistischen Industrieverband die Arbeiter in der BASF zur Verteidigung des Achtstundentags zum Generalstreik aufrief. Auch dieser Streik wurde von zwei Drittel der BASF-Arbeiterschaft mitgetragen und scheiterte am 9. Mai 1924 neuerlich an den ausbleibenden Unterstützungszahlungen durch die Freien Gewerkschaften.[34]

Diese Richtungskämpfe übertrugen sich natürlich nachfolgend auch auf den Arbeitersport. Auf dem 14. Bundestag des ATSB, der vom 7. bis 10. Juni 1924 in Kassel tagte, beantwortete die sozialdemokratische Mehrheit erstmals den offenen Konfrontationskurs der kommunistischen Opposition mit dem Weg des Ausschlusses: Funktionäre der RSI konnten nicht mehr zugleich Funktionäre des ATSB sein – mit dem Ergebnis, dass der

---

28   Arbeiter-Turner und Sportkalender 1923, S. 82–87.
29   LVZ, Nr. 172 vom 27. Juli 1922.
30   LVZ, Nr. 171 vom 26. Juli 1922.
31   Hermann (wie Anm. 16), S. 258ff.
32   Becker (wie Anm. 26), S. 26–29.
33   Dierker (wie Anm. 27), S. 70.
34   Becker (wie Anm. 26), S. 31.

Becker Abb. 5:   Ankündigungsplakat für das I. Arbeiter Turn- und Sportfest in Leipzig 1922.

Becker Abb. 6:   Französisches Ankündigungsplakat für die I. Arbeiter-Olympiade in Frankfurt am Main 1925.

Becker Abb. 8: Titelbild der Festschrift zur Einweihungsfeier der Bundesschule des ATSB 1926.

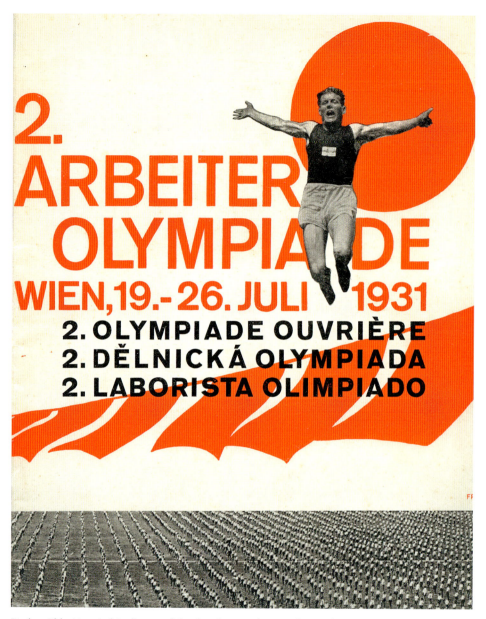

Becker Abb. 13:   Ankündigungsplakat für die II. Arbeiter-Olympiade in Wien 1931.

ATSB zwischenzeitlich seinen größten Mitgliedsverein (TV Fichte) ausschließen musste, weil dieser sich weigerte, seine kommunistische Führung auszuschließen.[35]

Auch ideologisch war man nun weiter denn je von den ursprünglichen Idealen des Arbeitersports entfernt. Hatte man 1922 noch den ASB wegen paramilitärischen Auftretens beim ersten deutschen Arbeiter-Turn- und Sportfestes kritisiert, schufen sich nun SPD und KPD mit dem Reichsbanner Schwarz-Rot-Gold[36] im Februar 1924 bzw. mit dem Roten Frontkämpferbund[37] im Juli 1924 eigene Wehrorganisationen, die nicht nur zum Schutz vor der immer aggressiver auftretenden SA gedacht waren, sondern durchaus auch den Kampf um die Klasse führen sollten. So oder so – Wehrsport war ab sofort ein Teil des Arbeitersports.

Somit standen auch die Vorbereitungen zur ersten internationalen Arbeiter-Olympiade unter keinem guten Stern. Die Sowjetunion und die übrigen nationalen Arbeitersportgruppen der RSI wurden von der Teilnahme ausgeschlossen, da die LSI nicht der Forderung der RSI nach bedingungsloser Teilnahme nachgab.[38] Dass es dann trotzdem vom 24. bis 28. Juli 1925 in Frankfurt am Main nicht zur offenen Konfrontation zwischen Anhängern von SPD und KPD kam, ist dem Umstand zu verdanken, dass zeitgleich in der KPD die ultralinken und damit besonders antisozialdemokratischen Gruppen auf Betreiben Stalins zurückgedrängt wurden – ein Fraktionskampf der in der Pfalz und Ludwigshafen besonders heftig tobte[39] – was es wiederum z.B. dem ATSB ermöglichte, den ausgeschlossenen, aber jetzt unter moderat kommunistischer Führung befindlichen, TV Fichte wieder in seine Reihen aufzunehmen und damit symbolträchtig den kommunistischen deutschen Arbeitersportlern eine Teilnahme an der ersten Arbeiterolympiade zu ermöglichen (Becker Abb. 6; siehe Farbabbildung nach S. 96).[40]

Entsprechend war in Frankfurt am Main auch der Einheitsfrontgedanke noch einmal vorherrschend. Schon auf dem Einladungsplakat triumphierte ein »sportgestählter« Arbeiter mit der roten Fahne in der Hand über den zu seinen Füßen liegenden Symbolen des Militarismus und Nationalsozialismus. Auch die 2.000 ausländischen und 1.600 deutschen Teilnehmer marschierten zur Olympiade-Eröffnung am Freitag, den 24. Juli 1925 nacheinander – zur Melodie der Internationalen – jeweils hinter einer roten Fahne und ihrem Landesnamen ins Frankfurter Waldstadion ein. Bereits am Stadioneingang machte der VVg mit einem riesigen Transparent *Arbeiter, meidet den Alkohol* auf sich aufmerksam. Noch am gleichen Tag begannen die Wettkämpfe in der Leichtathletik, im Fußball, der Schwerathletik und im Schwimmen – wobei sich die Art des Wettkampfes um den Sieg bei der Frankfurter Gegenolympiade kaum von der Rekordjagd bei der *nationalistisch-chauvinistischen* Olympiade der »bürgerlichen« Sportler unterschied. Am folgenden Samstag hatten die Ludwigshafener Arbeitersportler ihren großen Auftritt: Beim Ge-

---

35 Timmermann (wie Anm. 5), S. 76.
36 H. Gotschlich, Zwischen Kampf und Kapitulation. Zur Geschichte des Reichbanners Schwarz-Rot-Gold, Berlin (Ost) 1987.
37 K. Schuster, Der Rote Frontkämpferbund 1924–1929, Düsseldorf 1975; K. Finker, Geschichte des Roten Frontkämpferbundes, Berlin (Ost) 1982.
38 A. Gounot, Die Rote Sportinternationale 1921–1937, Münster u.a. 2002, S. 167–170.
39 K. Becker, Zwischen ultralinker Parteiopposition und titoistischer Verfemung. Die pfälzische KPD 1919–1956, in: Mitteilungen des Historischen Vereins für die Pfalz 103 (2005), S. 344–346.
40 Timmermann (wie Anm. 5), S. 76.

wichtheben siegte Karl Fahrnbach aus Oggersheim klar vor Karl Käfes aus Friesenheim. Zur Abendveranstaltung unter dem Motto *Nie wieder Krieg* erschienen 50.000 Teilnehmer. Der in Ludwigshafen 1924 noch getrennt durchgeführte Kampf um den Achtstundentag wurde am darauf folgenden Sonntag von rund 100.000 Teilnehmern im Rahmen eines Festzuges durch die Frankfurter Stadtteile zum Gesang der Internationalen propagiert. Die sozialdemokratische »Volksstimme« fasste die Stimmung auf dem Festzug in ihrer Sonderausgabe am 27. Juli 1925 zusammen: *Unsere Klassengegner fürchten das Proletariat stets nur, wenn es einig ist.* Auch die sonntägliche Abendveranstaltung propagierte den Sport als Energiequelle für die Überwindung des kapitalistischen Systems und Schaffung einer neuen Welt. Der Montag brachte den Tag der sportlichen Entscheidungen, wobei von den Kampfrichtern auch körperbildende Funktionen und volkstümliche Anwendungsmöglichkeiten bewertet wurden. In Anlehnung an die Ideologie des Massensports sowie der Hervorhebung der Durchschnittsleistung der Massen wurden abschließend keine Medaillen sondern Diplome vergeben. Ihren Abschluss fand die erste Arbeiterolympiade am Dienstag, den 28. Juli 1925 mit einem Kinderfestzug, einem Massenpyramidenbau der Männer und einer Friedenskundgebung der Sportlerinnen.[41] Dass die Ludwigshafener Olympiateilteilnehmer durchaus breite Anerkennung fanden, zeigte sich am Beispiel des Olympiasiegers Karl Fahrnbach, der nach seiner Rückkehr mit seinem Bruder und zwei weiteren Oggersheimer Teilnehmern in einem Triumphzug mit Siegerkranz auf Pferdekutschen durch Oggersheim gefahren wurde.[42]

Bereits ein Jahr nach der ersten Arbeiter-Olympiade trafen sich Arbeitersportler aus ganz Europa in Wien zur ersten Europameisterschaft des Arbeitersports. Auch hier waren Ludwigshafener Arbeitersportler sehr erfolgreich: So wurde z.B. Adam Haas vom Kraftsport-Club 1893 Friesenheim Europameister im Schwergewicht und Hans Schedler von der Athletiksport-Vereinigung 1892 Ludwigshafen-Nord Europameister im Mittelgewicht.[43] Ebenfalls noch im Jahr 1926 schloss sich der »Freie Körperkulturkreis Ludwigshafen am Rhein« der Ortsgruppe des VVg an und bildete dort die Sparte für proletarische Lebensreform und Freikörperkultur.[44] Der Jahreshöhepunkt für den deutschen Arbeitersport war die Eröffnung der Bundesschule des ATSB am 18. und 19. September1926 in Leipzig – wie selbstverständlich wurde auch ein Glückwunschschreiben sowjetischer Arbeitersportler in der offiziellen Festschrift dokumentiert (Becker Abb. 8; siehe Farbabbildung nach S. 96).[45]

1927 gehörten deutsch-sowjetische Sportbegegnungen zum Alltag im Arbeitersport. Auch intern ging man weiterhin den Weg der Kooperation. So publizierte das Kartell der Arbeitervereine einen offenen Brief, in dem die bevorzugte Förderung bürgerlicher Sportvereine durch die Stadtverwaltung Ludwigshafen kritisiert wurde, in der kommunistischen »Arbeiter-Zeitung«.[46] Selbst im Januar 1928 regte sich beim VVg noch keinerlei

---

41 Die erste Arbeiterolympiade in Frankfurt am Main ist ausführlich dokumentiert im Nachlass des Ludwigshafener Arbeitersportlers Paul Fahrnbach (StALu, N 22, Nr. 83, 100, 102, 107, 119).
42 StALu, N 22, Nr. 86.
43 StALu, Le 1.
44 StALu, Le 1.
45 StALu, N 22, Nr. 73.
46 StALu, ZR I, Nr. 6503/27 und Arbeiter-Zeitung, Ausgabe Ludwigshafen vom 28. Juni 1927.

Abb. 7: Empfang für die siegreichen Teilnehmer des Freien Athletenclubs Oggersheim an der I. Arbeiter-Olympiade in Frankfurt a. M. 1925.

Widerstand gegen einen Beitritt zur Arbeitsgemeinschaft sozialistischer Alkoholgegner, obwohl diese von dem Repräsentanten des rechten Parteiflügels der SPD, Carl Severing, geführt wurde und umgekehrt im VVg der Einfluss der KPD durch den Beitritt der Anhänger der proletarischen Freikörperkultur wesentlich zugenommen hatte.[47]

Einen Monat später hatte sich Situation völlig verändert: Das 9. Plenum des Exekutivkomitees der Kommunistischen Internationale (9.-28. Februar 1928) verkündete nach dem endgültigen Sieg über die Ultralinken – auch in der Pfalz – nun den »Kampf gegen die rechte Gefahr« in der Weltpartei. Diese Linkswendung der Komintern wurde schematisch auf die KPD übertragen, die nun ihren politischen Hauptgegner wieder in der Sozialdemokratie sah. Die Folge davon war die Wiederaufnahme der Konfrontationspolitik der kommunistischen Opposition gegen die sozialdemokratischen Verbandsführer auch im Arbeitersport, die sich daraufhin erneut mit Ausschlüssen zur Wehr setzten.[48] Bereits im Juni 1928 schloss der ATSB-Bundestag formal alle KPD-Anhänger aus – die Naturfreunde trennten sich bis 1932 reichsweit von insgesamt 213 kommunistisch dominierten Ortsgruppen, während hingegen die Anhänger der proletarischen Freikörperkultur sich *unter förmlich festgehaltene[m] Protest* der sozialdemokratischen Mehrheit im VVg unterwarfen.[49]

Diese zentralen Richtungsentscheidungen lassen sich jedoch keinesfalls schematisch auf die Agglomeration Ludwigshafen übertragen: So erfolgt z.B. bis Januar 1933 kein Ausschluss der KPD-Mitglieder aus dem Freien Sportkartell Edigheim – trotz deutlicher sozialdemokratischer Mehrheit.[50] Gleiches vollzog sich bei der Freien Turnerschaft Lambrecht – sie erklärte sich für *politisch neutral*.[51] Entsprechend dürfte der sportliche Höhepunkt im Ludwigshafener Arbeitersport im Jahr 1928 noch geschlossen durchgeführt worden sein: Am 11. und 12. August 1928 trafen sich Arbeiter-Athleten aus ganz Deutschland zu ihrem sechsten Bundesfest in der Chemiestadt. Insgesamt 2.000 Teilnehmer aus ganz Deutschland – darunter 188 aus der Agglomeration Ludwigshafen – präsentierten vor rund 20.000 Besuchern ihr Können.[52]

Die Durchführung der ersten Spartakiade – mit deutscher Beteiligung – durch die RSI vom 12. bis 23. August 1928 in Moskau setzte aber international die Spaltung fort: Allein schon das Einladungsplakat: *Jeder Arbeitersportler muss sein ein Soldat der Revolution* verdeutlichte den wesentlichen Unterschied zwischen der von der Komintern instrumentalisierten RSI und der sich zur parlamentarischen Demokratie bekennenden LSI, die sich ebenfalls zeitgleich in Sozialistische Arbeiter-Sport-Internationale (SASI) umbenannte. Nachfolgend hatte es laut dem abschließenden Jahresbericht 1929 des Vorstandes des Kartells der Arbeitervereine auch in Ludwigshafen – aufgrund der *unsachlichen Kritik der Arbeiterzeitung und in dem Bestreben der KPD die Sportbewegung für ihre Parteibelange zu missbrauchen – unhaltbare Zustände* gegeben.[53]

---

47 WALTER/REGIN (wie Anm. 14), S. 83–85.
48 BECKER (wie Anm. 26), S. 41ff.
49 WALTER/REGIN (wie Anm. 14), S. 84–85.
50 StALu, N 2, Nr. 156 (Protokollbuch für Freies Sportkartell Edigheim 1926–1933).
51 StALu, PGV23, Nr. 8 (Protokollbuch für die Freie Turnerschaft e.V. Lambrecht 1930–1933).
52 StALu, Le 1 und Pfälzische Post, Ausgabe Ludwigshafen vom 13. August 1928.
53 StALu, ZR I, Nr. 6503/27 (Jahresbericht des Vorstandes für 1929).

Abb. 9: Festzug anlässlich des sechsten Bundesfestes der Arbeiter-Athleten 1928 durch den Ludwigshafener Arbeiterstadtteil Hemshof: Hinter einer Kappelle des Reichsbanners Schwarz–Rot-Gold ist deutlich eine Schwester des Arbeiter-Samariter-Bundes zu erkennen.

Abb. 10:   Gemeinschaftsturnen bei der Freien Turngesellschaft 1898 Oggersheim im Jahr 1928.

Zum formellen *Bruch mit der Arbeiterzeitung und der KPD* durch das Kartell der Arbeitervereine kam es dann im Jahr 1929.[54] Der faktischen Spaltung lag auf der einen Seite
der Prozess der Bolschewisierung der KPD zugrunde, der die Partei zum Erfüllungsgehil-
fen der Außenpolitik der Sowjetunion machte und sie auf den Konfrontationskurs gegen
die SPD als »Zwillingsbruder des Faschismus« zwang. Auf der anderen Seite stand die
sozialdemokratische Tolerierungspolitik seit 1928, die zu einem Legalismus um jeden
Preis führte, weshalb die Sozialdemokratie das Überleben der Demokratie auch durch
ihre Trennung von den Kommunisten in den Massenorganisationen der Arbeiterbewegung sichern wollte. Die KPD nahm das Spaltungsangebot allerdings auch vorauseilend
an: So kandidierte z.B. in Ludwigshafen im März 1929 erstmals wieder seit 1925 in der
BASF eine kommunistische Spalterliste gegen die Liste der Freien Gewerkschaften.[55] Die
absehbare Katastrophe vollzog sich dann am 1. Mai 1929 als die sozialdemokratisch ge-
führte Berliner Polizei kommunistische Provokationen mit einer dreitätigen Strafaktion
in den missliebigen »roten Stadtvierteln« von Berlin beantwortete, wobei 32 Zivilperso-
nen ums Leben kamen – größtenteils durch Schussverletzungen beim Auflösen von Men-
schenversammlungen. Um von der völligen Unverhältnismäßigkeit ihres Vorgehens ab-
zulenken, ersannen Polizei und preußisches Innenministerium zahlreiche entstellende
Meldungen über das Vorgehen der KPD bis zu puren Fälschungen über »heftige Barrika-

---

54   StALu, ZR I, Nr. 6503/27 (Jahresbericht des Vorstandes für 1929).
55   BECKER (wie Anm. 26), S. 43–44.

denkämpfe«. Wo diese »Dichtungen« allerdings in das politische Konzept der KPD-Führung passten, griff diese sie bereitwillig auf.[56]

Mit dem anschließenden Verbot des kommunistischen Roten Frontkämpferbundes am 6. Mai 1929 durch den sozialdemokratischen Reichsinnenminister Severing – zugleich Leiter der AG sozialistischer Alkoholgegner, der auch die VVg angehörte – war die Spaltung der Arbeiterbewegung und damit des Arbeitersports manifestiert. Zum Ausdruck kam dies in Ludwigshafen anlässlich des zentralen Südwestdeutschen Rad- und Sportfestes vom 18.-20. Mai 1929. Während die sozialdemokratische »Pfälzische Post« die Teilnehmer mit einer Sonderbeilage begrüßte,[57] verkündete die kommunistische »Arbeiter-Zeitung« auf ihrer Titelseite: *Den klassenbewussten Arbeitersportlern zum Gruß!*[58] und erhob massive Vorwürfe gegen die Verbürgerlichung des ATSB, die mit einer ganzen Reihe von gefälschten Zitaten aus der »Pfälzischen Post« scheinbar belegt wurden.[59] Zwar wurden anschließend die eigentlichen Sportveranstaltungen vor 40.000 Besuchern noch gemeinsam durchgeführt – und erfuhren selbst in der »bürgerlichen Presse« eine positive Resonanz[60] – die Atmosphäre unter den Sportlern war jedoch vergiftet. Ausdruck fand dies beim sonntäglichen Festzug, bei dem das sozialdemokratisch dominierte Kartell der Arbeitervereine eine andere Marschroute nahm als die stärker unter kommunistischem Einfluss stehenden Radfahrer.[61] Anschließend kam es im Ludwigshafener Kartell der Arbeitervereine zum offenen Bruch zwischen sozialdemokratischer Mehrheit und kommunistischer Opposition.[62]

Entsprechend stand das in Nürnberg vom 18. bis 21. Juli 1929 stattfindende zweite deutsche Arbeiter-Turn- und Sportfest unter keinem guten Stern. Trotz guter Beteiligung aus Ludwigshafen war die Gesamtteilnehmerzahl rückläufig. Während des Bundesfestes verteilte die ausgeschlossene kommunistische Opposition, die sich jetzt als »Interessensgemeinschaft zur Wiederherstellung der Einheit im Arbeitersport« organisiert hatte, vom KPD-Parteilokal in der Prechtelgasse aus Flugblätter und Einheitsfrontplaketten an die Sportler, um der immer deutlicher werdenden offenen Unterstützung der SPD durch den ATSB zu widersprechen. Auch am Festzug nahm man mit eigenen Spruchbändern mit der RSI-Parole: *Arbeitersportler sind Soldaten der Revolution* teil. Dass trotzdem 70.000 Festteilnehmer bei der Abschlusskundgebung im Stadion gemeinsam die Internationale sangen, betonte durchaus eine gemeinsame Traditionslinie aber keineswegs ein gemeinsames Ziel.[63]

Zementiert wurde die Spaltung des Arbeitersports an Pfingsten 1930 durch die Gründung der Kampfgemeinschaft für rote Sporteinheit (KG). Der KPD-Vorsitzende, Ernst Thälmann, begründete diesen Schritt mit der angeblichen Absicht der *sozialfaschistischen Sportbürokraten, die Verbände aus der Front des Klassenkampfes gegen die Bourgeoisie*

---

56   L. Schirmann, Blutmai 1929. Dichtungen und Wahrheit, Berlin 1991.
57   Sportfest-Sonderbeilage der Pfälzischen Post, Ausgabe Ludwigshafen vom 18. Mai 1929.
58   Arbeiter-Zeitung, Ausgabe Ludwigshafen vom 18. Mai 1929.
59   *Kommunistische Kampfmethoden*, in: Pfälzische Post, Ausgabe Ludwigshafen vom 21. Mai 1929.
60   StALu, Le 1 und Generalanzeiger, Ausgabe Ludwigshafen vom 21. Mai 1929.
61   StALu, Le 1.
62   StALu, ZR I, Nr. 6503/27 (Jahresbericht des Vorstandes für 1929).
63   StALu, N 22, Nr. 95 und 109.

Abb. 11:   Mitglieder der Freien Turngesellschaft 1898 Oggersheim als Teilnehmer am II. Arbeiter Turn- und Sportfest in Nürnberg 1929.

herauszureißen und als Anhängsel der SPD in den Dienst der Bourgeoisie zu stellen.[64] Die KG steigerte ihre Mitgliederzahl bis Februar 1933 auf 268.480 und konnte im Berliner Raum, im Ruhrgebiet und in Sachsen zum Teil auch prominente Arbeitersportvereine, wie den Dresdener SV, zum Verbandswechsel bewegen – im Untersuchungsgebiet etablierte sich der »Rotsport« allerdings nur in Neustadt. Der KPD nahe stehende Mitglieder des ATSB aus Ludwigshafen, Lambrecht oder Oppau nahmen zwar danach an den Veranstaltungen der KG teil und wurden hierfür auch gelegentlich abgemahnt, entschieden sich aber für den Verbleib in ihren traditionellen Vereinen und wurden durch diese auch nicht ausgeschlossen.[65]

Trotzdem war für das Ludwigshafener Kartell der Arbeitervereine mit der Gründung der KG nicht nur *die Richtung innerhalb der Gesamtbewegung geklärt, sondern auch eine Einheit in staatspolitischem Denken und Handeln hergestellt.* Verbliebenen Kritikern – wie der Delegierte der Arbeiterschützen und Führer der Ludwigshafener Trotzkisten, das Stadtratsmitglied Waldemar Frenzel – wurde lediglich empfohlen, *die Richtlinien des ZK zu beachten.* Denn trotz gelegentlicher Verleumdungen durch die KPD wurde als *neuer,*

---

64   E. THÄLMANN, Reden und Aufsätze zur Geschichte der deutschen Arbeiterbewegung, Bd. 2, Berlin (Ost) 1956, S. 446–452.
65   StALu, N 2, Nr. 156 (Protokollbuch für das Freie Sportkartell Edigheim 1926–1933) und StALu, PGV 23, Nr. 8 (Protokollbuch für die Freie Turnerschaft e.V. Lambrecht 1930–1933).

I.FC Giulini - SV Shell 15.7.31: 2:0

Abb. 12: Betriebssport als Konkurrenz zu Arbeitersport: Hier die Fußballmannschaft der Ludwigshafener Firma Giulini 1931.

viel gefährlicher Feind der Faschismus im Jahresbericht für 1930 herausgestrichen.[66] Noch nicht erkannt als zusätzliche Konkurrenz neben der KG wurde der parallele Aufbau der werksinternen Betriebssport-Gemeinschaften – auch durch Ludwigshafener Unternehmen, die zum Teil den Charakter von Zwangsmitgliedschaften annahmen und Doppelmitgliedschaften bei Arbeitersportvereinen untersagten.[67]

Auch im Jahr 1931 war der Reichsarbeitersporttag der erste Höhepunkt im Arbeitersportlerleben. Anlässlich des 20-jährigen Bestehens des Kartells der Arbeitervereine wurde er in Ludwigshafen besonders festlich und geschlossen begangen – auch von den wenigen verbliebenen Vereinen mit kommunistischer Mehrheit, wie beim Wassersportverein Vorwärts oder den Freien Turnern Mundenheim. Die Veranstaltung am 29. Juni 1931 wurde von 41 Arbeitervereinen getragen. Allerdings war die neue dominierende Fahne nun »Schwarz-Rot-Gold« – denn entsprechend der *Richtung innerhalb der Gesamtbewegung* nahmen auch die Sozialistische Arbeiterjugend, das Reichsbanner Schwarz-Rot-Gold und die SPD am Demonstrationszug teil.[68]

Bestand also auch 1931 in der linksrheinischen Agglomeration noch eine informelle Kooperation zwischen SPD und KPD im Arbeitersport, so ging auf nationaler Ebene der Konflikt weiter: Die RSI hatte vom 5. bis 19. Juli 1931 zur zweiten Spartakiade nach Berlin eingeladen. Diese gezielte Provokation kurz vor der Wiener Arbeiterolympiade der

---

66 StALu, ZR I, Nr. 6503/27 (Jahresbericht des Vorstandes für 1930).
67 StALu, Le 1.
68 StALu, ZR I, Nr. 6503/12.

SASI wurde von der sozialdemokratisch geführten Berliner Polizeibehörde angenommen, denn die Veranstaltungen der »Internationalen Spartakiade«, die den Höhepunkt der 10-Jahr-Feier der RSI bilden sollten, wurden von Dr. Weiß, dem Vertreter des sozialdemokratischen Berliner Polizeipräsidenten Grzesinski, auf der rechtlichen Grundlage der »Verordnung des Reichspräsidenten zur Bekämpfung politischer Ausschreitungen« am 1. Juli 1931 verboten. Trotz Verbots und massiven Polizeieinsatzes wurde vom 5. bis 19. Juli 1931 dennoch ein Großteil des Spartakiade-Programms in veränderter Form durchgeführt (Becker Abb. 13; siehe Farbabbildung nach S. 96).[69]

Wesentlich bedeutsamer als die Berliner Spartakiade war für die Ludwigshafener Arbeitersportler allerdings die anschließend veranstaltete Wiener Arbeiterolympiade vom 19. bis 26. Juli 1931. Unter den 29.054 Teilnehmern aus Deutschland war auch eine *große Teilnehmerzahl, die von Ludwigshafen und aus der übrigen Pfalz nach Wien fuhr*.[70] Diese war sportlich auch sehr erfolgreich, so errang z.B. Babette Kehrt von der Vereinigten Freien Turnerschaft Ludwigshafen die Titel im Kugelstoßen und im Diskuswerfen.[71] Die signifikantesten Unterschiede zur ersten Arbeiterolympiade waren – neben der manifestierten Spaltung der Arbeitersportbewegung – die wehrsportlichen Veranstaltungen.[72]

Entsprechend ihrer klar antifaschistischen Ausrichtung war es für die Ludwigshafener Teilnehmer an der Wiener Arbeiterolympiade dann doch überraschend, dass es anlässlich ihrer Begrüßung nach ihrer Rückkehr durch eine *vieltausendköpfige Menge* zu massiven Übergriffen durch die bayerische Landespolizei (Schupo) kam. Trotzdem blieb das Vertrauen in die staatlichen Instanzen der Weimarer Republik erhalten und fand auch seinen Ausdruck im Beitritt des ATSB zur Eisernen Front am 16. Dezember 1931, die sich die Bekämpfung der Gegner der Republik zum Ziel gesetzt hatte. Weitere Mitglieder waren die SPD, das Reichsbanner Schwarz-Rot-Gold, der ADGB und der Allgemeine freie Angestelltenbund. Auch im Jahresbericht 1931 des Kartells der Arbeitervereine wurde entsprechend deutlich formuliert: *Heute stehen die Arbeiter vor der Frage, entweder sich zu wehren oder unterzugehen.* Geradezu prophetisch lesen sich die nachfolgenden Zeilen: *Siegt der Faschismus, so wird das deutsche Volk einer Elendzeit entgegen gehen, in der die Arbeiterklasse das Schlimmste zu ertragen hat. Das Sport- und Kulturleben wird dann für uns auf sehr lange Zeit vorbei sein. Die Millionenwerte, die in unsere Anlagen, Sportplätzen und Eigenheimen stecken, werden Andern zufließen und verloren sein.* Trotz dieser erkannten und formulierten gemeinsamen Bedrohung durch den Faschismus blieb das Verhältnis von SPD und KPD im Ludwigshafener Arbeitersport unversöhnlich. Gegen Verleumdungen durch die kommunistische Arbeiterzeitung setzte sich der Vorsitzende des Kartells der Arbeitervereine, Karl Sauer, juristisch zur Wehr.[73]

Eine gemeinsame Front gegen den Faschismus war auch 1932 nicht möglich – vielmehr ging man weiter den Weg der gegenseitigen Konfrontation. Im Vorfeld der preußischen Landtagswahlen am 24. April 1932 ließ Innenminister Severing nicht nur die Wohnungen

69   G. WONNEBERGER, Deutsche Arbeitersportler gegen Faschisten und Militaristen 1929–1933, Köln 1975, S. 71ff.
70   StALu, ZR I, Nr. 6503/27 (Jahresbericht des Vorstandes für 1931).
71   StALu, Le 1.
72   Die zweite Arbeiterolympiade in Wien ist ausführlich dokumentiert im Nachlass des Ludwigshafener Arbeitersportlers Paul Fahrnbach (StALu, N 22, Nr. 5, 21, 83, 84, 90, 91, 101, 110).
73   StALu, ZR I, Nr. 6503/27 (Jahresbericht des Vorstandes für 1931).

Abb. 14:   Demonstrationszug der Eisernen Front im Wahljahr 1932 durch den Ludwigshafener Arbeiterstadtteil Hemshof: Hinter einer Musikkapelle der SAJ sind deutlich Angehörige des ATSB zu erkennen, die Transparente und Flaggen mit dem Symbol der Eisernen Front (drei Pfeile) mit sich führen.

von Mitgliedern des Kampfbundes gegen den Faschismus – die wesentlich schwächere Nachfolgeorganisation des Roten Frontkämpferbundes – sondern auch von Mitgliedern der KG durchsuchen.[74] Dass sich die KG anschließend der von der KPD am 26. Mai 1932 ausgerufenen Antifaschistischen Aktion anschloss, verstärkte nur noch die Parallelstrukturen innerhalb der Arbeiterbewegung und des Arbeitersports. Entsprechend war der am 26. Juni 1932 auch in Ludwigshafen begangene 12. Reichsarbeitersporttag nur noch eine rein sozialdemokratische Veranstaltung – die kommunistisch dominierten Freien Turner Mundenheim waren inzwischen aus dem Kartell der Arbeitervereine ausgeschieden und dafür das Reichsbanner Schwarz-Rot-Gold Mitglied geworden.[75]

Als nach dem »Preußenschlag« der Regierung Papen am 20. Juli 1932 deutlich wurde, dass die Sozialdemokratie selbst in dieser Extremsituation an ihrem Kurs des »Legalismus« festhalten würde, vollzog sich auch in den Kreisen des Arbeitersports eine tiefe Resignation. Beispielhaft hierfür sei der VVg genannt, der in seinem sehr populären Licht- und Luftbad an der Blies auch die Freikörperkultur praktizierte. Als das »Kabinett der Barone« am 18. August 1932 das *öffentliche Nacktbaden oder Baden in anstößiger Kleidung* mit einer Geldstrafe belegte, blieb der Protest schwach und man machte von sich aus

---

74   Freiheit – Tageszeitung für Rheinland und Westfalen, Sonderausgabe zur Landtagswahl 1932.
75   StALu, ZR I, Nr. 6503/12.

Konzessionen – die Mitglieder zogen sich nun bei gymnastischen Übungen Badehosen über.[76]

Ausgehend vom »Legalismus« der SPD und der völlig falschen Analyse der realen Gefahr durch die Hitlerbewegung durch die KPD (»Nach Hitler kommen wir«) stand die deutsche Arbeiterbewegung der Machtübergabe an die Nationalsozialisten am 30. Januar 1933 wie gelähmt gegenüber. Zwar wandte sich das ZK der KPD mit einem Aufruf zum Generalstreik auch an die sozialdemokratische Arbeiterschaft. Dieser blieb jedoch durch das Fehlen der notwendigen Voraussetzungen für eine sofortige gemeinsame Aktion nach der langen heftigen Feindschaft zwischen beiden Parteien folgenlos.[77] Dafür ließ es sich aber die Ludwigshafener Polizei nicht nehmen, noch am gleichen Tag das Parteibüro und die Wohnungen von Funktionären der KPD zu durchsuchen.[78] Wie wenig man auch in der Agglomeration Ludwigshafen – dem Zentrum der pfälzischen Arbeiterbewegung und seines Arbeitersports – sich tatsächlich auf den jahrzehntelang trainierten Klassenkampf vorbereitet hatte, zeigen die letzten Einträge in den Protokollbüchern: Der Vorstand (*Engere Turnerrat*) der Freien Turnerschaft Lambrecht tagte zum letzten Mal vom 24. Januar 1933 und beschloss die sozialdemokratische »Pfälzische Post« zu verklagen, weil diese die Freie Turnerschaft Lambrecht bezichtigte, mit dem *roten Sport in Neustadt in enger Verbindungen zu stehen* und bereitete ansonsten die Faschingskampagne 1933 vor![79] Das Freie Sportkartell Edigheim tagte zum letzten Mal genau am 30. Januar 1933 und beschloss lediglich die Anschaffung eines Vervielfältigungsapparates.[80]

War die deutsche Arbeiterbewegung schon nicht auf die Machtübergabe an die Nationalsozialisten vorbereitet, so blieb man auch danach unfähig, die trennenden Gräben zu überwinden. Unbeeindruckt von der Reichstagsauflösung am 1. Februar 1933 und dem Demonstrationsverbot für die KPD ab dem 2. Februar 1933 sprach deren Parteileitung bereits am 3. Februar 1933 wieder von den »Sozialfaschisten«. Entsprechend wurde der von der SPD als Voraussetzung für eine Zusammenarbeit geforderte »Nichtangriffspakt« zwischen beiden Parteien von der KPD-Führung abgelehnt und von ihr weiter nur eine »Einheitsfront von unten« propagiert. So stand die deutsche Arbeiterbewegung der Legalisierung des faschistischen Terrors durch die Notverordnung *zum Schutze des deutschen Volkes* am 4. Februar 1933 gespalten und kampfunfähig gegenüber.[81] Zwar verstärkte die KPD die Umstellung auf die Illegalität nun auch in der Agglomeration Ludwigshafen, schließlich wurden die Mitglieder der Bezirksleitung Baden-Pfalz seit dem 10. Februar 1933 mit Haftbefehl gesucht. Dennoch wurde die Partei von der Polizeiaktion zur Durchsetzung der Notverordnung *zum Schutz von Volk und Staat* am 28. Februar 1933 überrascht. Letzterer war am 27. Februar 1933 der Reichstagsbrand vorausgegangen, den die Nationalsozialisten noch in der gleichen Nacht als Auftakt zur Festnahme von 1.500 kom-

---

76   WALTER/REGIN (wie Anm. 14), S. 51–52.
77   Der Aufruf vom 30. Januar 1933 zum Generalstreik wurde am 31. Januar 1933 von der KPD in der Pfalz als Flugblatt vertrieben. Ein Original ist als Dokument 6 abgedruckt bei H. MORWEISER, Auch in Ludwigshafen gab es Widerstand, Ludwigshafen a. Rh. 1981.
78   Arbeiter-Zeitung, Ausgabe Ludwigshafen vom 30. Januar und 1. Februar 1933.
79   StALu, PGV23, Nr. 8 (Protokollbuch für die Freie Turnerschaft e.V. Lambrecht 1930–1933).
80   StALu, N 2, Nr. 156 (Protokollbuch für das Freie Sportkartell Edigheim 1926–1933).
81   S. BAHNE, Die Kommunistische Partei Deutschlands, in: E. MATTHIAS/R. MORSEY (Hgg.), Das Ende der Parteien 1933, Düsseldorf 1984, S. 682.

Abb. 15:   Besetzung des Ludwigshafener Gewerkschaftshauses, in dem sich auch das Sporthaus
der Naturfreunde befand, am 2. Mai 1933.

munistischen Funktionären in Berlin und 10.000 im Reich nutzten – darunter auch zahlreiche Funktionäre der KG.[82] In der Pfalz wurden sämtliche Versammlungen und Kundgebungen der KPD verboten und die Parteibüros geschlossen. Auch die Ludwigshafener
»Arbeiter-Zeitung« musste ihr Erscheinen endgültig einstellen, nachdem sie bereits zwischen dem 13. und 17. Februar 1933 wegen »Beschimpfung der Reichsregierung« verboten
worden war. Allerdings organisierte die Bezirksleitung Baden-Pfalz sofort deren illegalen
Druck und Verteilung, so dass die »Arbeiter-Zeitung« im Bezirk noch bis Mitte 1935 monatlich mit einer Auflage von mehreren tausend, mindestens aber 500 Exemplaren, kontinuierlich weiter erscheinen konnte. Freilich, Berichte über den roten Sport konnten nicht
mehr publiziert werden – die KG war mit dem 28. Februar 1933 zerschlagen.[83]

82   H. WEBER, Die Kommunisten, in: E. MATTHIAS/H. WEBER (Hgg.), Widerstand gegen den Nati-
      onalsozialismus in Mannheim, Mannheim 1984, S. 258f. sowie K. SCHÖNHOVEN, Reformismus
      und Radikalismus, München 1989, S. 175–176.
83   L. MEINZER, Die Pfalz wird braun. Machtergreifung und Gleichschaltung in der bayerischen
      Provinz, in: G. NESTLER/H. ZIEGLER (Hgg.), Die Pfalz unterm Hakenkreuz. Eine deutsche
      Provinz während der nationalsozialistischen Terrorherrschaft, Landau 1993, S. 38; ebenda
      G. BRAUN, Sozialdemokratischer und kommunistischer Widerstand in der Pfalz, illegale Orga-
      nisationsansätze und politische Traditionswahrung der Arbeiterparteien unter dem NS-Re-
      gime, S. 384 und F. SALM, Im Schatten des Henkers, Frankfurt am Main 1979, S. 70ff. Zur illega-
      len antifaschistischen Presse zwischen 1933 und 1939: J. STROECH, Die illegale Presse, Leipzig
      1979, speziell zur Arbeiter-Zeitung, Ausgabe Ludwigshafen, S. 109–110.

Auch ihr regional schärfster Kritiker – die sozialdemokratische »Pfälzische Post« – musste zum 10. März 1933 das Erscheinen einstellen. Selbst in der letzten Ausgabe kündigte sie aber noch Wettkämpfe der Ludwigshafener Arbeitersportler für das folgende Wochenende an.[84] Bereits am 23. März 1933 wurde die Bundesschule des ATSB in Leipzig besetzt. Die Schonfrist der anderen Mitglieder des ZK lief am 2. Mai 1933 ab: Mit dem Verbot der Freien Gewerkschaften erfolgte auch die Auflösung sämtlicher Arbeitervereine – im damaligen Stadtgebiet von Ludwigshafen waren davon 4.493 Ende 1932 im Kartell der Arbeitervereine organisierte Arbeitersportler betroffen – reichsweit rund 1,2 Millionen.[85] Nachfolgend erfüllte sich die Prophezeiung aus dem Jahresbericht 1931 des Ludwigshafener Kartells: Neben der Vermögensbeschlagnahme, der Wegnahme der Sportgeräte und Sporthallen, der Naturfreundehäuser usw. mussten viele Arbeitersportmitglieder auch Drangsalierungen erleiden. Der Vorsitzende des ATSB, Cornelius Gellert, wurde mehrfach inhaftiert – 1939/40 auch im KZ Sachsenhausen. Der Leiter der KG, Ernst Grube, verstarb dort kurz vor Kriegsende. Herbert Müller – kommunistischer Landtagsabgeordneter aus Ludwigshafen und Spieler des auch überregional erfolgreichen Ludwigshafener Freien Fußballclubs Kickers war bis April 1935 Insasse im KZ Dachau und musste 1936 aus Deutschland fliehen. Auch wenn Einzelne – so auch Mitglieder der Freien Turnerschaft Ludwigshafen – in den eigenen Reihen gegen diese Verfolgungen kurzlebige und bald von der Gestapo zerschlagene Zellen des Widerstandes zu bilden versuchten,[86] beabsichtigten die meisten Arbeitersportler doch einem ähnlichen Schicksal dadurch zu entgehen, dass sie sich benachbarten bürgerlichen Vereinen anschlossen. In der Regel wurden sie dort aber als »Märzgefallene« abgelehnt – auch der Namenswechsel eines Arbeitersportvereins verhinderte nur selten die Auflösung. Betroffen hiervon waren allein im damaligen Stadtgebiet von Ludwigshafen bis 1935 mindestens 75 »marxistische« Vereine, darunter 44 Arbeitersportvereine.[87] Viel entscheidender als das zwölfjährige Organisationsverbot aber war der nachhaltige Verlust des eigenständigen Sportkulturansatzes des Arbeitersportes, der das Massenerlebnis und die Hebung der Durchschnittsleistung vor den individuellen Erfolg gesetzt hatte. Ersetzt durch nationalen Chauvinismus und wehrsportliche Kriegsvorbereitung wurde er nach 1945 nicht wieder aufgenommen.

---

84 Pfälzische Post, Ausgabe Ludwigshafen vom 10. März 1933.
85 StALu, Le 1.
86 StALu, N 99, Nr. 2.
87 L. MEINZER, Ludwigshafen am Rhein und die Pfalz in den ersten Jahren des Dritten Reiches, Ludwigshafen am Rhein 1991, S. 169f.

Die Waldau. Ein Stuttgarter Sportfeld als Spiegel der Großstadtgesellschaft

VON JÜRGEN LOTTERER

Die Inspiration, die zu dem hier vorzustellenden kleinen stadtgeschichtlichen Forschungsprojekt geführt hat, steckt in einem eher unscheinbaren Archivale. Es handelt sich um einen Planausschnitt aus einer im Stadtarchiv Stuttgart im Bestand »Baurechtsamt« überlieferten Akte, genauer gesagt um einen Umgebungsplan der sogenannten »Degerlocher Spielplätze«. Im zugehörigen Baugesuch stellte der unter anderem mit einer vielköpfigen Turnabteilung versehene Arbeiterbildungsverein Stuttgart den Antrag, seinen von der Stadt gepachteten Platz mit einer »Holzfachwerkhütte« und einer Abortanlage auszustatten. Dieses bescheidene Vorhaben selbst erzählt durchaus etwas über die Geschichte des großen Degerlocher Sportfeldes, für das sich mit der Zeit der Name »Waldau« eingebürgert hat, über die anfangs einfache Ausstattung, das Fehlen der Kanalisation und die Äcker in der unmittelbaren Nachbarschaft. Bemerkenswert erschien jedoch, als man das Stück 2007 für die Ausstellung »Wacker, Pfeil, Delphin, Gut Heil! Stuttgarter Großstadtsport 1860–1960« im Stuttgarter Rathaus in die Vitrine legte, insbesondere die bunte »Gesellschaft«, die sich hier auf engstem Raum tummelte: Zaun an Zaun mit dem Arbeiterbildungsverein spielten und turnten der Beamtenturnerbund des Allgemeinen Deutschen Versicherungsvereins, die Turngesellschaft Stuttgart, der Athletenbund sowie der Christliche Verein junger Männer.[1] Bereits diese durch einen reinen Zufall zustande gekommene Momentaufnahme führt zu der Erkenntnis, dass in dem Moment, in dem sich die Spielfelder aneinanderlagern, auch die hinter den einzelnen Sportorganisationen stehenden gesellschaftlichen Gruppen nolens volens zumindest räumlich näher zusammenrücken. Dies führt wiederum zu der naheliegenden Frage, ob man ein Sportfeld wie die Waldau, auf der zu Hochzeiten um die 20 Sportplätze mit noch mehr Vereinen und tausenden von Mitgliedern existierten, nicht auch als ein Abbild, quasi einen Spiegel der modernen Großstadtgesellschaft interpretieren kann. Zum mindesten stellt es eine bedeutende Kontaktzone und einen umfangreichen Kommunikationsraum dar. Auf dem Sportfeld kreuzten sich die Wege und Interessen sehr vieler Menschen sehr unterschiedlicher Herkunft. Die gründliche Erforschung eines solchen Raumes erscheint darum ausgesprochen lohnend. Dies gilt nicht nur aus sportgeschichtlicher Perspektive – das Phänomen des »Sport-

---

1   StdA Stuttgart Baurechtsamt/D 8666; Stadtarchiv Stuttgart (Hg.), Wacker, Pfeil, Delphin, Gut Heil. Stuttgarter Großstadtsport 1860–1960. Broschüre zur Ausstellung vom 31.8.2007–6.10.2007, Stuttgart 2007, S. 38.

feldes«, wie die Agglomeration zahlreicher Sportplätze an einem Ort hier einstweilen genannt werden soll, scheint bisher noch nicht in den Mittelpunkt einer Untersuchung gerückt worden zu sein – sondern auch aus stadtgeschichtlicher Perspektive.

Zur theoretischen Grundlage, auf der dies geschehen kann, sollen an dieser Stelle nur wenige Bemerkungen erfolgen: Stefan Nielsen folgend kann man den Sport als ein im Kern urbanes Phänomen interpretieren, dessen Entwicklung in enger Bindung an die Ausformung der modernen Großstadtgesellschaft mit ihren spezifischen Lebensformen voranschreitet.[2] Das ist im Bezug auf die Stuttgarter Stadtgesellschaft auch deswegen interessant, weil man sich mit Blick auf deren geographische Ränder, insbesondere im Hinblick auf die vielen spät eingemeindeten Vororte, durchaus noch zu Beginn des 20. Jahrhunderts fragen kann, inwiefern man es mit einer städtischen oder aber mit einer urban überformten dörflichen Gesellschaft zu tun hat. Dennoch ist auch in Stuttgart davon auszugehen, dass die Urbanisierung die klassenspezifische »Wohnsegregation« vorangetrieben hat, was dann wiederum massiv zur Klassenformierung beitrug.[3] Die geschlossen proletarischen Quartiere wurden nicht zum Kennzeichen der schwäbischen Metropole, dennoch bildeten sich räumlich deutliche Schwerpunkte sozialer Ungleichheit heraus, und die Urbanisierung stärkte zunächst eher die zentrifugalen Kräfte in der sich formierenden großstädtischen Industriegesellschaft.

Was tat auf der anderen Seite der Sport? Mit Thomas Nipperdey gesprochen war er »eine Gegenwelt des Ausgleichs« und zugleich ein »Abbild der Leistungswelt« mit veränderten Kriterien, dessen Reiz aus dieser kompensatorischen Gegenstellung bei gleichzeitiger »Nahstellung zur technisch bürokratischen Welt« erwuchs. Deshalb kann die Tatsache, dass für einen quantitativ nicht unbedeutenden und sozial vielgestaltigen Ausschnitt der Stadtbevölkerung diese Gegenwelt am selben Ort angesiedelt war, langfristig nicht völlig folgenlos geblieben sein.[4] Wenn im folgenden die Entwicklung der Waldau kurz chronologisch skizziert und anschließend einigen strukturgeschichtlichen Fragestellungen vertiefend nachgegangen wird, so ist vorauszuschicken, dass es sich hierbei um einen klassischen »Werkstattbericht« handelt, der mehr Fragen aufwirft, als er beantworten kann. Insbesondere zu der hinter allem stehenden Frage, ob der Sport in der ersten Hälfte des 20. Jahrhunderts den Vorbedingungen der Klassengesellschaft folgend ein sozial und weltanschaulich zerklüftetes Feld darstellte, in dem sich die Gegensätze lediglich manifestierten oder gar verstärkten, oder ob er nicht auch und weit eher Potentiale zur Klassenüberwindung in sich trug, können einstweilen nur Hypothesen formuliert werden.

Die Waldau – Voraussetzungen und Entwicklung

Die so genannten »Degerlocher Spielfelder«, seit Anfang der 1950er Jahre durch die Landmarke des Stuttgarter Fernsehturms im Stadtbild eindeutig gekennzeichnet, liegen abge-

---

2   S. NIELSEN, Sport und Großstadt, 1870–1930, Frankfurt/M. 2002.
3   H.-U. WEHLER, Deutsche Gesellschaftsgeschichte Bd. 3. Von der »Deutschen Doppelrevolution« bis zum Beginn des Ersten Weltkrieges,1849–1914, München 1995, S. 25.
4   T. NIPPERDEY, Deutsche Geschichte 1866–1918, Bd. I. Arbeitswelt und Bürgergeist, München 1994, S. 175.

Abb. 1:
Umgebungsplan
der Degerlocher
Spielplätze 1911.

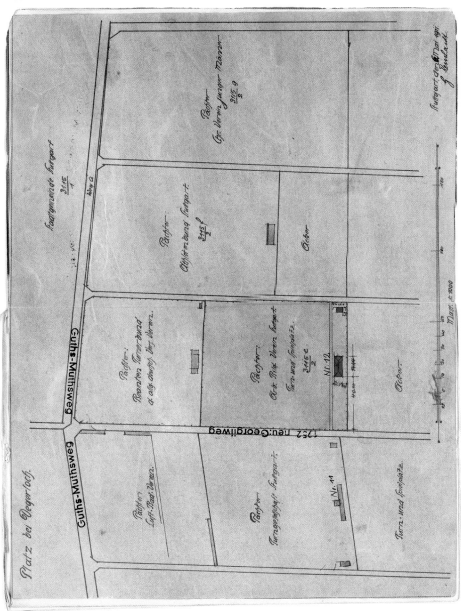

setzt von der Kernstadt auf der Anhöhe südlich des Bopserwaldes, die bereits in die Filderebene übergeht. Dies bedeutete einerseits eine erschwerte Erreichbarkeit, andererseits aber auch einen hohen Freizeitwert. Die Umgebung war waldreich, die Luft deutlich besser als im berüchtigten Stuttgarter Kessel, was in der zumindest teilweise gebräuchlichen, sicherlich auch pathetisch überhöhten Ortsbezeichnung »Hohenwaldau« durchaus zum Ausdruck kam. Ursprünglich verlief quer durch das Gelände die Gemarkungsgrenze zwischen der Stuttgarter Stadtgemeinde und der Gemeinde Degerloch, mit der Eingemeindung 1908 wurde diese Grenze hinfällig.

Sportgeschichtlich fällt der Beginn der Entwicklung auf der Waldau mit der Durchsetzung des modernen Sports als Ergänzung und Modifikation der entwickelten Turnkultur auf breiter Front zusammen. Für Stuttgart können wir feststellen, dass im letzten Jahrzehnt des 19. Jahrhunderts die Leibesübungen in jedweder Form einen unvergleichlichen Aufschwung nahmen, was sich nicht zuletzt in einer enormen Anzahl an neu gegründeten Vereinen widerspiegelt. Zwischen 1895 und 1900 versechsfachte sich die Zahl der im städtischen Adressbuch verzeichneten Vereine von elf auf 68, was sich weder mit dem zeitgleichen Bevölkerungswachstum noch mit Gebietserweiterungen erklären lässt.[5] Vielmehr brach sich hier offenkundig eine kulturelle Entwicklung Bahn, wobei die zahlreichen neu gegründeten Fußballvereine für den stärksten Zuwachs sorgten.

Das neue an den raumgreifenden englischen Rasensportarten war nicht zuletzt der stark erhöhte Platzbedarf, der in den bebauten Kernzonen der Stadt auf Dauer nicht zu befriedigen war. Zu betonen ist allerdings, dass auch die Turner gleichsam »an die frische Luft« strebten, also auch alteingesessene Turnvereine, sei es, dass sie sich den neuen Disziplinen öffneten beziehungsweise sich in den Reihen der Mitglieder verstärkt Anhänger hierfür fanden, sei es, dass sie den Erholungsraum in möglichst freier Natur schätzten. Für das bekanntermaßen von einem starken Relief gezeichnete Stuttgarter Stadtgebiet war die Zusammenballung von Sportplätzen in dafür geeigneten Zonen besonders naheliegend. Neben der Waldau stellte der Cannstatter Wasen schon lange vor dem Stadionbau eine solche Verdichtungszone dar, in kleinerem Umfang gab es sie auch in den nördlichen, in den 1930er Jahren eingemeindeten Vororten Zuffenhausen und Feuerbach. Zu dieser Zeit existierten in Stuttgart zwischen 170 und 200 Sport treibende Vereine mit rund 75.000 Mitgliedern. Im Verband der Deutschen Turnerschaft stand Stuttgart mit über 10.000 Mitgliedern an achter Stelle. Von den 68 Sportplätzen, die in der Stadt zur Verfügung standen, entfiel ein knappes Drittel auf die Waldau.[6]

Stufen des Ausbaus und Entfaltung der Vereinslandschaft

Am Beginn dieser Entwicklung stand sowohl auf dem Cannstatter Wasen als auch in Degerloch das württembergische Militär. Die Grundtendenz, dass die stadtnahen militärisch genutzten Gelände sich einerseits schon bald als für die Bedürfnisse des Manöverbetriebes zu klein erwiesen und andererseits die großstädtische Gesellschaft mit ihren Freizeit- und

---

5   Stadtarchiv Stuttgart (wie Anm. 1), S. 41–43.
6   W. KOHLHAAS, Chronik der Stadt Stuttgart 1918–1933, Stuttgart 1964, S. 228–230; Statistisches Amt der Stadt Stuttgart (Hg.), Stuttgarter Wirtschaftsberichte 1 (1925), Anhang.

Erholungsbedürfnissen auf diese Flächen drängte, lässt sich bei beiden Plätzen nachweisen.[7] Allerdings kann man für den größeren Wasen über einen längeren Zeitraum hinweg
eine konfliktträchtige Mischnutzung konstatieren, während der 1868 eingerichtete Degerlocher Exerzierplatz sich schon bald als so eng erwies, dass das Militär gewissermaßen
freiwillig den Rückzug antrat und der Zutritt der Zivilbevölkerung sich weitgehend un-
problematisch vollzog. Bereits in den 1870er und 1880er Jahren hielten Stuttgarter Turnvereine hier ihre Waldfeste und sonstige Zusammenkünfte ab, wobei sich dies augenscheinlich stets in geordneten Bahnen und unter Mitwirkung des Stuttgarter
Stadtschultheißenamtes vollzog. Insofern war es naheliegend, dass mit dem endgültigen
Abzug des Militärs und dem Übergang des Geländes an die Stadtgemeinde diese schon
bald mit der Verpachtung von Plätzen an Stuttgarter Vereine begann. Sowohl die Stuttgarter Kickers als auch der gerade erst gegründete Stuttgarter Luftbadverein zählten in den
Jahren 1904 und 1905 zu den Pionieren auf der Waldau beziehungsweise zu den Nutznie-
ßern der neuen Entwicklung.[8] Beide Vereine sind dort nebenbei bemerkt bis heute präsent. Die Gesellschaft der Turner und Sportler auf der Waldau wuchs in den folgenden
Jahren rasch an. Am Vorabend des Ersten Weltkriegs waren bereits 13 Vereine hier aktiv.[9]

Es folgte der Einschnitt des Ersten Weltkriegs mit gewaltigen Mitgliederverlusten
durch Tod, Invalidität und in der Folge Verarmung, mit dem Einstellen des Übungsbe-
triebs und der sprichwörtlichen Umwidmung von Sportplätzen in Kartoffeläcker, wie sie
in vielen Vereinsfestschriften gern angeführt wird. Dies stellt keineswegs nur einen Mythos dar, tatsächlich erfolgte die Gründung des Stuttgarter Stadtverbandes für Leibesübungen, wenn man so will eines bürgerlichen Vorläufers des Sportkreises als kommunaler Interessengemeinschaft der örtlichen Vereine, vor allem mit der Motivation, die
Rückgewinnung der zweckentfremdeten ehemaligen Spielplätze zu erreichen.[10] Die
Gründung dieses Verbandes, bei dem Funktionäre von Waldauvereinen eine führende
Rolle spielten, zeigt zugleich, dass der Krieg die weitere Entwicklung nur unterbrechen,
jedoch nicht zum Erliegen hatte bringen können. Dafür war die hinter der Sportbewegung stehende gesellschaftliche Kraft bereits zu stark geworden. Eine Übersicht von 1925,
deren Veröffentlichung in den Stuttgarter Wirtschaftsberichten vermutlich mit der in diesem Jahr betriebenen nationalen Umfrage des Reichsausschusses für Leibesübungen zu-
sammenhängt, zeigt den Stand der Entwicklung sehr genau. Nicht weniger als 22 Sportplätze befanden sich nun bereits auf dem Gelände. Bis auf wenige Zonen an den Rändern
hatte das Sportgelände auf der Waldau nun seine heutige Ausdehnung erreicht.[11]

Auch qualitativ hatte sich das Vereinspanorama auf der Waldau nun in seiner ganzen
Vielgestaltigkeit entfaltet. Diverse junge Fußballvereine wie die Kickers, die Stuttgarter
Sportfreunde, Schwaben 1896 oder die »Blauen Elf«, allesamt in den 1890er Jahren ge-
gründet, hatten sich versammelt. Dazu kamen alteingesessene, in den 1860er und 1870er
Jahren gegründete Turnvereine wie der Turnerbund Stuttgart und der Turnverein Karls-

7   D. KIRN, Der Cannstatter Wasen – Exerzier- und Sportplatz Stuttgarts, in: Stadtarchiv Stuttgart
    (wie Anm. 1), S. 58–59.
8   Luftbad Verein Stuttgart (Hg.), 1903–1993. Luftbadverein Stuttgart, Stuttgart 1993, S. 7; O.
    BECK, Die Kickers, Stuttgart 1989, S. 44.
9   StdA Stuttgart Depot B/3320, fol. 14 (7.3.1914).
10 StdA Stuttgart Depot B/5142 (1919).
11 Statistisches Amt der Stadt Stuttgart (wie Anm. 6), Anhang.

vorstadt, aber auch die erst 1907 gegründete Turngesellschaft Stuttgart. Deutlich abzu-
grenzen hiervon ist der augenscheinlich recht elitäre Tennis- und Eislaufverein, der hier
seit den 1920er Jahren gleichfalls zu finden ist. Die sozialistisch orientierte Arbeiterturn-
und Sportbewegung war auf der Waldau mit zwei Vereinen präsent. Es waren dies einerseits die schon vor 1914 im Arbeiterturnerbund organisierte Freie Turnerschaft Stuttgart,
die also noch zur ersten Generation der Waldauvereine zu zählen ist, daneben aber auch
gewissermaßen die Vorstadtvariante der zeittypischen Ausbildung einer eigenständigen
Arbeitervereinskultur in Gestalt des Degerlocher Arbeiterturnvereins. Weitere Gegensätze und potentielle Reibungspunkte bot der konfessionell gebundene Sport. Neben dem
bereits erwähnten CVJM pachtete auch der Katholische Gesellenverein, seit 1920 in der
DJK organisiert, einen Platz auf der Waldau. Bei allen denkbaren interkonfessionellen
Differenzen werden beide wiederum den Luftbadverein, der dem Ziel von Leibeszucht,
Körperkraft und Formenschönheit laut Satzung *in erster Linie durch Pflege des Nackt-*
Turnens nacheiferte, nicht unbedingt als ihren engsten Verwandten empfunden haben.[12]
Ein weiteres, häufig zu wenig beachtetes Mitglied der Waldaugesellschaft stellten schließ-
lich die Vertreter der Betriebssportvereinigungen dar, nämlich neben dem bereits erwähn-
ten Beamtenturnerbund des Allgemeinen Deutschen Versicherungsvereins, später Turnerbund Georgii-Sport Allianz, auch der Sportverein der Verkehrsbeamten.

Die Waldau als Element großstädtischer Freizeitkultur

Wie bereits erwähnt, gab es außer und vor dem Sport noch andere Faktoren, die die Menschen auf die Waldau zogen. Wald und Luft lockten den Großstädter. Ganz allgemein kann
man sagen, dass sich die Abgelegenheit und schwierige Erreichbarkeit des Dorfes Degerloch zum Ende des 19. Jahrhunderts in der Wahrnehmung der Zeitgenossen zumindest in
Teilen in eine privilegierte Lage hoch über dem Stuttgarter Kessel verwandelt hatte.[13] Degerloch als Dorf war schon vor der Eingemeindung 1908 an seinem östlichen Rand zu einem beliebten und zunehmend exklusiven Villenvorort geworden. Was die betuchteren
Bürger als dauerhaften Aufenthalt schätzten, wollten breitere Kreise zumindest zeitweilig
genießen. Daher wuchsen auch die Ausflugs- und insbesondere die Gartenlokale an Zahl
und Umfang rasch an. Ebenso begannen unter anderem die lokalen Verschönerungsvereine
damit, durch Karten und Markierungen das Wandern in der nahen Umgebung zu befördern. Insgesamt bildete sich hier ein Kernmerkmal der modernen Urbanisierung heraus: Es
entstand großstädtisches Freizeitleben. Durch den Bau der Zahnradbahn, die seit 1884 das
Stadtzentrum mit Degerloch verband und weitgehend der Trasse der alten Weinsteige
folgte, wurde diese Entwicklung erheblich befördert. Bei dieser handelte es sich zwar auch
um den sprichwörtlichen »Milchkannenexpress« mit wichtiger Funktion für den städtischen Güternahverkehr, insbesondere die Belieferung der örtlichen Lebensmittelmärkte,
ebenso beförderte die Zahnradbahn aber auch viele Ausflügler von und nach Degerloch
und wurde so auch zu einem wichtigen Stück Verkehrserschließung für die Waldau.

---

12   Luftbad Verein Stuttgart (wie Anm. 8), S. 12.
13   S. SCHOCH, Liebes, altes Degerloch. Ein Heimatbuch für Degerloch mit Sonnenberg, Stuttgart
      1985, S. 214ff.

Abb. 2:   Stuttgarter Sportpublikum 1914.

Diese war in die entstehende Freizeitstruktur fest eingebunden. So berichtet uns der Degerlocher Anzeiger im April 1910, es würden *in großem Maßstabe* [...] *Wett- und Lust-spiele auf dem Degerlocher Sportplatz* veranstaltet. Weiter heißt es: [...] *danach strömen Zuschauer in Massen nach Degerloch, um sich zu erfrischen, und rangeln um Plätze in den Lokalen, wegen des seit der Eingemeindung geltenden strengeren sonntäglichen Back- und Verkaufsverbots für Bäckereien herrscht in der Gastronomie Brotmangel.*[14] Letzterer Aspekt war der eigentliche Grund für diese Berichterstattung und gehört in den Kontext der lokalpolitischen Rangeleien der Nach-Eingemeindungszeit, uns verrät er etwas über die Dimension des Ausflugsbetriebes. In der Traditionsüberlieferung des Luftbades ist davon die Rede, dass an guten Wochenenden angeblich bis zu 2.000 Gäste allein dieses Gelände aufsuchten.[15] Bei den Vereinen ist aber auch die große Zahl der Aktiven selbst zu berücksichtigen, deren Mitgliedschaft stets nach Hunderten zu zählen war. Insbesondere mit dem Fußball trat außerdem der neue Aspekt des Zuschauersports hervor. Dies spiegelt sich in den jetzt aufkommenden Tribünenbauten wieder, so bei den Kickers und den Sportfreunden, aber auch in der sich herausbildenden Ämter- und Funktionärsstruktur der Vereine, die regelmäßig das selbständige Amt des Platzkassierers vorsahen.[16]

---

[14]   Degerlocher Anzeiger 23.04.1910.
[15]   Luftbad Verein Stuttgart (wie Anm. 8), S. 19.
[16]   Stuttgarter Turn- und Sportfreunde 1874 e.V. (Hg.), 110 Jahre Stuttgarter Turn- und Sport-freunde 1874 e.V., Stuttgart 1984, S. 27; BECK (wie Anm. 8), S. 44.

Eng verknüpft mit der Entwicklung des Sports zum öffentlichen Spektakel war auch seine beginnende mediale Wahrnehmung. Hier allerdings fördert der lokale Befund zunächst noch verhaltene Ergebnisse zutage. Wenn der am Ort erscheinende Degerlocher Anzeiger, durch die Abdeckung einer Reihe benachbarter Fildervororte durchaus mit einer gewissen Verbreitung gesegnet, gelegentlich über das Geschehen auf der Waldau berichtete, so hatte dies durchaus noch etwas Pionierhaftes und Exotisches. In der Ankündigung für ein von den Kickers mitorganisiertes Länderspiel Deutschlands gegen die Schweiz im März 1911 heißt es dort: *Der Kampf muss ein interessanter werden, denn je 11 der besten Leute eines Landes werden gegeneinander spielen.*[17] Man blickte hier in eine neue, sich eben erst entfaltende Welt. Dass diese den Herausgebern andererseits vielversprechend erschien, zeigt sich daran, dass man dem Degerlocher Anzeiger in den Jahren 1910 und 1911 vorübergehend die in München gedruckte und in diversen süddeutschen Tageszeitungen verbreitete illustrierte Unterhaltungsbeilage »Der Sport« beilegte, die 14-tägig erschien und ihren Lesern ein breites Panorama sämtlicher damals bekannter Formen der Leibesübungen bot, wobei der hier weitgefasste Sportbegriff allerdings auch Dinge wie Automobilwesen, Fliegerei und Großwildjagd einschloss. Zusammenfassend kann man sagen, dass der Sportbetrieb auf der Waldau bereits vor 1914 Massen in Bewegung setzte, sich in die entstehende großstädtische Freizeitkultur einbettete und eine gewisse mediale Aufmerksamkeit zu erregen begann.

Stadtgesellschaftliche Verortung der Vereine

Wer trieb und wer organisierte den Sport auf der Waldau? Möchte man Näheres über die Vereine als Träger des Sportlebens und insbesondere über ihre Sozialstruktur erfahren, so lohnt sich ein Blick auf die Funktionäre, die ihre Geschicke maßgeblich lenkten. Aufgrund der Vollständigkeit und Ausführlichkeit des Stuttgarter Adressbuches ist dies zumindest in einem nicht unerheblichen Ausschnitt möglich, ohne dass man auf das grundsätzlich natürlich bestehende Problem der höchst ungleichgewichtigen Quellenlage im Sportbereich insgesamt stößt. Konkret wurden in den Adressbüchern der Jahre 1911–1940 sämtliche im Vereinsteil genannten Funktionäre der in diesem Zeitraum auf der Waldau präsenten Vereine auf Wohnort und Berufsangabe hin überprüft.[18] Es handelte sich um insgesamt 143 Personen, die in der Regel hohe Vereinsämter innehatten, also um Vorsitzende, Schriftführer, Abteilungsvorsitzende etc. Die Ausführlichkeit der Angaben variierte naturgemäß stark. Um einen einigermaßen aussagekräftigen Überblick über die berufliche Herkunft zu erhalten, wurden zunächst grobe Kategorien gebildet. Dabei wurden Arbeiter und Handwerkerberufe in einer Gruppe zusammengefasst und gegen die Angestellten, Kaufleute, Techniker sowie gehobene und mittlere Beamte abgegrenzt. Dies erschien sinnvoll, da man inzwischen ja insbesondere den Angehörigen des sogenannten »neuen Mittelstandes« eine führende Rolle bei der Verbreitung des modernen Sports zu-

---

17 Degerlocher Anzeiger 08.03.1911.
18 Stadt Stuttgart (Hg.), Adressbuch der königlichen Haupt- und Residenzstadt Stuttgart, ab 1918 Adressbuch der Landeshauptstadt Stuttgart, ab 1928 Amtliches Stuttgarter Adressbuch, ab 1937 Adressbuch der Stadt der Auslandsdeutschen Stuttgart.

spricht. Eine dritte Kategorie bildet das klassische Bildungsbürgertum, also Juristen, Höhere Beamte, Ärzte und Lehrer. Das Gesamtergebnis zeigt zunächst, dass die Dominanz des »neuen Mittelstandes« auf der führenden Funktionärsebene eindeutig war. Etwa 60 % gehörten diesem an, während Handwerker und Arbeiter mit einem Viertel vertreten waren. Die übrigen 15 % entfielen auf das Bildungsbürgertum, was gleichfalls eine starke Überrepräsentation darstellt. Diese Ergebnisse erscheinen insgesamt nicht überraschend. Die besagten Gruppen waren für die Führungsarbeit im Verein prädestiniert, denn gerade sie konnten in der Regel auch die organisatorischen Anforderungen bewältigen, die an diesen Funktionen hafteten. Bemerkenswert erscheint mit Blick auf die bunte Landschaft der Waldauvereine insbesondere, welche Differenzen sich von Verein zu Verein ergaben. Hierbei ist freilich zu beachten, dass es sich im Einzelfall nur um wenige Nennungen handelt, aus denen sich aber zumindest Tendenzen ablesen lassen.

Hinsichtlich des Bildungsbürgertums erscheint bemerkenswert, dass es trotz der insgesamt geringen Zahl die Führungsebene einzelner Vereine offensichtlich klar dominierte. Es waren dies der Tennis- und Eislaufverein, der Luftbadverein sowie der Stuttgarter Turnverein. Letzterer wurde im genannten Zeitraum von einem niedergelassenem Arzt, einem Rechtsanwalt und einem Städtischen Vermessungsrat geführt. Hinzu kamen ein Fabrikant für chirurgische Instrumente, der Inhaber einer Zigarrenhandlung sowie ein weiterer Kaufmann.

Arbeiter und Handwerker lenkten dagegen mehrheitlich die Geschicke des traditionell dem Kraftsport verbundenen Vereins für Sport und Körperpflege Germania 1890, aber auch der Turngesellschaft Stuttgart sowie des Arbeiterbildungsvereins (ABV) und des Degerlocher Turn- und Sportvereins. Bei dem letztgenannten ist dies nicht verwunderlich, da es sich um den alten Degerlocher Arbeiterturnverein handelte, aber auch der ABV war trotz seiner organisatorischen Abgrenzung zur sozialistischen Arbeiterbewegung ganz offensichtlich mehr als nur eine vom Bürgertum inszenierte Pazifizierungsveranstaltung.

Schließlich lohnt sich auch ein vergleichender Blick auf Turner und Fußballer. Als traditionelle Turnvereine auf der Waldau konnten die Turngesellschaft Stuttgart, der Turnerbund Stuttgart, der Turnverein Karlsvorstadt-Stuttgart von 1874 sowie der Stuttgarter Turnverein von 1882 gelten. Von 37 bei diesen Vereinen ermittelten Funktionären stammten 21 aus dem neuen Mittelstand und jeweils acht aus dem Bildungsbürgertum und der Handwerker- und Arbeiterschaft. Auch bei Ihnen bestand also eine Dominanz der Angestellten. Typische Fußballvereine, gegründet im letzten Jahrzehnt des 19. Jahrhunderts, waren dagegen der Sportverein Stuttgarter Kickers von 1899, der Fußballverein Stuttgarter Sportfreunde 1896, der Sportverein Eintracht 1896 und der Rasensportverein Wacker. Bei diesen waren von 34 ermittelten Funktionären sogar 24 dem neuen Mittelstand zuzuordnen. Hinzu kamen lediglich drei im Bildungsbürgertum zu verortende Personen sowie fünf Arbeiter oder Handwerker – zwei Personen konnten nicht zugeordnet werden. Das Bild vom Fußball als Angestelltensport scheint sich hier zu bestätigen, dies bedeutet aber keineswegs eine Zurückhaltung bei der Mitgliedschaft in den alteingesessenen Turnvereinen. Eher ist von einer insgesamt stark überproportionalen Hinwendung zu Leibesübungen aller Art auszugehen, wobei der moderne Rasensport lediglich an erster Stelle stand.

Der Eindruck setzt sich fort, wenn man den Focus noch etwas schärfer stellt. Aus der Vereinsregisterakte der Stuttgarter Sportfreunde von 1896 lassen sich für den Zeitraum zwischen 1908 und 1944 insgesamt 46 Funktionäre mit klaren Berufsangaben ermitteln.[19] Hier sind neben Spitzenämtern auch diverse Stellvertreter, Beisitzer und sonstige nachrangige Funktionen enthalten. Drei Viertel dieser Kräfte stammten wiederum aus dem Milieu der Angestellten, Kaufleute sowie mittleren und gehobenen Beamten. Der Rest entfiel mit Ausnahme eines einzigen Arztes auf die Handwerker und Arbeiter. Bemerkenswert ist hier auch, dass die Dominanz der erstgenannten Gruppe nach 1918 noch einmal deutlich zunahm. Sie stellte nun 19 der 22 neu zu Ämtern gekommenen Vereinsmitglieder, denen nur zwei Handwerker gegenüberstanden.

Die Betrachtung der Herkunft der Sportfreunde ist in stadträumlicher Hinsicht ebenfalls interessant: Auch nachdem der 1896 als Fußballclub Karlvorstadt, heutiger Stadtteil Heslach, gegründete Verein 1909 auf die Waldau übergesiedelt war, blieb er ganz offensichtlich schwerpunktmäßig ein von Heslacher Nachbarschaft geprägter Verein, wie die Kartierung der Wohnorte von 25 mit Adresse ermittelbaren Funktionären bis 1919 zeigt. Dies ist deswegen keine ganz triviale Erkenntnis, weil die Fluktuation bei der Bekleidung von Ämtern durchaus hoch war, wie im Übrigen auch die Zahl der Mitglieder insgesamt von Jahr zu Jahr stark schwankte. Betrachtet man demgegenüber die Adressen der – in diesem Fall nur führenden – Funktionäre der Stuttgarter Kickers im selben Zeitraum, so zeigt sich rasch, dass Nachbarschaft und Verwurzelung in einem bestimmten Stadtviertel hier keine Rolle gespielt haben kann.[20] Das konstituierende Element dieses Vereins, bekanntermaßen aus dem Cannstatter Fußballclub, einem Vorläufer des VfB Stuttgart, heraus gegründet, muss ein anderes gewesen sein.

Dass Sportvereine ein Stück Stadtgesellschaft abbilden, dass sich durchaus profilieren lässt, wenn auch jenseits vergröbernder Kategorien im Sinne von bürgerlichem Sport versus Arbeitersport, zeigt auch das Beispiel des Turnvereins Degerloch, der sozusagen aus der fußläufigen Nachbarschaft stammend, 1921 gleichfalls auf der Waldau ankam. Auch hier änderte der Umzug nichts an der Tatsache, dass man im Vorort verwurzelt blieb. Nur wenige Funktionäre mit Wohnsitzen im Innenstadtbereich lassen sich nachweisen. Beruflich waren Handwerker und Arbeiter stark vertreten, sie stellten immerhin sechs von 14 der bis 1945 nachweisbaren Funktionäre. Zumindest in diesem zahlenmäßig geringen Ausschnitt zeigte sich eine andere Bevölkerungsgruppe demgegenüber völlig sportresistent, nämlich die mindestens zehn Prozent der Degerlocher Bevölkerung, die um 1920 noch von der Vollerwerbslandwirtschaft lebten.[21] Ein Bauer als Sportfunktionär findet sich nicht.

Interessant am TV Degerloch ist auch seine Verbandszugehörigkeit. Die im Kaiserreich vielfach eingeübten turnerischen Kulturpraktiken, also schneidiges Marschieren, Verschönern der Sedansfeier mit dem vereinseigenen Singchor etc., hinderten den Verein nicht daran, 1913 aus der Deutschen Turnerschaft aus- und in den Schwäbischen Turn- und Spielverband einzutreten.[22] Dies verband den TV bzw. TSV Degerloch nicht nur mit einer Reihe anderer Vereine auf und an den Fildern wie in Heumaden, Plieningen und

19   StALB F 303/Bü 144.
20   Sportverein Stuttgarter Kickers e.V. (Hg.), 70 Jahre Sportverein Stuttgarter Kickers, Stuttgart 1969, S. 32.
21   SCHOCH (wie Anm. 13), S. 12.
22   Degerlocher Anzeiger 30.07.1910; SCHOCH (wie Anm. 13), S. 192.

Sielmingen, sondern auch mit seinen Waldaunachbarn vom Arbeiterbildungsverein, die diesem wie es scheint oft etwas leichtfertig als unpolitisch deklarierten Verband gleichfalls angehörten.

Infrastruktur und Interessen

Was trennte, was verband die Vereine? Jenseits von Herkunft und Gesinnung waren es die vielgestaltigen konkreten Interessen, die in die eine wie in die andere Richtung wirken konnten. Eine Episode aus den ersten Monaten des Jahres 1914 zeigt, dass die Vereine auf der Waldau unabhängig von ihrer individuellen Ausrichtung schnell in die Situation kommen konnten, jenseits ihres individuellen und selbstbezogenen Platzbetriebes zum Gegenstand anderweitiger Interessen zu werden und sich diesen gegenüber äußern zu müssen.[23] Über die Stadtverwaltung, genauer gesagt das städtische Stadtschultheißenamt, bemühte sich der Württembergische Flugsportverein in diesem Jahr darum, die inzwischen 14 auf der Waldau versammelten Vereine zur Unterstützung eines flugsportlichen Großereignisses heranzuziehen. Geplant war die Einladung des französischen Kunst- und Rekordfliegers Pégoud, der über der Waldau seine waghalsigen Flugmanöver präsentieren sollte. Die Sportplätze waren hierbei als überdimensionaler Zuschauerraum für das erwartete Publikum gedacht.

Der Verein war gegenüber dem Stadtschultheißenamt recht forsch aufgetreten, wohl in der Erwartung, dass das bestehende Pachtverhältnis zwischen Stadt und Vereinen den kommunalen Stellen einen straffen Durchgriff gegenüber dem Sport ermöglichen könnte.[24] Tatsächlich bat jedoch die Stadt lediglich um Unterstützung für ein besonderes Ereignis, ohne erkennbaren Druck auszuüben. Nichtsdestotrotz war die grundsätzlich bestehende oder zumindest demonstrierte Haltung der Vereine Zustimmung und Entgegenkommen. Freie Turnerschaft, Stuttgarter Turnverein, Athletenbund und Sportfreunde erklärten grundsätzlich gleichermaßen ihre Bereitschaft zur Mithilfe bei der Realisierung eines solchen Großereignisses. Verwiesen wurde teilweise auf mögliche Terminkollisionen mit eigenen Veranstaltungen. Ansonsten war man lediglich in Sorge um die eigenen Platzinstallationen und etwaige Unfallgefahren, da bei mehreren Vereinen eine rege Bautätigkeit stattfand.

Die – übrigens aus anderweitigen Gründen letztlich abgesagte – Flugschau auf der Waldau stellte sicherlich eine Ausnahmesituation dar. Ein dauerhaft wirksames Feld der Interessenformulierung und des Interessenabgleichs bildete sich dagegen durch die wachsenden infrastrukturellen Bedürfnisse der Vereine. Über das Stadium improvisierter Hütten war man schon nach wenigen Jahren hinausgekommen. Im selben Maße, in dem die Unterkünfte sich in veritable Vereinsheime mit Versammlungsräumen und Gastronomie verwandelten, wurden Wasserversorgung, Energieversorgung und Kanalisation notwendig. Das schiere quantitative Wachstum des Betriebes machte zudem die Verkehrserschlie-

---

23 StdA Stuttgart Depot B/3320.
24 StdA Stuttgart Depot B/3320, 28.02.1914. Gefordert wurde zunächst eine Totalsperrung […] *und zwar so, daß[?] die an 13 Vereine verpachteten Teile des Platzes von diesen Vereinen in den Nachmittagsstunden nicht betreten werden dürfen.*

ßung zu einer dringlichen Frage. Hier paarten sich die Gruppeninteressen des Sports mit den Lokalinteressen des Vororts Degerloch. Ebenso vehement wie die dortigen Einwohner forderten auch die Vertreter der Vereine Verbesserungen auf diesem Gebiet, so etwa zusätzliche Bedarfshaltestellen der Zahnradbahn, die Verdichtung der Taktfrequenz bei der neuen, über die neue Weinsteige geführten Straßenbahnlinie sowie stets eine Verbesserung des lokalen Wegenetzes.[25]

Die Wasserfrage begleitete die Waldau von Beginn ihrer Entwicklung an. Bereits 1905 war die Schaffung einer einfachen Trinkwasserversorgung in Form öffentlicher Brunnen Thema in den städtischen Gremien, dies vor allem mit Blick auf den rasch anwachsenden Spiel- und Ausflugsbetrieb. Ein einfacher Ventilbrunnen schuf zunächst Abhilfe, doch schon bald erwuchs das Bedürfnis nach einem regelrechten Leitungsnetz. Es handelte sich hierbei allerdings zunächst um keine flächendeckende Versorgung, vielmehr um Einzelprojekte, die der künftige Verbraucher direkt mit dem Wasserwerk aushandelte. 1908 einigten sich beispielsweise der Luftbadverein mit der Filderwasserversorgung, auf eine *dreiviertelzöllige Sommerleitung, die über den Exerzierplatz gelegt werden soll* [...].[26]

Angesichts der räumlichen Situation war es allerdings naheliegend, dass sich hier schon bald Interessenverbindungen der Vereine bildeten. 1909 projektierten die Kickers, der Fußballverein Stuttgarter Sportsfreunde und der Turnerbund eine gemeinsame 380 m lange Privatleitung, um ihre von der Stadt gepachteten Plätze zu versorgen.[27] Andere Vereine gingen ähnlich vor. Allerdings blieb das Versorgungsniveau zunächst sehr unterschiedlich. So zogen andere Vereine erst in den 1920er Jahren nach, unter ihnen übrigens auch der Sportverein der Verkehrsbeamten, obgleich dieser mit einer gewaltigen Mitgliederzahl von 2.000 bis 3.000 gesegnet war. Ähnlich wie beim Wasser kam es später auch beim Ausbau der Gasversorgung zu Interessenverbindungen, so etwa Anfang der 1930er Jahre beim Luftbadverein, der hier mit dem Arbeiterbildungsverein und dem Turnclub des Kaufmännischen Vereins kooperierte.[28]

Spiegel der Großstadtgesellschaft war die Waldau sicherlich nicht im Sinne von deren genauer Abbildung, wohl aber im Sinne einer bemerkenswerten Vielgestaltigkeit der vertretenen Gruppen, Schichten und Ideen. Insbesondere der genauere Blick auf das den einzelnen Verein tragende Personal verspricht Rückschlüsse auf deren individuelle Profilierung jenseits einer groben Scheidung Arbeiterschaft – Bürgertum. Ansätze hierzu, die eine Hypothesenbildung erlauben, wurden vorgestellt. Der Verweis auf vielfach gleichgerichtete Interessen der Vereine schließlich soll nicht das Bild einer heilen Welt der klassenlosen Sportgesellschaft auf der Waldau oder ähnliches suggerieren. Zum realsportlichen Alltag jenseits der wohlbekannten politischen Gegensätze gehörte sicherlich auch der Interessenskonflikt. Es herrschten jedoch noch in den 1920er Jahren Möglichkeiten eines relativ offenen Interessenabgleichs vor. Unterbrochen wurde die Entwicklung erst nach 1933, als durch Verbote, Beschränkungen, Beschlagnahmungen und Gleichschaltung die alte Vereinslandschaft auf der Waldau deformiert und in Teilen zerstört wurde.

---

25 Degerlocher Anzeiger 09.11.1910.
26 StdA Stuttgart Depot B/1134, 29.01.1908.
27 StdA Stuttgart Depot B/1134, 31.01.1910, 22.07.1924.
28 Luftbad Verein Stuttgart (wie Anm. 8), S. 19.

Die »künftige Armee der radikalen Parthei«? – Badische Turner in Vormärz und Revolution von 1848/49

VON LOTHAR WIESER

»Es lag überhaupt damals etwas politisch Ansteckendes in der Luft« – Einleitung

Das Sommersemester 1846 ging zu Ende. Es galt Abschied zu nehmen. Der Wechsel zu anderen Universitäten stand bevor. Die Heidelberger Turner gaben einen Kommers für eines ihrer Gründungsmitglieder. Georg von Langsdorff hob das gefüllte Trinkhorn zu einer kurzen Dankesrede an seine Turnbrüder, die mit dem Schlusssatz endete: *Und so wollen wir, wenn einmal die rechte Stunde schlägt, zusammenhalten: Alle für Einen Einer für Alle!*[1] Die Versammelten, unter ihnen Karl Blind, Gustav Adolph Schlöffel, Ludwig Eichrodt und Max Dortu, hoben ihre Gläser und gelobten einander brüderliche Treue. Dass das Wiedersehen so bald sein würde, hatte keiner von ihnen annehmen können. Allen werden wir im Verlauf der Revolution 1848 wieder begegnen. Mit diesem Stimmungsbild sind nahezu alle Themengebiete umrissen, an ihm können alle Fragen entwickelt werden, die sich im Bezug auf die Bedeutung der Turner im Umfeld der Revolution von 1848/49 stellen: Zeitlich bewegen wir uns noch im Vormärz. Zwei Jahre vor der Revolution waren die Turner aktiv, gründeten Vereine, trafen sich zu Fahnenweihen und hielten in Heilbronn ihr erstes »deutsches« Turnfest. Georg von Langsdorff wechselte wieder nach Freiburg, wo er schon 1844 den dortigen Turnverein mitgegründet hatte. Karl Blind aus Mannheim, ein enger Mitstreiter Gustav von Struves, agitierte auch in der Residenzstadt Karlsruhe. Mit Mannheim, Heidelberg, Karlsruhe, die »Rheinschiene« entlang über Durlach, Ettlingen, Rastatt, Baden, Offenburg bis Freiburg sind die Gravitationszentren der politischen Bewegung angesprochen. In allen genannten Städten bestanden mit Ausnahme von Baden-Baden 1846 schon Turnvereine.

In seinem nach 50 Jahren im Rückblick auf die Zeit des Vormärz verfassten Artikel spricht Langsdorff eine Reihe weiterer wichtiger Aspekte an, so die Vorgeschichte der Turnvereine, ihre national-politische Tradition bis zurück zur Berliner Hasenheide 1811, die Weiterentwicklung in Schüler- und Studentenverbindungen, die Begeisterung der Heidelberger Studenten für die Politik der liberalen Abgeordneten der Zweiten Badi-

---

[1]   DTZ 40 (1895), S. 1054. Der Autor firmiert hier mit einem »f« am Namensende.

schen Kammer, ihre Agitationsreisen aufs Land zu den Odenwälder Bauern; auch die enge Verbindung mit den Gesangvereinen und religiösen Dissidenten, selbst die Eisenbahn als modernes kommunikationsförderndes Verkehrsmittel und die Fahnensymbolik werden erwähnt.

»In die Speichen des vorwärts rollenden Fortschrittsrades kräftig eingreifen« –Turner im Vormärz

Auf einen ausführlichen Rückblick auf die Entwicklung des Turnens in der ersten Hälfte des 19. Jahrhunderts muss an dieser Stelle verzichtet werden. Es mag der Hinweis genügen, dass das Turnen von Anbeginn unter Friedrich Ludwig Jahn auf der Berliner Hasenheide 1811 stets mit nationalpolitischen Bestrebungen einherging.[2] Ernst Rudolf Huber spricht in seinen »Entwicklungsstufen des Radikalismus« das Ideengeflecht und die Vielzahl von Gruppierungen an, die die Entwicklung des badischen Turnens beeinflussten: »In der Überzeugungsphilosophie von Fries, in der nationaldemokratischen Turnbewegung Jahns, in dem von Karl Follen geführten linken Flügel der Burschenschaft, in den politischen Geheimbünden, die sich unter der Herrschaft der Karlsbader Beschlüsse bildeten, fand der deutsche Radikalismus seine erste Manifestation.«[3] In diesem Spektrum spiegeln sich alle politischen Positionen, die sich bis zum Jahr 1848 in unterschiedliche, sich teils im Vormärz schon bekämpfende Lager ausdifferenzierten.

Nach einer Periode der Unterdrückung nach den »Karlsbader Beschlüssen« vom 20. September 1819 formierten sich die Turnvereine Anfang der 1840er Jahre neu. In Baden bestand seit 1834 nur die Turngemeinde in Pforzheim, die Kontakt mit dem Männer-Turnverein Stuttgart und der Turngemeinde Hanau pflegte.[4] Daneben gab es in Pforzheim eine Gesellschaft »Teutonia«, in der ebenfalls geturnt wurde. 1844 kamen die Turnvereine

---

[2]   Aus der sehr umfangreichen Literatur, hier nur der Hinweis auf einige Titel und die dort verzeichnete Literatur: F. ECKARDT, Die turnerische Bewegung von 1848/49, Frankfurt/M. 1925; G. JAHN, Friedrich Ludwig Jahn und das deutsche Studententum 1798–1848, Diss. phil., Göttingen 1958; W. SCHRÖDER, Burschenturner im Kampf um Einheit und Freiheit, Berlin (Ost) 1967; H. NEUMANN, Die deutsche Turnbewegung in der Revolution 1848/49 und in der amerikanischen Emigration, Schorndorf 1968; H. UEBERHORST, Turner unterm Sternenbanner: Der Kampf der deutsch-amerikanischen Turner für Einheit, Freiheit und soziale Gerechtigkeit 1848–1918, München 1978; D. DÜDING, Organisierter gesellschaftlicher Nationalismus in Deutschland 1808–1847. Bedeutung und Funktion der Turner- und Sängervereine für die deutsche Nationalbewegung, München 1983. Auch auf Darstellungen zum frühen Nationalismus, der immer in Verbindung mit Jahns Turnbewegung und den Burschenschaften diskutiert wird, kann hier nicht weiter eingegangen werden.

[3]   E. R. HUBER (Hg.), Dokumente zur deutschen Verfassungsgeschichte 1, Stuttgart/Berlin/Köln/Mainz ³1978, S. 403f.

[4]   Vgl. hierzu den Artikel Das Turnen auf den deutschen Hochschulen, in: ZSfDH 1845, S. 55, wo den Studenten das Turnen in diesen Städten zur Nachahmung empfohlen wird: *Auch ältere aber jugendliche Söhne unseres Vaterlands üben die stärkende Kunst; wer sich von dem Werthe des Turnens auch für ein schon gereiftes Alter, und von derKraft und Gewandtheit älterer Turner überzeugen will, der besuche die Turnplätze in Hanau, in Pforzheim, in Stuttgart.*

Freiburg, Emmendingen und Kandern hinzu, 1845 einer in Kehl. Das Jahr 1846 verzeichnet eine Reihe von Vereinsgründungen, auf die im Folgenden noch eingegangen wird.[5]

An den Vereinen in Freiburg und Heidelberg lässt sich über die beteiligten Personen gut die Kontinuitätslinie zur frühen Turnbewegung verfolgen. Turnpraxis und nationales Gedankengut wurde über die Schülerturnverbindungen und burschenschaftliche Kreise weitergegeben. Von Langsdorff erinnert sich an seine Zeit als Gymnasiast in Freiburg: *Turnlehrer war damals unser Classenlehrer v. Lamezan, ein Schüler Jahn's. Geturnt wurde im damaligen Blinden-Institut, in der Zähringerstraße, wo heute die Dukas'sche Bürstenfabrik ist. Dort befand sich im hinteren Raume des Gartens ein kleiner freier Platz, umgeben von schattigen Bäumen. Hier begannen für Freiburg die ersten Anfänge der Turnerei, und meine Wenigkeit gehörte bald mit zu den gewandtesten Turnern.*[6] Studenten brachten den Gymnasiasten in den dreißiger Jahren dazu, eine schwarz-rot-goldene Fahne zu hissen, was die peinliche Frage des Direktors nach sich zog, wie er dazu gekommen sei, auf dem Turnplatz die »revolutionäre« Fahne in einen Baumwipfel zu binden. Langsdorff blieb dem Turnen treu und war einer der Mitgründer des Turnvereins von 1844, dessen erster Vorsitzender der Direktor der chirurgischen Klinik, Prof. Dr. Karl Hecker[7] war, der Bruder Friedrich Heckers. Nach dem Wechsel zur Universität Heidelberg nahm von Langsdorff mit den dortigen Turnern Kontakt auf und beteiligte sich im Frühjahr 1846 an der Gründung des Heidelberger Turnvereins. Eigens betont er die standesmäßige Offenheit des Vereins, in dem Studenten neben Professoren und Bürgern turnten:

Mit den Turnvereinen, die nun vielfach, auch in kleineren Städten auftauchten, hielten die Gesangvereine und später die Schützenvereine Schritt. Dieses Vereinsleben brachte in der damals politisch sehr aufgeregten Zeit viel Bewegung; denn es wurde nicht nur geturnt und gesungen, sondern es war der Gedankenaustausch der Zusammengehörigkeit, des Nationalgefühls und der Vaterlandsliebe, wozu man sich als Angehörige eines sich fest zu einigenden Stammes gegenseitig begeisterte.[8] Auf die für Baden bedeutsamen Anfänge des organisierten Turnens ist der spätere Vorsitzende der Deutschen Turnerschaft, Theodor Georgii,[9] damals Jurastudent in Tübingen, in einem Aufsatz über *Würtembergische Turnzustände* [!] an die 1846 gegründete Karlsruher Turn-Zeitung eingegangen: *Die* [Turn-] *Gemeinde Pforzheim hatte in einem Rundschreiben die Gemeinden in Schwaben und am*

---

5   Vgl. hierzu die Vorgeschichte in L. WIESER/P. WANNER (Hgg.), Adolf Cluss und die Turnbewegung. Vom Heilbronner Turnfest 1846 ins amerikanische Exil, Heilbronn 2007, S. 11f. Kurzgeschichten der Turnvereine in B. HAUG, »...auf dem neuen Turnplatz der Politik...« Turnvereine in Baden-Württemberg in der Revolution 1848/49, Schorndorf 1998. Pforzheim, S. 156f.; Freiburg, S. 89; Emmendingen, S. 83; Kandern, S. 114; Kehl, S. 117. Im Jahr 1846 zählt sie 12 Vereinsgründungen, 1847 noch einmal 6, 1848 kommen 5 hinzu und 1 im Jahr 1849. Insgesamt also seit 1834 29 Turnvereine zwischen Mannheim und Konstanz. Hochstuhl/Schneider zählen 23 Turnvereine und schätzen auf der Grundlage einer fiktiven Annahme von 200 Turnern eine Gesamtmitgliedschaft von 4.600. K. HOCHSTUHL/R. SCHNEIDER, Politische Vereine in Baden 1847–1849, in: ZGO 146 (1998), S. 365.

6   DTZ 40 (1895), S. 1053. Die Geschichte des Turnens in Baden beginnt nicht mit dem Pforzheimer Turnverein von 1834. Turnplätze und vereinsähnliche Organisationen gab es schon um 1815.

7   Freiburger Turnerschaft (Hg.), 150 Jahre Freiburger Turnerschaft, Freiburg 1994, S. 14.

8   DTZ 40 (1895), S. 1054.

9   Zu Theodor Georgii (1826–1892) vgl. DTZ 30/1885, S. 406–409; DTZ 37/1892, S. 823–825.

Rheine zu einer Versammlung nach Heidelberg auf Pfingsten [1845] *eingeladen, um mehrere wichtige Angelegenheiten, so namentlich die Gründung einer Turnzeitung zu bespre-
chen.*[10] Viele hatten zugesagt, angereist waren 80 Turner, davon 40 Pforzheimer, 10 von
Hanau, 9 von Frankfurt, je 6 aus Mainz, Offenbach und Tübingen, 3 von Heilbronn. Ort
der Beratung war ein *geräumiger Saal vor der Stadt am Neckar gelegen; zufällig befand
sich im anstoßenden Garten ein kleiner Turnplatz,* in dem bis zum Eintreffen der letzten
Teilnehmer *Schwünge und Sprünge* geübt wurden.[11] Den Vorsitz bei den Beratungen
übernahm die einladende Gemeinde Pforzheim, deren Vertreter das Bedürfnis nach einem
gemeinsamen Nachrichtenblatt äußerte. Außer der Herausgabe einer Turnzeitung wurde
beschlossen, *das Einführen von kriegerischen Uebungen, namentlich von Schießübungen,*
die Einteilung in Turnkreise, etwa einen schwäbischen und einen rheinischen, in denen
jährlich abwechselnd gemeinsame Turnfeste stattfinden sollten, alle drei Jahre eines für
ganz Deutschland. Damit Mitglieder *überall als Turner erkannt und freundlich aufgenommen werden, sollte jeder Turner der auf Reisen gehe, von seinem Turnwart ein kurzes
Zeugniß* erhalten.[12] Viele der Teilnehmer reisten am nächsten Tag zum Sängerfest nach
Mannheim. Das südwestdeutsche Turnwesen hat von dieser Versammlung einen entscheidenden Impuls erhalten, denn in der Folge kam es geradezu zu einem Gründungsboom
von Turnvereinen entlang des Oberrheins.

Den Anfang machte der Mannheimer Turnverein, dessen Gründung am 5. Oktober
1845 durch das großherzogliche Stadtamt zunächst verhindert wurde. Schon die Einladung zur Gründungsversammlung in der Ortspresse war vom Zensor gestrichen worden.
Erst nach einer Eingabe an das Innenministerium konnte der Verein am 4. Januar 1846
offiziell ins Leben treten.[13] Treibende Kraft hinter dem Unternehmen war damalige Ober-
gerichtsanwalt Gustav von Struve.[14] Der Verein konnte bereits am 13. April ein *Turnhaus,
sowie den davorliegenden Turnplatz* festlich einweihen. Seine Mitgliederzahl war erheblich. Bei der Gründung hatten schon 448 Turner unterzeichnet, im Sommer 1846 soll die
Stärke bereits auf mehr als 600 Turner angewachsen sein. Inzwischen war es am 8. März
zur Gründung eines zweiten Vereins in Mannheim gekommen, der den Turnsaal des IV.
Infanterie-Regiments benutzen durfte.[15] Der Karlsruher Turnverein war am 16. Januar
1846 gegründet worden. Sein Zweck war *die Beförderung des Turnens unter allen Stän-*

---

10   Turn-Zeitung 1846, S. 42.
11   Ebenda.
12   Ebenda, S. 44. Die Ausstellung von Turnzeugnissen ist ein Hinweis, dass viele Turner dem
     Handwerkerstand angehörten und durch das Vorzeigen eines Zeugnisses die Eintrittsgebühr
     sparen konnten. Missverständnisse bei den Beratungen führten zur Gründung von zwei Turn-
     zeitungen im deutschen Südwesten, die bereits erwähnte *Turn-Zeitung* in Karlsruhe durch
     Turnlehrer Karl Euler und das ebenfalls ab 1846 erscheinende *Nachrichtsblatt für Deutschlands
     Turnanstalten und Turngemeinden* des Frankfurter Turnlehrers August Ravenstein. Fast zeit-
     gleich erschien in Dresden *Der Turner,* der ab 1848 zum Hauptorgan der (gemäßigten) deut-
     schen Turner avancierte.
13   L. WIESER, 150 Jahre Turnen und Sport in Mannheim, Mannheim 1996, S. 23f., wo ausführlich
     auf die Gründungsphase Bezug genommen wird.
14   Zu Gustav (von) Struve (1805–1870) vgl. ADB 36 (1893), Sp.681–687; J. PEISER, Gustav Struve
     als politischer Schriftsteller und Revolutionär, Diss. phil. Frankfurt/M. 1973.
15   Turn-Zeitung 1 (1846), S. 79. Die berichteten 25 Turner des neuen Vereins konnten für den
     zwanzigmal stärkeren bürgerlichen Turnverein keine ernsthafte Konkurrenz bilden.

den, Aufnahme sollte nur *jeder Gesittete von unbescholtenem Rufe* finden.[16] In einer Kurzmitteilung informiert die Turn-Zeitung, dass der Verein am 17. März seinen 92. Turner aufgenommen hat und in einer eigens erbauten »Turnbude« turnt. Auf der gleichen Seite erfahren wir durch eine Kurznotiz, dass auch in Rastatt am 22. März ein *Turnverein für Erwachsene* zusammengetreten sei. Zur ersten Turnstunde am 23. März seien 24, zur zweiten, am 24. März, bereits 34 Turner erschienen.[17]

Georg von Langsdorff geriet in Heidelberg in eine seit 1844/45 politisch zunehmend aktive Gruppe von reformorientierten, der politischen Opposition zugeneigten »Progressstudenten«, als deren radikaldemokratischer Ableger der »Neckarbund« gilt.[18] Die »öffentliche Meinung« über diesen Bund, berichtete das Universitätsamt an das Ministerium des Innern am 12. September 1847, bezichtige sie, *in politischer Beziehung Republicaner, in socialer Communisten, in religiöser Atheisten zu sein*.[19] Im Gegensatz zu anderen studentischen Verbindungen lehnten sie jeglichen Standesdünkel ab und suchten die Nähe zu »politisch gleichgesinnten Kreisen in der Bürgerschaft, namentlich im Verkehr mit der ›Städtischen Turngemeinde‹ und den Führern der liberalen Städter, wie Bürgermeister Winter, Kaminfeger Mai und Andern.«[20]

Einer ihrer Mentoren war zweifelsohne Gustav von Struve, der nicht nur mit der von ihm herausgegebenen Zeitschrift für Deutschlands Hochschulen[21] für die Erhitzung der Gemüter sorgte. Gustav Struve, der 1847 bewusst seinen Adelstitel ablegte, stand als Pub-

---

16 HAUG (wie Anm. 5), S. 115. Bemerkenswert ist, dass Karl Euler kein Amt übernommen hatte. Abdruck der 20 §§ der Statuten in der Turn-Zeitung 1 (1846), S. 62ff.

17 Ebenda, S. 79. HAUG (wie Anm. 5), S. 158 legt das Gründungsdatum, gestützt auf die Vereinsfestschrift zum 150. Jubiläum, auf den 29. April 1846.

18 Vgl. G. KÄRGEL, Der studentische Progreß und die oppositionelle Volksbewegung am Vorabend der bürgerlich-demokratischen Revolution 1844–1848, in: H. ASMUS (Hg.), Studentische Burschenschaften und bürgerliche Umwälzung. Zum 175. Jahrestag des Wartburgfestes, Berlin 1992, S. 234.

19 Zitiert nach: E. DIETZ, Heidelberger Communisten und Atheisten der 40er Jahre, in: Beilage zur Allgemeinen Zeitung (München), Nr. 310, 8.11.1893 (Beilage-Nummer 259), S. 3.

20 Ebenda. Dietz nennt außer Karl Blind, den Kreis aus dem Karlsruher Gymnasium um Karl Steinmetz und A[ron] Frank, dann Peter Michel aus Bamberg, der 1849 als Freischärler fällt, Max Dortü, den Dichter Ludwig Eichrodt, Moritz Ellstädter (1868–93 badischer Finanzminister), Ludwig von Stößer (1876–81 badischer Minister des Innern) , Johannes (von) Miquel, (Mitglied im Göttinger Turnverein, aktiv im Bund der Kommunisten, Oberbürgermeister von Frankfurt, preußischer Finanzminister). Amand Geogg, der diesem Kreis zugehörte, urteilt so: *Damals trat ein beträchtlicher Theil der Studentenschaft gegen die sogen. Corps (in Wahrheit nichts als Sauf- und Duellvereine) auf, wirkte für gründlicheres Studium und betheiligte sich an der fortschrittlichen Politik des Landes.* Goegg nennt weitere Studenten: Hermann Becker, *später Communist und jetzt preußischer Herrenhäusler und Oberbürgermeister von Cöln*, Guido Weiß, Weber aus Hannover, Mördes, Dänzer, Steinmetz *in der 49er Revolution betheiligt.* A. GOEGG, Nachträgliche authentische Aufschlüsse über die Badische Revolution von 1849, deren Entstehung, politischen und militärischen Verlauf, Zürich 1876, S. 13, Anm. Hinzugefügt werden dürfen: Adolf und Wilhelm Hexamer, Gustav Adolph Schlöffel, Christian Gottlieb Abt aus Esslingen und Karl Heinrich Schaible aus Offenburg. Vgl. W. VON HIPPEL, Revolution im deutschen Südwesten. Das Großherzogtum Baden 1848/49, Stuttgart 1998, S. 61.

21 In seiner *Zeitschrift für Deutschlands Hochschulen* war Struve bereits 1844 über die üblichen Angebote von Reiten, Fechten und Tanzen hinaus nicht nur für der Einführung umfassender Leibesübungen an Hochschulen eingetreten, sondern hatte den Behörden die Einrichtung *einer öffentlichen Turngesellschaft* empfohlen; vgl. ZSfDH, 1844, S. 55f.

Abb. 1: Eintrittskarte zum Turnerball für Franz Mittermaier am 6. Dezember 1846.

lizist und Redakteur verschiedener Zeitungen in ständiger Fehde mit dem großherzoglichen Zensor Uria Sarachaga. Starken Einfluss auf das Denken der Studenten nahmen einige Professoren und Dozenten, die, wie etwa Prof. Karl Hagen in seinen »Fragen der
Zeit«, über das »Proletariat und den Communismus« lasen.[22] *Wir junge Generation,* hielt

22   R. Zepf, Karl Hagen, in: F. Engehausen/A. Kohnle (Hgg.), Gelehrte in der Revolution. Hei-
     delberger Abgeordnete in der deutschen Nationalversammlung 1848/49, Ubstadt-Weiher 1998,
     S. 157, wo Hagen (unter Berufung auf Mumm) zu den Mitgründern des Heidelberger Turnver-
     eins gehörte. Mumm bezieht sich auf die im Juni 1846 gedruckten Satzungen mit anhängender
     Mitgliederliste, insgesamt 340 Namen der Teilnehmer an der Gründungsversammlung vom 5.
     Juni. Die Liste nennt außer Bürgermeister Christian Friedrich Winter einige Professoren und
     Dozenten und, wie von Mumm abgeglichen, zahlreiche »Aktivisten der Revolutionszeit«, dar-
     unter einige dem Arbeiterverein angehörende oder nahestehende Turner. H.-M. Mumm, Der
     Heidelberger Arbeiterverein 1848/49, Heidelberg 1988, S. 15, vgl. S. 191ff. Zu den Mitgliedern
     des studentischen »Neckarbundes«, der für den »entschiedenen Fortschritt« eintrat, und »ver-
     eint mit den ›Turnern‹ gegen Corpsgeist und Adel« auftrat, zählen außer den genannten noch
     Michel und Steinmetz. F. Haag, Die Universität Heidelberg in der Bewegung von 1848/49,
     Diss. phil. Heidelberg 1934, S. 19 u. S. 29. H. Raab, Revolutionäre in Baden 1848/49, Stuttgart
     1998; zu Michel S. 627; zu Steinmetz S. 915f.

von Langsdorff fest, *sahen uns als Träger einer auftauchenden schönen Zukunft an und glaubten die Pflicht zu haben, in die Speichen des vorwärts rollenden Fortschrittsrades kräftig eingreifen zu müssen, ...*[23] Anregung holten sie sich bei den wortgewaltigen Rednern der Zweiten Badischen Kammer, Hecker, v. Itzstein, Bassermann, Soiron, Mathy, Welcker, zu deren Reden sie eigens aus Heidelberg nach Karlsruhe reisten, *und wir trugen das Gehörte Sonntags darauf den Bauern auf den Dörfern nach unserer Weise wieder vor. So wurde ein gewaltiges Streben großgezogen, sich von allen reaktionären Maßregeln und namentlich von dem jeden Fortschritt hemmenden Bundestag zu befreien und Freiheit der Presse und des Gedankenaustausches zu erringen. Die Ahnung einer kommenden Umwälzung lag in aller Gemüth.*[24]

Zwei wesentliche Momente der vormärzlichen Turnbewegung sind hier angesprochen: das die Einzelstaatlichkeit sprengende Ziel einer politischen Gesamtnation und der »Verein als soziale Struktur« (Nipperdey) des Bürgertums.[25] War allein schon die Existenz von Vereinen in der Sicht der Obrigkeit ein »Eingriff in die legitimen Herrschaftsaufgaben«, wurde das gemeinsame Nachdenken über bestehende Defizite, gar das Erarbeiten von Verbesserungsvorschlägen als unerwünschtes »Räsonieren« oder als Vorstufe zu »Aufruhr und Umsturz« angesehen. Besonders das Turnen stand seit seinem Verbot 1819 im Verdacht, neben dem Betreiben körperlichen Übungen die Gedanken von deutscher Einheit und Freiheit zu propagieren, weshalb Vereinsgründungen nur unter der Bedingung strikter politischer Enthaltsamkeit geduldet wurden. Schon der Gebrauch des Begriffes, stand im Geruch, neben der Gymnastik »allerlei Nebendinge« zu bezwecken, Formulierungen, wie man sie vielfach in den Polizeiakten antrifft. Im Selbstverständnis der Turner hingegen war der Verein die angestrebte demokratische Staatsform en miniature. Die Satzungen forderten einen sittlichen Lebenswandel. Im Umgang untereinander herrschte das brüderliche Du. Dem entsprach die in Rundschreiben verwandte Grußformel *Liebe Turnbrüder, mit Brudergruß und Handschlag* oder auch *werthe Turngenossen.* Einfache, graue Leinenbekleidung unterstrich den egalitären Anspruch.

Die meisten der Turnfeste und Turnerversammlungen in Südwestdeutschland waren seit ihrer Wiederbelebung 1843 überregionale Treffen, bei denen ganz bewusst nicht nur die körperlichen Vorzüge des Turnens sondern auch seine »nationale und soziale Bedeutung« hervorgehoben wurde. Es lässt sich an einer Vielzahl von Liedern, Festansprachen, Reden oder Trinksprüchen belegen, dass das Turnen ein Teil der systemkritischen Protest-

---

23 DTZ 40 (1895), S. 1054.
24 Ebenda; vgl. K. H. Schaible, Siebenunddreißig Jahre aus dem Leben eines Exilierten, Stuttgart 1895, S. 4, wo das rege politische Leben in der Studentenschaft geschildert wird: »Eine Anzahl neuer Studentenverbindungen entstanden mit mehr oder weniger politischen Tendenzen. Ein aus 400 Mitgliedern, darunter eine Zahl Professoren, bestehender Turnverein schwärmte für deutsche Einheit und Freiheit und man that schon Schritte, einen in Kreise geteilten allgemeinen deutschen Turnerbund zu gründen, in dem Waffenübungen eingeführt werden sollten. Flugschriften aller Arten, darunter die radikalen von Karl Heinzen, zirkulierten in Masse.« Kurzbiographien zu den genannten Personen finden sich in: Arbeitskreis der Archive im Rhein-Neckar-Dreieck (Hg.), Der Rhein-Neckar-Raum und die Revolution von 1848/49. Revolutionäre und ihre Gegenspieler, Ubstadt-Weiher 1998.
25 Th. Nipperdey, Verein als soziale Struktur in Deutschland im späten 18. und frühen 19. Jahrhundert. Eine Fallstudie zur Modernisierung I, in: Ders., Gesellschaft, Kultur, Theorie. Gesammelte Aufsätze zur neueren Geschichte, Göttingen 1976, S. 174–205.

bewegung war.[26] Auf gemeinsamen Turnfahrten, auf Fahnenweihen und Festen wurden die Gedanken der nationalen Einheit und bürgerlichen Freiheit grenzübergreifend weitergetragen. Hauptstationen waren die überregionalen Turnfeste in Heilbronn 1846 und Frankfurt 1847, daneben das Turn- und Sangfest in Heidelberg 1847 und eine Reihe weiterer Treffen im gesamten Rhein-Main-Neckar-Raum. Sie sind die Vorstufen der regionalen und nationalen Bünde des Jahres 1848. An den Diskussionen der Jahre 1846 und 1847 lässt sich aber auch das Auseinanderdriften der Turner in verschiedene ideologische Positionen beobachten, in Gemäßigte und Radikale, »Halbe und Ganze«, Konstitutionelle und Republikaner.[27]

»Jeder Turner ist ein Revolutionär« – Aufbruch ins Jahr 1848

Der Frankfurter Turnverein hatte alle Vereine der Rhein-Main-Neckarregion für den 9. Januar 1848 nach Hattersheim zu einer Turnerversammlung im Saal des Frankfurter Hofes eingeladen, zu der viele Mannheimer Turner angereist waren. Die Mehrzahl der Turner stammte aus dem Umkreis Frankfurts. *Die meisten trugen Turnerhüte, weise* [!]*, graue und schwarze.*[28] Germain Metternich[29] aus Mainz, so berichtet der Polizeispitzel, habe Karl Blind[30] aus Mannheim zum Tagungspräsidenten vorgeschlagen, der per *Aclamation* angenommen worden sei. Als nunmehriger Präsident habe er umständlich auseinandergesetzt, *daß die Politik, wie sie von den Turnern getrieben werde, denn die Turner seien Revolutionäre und müßten zur Erreichung ihrer Zwecke alle Mittel gebrauchen, offene und geheime – nur das Wohl des Volks im Auge haben. Von Seiten der Regierungen versuche man daher die Turnvereine aufzuheben und zu unterdrücken und dadurch zu verhindern, daß das Volk über sein Wohl sich bespreche und dafür handle. Beispiele seien die Verbote der Hanauer und Frankfurter Turnvereine.* Im Fall des Verbotes schlug Blind der Versammlung vor, sich an Mäßigkeits- oder Arbeitervereine anzuschließen, um aus dem Innern dieser Vereine heraus *die Zwecke der Turner, die Revolution dann ungestört (zu) betreiben.* Stetige weitere Vereinsverbote steigerten die *Erbitterung des Volks aufs Höchste.* An den Arbeiter müsse man sich wenden, den Proletarier heranziehen. *Diese müßte man nun aufzuklären suchen auf alle Weisen. Maßenweise müßten Broschüren und andere Schriften, welche Revolution und den Tod der Tirannen predigen, zu diesem Zwecke überall hin, in Bahnhöfen, an allen öffentl. Pläzen, in Wirthshäusern, in Kasernen verbreitet werden. Solche Schriften müsse man dem Einzelnen wahrhaft aufdrängen.* Die

---

26   D. Düding, Nationale Oppositionsfeste der Turner, Sänger und Schützen im 19. Jahrhundert, in: Ders./P. Friedemann/P. Münch (Hgg.), Öffentliche Festkultur. Politische Feste in Deutschland von der Aufklärung bis zum Ersten Weltkrieg, Reinbek bei Hamburg 1988, S. 166ff.

27   Wieser (wie Anm. 13), S. 32f. Vgl. MAZ, 22.6.1847; Oberrh. Ztg., 24. 6. 1847, S. 755f., wo unter Kritik des Berichtes des Mannheimer Morgenblattes der Gegensatz von *Radicalismus* (für Struve und seine Anhänger) und dem *Philistergeschlecht* aus *feinen Herren* und *unreifen Autoritätsmenschen*, denen der Autor Feigheit, Halbheit, Indifferentismus, Lauheit, Heuchelei und Pseudo-Freisinnigkeit vorwirft, eigens betont wird.

28   GLAK 236/8491. Dort auch die folgenden Zitate.

29   Zu Germain Metternich (1811–1862) vgl. Wieser/Wanner(wie Anm. 5), S. 186f.

30   Zu Karl Blind (1826–1907) vgl. ebenda, S. 175f.

Abb. 2:   Schmuckblatt zur Erinnerung an das Heidelberger Turn- und Sangfest 1847. Lithographische Anstalt von Gatternicht, Heidelberg. Das abgedruckte Lied stammte von Karl Blind. Es wurde als hochverräterisch eingestuft und führte zu seiner Relegation von der Universität.

Rede Blinds sei durchsetzt gewesen von *gröbsten Schmähungen auf die Fürsten Deutschlands, mit Blut und Dolch gewürzt.* Wie diese, so hätten *überhaupt alle Reden das Gepräge einer wahren Wuth* gehabt, und die *kraßesten Stellen* seien von der Versammlung mit *allgemeinem Beifall* aufgenommen worden. Der Metallarbeiter Graf aus Frankfurt habe den Vorschlag Blinds unterstützt und zur Gründung eines *Proletariervereins* aufgerufen. Auch ein Turner Wolff von Mannheim unterstützte die Vorschläge des Präsidenten, man müsse den Hass des Volkes anstacheln, um dann zur offenen Revolution zu schreiten. Wörtlich habe er gerufen: *Revolution ist das größte Wort, das dem Volke in der Zeit der Noth Früchte trägt. Ich kenne nur diesen einzigen Weg der Revolution.*

Germain Metternich wiederum sei der Ansicht gewesen, man könne überall lesen, dass der Strom der Zeit sich nicht mehr aufhalten lasse. Darüber könne er sich nur entrüsten. *Es sei höchste Zeit, daß man zur That schreite.* Noch blutrünstiger äußerte sich der Turner Una[31] aus Hanau dem Anscheine nach ein Jude, bleich mit rothem Bart. Er habe zum öffentlichen, rücksichtslosen Vorgehen aufgerufen. *Vorerst müsse man die Köpfe der Tirannen haben, dieser Blutsauger und deshalb keinen Unterschied machen, ob für den Einen oder den Andern noch dieses oder jenes spreche, das Kind im Mutterleibe dürfe nicht geschont werden. Alles müsse niedergemacht werden, das sei der einzige Weg zum glücklichen Ziele. Schonen dürfe man nur die Verfolgten und Unterdrückten, diese allein seien die Freunde.* Als nächster habe der Heidelberger Student Gustav Adolph Schlöffel[32] gesprochen. *Er äußerte sich sodann über die Turnerei und gedachte dabei, daß dieselbe von Anfang an rein politischer Natur gewesen sei.* Sein Beitrag sei nicht sehr bedeutend gewesen, er habe zum Schluss zu Spenden für die Verbreitung von Broschüren aufgerufen. Gegen Ende der Veranstaltung, über die in der Akte mit weiteren Details ausführlich berichtet wird, meldete sich noch einmal Germain Metternich zu Wort. Er wandte sich gegen die von Una propagierte Öffentlichkeit und mahnte eher zur Vorsicht. *List, Mord, Dolch und Gift selbst das Gesez* [!] *als Schutzwehr gegen die Angriffe der Blutsauger, der Tyrannen und der Gewaltherrschaft zur Förderung der guten Sache in Anwendung zu bringen und zu brauchen.*

Staatsminister von Dusch erhielt am 20.2.1848 aus Frankfurt einen weiteren Bericht, der jedoch nicht wesentlich von den hier wiedergegebenen Inhalten abweicht, außer der Randbemerkung, Una, Schlöffel, Metternich und Blind hätten sich schon als die *gebietenden Herrn in Deutschland* gebärdet und dem *Convent alle Ehre* gemacht. Ergänzend weist der Berichterstatter auf die internationalen Beziehungen der Organisation hin, die *ein förmliches Comité in Heidelberg* eingesetzt habe, ihre Post laufe verdeckt über den Barbier Blaum senior.[33] In Hattersheim seien mehrere Vorsteher der schwäbischen Bezirke beteiligt gewesen, *unter Anderen, Frank aus dem Württembergischen, der Chef der dortigen Communisten,* der den Auftrag habe, die Soldaten der Festung Ulm zu bearbeiten. *Dann Lukas Wolf aus Schopfheim im Badischen, der ein sehr ausgezeichneter und entschiedener Mann ist.* Die Turner verfügten also bereits 1847 über ein staatenübergrei-

---

31   Nach W ETTENGEL, in: W IESER/W ANNER (wie Anm. 5), S. 31: Gottfried Una, Vorstandsmitglied des Arbeitervereins Hanau.

32   Zu Gustav Adolph Schlöffel (1828–1849) vgl. K. O BERMANN, Gustav Adolph Schlöffel, in: D ERS. u. a. (Red.), Männer der Revolution von 1848, I, Berlin (Ost) 1988, S. 191–215.

33   Zu Stefan Blaum vgl. R AAB (wie Anm. 22), S. 91.

fendes Netzwerk, geknüpft und zusammengehalten von einer Gruppe mobiler und radikaler Studenten und Handwerker.

Ein Bund zum »thätigen Eingreifen in das politische Leben« – der Oberrheinische Turnerbund

Ein Aufruf zur Gründung eines *badischen Turnerbundes* soll im Januar 1848 vom Freiburger Turnverein verschickt worden sein. Sein Zweck sollte außer der Herstellung einer größeren Einheit sein, *leibliche und folgeweise geistige und sittliche Kraft und Gesundheit* zu fördern.[34] Daraufhin trafen sich am 5. März in Offenburg einige Abgeordnete badischer Turnvereine, um über die Gründung eines regionalen Bundes zu beraten. Der Mitgründer des Heidelberger Turnvereins Karl Schaible,[35] nun in Offenburg, hatte in der Wahl des Tagungsortes vermittelt, Abgeordneter des Heidelberger Vereins war Stud. jur. Franz Mittermaier. Die aus Freiburg vorgelegte Formel wurde als *viel zu unbestimmt und gehaltlos verworfen, stattdessen beantragt, einen Turnerbund zum thätigen Eingreifen in des politische Leben zu gründen, der sich an eine bestimmte politische Partei anschließen müsse.* Letztlich konnte damit nur die demokratische gemeint sein, vertrat doch der Heidelberger Mittermaier die erst beim Frankfurter Turnfest verabschiedete Position »daß jeder Staatsbürger (somit auch der Turner) nach Kraft an dem politischen Leben seines Vaterlandes Anteil nehmen müsse. Jeder solle nach freier Wahl einer Partei sich anschließen, im Turnvereine aber müsse jeder ehrenhafte Mann den Zweck der leiblichen und sittlichen Kräftigung des Volkes ohne Rücksicht auf seine politische Ansicht erstreben können.« Doch Mittermaier konnte sich mit seiner besonnenen Position nicht durchsetzen, ja sei überschrien worden.[36] Nach einer Diskussion um die Bewaffnungsfrage habe sich die Versammlung getrennt, ohne einen Beschluss zu fassen und in der Absicht, sich in einigen Wochen noch einmal zu treffen. Doch diese Versammlung sei infolge der Revolution nicht mehr zustande gekommen.[37]

Tatsächlich jedoch trafen sich in Offenburg Abgeordnete am 12. März 1848, um einen *oberrheinischen Turnerbund mit democratischen Tendenzen* zu gründen.[38] Der Korrespondent der Freiburger Oberrheinischen Zeitung meint, gleich Bedenken des Bürgertums zerstreuen zu müssen, das sich die Republikaner nur *als Räuber, Mörder und Diebe* zu denken vermöge. Er betont, die Turner seien zwar in ihrer Mehrzahl republikanisch gesinnt, was jedoch nicht gleich bedeute, die Mehrheit des Volkes in eine badische Republik zu zwingen, schon gar nicht Baden in eine französische Provinz zu verwandeln. *Den Leuten, welche unter den Turnern überspannte Köpfe sehen zu dürfen glauben, rufen wir zu: Sind es die Alten, welche umgestaltend auf Staaten am meisten wirken, oder sind es Jungen, die eine längere Zukunft vor sich haben? … Es sind stets die Jungen gewesen, die Geist*

---

34 Der Turner 3 (1848), S. 161. Die Daten, die in der Literatur variieren, orientieren sich an diesem Bericht.
35 Zu Karl Heinrich Schaible (1824–1899) vgl. SCHAIBLE (wie Anm. 24); WIESER/WANNER (wie Anm. 5), S. 189f.
36 F. KERSTINGER, Zur 50jährigen Jubelfeier des Heidelberger Turnvereins, Heidelberg 1896, S. 18.
37 Ebenda, S. 18f.
38 Oberrh. Ztg., 23.3.1848, S. 417.

und Thatkraft am meisten in sich einigten. Zugleich bringen wir die Nachricht, daß gestern Abend der Grund zu einer Freischaar gebildet wurde, die sich den hiesigen Turnern anschließen, und großentheils aus Sensenmännern bestehen wird. Die Turner und entschiedene Bürger werden sich wahrscheinlich nach dem Muster der africanischen Fanger, d. h. mit einem Stutzer, woran statt des Bajonetts ein Säbel befestigt ist, bewaffnen. Solche Leute und dazu die Sensen der Handwerker! Diese Freischaar schließt sich enge an die Nationalgarde an, insofern diese nichts gegen die Interessen einer vernünftigen Freiheit unternimmt.[39]

Der Korrespondent des Dresdener »Turner« sah in der Entwicklung am Oberrhein eine *unheilvolle Verwirrung.* Zwar seien nicht alle badischen Turnvereine bei der Beratung in Offenburg vertreten gewesen, doch sei es *denn eine unleugbare Thatsache geworden, daß die Mehrzahl der badischen Turnvereine sich die Politik zum Zwecke gesetzt hat.*[40] Ihr Wahlspruch lautete: »Freiheit, Gleichheit, Brudersinn.«[41] Baden hatte damit im März 1848 einen Landesverband demokratischer Vereine. Es ist eigenartig, dass die Turnvereine als »politische« Vereine der Revolutionsjahre nicht zur Kenntnis genommen werden, denn hier ist die landesweite Organisation im Frühjahr bereits vollzogen, über deren »Organisationsansätze« im Sommer gerätselt wird (Wieser Abb. 3; siehe Farbabbildung nach S. 144).[42]

Zur großen Offenburger Versammlung am 19. März 1848 strömten etwa 25.000 Menschen. Die Initiative zur Einladung soll von Mannheim ausgegangen sein, die Genannten Hecker, Struve, Streuber, Hoff, Grohe, alle waren Mitglieder des Mannheimer Turnvereins. Während der Versammlung wurde die »Sicherheitswache« durch ein »Turnercorps« unterstützt. Über den Verlauf der Versammlung ist in der zeitgenössischen Presse ausgiebig berichtet worden. Nahezu alle Redner standen der Turnbewegung nahe oder sind als Mitglieder nachweisbar: Struve, v. Soiron, Hecker, Eller, Hoff, Fickler. Apotheker Reh-

---

[39]   Ebenda. Bei K. HERTERICH, 130 Jahre Turnen in Baden, Freiburg 1977, S. 13 heißt der Turnerbund »Bund der oberrheinischen Turnvereine, im Anschluß an die Partei der Volkssouveränität.« Die Formulierung könnte aus dem in Dresden erscheinenden »Turner« stammen, wo im Mai *aus dem Badischen* über den Vorgang berichtet wurde. Dort wird die in Offenburg mündlich gegebene Erläuterung zur *Volkssouveränität* beigefügt: *die republikanische.* Der Turner 3 (1848), S. 161.

[40]   Der Turner 3 (1848), S. 161.

[41]   HERTERICH (wie Anm. 39), S. 13.

[42]   H.-P. BECHT, ...alle Klassen der Gesellschaft lieferten ihr Kontingent? Überlegungen zur sozialen Basis der revolutionären Bewegungen in Baden 1848/49, in C. REHM/H.-P. BECHT/ K. HOCHSTUHL (Hgg.), Baden 1848/49. Bewältigung und Nachwirkung einer Revolution, Stuttgart 2002, S. 35. Jedenfalls sind die Vereinsgründungen nicht »aus wilder Wurzel« (S. 35, Anm. 51) entstanden, sondern beruhten auf den Organisationserfahrungen der Monate zuvor. Im Fall der Turnvereine sind diese Erfahrungen über Jahre gewachsen, die organisatorische Nähe oder personelle Verflechtung von Volksvereinen und Turnvereinen also kein Zufall. Vgl. HIPPEL (wie Anm. 20), S. 230ff., bei dem die Turnvereine auf den »kryptopolitischen ... Rückhalt der demokratischen Bewegung« reduziert werden. Bei HOCHSTUHL/SCHNEIDER (wie Anm. 5), S. 351–436, die von Becht als Beleg herangezogen werden, sind sie Teil der »protopolitischen« Vereine, zusammen mit Bürger- und Lesevereinen sowie Gesang- und Musikvereinen (S. 354ff.). MUMM (wie Anm. 22), passim, hat für Heidelberg die enge Verquickung von Turnverein, Arbeiterverein und revolutionärer Bewegung herausgearbeitet.

mann, »das Haupt der Offenburger Fortschrittlichen«, der die Versammlung begrüßte, gehörte zur Vorstandschaft des örtlichen Turnvereins.[43]

Alexander von Soiron, der (gemäßigte) Vorsitzende des nach dem Verbot 1847 wieder gegründeten Mannheimer Turnvereins und spätere Präsident der Frankfurter Nationalversammlung, fühlte sich in seiner Rede geradezu auf den Schweizer Rütli versetzt. Der ersehnte Sturm sei endlich losgebrochen, nach jahrzehntelangem Fürstenbetrug sei es an der Zeit, die Waffen in die Hand zu nehmen, für innere und äußere Freiheitsrechte. *Die Begeisterung reißt mich hin*, rief er der Menge zu. *Die Versammlung erinnert mich an die Schweizer, wie sie versammelt waren zur Rettung ihres Vaterlandes auf dem Rütli.*[44] Im Saal wurde derweil noch über die Möglichkeit diskutiert, gleich die Republik auszurufen. Draußen riefen die Turner nach Hecker, der ans Fenster trat und an *ihre Jugend, ihre Kraft und Wahrheitsliebe* appellierte, *nur durch sie könne die Revolution gemacht und zu Ende geführt werden, aber die Stunde der That sei noch nicht gekommen, doch werde sie nicht ausbleiben, und dann sollten sie seinem Rufe folgen.* Die Menge skandierte mit mehrfachen Hochs.[45]

Ein »einig Volk von Brüdern«? – die Spaltung der Vereine und Verbände

Am 31. März hielten die 574 Mitglieder des Vorparlaments ihren feierlichen Einzug in die Frankfurter Paulskirche. Turner standen Spalier. In den Tagen der Beratung danach fungierten sie als Ordnungsmacht für die Parlamentarier. Dafür bedankte sich Alexander von Soiron bei ihnen im Namen des Fünfzigerausschusses. Auch der Präsident der Versammlung, Prof. Mittermaier, zollte ihnen seinen Dank, wobei er besonders lobend die Rolle von Turnern und Sängern zur Zeit der Unterdrückung im Vormärz hervorhob: *Die Sänger- und Turnvereine haben den Gedanken an Deutschlands Freiheit und Einheit in trüben Tagen warm im Busen getragen. Jetzt ist der Augenblick da, mit aller Kraft, mit freier Besonnenheit den Grund zum Bau der deutschen Nation zu legen.*[46]

Am 19. März 1848 hatte die Hanauer Turngemeinde Einladungen zu einem Turntag am 2. April verschickt, bei dem über die Gründung eines Deutschen Turnerbundes beraten werden sollte. Dort übernahm der Schwabe Theodor Georgii die Leitung, Vizepräsident wurde Dr. Hammer[47] aus Mannheim. Selbst der alte Turnvater Jahn war aus dem nahen Frankfurt angereist. Besonders umstritten war auch hier wieder die »Feststellung der staatlichen Richtung«, was bedeutete, sich auf eine Verfassungsstruktur festzulegen. Die-

---

43   F. X. Vollmer, Offenburg 1848/49, Karlsruhe 1997, S. 82.
44   MAZ, 22. 3. 1848, S. 321.
45   Ebenda, mit Redeauszügen Heckers.
46   Zitiert nach *Freie Blätter aus Göttingen*, in: L. Wieser, »Für die Freiheit Deutschlands ist uns jedes Mittel recht« – Turner in Vormärz und Revolution von 1848/49, in: Sportwissenschaft 30 (2000), S. 148.
47   Zu Adam Hammer (1818–1878) vgl. Der Deutsche Pionier, Cincinnati/Ohio, 10 (1878), S. 242–244; W. Kaufmann, Die Deutschen im amerikanischen Bürgerkriege. »Sezessionskrieg 1861–1865«, München/Berlin 1911, S. 506f. W. Streckfuss, Adam Hammer 1818–1878. Ein Badischer Achtundvierziger, Sinsheim 1998; http//de. Wikipedia.org/wiki/Adam_Hammer. Zugriff: 13.4.2009.

Abb. 4:   Gustav v. Struve und Friedrich Hecker, die Anführer der republikanischen Freischaren.

ser Streit ergab sich jedoch nur deshalb, weil die Abgesandten keine entsprechenden Voten ihrer Vereine mitbekommen hatten. Als kurz nach der Beratung des ersten Tagesordnungspunktes aus Frankfurt die Nachricht eintraf, die Demokraten hätten unter Führung Heckers das Vorparlament verlassen, reisten einige Delegierte ab, um Hecker zur Seite zu stehen. Georgii legte den Vorsitz nieder, die Turnerversammlung vertagte sich auf den 3. April, an dem der »Deutsche Turner-Bund«[48] gegründet wurde. Die Demokraten waren bei dieser Abstimmung in der Minderheit. Auch Hammer nahm nicht wieder teil. Er, wie vermutlich weitere Turner, hatte sich dem Aprilaufstand angeschlossen.

Das Ergebnis des »Heckerputsches« ist bekannt. Er wurde in wenigen Tagen niedergeschlagen.[49] Viele der Aufständischen und unter ihnen viele Turner flüchteten ins nahe Ausland um ggf. bei weiteren Unruhen schnell zur Stelle zu sein.[50] Friedrich Hecker, der sich noch einige Zeit in Muttenz im Baselland aufhielt, wanderte im September 1848 über Straßburg in Begleitung des Mannheimer Turnwartes, seinem Adjutanten, Julius Schöninger sowie seines Schwagers Friedrich Tiedemann nach Nordamerika aus.[51] Über die Festlegung der »staatlichen Richtung« wurde in den Vereinen weiter gestritten. Ein Einigungsversuch auf Bundesebene scheiterte bei einem weiteren Turntag in Hanau am 2./3. Juli 1848. Die Turnvereine spalteten sich in zwei verschiedene Richtungen. Der »Demokratische Turnerbund« verpflichtete sich, *durch geistige und körperliche Ausbildung und Verbrüderung aller Deutschen hinzuwirken auf ein freies und einiges Vaterland, welches in dem volksthümlichen Freistaat – der demokratischen Republik – seine entsprechende Form findet.*[52] Hanau übernahm die Vorortschaft dieses demokratischen Bundes. Beim zweiten, dem »Deutschen Turnerbund«, der konstitutionell orientiert war, übernahm Marburg diese Rolle, die wenig später an Leipzig überging.

Die ideologische Gegnerschaft spaltete auch Vereine und führte zur Gründung konkurrierender Organisationen, wie beispielsweise in Heidelberg. Nachdem sich dort im Juli 1848 bei den halbjährlich anstehenden Vorstandswahlen nur die Demokraten durchgesetzt hatten, traten einige Mitglieder unter Führung von Turnlehrer Wassmannsdorff aus und gründeten die »Heidelberger Turngemeinde«. In § 1 der Satzung dieses Vereins distanzierte man sich ausdrücklich von Politik: *Die Heidelberger Turngemeinde ist ein Verein ehrenhafter Jünglinge und Männer zu geselligem Turnen; sie bezweckt die Ausbil-*

---

48 Der Turner 3 (1848), S. 145. § 2 lautete: *Der Zweck des Turnerbundes ist, für die Einheit des deutschen Volkes thätig zu sein, den Brudersinn und die körperliche und geistige Kraft des Volkes zu heben.*
49 U. Rödling/H. Siebold, Der Münstergeneral, Lahr 1998, S. 60f.
50 P. Neitzke, Die politischen Flüchtlinge in der Schweiz 1848–49, Charlottenburg 1927.
51 Die Republik, Nr. 143, 21. 9. 1848. Vgl. Neumann (wie Anm. 2), S. 64. Hecker gründete am 24. November 1848 in Cincinnati den ersten Turnverein der USA mit. Zu Tiedemann, vgl. A. E. Zucker, The Forty-Eighters. Political Refugees of the German Revolution of 1848, New York 1950, der ihn wohl mit seinem Bruder Heinrich verwechselt. Friedrich Tiedemann war im Heckerzug Mitglied der Musketierkompanie von Nepomuk Katzenmayer aus Konstanz. Ein weiterer Bruder ist 1849 als Kommandant von Rastatt von einem preußischen Standgericht zum Tode verurteilt und hingerichtet worden. Vgl. Raab (wie Anm. 22), S. 947ff.
52 M. Wettengel, Die Revolution von 1848/49 im Rhein-Main-Raum: Politische Vereine und Revolutionsalltag im Großherzogtum Hessen, Herzogtum Nassau und in der Freien Stadt Frankfurt, Wiesbaden 1989, S. 174.

dung des Leibes um des Geistes willen. Die Mittel dazu sind: die strengere Turnschule und das freiere Turnleben mit Turnkür, Spiel und Turnfahrten. Politik liegt dem Verein fern.[53]

Ein ähnlicher Vorgang wird aus Karlsruhe berichtet, wo »konstitutionell eingestellte Turner« am 1. August 1848 den »Karlsruher Turnverein« gründeten, mit dem Argument, »die Vermengung so unzusammenhängender Dinge wie Turnen und, was gegenwärtig so beliebt ist, Politik (könne) nur auf Kosten von beiden geschehen«. Zum Turnen wird der Turnverein empfohlen, zum Politikmachen die politischen Vereine. Die Vorstandsmitglieder des neuen Vereins rekrutierten sich zum Großteil aus dem »Vaterländischen Verein«.[54] Die Abspaltungen dürften in Zusammenhang mit den im Juni und Juli stattgehabten Demokratenkongressen stehen. Am »Ersten Kongreß der deutschen demokratischen Republikaner« vom 14. bis 17. Juni 1848 in Frankfurt/M. waren nicht nur Abgesandte verschiedener badischer demokratischer Vereine beteiligt, der demokratische Turnerbund war durch mindestens drei Abgeordnete seines Vorortes Hanau vertreten.[55]

»Namentlich sind es aber die Turnvereine« – Demokratentag in Ettlingen

Der »Süddeutsche Demokratentag« am 16. Juli 1848 wurde maßgeblich von Ettlinger Turnern unter dem Vorsitz von Philipp Thiebauth[56] organisiert. Gemeinsam mit Karlsruher und Durlacher Turnern waren am 3. Juli in Ettlingen die Ordneraufgaben besprochen worden. Dabei soll es zur Verteilung von Flugblättern und Heckers in der Schweiz herausgegebenem »Volksfreund« gekommen sein. Nach dem Bericht des Ettlinger Oberamtmanns Beck an die Karlsruher Regierung waren bereits um 7 Uhr in der Früh die ersten Leiterwagen aus Pforzheim, mit 20 Mann, angerollt. Gegen neun Uhr trafen dann die Züge von Norden und Süden ein, mit weiteren ca. 150 bis 160 Teilnehmern. Aus dem nahen Durlach marschierte singend eine große Schar herüber, vorweg eine schwarz-rotgoldene Fahne mit der Aufschrift »Freiheit oder Tod!«.[57] Der Trupp Durlacher Turner

---

53   KERSTINGER (wie Anm. 36), S. 19.

54   J. SCHUHLADEN-KRÄMER, Politische Vereine in Karlsruhe während der Revolution 1848/49, in: Blick in die Geschichte. Karlsruher stadthistorische Beiträge, Nr. 36, 19. 9. 1997, S. 2.

55   G. BECKER, Das Protokoll des ersten Demokratenkongresses vom Juni 1848, in: Jahrbuch für Geschichte 8, Berlin (Ost) 1973. Die Abgeordneten des »Turn-Vororts Hanau« waren August Schärttner (Nr. 177), Johann Pellisier (Nr. 151), Lautenschläger (Christian?, Nr. 121). Bei den Teilnehmern aus Baden ist in einigen Fällen eine Doppelmitgliedschaft nachzuweisen: Heinrich Happel und Heinrich Roes aus Mannheim, Carl Hagen und Willigis Letzeiser, Heidelberg, vermutlich auch Dänzer, Karlsruhe.

56   Zu Philipp Adam Thicbauth (1811–1887) vgl. RAAB (wie Anm. 22), S. 943f.; P. H. STEMMERMANN, Philipp Thiebauth. Revolutionär und Bürgermeister. Ettlingen in den Strömungen des 19. Jahrhunderts, Karlsruhe 1964.

57   STEMMERMANN (wie Anm. 56), S. 32. Über die Fahne der Durlacher Turner ist viel gerätselt worden. Die Parole passt eher in das Jahr 1849, wo der Bürgerwehr von Henriette Obermüller eine »hochrote Fahne der Jakobiner« gefertigt worden sein soll. Die Bürgerwehr habe die Fahne jedoch abgelehnt, worauf sie an die Turner gegeben wurde. A. MOHR, Die Stadt Durlach in der badischen Revolution von 1848/49, Karlsruhe 1993, S. 116.

Abb. 5:   Ausrufung der Republik in Lörrach.

soll von Dr. Jakob Reinhardt[58] angeführt worden sein. Oberamtmann Becks Einschätzung zum Ettlinger Demokratentag lautet: *Nach unserer Ansicht ist es hohe Zeit, solchen
Wühlereien Schranken zu setzen, denn geht das Ding so fort, so bekommt die rohe Leidenschaft die Oberhand. Wir halten es daher für dringend geboten, daß derartigen Volksversammlungen, wie sie gestern hier stattgefunden, mit Entschiedenheit entgegengewirkt
wird. Meistens sind es jüngere Leute, welche sich in Vereine einlassen, und diese Leute sit-
zen alle Abend in ihrem Vereinslokal, die überall in Wirtshäusern sich befinden, beisam-
men ... Namentlich sind es aber die Turnvereine, welche von ihrem ursprünglichen Zweck
ganz abgekommen sind, indem sie alle mit Politik sich befassen.*[59] Die badische Regierung,
die die Vereine bereits zuvor hatte beobachten lassen, sah nun das »ganze Staatsgebäude

---

58   Zu Dr. Jakob Reinhardt vgl. RAAB (wie Anm. 22), S. 731; Arbeitsgemeinschaft hauptamtlicher
       Archivare im Städtetag Baden-Württemberg (Hg.), Revolution im Südwesten. Stätten der De-
       mokratiebewegung 1848/49 in Baden-Württemberg, Karlsruhe1997, S. 305.
59   STEMMERMANN (wie Anm. 57), S. 33. Das Vereinslokal der Ettlinger Turner war Thiebauts
       »Sonne«, das der Durlacher die »Krone«, in der oppositionelle Zeitschriften auslagen; vgl. Ar-
       beitsgemeinschaft (wie Anm. 58), S. 302. Die Jugendlichkeit der Turner wird auch durch Poli-
       zeiberichte aus anderen Landesverbänden bestätigt, »wo der Begriff Turner fast synonym für
       einen demokratisch orientierten Jugendlichen verwandt« wurde; vgl.WETTENGEL (wie Anm.
       52), S. 187. Eine 1860 in Amerika angefertigte Statistik kann diese Aussage belegen, betrug doch
       das rückgerechnete Durchschnittsalter der Turner etwa 20 Jahre, 70 % waren unter 18! UEBER-
       HORST (wie Anm. 2), S. 42.

durch die Kraft der Assoziationen« erschüttert und ließ alle demokratischen Vereine unter Berufung auf das Vereinsgesetz vom 26. Oktober 1833 mit Verordnung vom 22. Juli 1848 verbieten.[60]

Weitere Höhepunkte des Jahres 1848 waren die »Septemberereignisse« in Frankfurt sowie die Ausrufung der Republik in Konstanz durch Gustav Struve, dessen führende Rolle in der Turnbewegung bereits hinreichend belegt ist. In Ettlingen, einer Hochburg der Demokraten, zerstörten Bürger, unter ihnen der Turner Josef Springer die Eisenbahngleise, um Truppentransporte nach Süden zu behindern. Dies zeigt, dass Struve mit seinem Aufstand weitab von Konstanz bei seinen Anhängern durchaus mit Unterstützung rechnen konnte.[61]

Auswirkungen auf die Vereinspolitik des Rastatter Vereins hatte der »Struveputsch« insofern, als der Vorstand sich am 30. September öffentlich von *elenden Beschuldigungen* distanzierte, Politik zu betreiben: *Unter den verbreiteten Gerüchten steht das oben an, daß der hiesige Turnverein mehr ein demokratischer Verein, als ein Turnverein sei. Um nun dieses Gerücht, nebst allen künftigen derartigen zu beseitigen, sehen wir uns zu der Erklärung veranlaßt, daß der hiesige Turnverein noch nie politische Verhandlungen gepflogen hat und daß derselbe in einer seiner letzten Versammlungen einstimmig den Beschluß faßte: ›Kein politischer Verein zu werden, sondern nur ein Turnverein zu sein und zu bleiben‹.*[62] Für den Verein, in dem zu dieser Zeit Beamte, Offiziere und wohlhabende Bürger den Ton angaben, mag das gestimmt haben, einzelne Mitglieder haben mit Struves Bewegung sympathisiert. Michael Huber aus Appenweier ist 1850 von dem Rastätter Gendarmen Schöpperle denunziert worden, er habe sich *an dem Struveschen Aufstande betheiligen wollen, sei aber zu spät gekommen. Er habe Freischärler-Abzeichen getragen, nämlich ein rothes Halstuch und eine rothe Feder auf dem Hute*, überdies versucht, den Rastatter Turnverein *in demokratische Bestrebungen hineinzuziehen.*[63] Im Unterschied zu den Vorgängen in Heidelberg und Karlsruhe konnte eine Spaltung des Vereins verhindert werden, indem zwischen September und November 1848 der gesamte Vorstand ausgetauscht wurde und sich ein politischer Klimawandel im Verein vollzog. Den Vorsitz übernahm der Rastatter Bürger Franz Schöttle, Textilhandwerker und 1849 Vorstandsmitglied im Volksverein, Zeugwart wurde der auch im Rastatter Arbeiterverein aktive Malergeselle Carl Brechtel.[64]

---

60   HIPPEL (wie Anm. 20), S. 232. Dies erklärt, warum in der Tagespresse über das Turnen fast keine Nachrichten mehr vorliegen. Einladungen zu Versammlungen, Turnfahrten oder die Teilnahme an Trauerveranstaltungen für den in Wien erschossenen Robert Blum belegen jedoch, dass die Aktivitäten der Turnvereine im Spätjahr 1848 nicht zum Erliegen kamen.

61   Arbeitsgemeinschaft (wie Anm. 58), S. 170ff. RAAB (wie Anm. 22), S. 943f.; zu Springer, DERS., S. 903f. Von Springer ist eine Strichzeichnung aus dem Bruchsaler Gefängnis überliefert, in deren Beschriftung er auf seine Eigenschaft als Turner Bezug nimmt: *Aufschwung nach Jahn*. Vgl. MOIIR (wie Anm. 57), S. 161.

62   P. HANK, »Der Turner ist ein freier Mann!« Die politische Geschichte des Rastatter Turnvereins im Vormärz und in der Revolution von 1848/49 vor dem Hintergrund der deutschen Turnbewegung. Rastatt 1997, S. 102.

63   Ebenda, 101. Huber war als Beamtenanwärter beim Bezirksnotariat beschäftigt.

64   Ebenda, S. 109,117. Zum »Struveturner-Zirkel« rechnet Hank neben den genannten, Jakob Faul, bei dem bei Nachforschungen 1850 der Schlüssel zur Turnhalle vermutet wurde; Ebenda, S. 116.

Nach der Erschießung des Abgeordneten Robert Blum in der Wiener Brigittenau bezeugten viele Turner ihre Entrüstung durch Trauerfeiern. In Baden-Baden organisierte der Turnverein am 24. November einen Trauerzug »durch die Stadt zum alten Friedhof bei der Spitalkirche, wo ein kleiner Trauerakt stattfand, umrahmt von Gesängen des Turnerchors. Anschließend versammelten sich rund 1.200 Menschen im großen Saal des Hotels Salmen. Der deutsch-katholische Prediger Brugger aus Heidelberg hielt eine Trauerrede. Der Baden-Badener Stadtpfarrer Dekan Grosholz hatte sich geweigert an der Demonstration mitzuwirken.«[65] Hier zeigt sich ein weiteres Mal die geistige Nähe vieler Turner zu den Demokraten und die enge Verbindung mit den religiösen Dissidenten, wie sie Gustav Struve schon in seinem »Vorschlag zur Constituirung einer allgemeinen deutschen Turnerschaft« 1847 empfohlen hatte.

Die Trauer- und Protestveranstaltung in Heidelberg am 20. November wurde von demokratischen Studenten initiiert. Vom heutigen Universitätsplatz aus zogen der Liederkranz, der Turnverein, Arbeiter- und Jünglingsverein, Studenten, Soldaten und Bürgerwehrmänner zum Schloss, wo auf einer Kundgebung Prof. Karl Hagen und zwei Studentenvertreter Ansprachen hielten. Zur Trauerfeier für den »Märtyrer der Freiheit« am 3. Dezember 1848 in Gernsbach, vom örtlichen Leseverein organisiert, waren Badener Turner hinübergewandert. Sie wurden mit »unendlichem Jubel« empfangen.[66] Bereits hier lässt sich die im Titel gestellte Frage, ob die badischen Turner die »künftige Armee der radikalen Partei« waren, mit einem Ausrufezeichen versehen. Dies sollte, sich bei den Kämpfen um die Anerkennung der Reichsverfassung bestätigen.

»Laßt jetzt Recken und Barren ruhen!« – Turner in der Reichsverfassungskampagne

Über die Aktivitäten der Turnvereine im Frühjahr 1849 liegen nur einige verstreute Informationen vor, aus denen aber geschlossen werden kann, dass sich die wehrfähigen Mitglieder in die örtlichen Bürgerwehren eingegliedert haben. Die Zielsetzung war wohl den meisten Turnern klar, wie Ratsschreiber Weil in Gernsbach schon beim ersten Turnerball kurz nach der Vereinsgründung betonte: *die Jugend für den unausbleiblich bevorstehenden Kampf körperlich zu ertüchtigen.*[67]

An den mit dem März einsetzenden Volksversammlungen scheinen sich Turnvereine auch in corpore beteiligt zu haben. Der aus der Mannheimer Morgenzeitung hervorgegangenen Badischen Zeitung, ein jeglichen Umwälzungen abholdes Blatt, waren sie eigens einen Kommentar wert: *Den Volksversammlungen, den Turnvereinen und überhaupt dem Vereinswesen geht es, wie dem überladenen Magen: ›Allzuviel ist ungesund‹.*[68] Von

65 R. Erhard, 1847–1997, vom Turnverein zur Turnerschaft, 150 Jahre Baden-Badener Turnvereine, Baden-Baden 1997, S. 19.
66 K. Hochstuhl, Schauplatz der Revolution. Gernsbach 1847–1849, Gernsbach 1997, S. 30. Mitorganisator war der Schiffer Casimir Griesbach, 1849 Mitgründer und Vorstand im Turnverein; Ebenda, S. 34. Zu den Heidelberger Feiern, vgl. Mumm (wie Anm. 22), S. 62.
67 Hochstuhl (wie Anm. 66), S. 38.
68 Badische Zeitung, 17.3.1849, über eine im hessischen Heppenheim am 11. März abgehaltene Volksversammlung.

einem Redner mit einem gesinnungstüchtigen Bart habe man nur ein Wort verständlich vernehmen können: Republik. Aus Heidelberg wird mehrfach die sehr aktive *Turnfeuerwehr* erwähnt. Der dortige Turnverein lud in der Zeitung »Die Republik« für den 14. April 1849 zu einer Versammlung ein, in der neben *neuen Satzungen* ein *Schreiben vom Vororte des deutschen demokratischen Turnvereins* besprochen werden sollte.[69]

Vom Kreiskongress der Volksvereine des Neckarkreises in Neckargemünd am 10. April 1849, an dem sich der *Turn- und Arbeiterverein von Heidelberg ... in geordneten Zügen* beteiligt hatte, wird folgendes berichtet: Auf Antrag eines Mitgliedes des Heidelberger Turnvereins beschloss die Versammlung trotz einiger Gegenstimmen, *der Kreiskongreß möge beschließen, beim Landesausschuß dahin zu wirken, daß dieser die demokratischen Turn- und Arbeitervereine mit in den großen Bund der Demokraten Badens ziehe.* Aus der Begründung geht hervor, dass es sich sowohl bei den Turnern als auch bei den Arbeitern um überwiegend junge Leute handelte, denen man doppelte oder dreifache Mitgliedsbeiträge ersparen wollte. *Wo sollen denn die Turner das Geld alle hernehmen, das sie den beiden Vereinen zu entrichten hätten; woher die Arbeiter, die den geringen Beitrag für die Arbeiter-Vereine kaum zu erschwingen vermögen? Das Turnen ist für unsere Demokraten von unendlichem Werthe; die Turnvereine dürfen nicht aufgegeben werden. Die Bildung, die den Arbeitern aus ihren Vereinen erwächst, ist eine wesentliche Förderung der Demokratie. Die Turn- und Arbeitervereine sind wenigstens von gleicher Bedeutung für das Volk wie die Volksvereine, und nicht zu begreifen wäre es, wollte man die einen den andern opfern.*[70] Der Berichterstatter war dafür, die Vereine in *den großen Bund* aufzunehmen, was außerdem den Vorteil der gegenseitigen Ergänzung mit sich brächte, die einen mit Schwerpunkt auf *Rechnen, Schreiben, Singen, ec.*, die anderen durch körperliche Ausbildung. *Frisch auf ihr Volksvereine,* endete der Aufruf, *schließt den Bund, wie er in andern Ländern, namentlich in ganz Norddeutschland schon besteht, und ihr werdet dem Vaterlande einen guten Dienst leisten!*

Dass die Turnvereine in enger Beziehung zu den Volksvereinen standen, geht aus einem Bericht *aus dem Murgthale* in der Extra-Beilage zur Mannheimer Abendzeitung vom 27. Februar 1849 hervor, in dem über die Gründung eines *Vaterländischen Vereins* in Gernsbach berichtet wird. Die *Vaterländler* kommen nicht gut weg: *An der Spitze stehen natürlich die Holzaristokraten und zum Organ ihrer geistigen oder körperlichen Kundgebungen ist die Karlsruher Zeitung erkoren, dieselbe, welche in einem benachbarten Orte nur deßhalb gehalten wird, um Käse hineinzuwickeln.* Vom örtlichen Einfluss der *Vaterlandsmänner* wird eher ein Mobilisierungsschub für den politischen Gegner erwartet: *Wir können schließlich behaupten, daß die Stiftung des vaterl. Vereins dem demokrat. Vereine der Turner dadurch von großem Vortheil ist, daß die Mitglieder des letztern sich*

---

69   Die Republik, 11.4.1849. Gemeint ist Hanau als Vorort des Demokratischen Turnerbundes. Bei dem Rundschreiben könnte es sich um das vom 1. April 1849 handeln, in dem zum selbsttätigen Eingreifen mit dem Ziel der *volksthümlichen Neugestaltung und gänzlichen Demokratisierung Deutschlands* aufgefordert wird; B.-M. NEESE, Die Turnbewegung im Herzogtum Nassau in den Jahren 1844–1852, Wiesbaden-Erbenheim 2002, 1, S. 534.

70   Die Republik, ohne Seitenangabe, Bericht, Heidelberg, 14. April. Dort auch das nächste Zitat. Bei dem Vorort des *demokratischen Turnvereins* ist Hanau als Vorort des *demokratischen Turnerbundes* gemeint, beim *Turn- und Arbeiterverein* Heidelberg handelt es sich um zwei unterschiedliche Vereine.

dieser Parthei schroffer und fester gegenüberstellen, daß der letztere Verein Zuwachs er-hält, indem der Aufruf zum Beitritt zum vaterländischen Verein gewiß den Turnern viele Mitglieder zuführen wird und daß man bald darüber außer Zweifel sein wird, auf welcher Seite wahre Aufopferung, Muth, Beharrlichkeit, Wahrheit und Intelligenz ist.[71] Diese Ein-schätzung hat sich bestätigt. Waren schon kurz nach der Gründung des Gernsbacher Turnvereins am 16. Januar 1849 fünfzig Bürger eingetreten, folgten bis zur Verabschie-dung der Satzungen am 30. Januar weitere elf und bis zum April noch einmal 28. Der Verein galt als »Sammelbecken der Kräfte des entschiedenen Fortschritts«.[72] Da der Volks-verein sich offiziell erst am 5. Mai bildete, galt der Turnverein ohnehin bis dahin als *der* demokratische Verein der Stadt.

Ähnlich wie in Gernsbach lautete die Einschätzung nach der Gründung eines vaterlän-dischen Vereins durch die *wohlgesinntesten und einflußreichsten* Bürger der Stadt Pforz-heim, als dessen offenes Ziel die *Unterdrückung und Ausrottung des Volks-Vereins* ausge-macht wurde. Die an der Gründungsversammlung zahlreich teilnehmenden Mitglieder des Volks-Vereins seien *zum schweigen und sich entfernen* aufgefordert worden, *weil sie Turner, weil sie Würtemberger* [!] *seien, und weil sie – hört! – weil sie keine Steuer bezah-len.*[73]

Der etwas abseits der Rheinschiene gelegene Turnverein in Mosbach hatte sich am 17. Februar 1849 für den Anschluss an den demokratischen Turnerbund mit Vorort Hanau entschieden und schloss sich dem »Heilbronner Bezirksverein« mit Vorort Oehringen an. Bei der gleichen Sitzung wurde *Jahns Verhalten in der Paulskirche, wo derselbe für eine erbliche Monarchie gesprochen hatte*, kritisiert. An Pfingsten trafen sich die Kreisvereine zu gemeinsamen Waffenübungen in Oehringen.[74]

Den Auftakt zur Mairevolution bildete die Ablehnung der Reichsverfassung durch den preußischen König am 28. April 1849. Ein Turnerkongress im pfälzischen Kaiserslau-tern fasste bereits am 29. April den Beschluss zur Bildung von bewaffneten Korps und

---

71 MAZ, Extra-Beilage vom 27.2.1849. Die starke Nähe zum Volksverein, mit »identischer politi-scher Zielsetzung«, wie sie von konservativen Zeitgenossen verstanden wurde, betont auch HOCHSTUHL (wie Anm. 66), S. 42.

72 Ebenda, S. 35. Dort bis S. 38 die Namen sowie eine breite Palette von Berufsangaben. Daraus geht hervor, dass sich der Turnverein überwiegend aus Handwerkern und kleinen Gewerbetrei-benden rekrutierte. Nur drei sind als *Meister* ausgewiesen, fünf waren *Kaufleute* und sechs *Gastwirte*. Den Vereinsvorstand bildeten *angesehene Persönlichkeiten* der Stadt (S. 34). 1. Vor-sitzender war der Schiffer Casimir Griesbach, über dessen Auseinandersetzung mit dem politi-schen Gegner anlässlich der Gemeinderatswahlen am 12. Januar 1849 deutlich wird, dass sich die Mehrheit von Turnvereinsmitgliedern aus *Dürftigkeit* und *Abhängigkeit* lebenden Bür-gern zusammensetzte (S. 44).

73 MAZ 1849, S. 254, Bericht vom 11. März.

74 F. HÖSCH, Festschrift zum 50jährigen Stiftungsfest des Turnvereins Mosbach, Mosbach 1896, S. 8. Jahn hatte sich den Groll der demokratischen Turner zugezogen, die er als »erkaufte Wüh-ler«, als »Dummhüte und Dubber« bezeichnet hatte. Die »sogenannten demokratischen und socialen Vereine seien eine vom Ausland herüber verpflanzte Giftblume.« Die Reaktion der Demokraten war auch nicht gerade schmeichelhaft, wie aus dem Schriftverkehr des Limburger Vereins überliefert ist. Sie verglichen ihn mit einem alten Esel; M. WETTENGEL, »...eine mobile Colonne, wenn es darauf ankommt, die Unruhen zu befördern«. Die hessischen und nassaui-schen Turnvereinsverbände während der Revolution von 1848/49, in: SZGS 7(1993), S. 51; Ka-rikatur, S. 52.

drohte ganz unverblümt, *sollte der Kreisausschuß des Volksvereins die jetzt begonnene Bewegung auf das Gebiet der Schwätzerei- und Adressenfabrikation ziehen und sich zu einer provisorischen Regierung der Pfalz nicht verstehen, werde man selbst das Oberkommando der versammelten Macht* in die Hand nehmen.[75] Nach mehreren Volksversammlungen erfolgte am 2. Mai die Wahl eines Landesverteidigungsausschusses und einen Tag später die einheitliche Organisation der Bürgerwehr der Pfalz, in die sich die Turner dann eingliederten. Einer der Beschlüsse der Volksversammlung vom 2. Mai war, eine *Verbindung mit den angränzenden deutschen Volksstämmen* aufzunehmen.[76]

In Baden wurde in einem *Aufruf an die Turngemeinden* aus Offenburg am 4. Mai vermerkt, dass das Vaterland in Gefahr sei. Man erinnerte an die Kämpfer von 1813 und forderte die Turner als *Blüthe seiner Söhne* zur Verteidigung der Volksrechte auf: *Bildet Freicorps mit selbstgewählten Führern und übt den Schützendienst, wozu Ihr Euch vor Andern eignet. Laßt jetzt Recken und Barren ruhen! Lernt auf den Schießstätten in ordentlichen Uebungen die Büchse, das Bajonett führen. [...] Turner! Schafft dem Geiste der Einheit, der Freiheit, der in Euch seine höchsten Flammen schlägt, den Arm, und deutsche Helden werden nicht blos in Liedern leben, jetzt wo die That das Wort bewähren soll. Deutschland über Alles!*[77]

Auch Vorstand Heunisch vom Turnverein Freiburg sah *die Rechte des teutschen Volkes ... allseitig von den Gewaltstreichen der Fürsten bedroht* und damit die Notwendigkeit, dass sich *das Volk zum Schutze dieser Rechte (sowie)* [gegen] *hochverrätherische Unternehmungen* bewaffnen müsse. Den Freiburger Gemeinde- und Staatbehörden warf er Verzögerungstaktik vor und forderte die *waffenfähigen jungen Männer aller Stände vom 18. Jahre an [...] auf, sich zum Eintritt in die Bürgerwehr alsbald zu melden. [...] Überdies hat die allgemeine Versammlung des Turnvereins beschlossen, kriegerische Uebungen, soweit diese ohne Waffen möglich sind, zu veranstalten, damit der Geist militärischer Ordnung geweckt werde, und jeder junge Mann, der in die Volkswehr eintritt, schon einige Vorbildung erhalte.*[78] Selbst die nicht gerade als revolutionär bekannte Bürgerwehr in Karlsruhe sah *die ganze politische Existenz des badischen Landes gefährdet* und rief am 7. Mai *die Bürgerwehren und sämmtliche Bürger des badischen Landes* die Anerkennung der Reichsverfassung *durch die That zu bekräftigen.* An die Regierung erging die dringende Bitte, *bei der Centralgewalt schleunigst die nöthigen Schritte zum Schutz des Nachbarlandes Rheinbaiern* anzumahnen.[79] Die Pforzheimer Bürgerwehr beschloss nach dem Vorbild von Hanau, Gießen und weiteren Städten die Bildung eines *mobilen freiwilligen Corps;* denn Preußen schicke seine Söldner zur Bekämpfung der Volksrechte nach Sachsen und in die Pfalz. Unterlägen die Sachsen und die Pfälzer, *so ist es auch um unsere*

---

75 J. KEDDIGKEIT, Die Radikalisierung und das militärische Scheitern des pfälzischen Aufstandes 1849, in: E. SCHNEIDER/J. KEDDIGKEIT (Hgg.), Die Pfälzische Revolution 1848/49, Kaiserslautern 1999, S. 93.
76 Badische Zeitung 1849, S. 539.
77 Wochenblatt, Offenburg 1849, S. 332.
78 Oberrh. Ztg., Jg. 1849, S. 554. Aufruf vom 5. Mai. Zu Karl Friedrich von Heunisch, der im Dezember 1848 bereits eine Robert-Blum-Feier in Freiburg organisierte und seiner Funktion als Zivilkommissar 1849 vgl. H. HAUMANN/H. SCHADECK (Hgg.), Geschichte der Stadt Freiburg i.Br., Bd. 3, Stuttgart 1992, S. 102, 107f.
79 Pforzheimer Beobachter, 10.5.1849.

Wieser Abb. 3: Turnplatz um 1848, nach einem Vorschlag des Mannheimer Turnlehrers Franz Wilhelm Metz. Stark vergrößerte und kolorierte Miniatur aus einer Eintrittskarte zum Turnfest in Hannover von 1848; unten rechts Franz Wilhelm Metz, der mit seiner Trompete die Turnübungen anleitet. Gestaltung S. Messele-Wieser.

Wieser Abb. 6: Turner der Heilbronner Bürgerwehr. Ausschnitt aus einer Lithographie von Witzmann, 1848, Stadtarchiv Heilbronn.

Rechte geschehen. Es sei jetzt für das Vaterland entscheidend in den *rühmlichen Kampf zu ziehen gegen Fürstenwillkür und Despotengewalt.* Würden Freiheit und Recht jetzt erdrückt, seien sie *begraben für eine ganze Generation.*[80]

Am 11. Mai berichtete »Die Republik« aus Heidelberg: *Aus der Pfalz können wir Gutes berichten. Das Militär ist größtentheils zum Volke übergegangen, nachdem es seine Offiziere erschossen oder abgesetzt und ins Gefängniß gesteckt hat. Das Volk steht auf der Wache, Zuzug kommt von vielen Seiten. Gestern marschirte eine Abtheilung Turner, 120 Mann stark, von hier nach Speier.*[81] Am gleichen Tag informierte der Vorstand des Arbeiter-Bildungs-Vereins Heidelberg, Nephut, als Bezirksvorstand alle Arbeiter-Vereine in Baden, dass er seine Tätigkeit einstweilen aussetzen müsse, *indem sämmtliche Mitglieder dieses Vereins heute von hier aufgebrochen sind, um eine heilige Pflicht zu erfüllen, um den muthigen Pfälzern, die den Kampf der Revolution gegen die Tyrannei begonnen, zu Hülfe zu ziehen. Dies als kurze Nachricht mit der sicheren Erwartung, daß jeder Verein wissen werde, was er zu thun habe in den großen Tagen unserer Revolution.*[82] Nach Darstellung Johannes Rasps über die Aufstellung der Heidelberger Freischar aus dem Jahre 1850 ging diese auf eine Anregung aus Mannheim zurück, wo sich die Arbeiter für einen Auszug in die Pfalz vorbereiteten. Der Heidelberger Bierbrauer Dittenei hatte aus Speyer diese Nachrichten mitgebracht, von denen sich Wilhelm Hexamer[83] als Mitglied der Turnfeuerwehr ein eigenes Bild machen wollte. Er brachte anderntags aus Speyer gleich einen *jungen Mann Namens Umbscheiden* mit, *der eine Vollmacht zeigte, die Turnfeuerwehr abzuholen.* Rasp versuchte die Turner vergeblich von dem Auszug abzuhalten, doch *es waren zu viele unbeschäftigte Leute da, welche sich in Rheinbayern etwas zu Gute thun wollten. So geschah denn am 11. Mai der Auszug, halb Arbeiter, halb Turnfeuerwehr, unter Anführung von Gilbert, ihrem seitherigen Exerziermeister.*[84]

Die »großen Tage« der Revolution in Baden begannen mit der Volksversammlung in Offenburg am 13. Mai, zu der zahlreiche Turner anreisten. Die Musikkorps der Gernsbacher und Baden-Badener Turner, die schon bei der Anreise auf den Bahnhöfen gespielt hatten, saßen zu beiden Seiten der Trübüne und unterhielten in den Pausen das Publikum.[85] Die Beschlüsse, am Vortag bei einem Kongress der Volksvereine vorbereitet, stellten fest, Deutschland befinde sich infolge der *Angriffe der größeren deutschen Fürsten auf die von der deutschen Nationalversammlung endgültig beschlossene(n) Reichsverfassung* [...] *fortwährend im Zustand voller Revolution.*[86] Die Regierung habe die Reichsverfassung anzuerkennen, das derzeitige Ministerium sei zu entlassen, die Ständekammern auf-

---

80 Pforzheimer Beobachter, 12.5.1849.
81 Die Republik, 13. Mai 1849.
82 Seeblätter 1849, 534.
83 Wilhelm Hexamer (1825–1870), vgl. ZUCKER (wie Anm. 51).
84 MUMM (wie Anm. 22), S. 79, Dok. 80. Zu Franz Umbscheiden (1821–1874), vgl. RAAB (wie Anm. 22), S. 959; K. BAUMANN, Ein Pfälzer Freiheitskämpfer: Franz Umbscheiden. Wie Jahns Saat in der Pfalz aufging, in: Pfälzische Heimatblätter 1 (1952), S. 11;Wikipedia.org/wiki/Franz_Umbscheiden, Zugriff 13. 8. 2009; K. HOPSTOCK, Franz Umbscheiden, in: Arbeitskreis der Archive (wie Anm. 24), S. 314.
85 HOCHSTUHL (wie Anm. 66), S. 50.
86 Die Republik, 15. Mai 1849, mit dem Wortlaut der Beschlüsse. Dort die folgenden Zitate. Ausführliche Schilderung der Ereignisse bei HIPPEL (wie Anm. 20), S. 311ff. ; vgl. Badische Zeitung 1849, S. 579f.

zulösen und und eine verfassunggebende Landesversammlung zu wählen. Mit der umgehenden Organisation wurden die *Bürger Brentano, Obergerichtsadvokat aus Mannheim, und Bürger Peter, Reichstagsabgeordneter von Konstanz* beauftragt. Im Landesausschuss der Volksvereine sowie deren Ersatzmännern fand sich eine beachtliche Anzahl von Turnern oder der Turnbewegung nahestehenden Personen. Dreißig *entschiedene* Kommissäre wurden noch am gleichen Tag mit *unbeschränkten Vollmachten* versehen in die Regionen geschickt, um die allgemeine Volksbewaffnung voranzutreiben. Nachdem es schon seit Tagen in Rastatt zu Verbrüderungen von Soldaten und Bürgern gekommen war und sich in Karlsruhe Infanterie an der Seite der Aufständischen mit Dragonern und der Bürgerwehr auf der anderen Seite Gefechte lieferten, wurden aus Bruchsal zum Schutz der Regierung zwei Kompanien des Leibregiments nach Karlsruhe kommandiert. Es schlug sich mit »Hecker hoch!« – Rufen auf die Seite der Volksbewegung. Regierung und Großherzog Leopold samt Familie flohen aus der Residenzstadt in Richtung Festung Germersheim. *Das Volk ist Herr in der Stadt,* triumphierte »Die Republik« aus Heidelberg. In Rastatt sei das Militär gänzlich zum Volk übergelaufen, Struve und Blind habe man aus dem Gefängnis befreit, sie stünden jetzt an der Spitze des Landesausschusses.[87]

Aus Neustadt in der Pfalz wird mit Datum vom 14. Mai gemeldet: *Die Erhebung des pfälzischen Volkes gestaltet sich täglich immer erfreulicher.* Zwischen 30 und 36.000 Mann seien schon unter Waffen, durch Zuzug in den nächsten Tagen werde eine Verdopplung erwartet. *Heute sind wieder von Hessen-Darmstadt (der s. Todtenbund,) gegen 300 Mann bewaffnete Freischaaren hier angekommen und wie die von Heidelberg vor einigen Tagen hier angekommenen Turner, die in Hambach einquartirt sind, gleichfalls zunächst hier und in der Umgegend einquartirt worden, um vom Oberkommando wo nöthig eingesetzt zu werden.*[88] In der zu erwartenden kriegerischen Auseinandersetzung hoffte man zuversichtlich zu bestehen, an einem Erfolg der Volkswehr sei *gar nicht zu zweifeln.* Für die *Fürsten und ihre Trabanten* habe nun die Stunde geschlagen. Auch in Baden bereitete man sich auf die bevorstehenden Kämpfe vor. In Freiburg wurde am 16. Mai bei gemeinsamen Auszügen von *Bürgerwehr, sammt Studenten und Turner(n)* geübt.

Es war nicht einfach, aus zusammengewürfelten, ungeübten, oft schlecht oder gar nicht ausgerüsteten Einheiten eine schlagkräftige Verteidigungsarmee zu bilden, zumal es offensichtlich an einer geregelten Koordination mangelte. Das Gernsbacher 1. Aufgebot, das durch »viele ältere Turner« verstärkt wurde, zog unter seinem Hauptmann Julius Schober über Baden-Oos nach Ettlingen, wo es, zusammen mit anderen Aufgeboten, vom Mitglied des Landesausschusses Philipp Thiebauth auf Reichsverfassung und Landesausschuss vereidigt wurde. Über die Residenzstadt Karlsruhe führte der Weg dann am 16. Mai weiter über Graben nach Philippsburg, wo in den folgenden Tagen exerziert wurde. Zu einer größeren Volkswehreinheit unter dem Kommando von Friedrich Doll vereinigt, exerzierten die Gernsbacher noch einmal am 20. und 21. Mai in Karlsruhe, um dann in ihre Heimatstadt entlassen zu werden.[89] Wegen ihrer guten Ortskenntnis der nahen württembergischen Grenze hatten Mitglieder der Gernsbacher Bürgerwehr unter Komman-

87   Die Republik, 15. Mai 1849.
88   MAZ 1849, S. 458.
89   HOCHSTUHL (wie Anm. 66), S. 74.

dant Gustav Wallraff[90] neben den üblichen Bewachungsaufgaben in diesen Tagen des öfteren Führer für Suchtrupps zu stellen, die flüchtende Offiziere der badischen Armee möglichst noch vor der Grenze fassen sollten.[91]

General Hoffmann, der die Flucht des Großherzogs *mit einem Artillerie-Park von 16 Kanonen* gedeckt hatte, war auf dem Rückweg bei Ladenburg von Bauern an der Überquerung des Neckars gehindert worden.[92] Ein Trupp Heidelberger Bürgerwehr und Turner, verstärkt durch Soldaten aus Mannheim verfolgte ihn auf seinem Fluchtweg über Schwetzingen in Richtung Sinsheim, wo er mit einigen Offizieren unter Verlust der Kanonen auf württembergisches Gebiet entkommen konnte. *Der Rittmeister Großmann, welcher die Artillerie kommandierte, erschoß sich, als er sah daß seine Leute nicht mehr gehorchten, vor ihren Augen. [Oberst] Hinkeldey wurde seiner ganzen Montur beraubt und in Turnerkleidern nach Karlsruhe gebracht.*[93] Unter der Kriegsbeute befanden sich u.a. 16 Kanonen.[94] Für die Wirtin Katharina Beck, geb. Kochenburger aus Mannheim hatte der »Hinkeldeyzug« ein gerichtliches Nachspiel: *in Begleitung mehrerer andern, Blumensträuße tragende Weibspersonen sei sie zum Karlstor geeilt, mit den Worten, die Turner, welche die Kanonen erobert, bekämen einen Lorbeerkranz.*[95]

Das Pfingstfest in Mannheim am 28. Mai bot ein *militärisches Schauspiel seltener Art.* Vor prächtig mit schwarz-rot-goldenen Fahnen geschmückter Stadtkulisse bewunderten tausende herbeigeströmte Bürger die große Militärparade der Neckar-Armee unter dem Oberkommando von Franz Sigel. Von verschiedenen Sammelplätzen zogen die Truppenteile *mit rauschender Musik* über den Neckar zum neuen *militärischen Übungsplatz*, um ihre Kampfbereitschaft zu demonstrieren. In den ersten Reihen *wehte die Reichsfahne, mit Schwerdt und Bajonnet symbolisch verziert, ihnen folgte die Bürgerwehr. Manches Fähnchen derselben hatte den Bürger Hecker als Fahne auf dem Gewehr aufgepflanzt.* Auch aus den nahegelegenen Ortschaften hatten sich zahlreiche Bürger eingefunden, Heidelberg, das noch zu den entfernteren zählte, hatte als Deputation eine Abteilung seiner Turnfeuerwehr entsandt. *Auch eine Deputation aus der Pfalz hatte sich eingefunden und wurde mit Jubel begrüßt.*[96] Begeisternde Reden von Brentano, Raveaux, Sigel u. a. seien gehalten worden, anschließend sei man wieder nach Hause marschiert. Bemerkenswert fand der Berichterstatter der Badischen Zeitung, dass das Fest trotz der geschätzten 15–

90   Zu Franz Heinrich Gustav Wallraff (1806-??) vgl. Raab (wie Anm. 22), S. 979f.
91   Hochstuhl (wie Anm. 66), S. 77.
92   Die Republik, 19. Mai 1849. Bericht über die Ereignisse vom 17. Mai. Die MAZ hatte mit Datum vom 15. Mai berichtet, bereits vor drei Uhr früh sei ein vereinigtes Corps aus Militär, Mannheimer Bürgerwehr und Oberländer Freischaren unter *dem Commando des Majors Bürger Hoffmann* aufgebrochen, um den Nachrichten über die Hinkeldeyschen Dragoner auf den Grund zu gehen. Insgesamt konnten 50 Mann Dragoner, 30 Mann Infanterie und 16 Geschütze nebst unvollständiger Bedienung ausgemacht werden. Begleitet wurde der Trupp von vielen Offizieren, unter ihnen Exkriegsminister General Hoffmann und Oberst Hinkeldey. Ab da entwickelte sich die Verfolgungsjagd; MAZ, 1849, S. 463.
93   Badische Heimat 62 (1982), S. 6.
94   MAZ, 19.5.1849, S. 467. Ausführlicher Bericht Johannes Rasps bei Mumm (wie Anm. 22), S. 173ff.Zu Wilhelm Gilbert vgl. Raab (wie Anm. 22), S. 277.
95   Mumm (wie Anm. 22), S. 175, Dok. 88, aus einem Schriftsatz zur ihrer Verteidigung aus dem Jahre 1855; vgl. Raab (wie Anm. 22), S. 61.
96   Badische Zeitung 1849, S. 649.

20.000 Teilnehmer *nicht durch den leisesten Hauch getrübt* worden sei. Das liest sich in der Deutschen Zeitung anders: Fast sei es wegen mangelnder Bewirtung zu Raufereien gekommen. Tausende seien trotz glühender Hitze unerquickt mit staubigen Kehlen nach Hause getrottet. Dafür fielen dem Berichterstatter neben den Dragonern mit ihren neuen Helmen an der Spitze des Zuges die Turner auf. *Dann kamen die Turner in Leinwandjacken mit breiten Gürteln, aus denen Äxte, kurze Säbel oder Pistolen hervorragten; ein Teil dieser Turner, welche noch die weiße Fahne mit dem alten Motto: ›Frisch, fromm, fröhlich, frei‹ wehen ließen, trug Stahlhelme, die ihnen sehr gut standen. Den Turnern mit ihrem unschuldigen Panier folgten die Arbeiter mit einer ungeheuer großen roten Fahne, welche in goldgestickten Buchstaben die Inschrift führte: ›Für Freiheit und Recht! Robert Blum!‹ Die demokratischen Frauen und Jungfrauen Mannheims haben diese buntfarbige Fahne dem Arbeiterverein geschenkt.*[97]

Von Koblenz aus hatte sich der geflüchtete Großherzog Leopold am 24. Mai an den preußischen Monarchen mit der Bitte um Unterstützung im Kampf gegen die Revolution gewandt. Am 26. Mai schlossen die Herrscherhäuser Preußens, Sachsens und Hannovers ein »Dreikönigsbündnis«, dem Baden unter preußischem Druck am 3. Juni beitrat. Der zu erwartenden militärische Konfrontation begegnete die badische revolutionäre Regierung mit der Intensivierung der Volksbewaffnung und Aufstellung von Volkswehren. Mit der aufständischen Rheinpfalz bestand schon seit 18. Mai ein militärisches »Schutz- und Trutzbündnis«, dessen Oberste Instanz das Karlsruher Kriegsministerium war.[98] Karlsruhe, Heidelberg und Mannheim waren ab Mitte Mai Sammelpunkte von Revolutionären aus allen Teilen Deutschlands und des Exils. Auf Fürsprache Struves erhielt der aus dem Schweizer Exil herbeigeeilte Johann Philipp Becker am 19. Mai den Oberbefehl über die Volkswehren (früher: Bürgerwehren). Da diese schlecht bewaffnet und ungenügend trainiert waren, zudem von den Behörden nur zögerlich, teils widerwillig unterstützt wurden, kam den Freiwilligenverbänden eine besondere Bedeutung zu. Die teils aus Exilanten bestehenden Freischartruppen galten als die verlässlichsten: darunter auch die Hanauer Turnerwehr unter Leitung von August Schärttner, Kontingente Mainzer und Wormser Bürgerwehren mit beachtlichen Anteilen von Turnern sowie die Heilbronner Turnerwehr und die Heidelberger Turnfeuerwehr. Die Mannheimer Abendzeitung sah sie als *Garde der deutschen Freiheit*, auf die sich *die Männer der Revolution sicher verlassen* könnten, um diesen Kern sollten sich die *entschiedensten und radikalsten aus allen Gegenden des größern Vaterlandes* scharen.[99] Den Vorwürfen *in aristokratischen Blättern*, zu denen hier auch die Augsburger Allgemeine gerechnet wird, es handele sich um *rothe Republikaner*, die unter Struves Führung in Karlsruhe die Republik hätten proklamieren wollen, entgegnete die Mannheimer Abendzeitung: *In jedem Falle sind sie nicht gekommen, um dem König von Preußen auf dem Nacken des deutschen Volkes einen neuen goldenen Thron zu bauen. Wenn das Vaterland in Gefahr ist und nur ein Einzelwille durch Kraft und Energie*

---

97   F. WALTER (Hg.), Mannheim in Vergangenheit und Gegenwart, Bd. 2, Mannheim 1907, S. 380f.
98   HIPPEL (wie Anm. 20), S. 327. Auf die vorhergehenden und andauernden Flügelkämpfe zwischen den Radikalen um Struve und der »Fraktion Brentano« (Bamberger) kann hier nicht näher eingegangen werden.
99   MAZ, 12.6.1849, S. 545: *Wieder sind Freischaaren von Hanau und Turner aus Württemberg hier angekommen, welche sich an die politische Flüchtlingslegion anschlossen.* Das Oberkommando der Neckararmee hatte *Bürger Hexamer;* vgl. Seeblätter, 14.6.1849.

dasselbe zu retten im Stande ist, so werden sie allerdings den braven Struve eher zum Dik-
tator wählen, als den König von Preußen zum deutschen Kaiser.[100](Wieser Abb. 6; siehe
Farbabbildung nach S. 144).

Zu ersten kleineren Gefechten kam es in der Nacht zum 5. Juni bei Weinheim, bei denen es mehrere Tote zu beklagen gab, darunter Turner Franz Kohlhagen aus Heidelberg.[101] Die Preußen waren jenseits des Rheins von Norden und Westen mit zwei Armeen
am 13. Juni in die Pfalz einmarschiert. Ihrer übermächtigen Streitmacht konnte die pfälzische Armee nur Rückzugsgefechte liefern. In Kirchheimbolanden kamen dabei am 14.
Juni 17 Turner und Freischärler ums Leben.[102] Acht Freischärler, pfälzische Turner und
Studenten, fielen in Rinnthal bei Annweiler. Nach einem Bericht der Mannheimer Abendzeitung sollen sie als Gefangene von *diesen Mordknechten des gottbegnadeten Berliner*
Czaaren auf der Stelle niedergemetzelt worden sein.[103]

Im Kampf um Schriesheim und Ladenburg am 16. Juni wird von zahlreichen Gefechten berichtet, bei denen sich als Sturmtruppen besonders die Mannheimer Volkswehr und
die Turner aus Neckarhausen durch ihre Tapferkeit auszeichneten. Mit vier Geschützen
eröffneten sie ein *wohlgenärtes Gewehr- und Kartätschenfeuer*, stürmten unter lauten
»Hurra« die Ladenburger Brücke und versprengten, zusammen mit dem nachdrängenden
Leib-Infanterieregiment und weiteren Freischarenverbänden die feindlichen Truppen,
950 Mecklenburger und 1.500 Hessen.[104] Während auch hier über die Misshandlung von
Gefangenen, selbst Tötung von Verwundeten durch den Gegner berichtet wird, habe sich
das Freiheitsheer durch Tapferkeit und Milde ausgezeichnet.

Die Reichsregentschaft hatte am 18. Juni von Stuttgart aus Baden und die Pfalz unter
den Schutz des Reiches gestellt und zur Verteidigung der Verfassung aufgerufen: *Es gilt*
vor Allem, Baden und der Pfalz die Bruderhülfe zuzuführen. Aus allen deutschen Län-
dern mögen Freiwillige in Schaaren den Bedrängten zu Hülfe eilen. – Deutsche! Duldet
nicht, daß die Männer, die sich muthig für die Reichsverfassung erhoben, dem Reichsfeinde
erliegen. Bedenkt, daß die Niederlage dieser Tapfern auch Euch die Knechtschaft bringt.
Zu den Waffen, deutsches Volk! Es gilt den heiligen Kampf für unsere Freiheit gegen
schamlose Unterdrükung. [!][105]

Am 20. Juni überquerten preußische Truppen bei Rheinsheim den Rhein und marschierten in Baden ein. Einen Tag zuvor hatte der Prinz von Preußen von Neustadt a. d.
Haardt aus das Großherzogtum Baden in den Kriegszustand versetzt.[106] Bei Philippsburg

---

100 Seeblätter, 14. 6. 1849, S. 664.
101 MUMM (wie Anm. 22), S. 85. Die Todesanzeige seines Bruders und ein Bericht über die Trauer-
     feier aus der Karlsruher Zeitung vom 9. 6. 1849 als Dokument 91 und 93, Ebenda S. 176ff. Nach
     Lorenz seien Heidelberger Turner bei Weinheim von Hessen überfallen worden, wobei neun
     von ihnen den Tod fanden; vgl. D. LORENZ, Die 48er Revolution in Mannheim aus der Sicht ei-
     nes einfachen Bürgers, in: Badische Heimat 62 (1982), S. 246.
102 K. LUCAE, Kirchheimbolanden und der pfälzisch-badische Aufstand 1848–49, Kirchheimbo-
     landen 1979, S. 118ff. Liste der Gefallenen, S. 129f.
103 MAZ, 21.6.1849, S. 575. Sowohl in Kirchheimbolanden als auch in Annweiler erinnern auf den
     Friedhöfen Denkmale der »trauernden Germania« an die Gefallenen Freischärler.
104 MAZ, 22.6.1849, S. 582.
105 Seeblätter, 22.6.1849, S. 702.
106 »Erklärung ...« in: Pforzheimer Beobachter, 28.6.1849.

und Waghäusel kam es am 21. Juni zu größeren kriegerischen Auseinandersetzungen, in deren Verlauf Kriegskommissär Gustav Adolph Schlöffel tödlich verwundet wurde.[107]

Die von den Seeblättern geäußerte Hoffnung, das *herrliche Heer* werde durch die revolutionären Truppen, zusammen mit dem *allerwärts aufstehenden Landsturm* zurückgeschlagen werden, erfüllten sich nicht. Karlsruhe, wo Oberbefehlshaber Willich mit Gefolge am 19. Juni noch feierlich Einzug gehalten hatte, wurde am 25. Juni von preußischen Truppen besetzt. Auch sie wurden *von den Einwohnern der Stadt freudig begrüßt.*[108] Alle früheren Angehörigen der badischen Armee hatten sich bei den Behörden zu stellen, *politische Vereine, Klubbs, Versammlungen ec. wurden aufgehoben und verboten.*[109]

In Mannheim, dem *Sodom der badischen Großbourgeoisie,* das durch *niederträchtigsten Volks- und Vaterlandsverrath der Bourgeoisie (und) die Feigheit schmuziger Krämerseelen* ohne einen Schuss abzugeben in die Hände der Preußen geraten war, wüteten nach den Berichten der Seeblätter bereits seit dem 23. Juni die Standgerichte.[110] Der Adjutant des revolutionären Oberbefehlshabers General Mieroslawsky, der frühere preußische Offizier Fr. Beust, wurde sofort erschossen. Zivilkommissär Trützschler und der Mannheimer Mehlwaagmeister Valentin Streuber waren verhaftet worden. Auch sie wurden nach Standrechtsurteilen hingerichtet.

Bei Kämpfen an der Murglinie unterlag die revolutionäre Armee der Übermacht der Bundestruppen. Die Festung Rastatt, in die sich etwa 6.000 Mann geflüchtet hatten, wurde am 1. Juli eingeschlossen. Nach mehrwöchiger Belagerung musste sie am 23. Juli »auf Gnade und Ungnade« an die preußischen Truppen übergeben werden. Die Reste der Revolutionsarmee waren inzwischen in die Schweiz geflüchtet.[111]

»Tod durch Erschießen«, Kerker oder Flucht – Die »Pazifierung« des Landes

Der Großherzogl. General Commissär bei dem Ober-Commando der im Großherzogthum operirenden Königl.-Preuß. Armee, Geheime Rath Schaaff spricht sich in seinem Schreiben vom 20. Juli 1849 aus dem Hauptquartier in Freiburg an das Großherzogliche Ministerium des Innern ausdrücklich für ein Verbot der Turn- und Gesangvereine aus, es sei denn die Bezirksbehörde habe *im einzelnen Falle die Erlaubniß zum Fortbestehen gewährt.*[112] Da die Gesetzesgrundlage vom 7. Juni 1848 nicht alle Vereine erfasste, weist das Ministerium des Innern per Rundschreiben an alle Kreise auf das Gesetz vom 28. Oktober

[107] Seeblätter, 22.6.1849, S. 711. Artikelübernahme aus der Karlsruher Zeitung. Schlöffel ist auf dem Heidelberger Bergfriedhof begraben worden (vgl. Abb. 7).
[108] Pforzheimer Beobachter, 28.6.1849.
[109] Pforzheimer Beobachter, 30. 6.1849, Artikelübernahme aus dem Schwäbischen Merkur, datiert Karlsruhe, 27. Juni.
[110] Seeblätter 1849, S. 726.
[111] Vgl. HIPPEL (wie Anm. 20), S. 358ff. zum militärischen Verlauf. Über die Schwierigkeiten der Organisation der Volkswehr in Gernsbach, bei der unmittelbar vor den zu erwartenden Kämpfen mit Reichstruppen Max Dortu als Beauftragter des Generalstabes äußerst rege tätig wurde, vgl. HOCHSTUHL (wie Anm. 66), S. 87ff.
[112] GLAK 236/8208, dort die weiteren Zitate.

1833 hin und fordert gleichzeitig Berichte über das Vereinswesen an. Ein Ausnahmegesetz unter den Bedingungen des Kriegszustandes wird nicht für notwendig erachtet.

Personen, welche ungeachtet der angeordneten Auflösung des Vereins noch Mitglieder desselben bleiben, [sollen] als Kriegsgefangene behandelt werden können. Gegen die Auflösung der Turn- und Gesangvereine haben wir unter obiger Voraussetzung nichts zu erinnern. Volksvereine wurden generell verboten. *Bey den Turn- und Gesangvereinen ist zu unterscheiden zwischen solchen, die ihre benannte Zwecke unverändert und ausschließlich erhalten, und solchen, welche entweder in Folge später politische Zwecke aufgenommen oder die solche schon anfänglich ins Geheim als Hauptgegenstand ihrer Bestrebungen, unter andern Namen, verfolgt haben. Die allgemeine Auflösung dieser würde zu weit führen, und nützliche, wenigstens ungefährliche Thätigkeit verlegen und hemmen. Es scheint daher hinsichtlich dieser Turn- und Gesang-Vereine zweckmäßig, daß geeignete Erörterungen in den einzelnen Fällen vorausgehen sollten, was durch die ernannte Commission veranlaßt werden kann, ehe von ihnen Auflösungen ausgesprochen werden.*

Die Behörden waren also durchaus zur Differenzierung in der Behandlung der Vereine bereit, was sich allerdings auf die Turnvereine kaum auswirkte. Der »Karlsruher Turnverein« von 1848, die Gegengründung zum »Allgemeinen Turnverein«, konnte als einziger badischer Turnverein fortbestehen.[113] Nach der »Sistierung« aller staatsgefährlichen Organisationen, waren die Behörden besonders hinter revolutionären Symbolen her. Staatsgefährlich war das Tragen von *rothen Cocarden, Federn und dergl. an Hüten, Ausstellung von Bildnissen, Tragen von Abzeichen jeglicher Art der Parthei der Feinde.* Durch das *aufrührerische Geschrei von Liedern* konnte man schnell in den Verdacht geraten, ein Anhänger der *Umsturzparthei* zu sein.[114] Zur schnellen Aburteilung der Aufständischen wurden drei Standgerichte gebildet, in Freiburg, Mannheim und Rastatt, die bis 27. Oktober 1849 mit gnadenloser Härte durchgriffen. Insgesamt 64 Zivilisten und 51 Militärs wurden verurteilt, 27 zum Tode. 26 Todesurteile wurden meist unverzüglich vollstreckt.[115] Das Kriegsgericht in Heidelberg tagte ab dem 3. Juli öffentlich im großen Saal des Museums, Einlass erhielten, wie in Rastatt, nur Besucher mit Eintrittskarte. Neben den Hauptverantwortlichen sollten sich von den Einwohnern Heidelbergs die Verleger, Redakteure und Mitarbeiter der oppositionellen Blätter, »Republik«, »Demokratische Republik« und »Volksführer« verantworten, soweit man ihrer noch habhaft werden konnte. Doch hier, wie anderswo hatten sich, mit wenigen Ausnahmen, die Rädelsführer rechtzeitig aus dem Staub gemacht.

Im Amtsbezirk Pforzheim waren mehrere Personen wegen *hochverrätherischer Unternehmungen* zur Fahndung ausgeschrieben, von denen einige den Turnvereinen angehörten: so etwa der Hochschüler Alexander Wolf und Bijouterie-Fabrikant Eduard Miller.[116] Über ihren Aufenthaltsort war jedoch nichts bekannt. Mit Rechtskandidat Josef Herrmann und Graveur Reichert, beide ebenfalls Turnvereinsmitglieder, haben wir aktive

113 HAUG (wie Anm. 5), S. 116.
114 D. BAEUERLE, »Arbeiter« in der Baden-Badener Revolution, in: Arbeitskreis für Stadtgeschichte Baden-Baden (Hg.), Revolution in Baden-Baden 1848–49, Baden-Baden 1998, S. 72.
115 HIPPEL (wie Anm. 20), S. 384.
116 Zu Eduard Miller vgl. Pforzheimer Beobachter, 7.7.1849; HAUG (wie Anm. 5), S.156; Arbeitsgemeinschaft (wie Anm. 58), S. 478; RAAB (wie Anm. 22), S. 629. Zu Alexander Wolf vgl. RAAB (wie Anm. 22), S. 1024f.

»Haupträdelsführer und Wühler« vor uns, die es gegen Ende der Revolution zu prominenten Führungsaufgaben brachten.[117]

In Mannheim verhandelte das Standgericht ab 8. August im Schwurgerichtssaal des Kaufhauses in N 1. Von 21 Hochverratsurteilen lauteten sechs auf Tod durch Erschießen. Unter den Hingerichteten war auch das Turnvereinsmitglied, Mehlwaagmeister Valentin Streuber. Er fiel am 11. Oktober unter den Kugeln eines preußischen Erschießungskommandos an der Mauer rechts des Neckars.[118] Ein Abgleich der Mitgliederliste des Mannheimer Turnvereins von 1846 mit der Namensliste der »Angeschuldigten« erbringt schon 24 Namen, bei denen die prominentesten Belasteten nicht einmal verzeichnet sind.[119] Von den 14 Gernsbacher Angeklagten sind neun als Mitglieder des Turnvereins nachweisbar. Sie erhielten Zuchthausstrafen zwischen ein und neun Jahren, einer wurde freigesprochen.[120] Instrumentenmacher Karl Wagner aus Baden-Baden, ein »tätiges Mitglied im Volksverein« wurde nach seiner Verurteilung »zur Auswanderung begnadigt«.[121] Immer wieder taucht dieser Vermerk in den Akten auf. Die badischen Behörden wollten sich wohl gerne der unruhigen Elemente entledigen. Außerdem sparte der Staat die Kosten für den Gefängnisaufenthalt. Wieviele Turner letztendlich diesen Weg wählten, wird wohl schwer zu ermitteln sein.

Diese Masse an Flüchtlingen hatte jedoch auch große Bedeutung für das deutsche Turnen selbst. Denn nur durch die Vielzahl der Flüchtlinge in andere Staaten Europas und nach Übersee ist die Verbreitung des deutschen Turnens zu erklären. Die »Achtundvierziger« bildeten nicht nur den »Sauerteig« für das meist im Mittelpunkt der Betrachtung stehende Turnwesen Nordamerikas, wo es zur Gründung von »sozialistischen« Turnvereinen kam.[122] Auch in England, in Südamerika und selbst im fernen Australien waren ehemalige Revolutionäre an der Entstehung des Turnwesens beteiligt.

Karl Heinrich Schaible z. B., emigrierte nach England, wo er sich für die Verbreitung des deutschen Turnens einsetzte. Der 1861 gegründete Deutsche Turnverein wurde von bekannten ehemaligen 48ern, wie Ferdinand Freiligrath, Gottfried Kinkel und Karl Blind unterstützt. Turnwart war in den Anfangsjahren der Freiburger Emigrant Roman von Schweitzer.[123] Karl von Koseritz, ehemaliger Heidelberger Student und Teilnehmer des

[117] Zu Josef Herrmann vgl. RAAB (wie Anm. 22), S. 379f.; zu Josef Reichert vgl. RAAB (wie Anm. 22), S. 727f. Bei den Genannten bestätigt sich die enge Verbindung von Turnverein und Volksverein, über die lt. HAUG (wie Anm. 5), S. 157 keine Daten überliefert sein sollen.
[118] Zu Valentin Streuber, Mehlhändler (1798–1849) vgl. RAAB (wie Anm. 22), S. 930; H.-J. HIRSCH, in: Arbeitskreis der Archive (wie Anm. 24), S. 296–299; J. SCHADT (Bearb.), Alles für das Volk. Alles durch das Volk. Dokumente zur demokratischen Bewegung in Mannheim 1848–1948, Stuttgart/Aalen 1977, S. 35 f. Abbildung nach einem Aquarell von Obert in: WALTER (wie Anm. 97), S. 412. Der Abschiedsbrief Streubers vom 10. Oktober 1849 an seine Freunde befindet sich im Archiv des TSV Mannheim von 1846.
[119] GLAK 237/16844.
[120] HOCHSTUHL (wie Anm. 66), S. 119f.
[121] Zu Karl Wagner vgl. RAAB (wie Anm. 22), S. 974; BAEUERLE (wie Anm. 114), S. 83.
[122] Vgl. NEUMANN (wie Anm. 2); UEBERHORST (wie Anm. 2). A. R. HOFMANN, Aufstieg und Niedergang des deutschen Turnens in den USA, Schorndorf 2001.
[123] SCHAIBLE (wie Anm. 24); unter seinen in englischer Sprache verfassten Publikationen findet sich das F.L. Jahn gewidmete Büchlein »The systematic Training of the Body«, London 1878. Vgl. Deutscher Turnverein zu London (Hg.), Festschrift zum Fünfzigjährigen Bestehen 1861–1911, [London] 1911.

Abb. 7:   Grab des 1849 bei Waghäusel gefallenen Freischärlers Gustav Adolph Schlöffel auf dem Heidelberger Bergfriedhof.

Volksaufstandes, war 1867 an der Gründung des Deutschen Turnvereins zu Porto Alegre in Rio Grande do Sul, Brasilien, beteiligt. Sächsische Turner, darunter Teilnehmer der Barrikadenkämpfe in Dresden, gründeten in der Colonia Dona Francisca, dem heutigen Joinville, Santa Catarina, 1858 den ersten Deutschen Turnverein Brasiliens.[124] Der Berliner Turner Gustav Techow, der am pfälzisch-badischen Aufstand des Jahres 1849 teilgenommen hatte, wanderte 1852 nach Australien aus. In Melbourne gründete er eine Turnanstalt, deren Schüler 1860 den Melbourner Turnverein ins Leben riefen.[125]

Die Niederschlagung der Revolution von 1849 brachte zwar für das Turnen in Baden einen empfindlichen Rückschlag, in anderen deutschen Staaten wurden die Vereine nicht so rigoros verfolgt. Sogar die Turnerbünde des Jahres 1848 überlebten eine Reihe von Jahren, der »Deutsche Turnerbund« löste sich nie auf und wurde 1868 in der »Deutschen Turnerschaft« reaktiviert.[126] Manche badischen Vereine distanzierten sich zudem so gründlich von ihrer Vergangenheit, dass sie sich bei der Neubelebung Anfang der 1860er Jahre nicht einmal mehr an die Umstände ihrer Gründung erinnern wollten.[127] Der »Aderlass« Badens, etwa eine halbe Million Auswanderer in den 1850er Jahren, hat im Fall der Turnvereine sicher die »konservative Wende« in der Turnbewegung begünstigt. Die gesellschaftlichen Kräfte, die nach der Reichsgründung von 1871 eine Annäherung an die Ideologie des Wilhelminismus hätten verhindern können, waren in alle Welt verstreut.

---

[124] Zu Karl von Koseritz (1832–1890) vgl. A. Schmid, Die »Brummer«. Eine deutsche Fremdenlegion in brasilianischen Diensten im Kriege gegen Rosas, Porto Alegre ²1949, S. 23. Vgl. L. Wieser, Deutsches Turnen in Brasilien, London 1990, S. A66ff. Zu Joinville, Santa Catarina, S. 157ff.

[125] E. Hammer, Gustav Techow und der Zeughaussturm am 14. Juni 1848 und die ferneren Schicksale des Techow, in: Zeitschrift des Vereins für die Geschichte Berlins, N. F. 55 (1938), 1, S. 52–57.

[126] L. Wieser, »Den Bund für Zeiten, die der Turnerei günstiger sind, zu erhalten«. Hannover als Vorort des Deutschen Turnerbundes. Dokumente zur Geschichte des Turnens 1847–1857, in: Hannoversche Geschichtsblätter, N.F. 49, Hannover 1995, S. 193–229.

[127] Haug (wie Anm. 5), S. 117. Hier wird am Beispiel von Kehl gezeigt, dass nicht nur die Akten der Anfangszeit vernichtet wurden, sondern mit der Festsetzung des Gründungsdatums auf den 12. Oktober 1860 jegliche Erinnerung an die revolutionäre Frühphase getilgt werden sollte. Haug hat drei badische Vereine »wiederentdeckt«; ebenda, S. 43.

Ertüchtigung zum Krieg. Leistungssport und Elitenbildung bei Wilhelm Paulcke – ein Versuch zum Verstehen der deutschen Weltkriegserfahrung

VON KONRAD KRIMM

Über Wilhelm Paulcke ließen sich sehr verschiedene Biografien schreiben. Die solideste hätte sich wohl mit dem »Schnee-Paulcke« zu befassen. Als experimentierender Geologe untersuchte er bis ins hohe Alter alpine Oberflächen, Strukturen von Gletschern und Eis und Bewegung von Lawinen. Die Schweizer Schnee-Forschungsstationen verwirklichten später, was er sich als Pionier auf diesem Gebiet erhofft hatte, und mehrere tausend Glasplatten und Planfilme aus den ersten Jahrzehnten des 20. Jahrhunderts repräsentieren diese systematisch erarbeitete und im Dokumentationswert unschätzbare Leistung.[1]

Da Paulcke immer zugleich auch Praktiker und vor allem Lehrer sein wollte, flossen solche Untersuchungen an Schnee und Lawinen, wie er sie zuletzt im *Schnee-Labor* am Jungfraujoch anstellte, auch in seine Handbücher zum alpinen Sport ein.[2] Hier könnte die zweite Biografie ansetzen, nennen wir sie die des »Ski-Paulcke«: Vor allem als Bergsteiger und Skipionier machte er von sich reden – dies übrigens im Wortsinn, denn selten hat wohl jemand seine Verdienste so beharrlich journalistisch zu Markt getragen; sein *etwas ungewöhnlicher Reklameeifer*[3] bot seinen Konkurrenten Angriffsflächen. Auch wer Paulckes Mut, Entdeckungsfreude und vor allem seiner Begeisterungsfähigkeit gerecht werden will, hat mit der ungebremsten Selbstdarstellung heute seine Schwierigkeiten. Die Nachrufe übernahmen diese Hymnik. Was man dort noch durchgehen lässt, fällt bei sportgeschichtlichen Arbeiten aus späterer Zeit dann doch auf: Noch lange wurde nacher-

---

1   Vgl. GLAK F-S Paulcke, daneben den Bestand 27058 im Universitätsarchiv Karlsruhe (KITA). Der persönliche Nachlass wird ebenfalls im GLAK verwahrt (N Paulcke), vgl. aber auch eine nicht unwesentliche Dokumentensammlung im Archiv des Deutschen Skiverbands in München-Planegg. Instruktiv die Personalakten des Badischen Kultusministeriums, GLAK 235/2369, und die Akten des Akademischen Ausschusses für Leibesübungen an der Technischen Hochschule Karlsruhe, KITA 23006 und 28103; für die freundliche Hilfestellung von Kollegen Klaus Nippert/KITA danke ich besonders.

2   Vgl. E. ZSIGMONDY/W. PAULCKE, Die Gefahren der Alpen, München ⁹1933; W. PAULCKE, Gefahrenbuch des Bergsteigers und Skiläufers. Katechismus für Bergreisende im Sommer und Winter, Berlin 1941, ²1942.

3   M. ZDARSKY, Unsere Lehrwarte, in: Der Schnee, Wien 1907, zitiert nach H. TIWALD, Matthias Zdarsky und Wilhelm Rickmer Rickmers, in: Zdarsky-Blätter 74 (1996).

zählt, was Paulcke in seiner Autobiografie von 1936, *Berge als Schicksal,* vorformulierte.[4] Fixiert auf die norwegischen Vorbilder, gab es in Paulckes Welt nur diese Lehrer und dann vor allem die eigenen Erfahrungen. Der frühe österreichische Alpinismus blieb unbeachtet oder wurde marginalisiert, die in Wirklichkeit heftigen Auseinandersetzungen mit den *Lilienfeldern* um Matthias Zdarsky und dessen bessere Skifahr-Technik gerieten in der Spätsicht der Autobiografie zum Randvermerk. Erst die jüngsten Veröffentlichungen zu Paulcke lassen sich nicht auf diese verengte Perspektive ein. Insbesondere die militärische, ja militaristische Energie bei Paulcke, die wesentlich zu seiner Sportbegeisterung gehörte, wird nun nicht mehr geflissentlich übersehen.[5] Für Paulcke selbst war die Bedeutung des Sports für die Erziehung zum Kampf und die Ertüchtigung zum Krieg sein Leben lang selbstverständlich. Erst in einer unveröffentlichten autobiografischen Skizze für seine Enkel aus der Nachkriegszeit tritt dieses Moment zurück.[6] In unserer Reihe fiktiver Biografien nähern wir uns damit dem »braunen Paulcke«, wie er in seiner weiteren Familie auch genannt wurde. Wir wollen damit nicht nationalsozialistisches Denken aus traditionellen militärischen Traditionen herleiten – das wäre eine allzu simple, auch irreführende Geschichtsdeutung. In Paulckes Weltsicht ließen sich aber Konventionen der spätwilhelminischen Gesellschaft mühelos mit dem NS-Programm vereinigen. Der militarisierte Alltag im Kaiserreich besetzte auch die Vorstellungen von Sport mit seinen Sprach- und Denkmustern. Der sprichwörtliche »Kampf mit den Elementen« machte jeden Skifahrer zum Frontsoldaten[7] und in dieser Begrifflichkeit war es keine nationalsozialistische Erfindung, die deutschen Verunglückten der Nanga Parbat-Expedition von 1934 als Gefallene für das Vaterland zu feiern. Im Sport ging es bald um nationale Idole, und wer nach dem Sinn lebensgefährlicher Hochtouren zu fragen wagte, hatte nach Paulcke *nie den Sinn von Kampf und Heldentum* begriffen.[8] Damit stand Paulcke nicht allein. Die Erlebnisse des Gebirgskriegs im Ersten Weltkrieg brachten eine ganze Gattung verklärender Erinnerungsliteratur hervor, die bis in die frühe Bundesrepublik hinein unangefochten und von keiner selbstkritischen Reflexion belastet ihren Platz behauptete – für wen verkörperte in den 1960er Jahren das wettergegerbte Gesicht von Luis Trenker in Filmen, Illustrierten und Buchladen-Schaufenstern nicht den Helden der Berge? Für diese Generation der leistungsfähigen, hochmotivierten Sportler, die im Ersten Weltkrieg ihren Mut und ihre Fä-

---

4   W. PAULCKE, Berge als Schicksal, München 1936. Vgl. H. POLEDNIK, Weltwunder Skisport, Wels 1969, S. 56–91; Th. HERFURTH, Dr. Wilhelm Paulcke, ein Pionier des Skisports, Zulassungsarbeit für das wissenschaftliche Lehramt an Gymnasien, Institut für Leibesübungen an der TH Karlsruhe 1977.

5   Vgl. G. FALKNER, Wilhelm Paulcke (1873–1949). Initiator der Gründung des Mitteleuropäischen Skiverbandes, in: SportZeiten 8 (2008) S. 79–99, mit guter Literaturübersicht; DERS., Der Verbandsgründer kam aus Sachsen, in: DERS./K.-D. BLÜM, Zeitreise auf Skiern durch Sachsen, Aachen 2008, S. 12–25; A. ADER, Erlebter Sport. Sport in Autobiographien des 20. Jahrhunderts, hier Exkurs C: Vergleich von Sportausübung und Sportverständnis bei Konrad Paschen und Wilhelm Paulcke, Hamburg 2002, S. 109–115. Für freundliche Literaturhinweise danke ich Lorenz Peiffer und Gerd Falkner.

6   Vgl. hierzu und künftig GLAK N Paulcke 59.

7   Vgl. W. PAULCKE, Berge als Schicksal (wie Anm. 4), S. 259, dazu DERS., Die Entwicklung des Skilaufs im deutschen Heere, in: »Ski Heil«. An der Wiege des deutschen Skilaufs, o.O., o.J (1935?).

8   Ebenda, S. 257

Abb. 1:   W. Paulcke ca. 1940.

higkeiten beweisen konnten (und überlebten), blieb das Ende des Kriegs letztlich unverständlich. Der deutsche Zusammenbruch wurde auch hier zum kollektiven Trauma schlechthin. Wer trotzdem »positiv« in die Zukunft sehen wollte – und Paulcke gehörte zu denen, für die das Gestalten Lebenssinn war – , versuchte, neue Kräfte in der Gesellschaft zu mobilisieren. Für Paulcke bedeutete Sporterziehung nach 1919 nun erst recht Erziehung zum Krieg. Zum Kernbegriff seines sportlichen Ethos wurde die Härte: Härte gegen sich selbst, daraus erwuchsen *Führer, wie sie Deutschland braucht*.[9] Ein solches Erziehungsideal hatte mit den Parolen des Nationalsozialismus keine Schwierigkeiten. Und selbst 1945 konnte sich eine solche kohärente, das ganze Leben bestimmende Sicht noch in die Unterscheidung zwischen den verbrecherischen Funktionären des Regimes und den an sich guten, zeitlos gültigen Zielen des nationalsozialistischen Programms retten.[10]

Indem wir ein Einzelleben zur Generationen-Biografie stilisieren, bewegen wir uns freilich auf sehr schlüpfrigem Terrain. Unsere Erzählung verzichtet auf Differenzierungen und lässt Kontexte aus. Schon die Konstruktion der drei Biografien ist willkürlich: Wissenschaftliche Leistung, sportliche Energie und politische Ideologie lassen sich nicht auseinanderrechnen. Wir haben Quellen in ihrer zeitlichen Schichtung zu interpretieren und die Rückschau Paulckes von 1936 auf seine Jugend zu trennen von seinen Texten aus den Jahren vor dem Ersten Weltkrieg. Eigensicht steht gegen Fremdsicht. Nicht nur Paulckes

---

9   Ebenda, S. 258.
10 Vgl. Paulckes Notizen zur *Demokratie*, GLAK N Paulcke 59.

Abb. 2:   W. Paulcke 1913 in einem New Yorker Fotoatelier.

Abb. 3:   W. Paulcke ca. 1935.

Verehrer deuteten ihn, sondern auch seine Konkurrenten – Matthias Zdarsky sah in Paulcke einen Fall für den Psychiater. Schon unsere Illustrationen sind willkürlich ausgewählt: Stelle ich ein Porträt Paulckes im heroischen Gestus der 1930er Jahre an den Anfang, aus starker Untersicht, fotografisch thematisiert als kantiger Held und Charakterkopf – dann habe ich bereits kräftig manipuliert. In seiner Positionierung suggeriere ich gerade dieses Porträt als Schlüsselbild und da es ein »starkes« Bild ja auch sein will (und Paulcke offenbar gut gefiel, denn es ist mehrfach vorhanden), werden in unserer Erinnerung alle weniger heroischen Aufnahmen dagegen verblassen. Aber es ist in Wirklichkeit nur ein Bild unter vielen. Warum beginne ich nicht mit einer der heiteren Aufnahmen von Paulcke als jungem Skifahrer im Schwarzwald oder mit der Jux-Aufnahme eines New Yorker Fotografen, dem offenbar viele Amerika-Reisende vor dem Ersten Weltkrieg ins Atelier liefen?[11] Ich könnte Paulcke auch zuerst als biederen Maler vor seiner Staffelei vorstellen und hätte mich damit nicht einmal an den Rand seiner Biografie begeben: Er wollte eigentlich Maler werden, verkaufte unter dem Pseudonym *Jörg Muntalt* auch Bilder und malte bis ins Alter vor allem Landschaften. Auch diese Bilder können für uns Quellen sein.[12] Sind wir voreingenommen, lassen wir uns von Paulckes mythisierenden Alpenpanoramen in ihrem Pathos festlegen und verstehen sie – weil es so gut passt – als Ausdruck einer auf das Heroische fixierten Weltsicht. Aber es gibt andere Bilder – auch Landschaften –, bei denen es Paulcke offenbar nur darum ging, im Dunst verschwimmende Konturen festzuhalten. 1916 versuchte er in der Türkei, Formen eines Baumes auf starke Farben zu reduzieren, und ein Seerosenbild ließ in Monet'scher Manier Form überhaupt verschwinden (Krimm Abb. 4 und 5; siehe Farbabbildungen nach S. 160). Wir müssen also mehrere Äußerungsmöglichkeiten gelten lassen. Selbst bei Paulckes Lieblingsthema, der Sporterziehung, kann er uns noch überraschen. Gewiss standen die Ertüchtigung von Körper und Charakter im Mittelpunkt und seine Karlsruher Programmschriften zum Hochschulsport kreisten unerbittlich um Volkserziehung und Volksgesundheit. Und trotzdem konnte Paulcke vor Überschätzung von sportlichen Leistungen warnen und für den Vorrang der Geistesarbeit vor dem Körperlichen plädieren.[13] Lange organisierte er Hochschulwettkämpfe – wir kommen darauf zurück –, aber Spitzenergebnisse interessierten ihn im Grunde nicht, ihm ging es im Sport um Anderes.

Was galt nun? Stand bei Paulcke der Erziehungsgedanke im Vordergrund oder die sportliche Pioniertat? Er selbst verstand sich wohl zu allererst als Didakt. Brüche in seiner Biografie schien es nicht zu geben, selbst nicht 1945. Wenn seine konservative Karriere aber so geradlinig war – lohnt sie dann überhaupt das Fragen? Können wir sie als repräsentativ ansehen, da sie doch ohne Entscheidungszwänge, ohne Krisen, in der Unwirklichkeit des Eindeutigen zu verlaufen schien und nicht in der Vielfalt des Möglichen?

Hier soll es aber um einen anderen Frageansatz gehen. Wir suchen bei Paulcke nach Verhaltensmustern, nach zeitgebundenen Konventionen des Denkens und der Sprache – der Sprache vor allem, denn Paulcke war kein großer Denker. Er bildete einfache, »gemei-

---

11   Vgl. GLAK N Paulcke 289 und ein gleichartiges Foto von Marcel Duchamp, http://theartblog. org/blog/wp-content/uploaded/exhmd133.jpg (Aufruf 2010).

12   Vgl. den umfangreichen Bestand an originalen Ölskizzen und Fotos von größeren Gemälden in GLAK N Paulcke 80 – 150 und 288.

13   Vgl. W. PAULCKE, Berge als Schicksal (wie Anm. 4), S. 264f.

ßelte« Sätze. Mit Stolz verwies er auf seine gedruckte und tausendfach verbreitete Ski-
Dienstordnung für den Gebirgskrieg von 1914: Diese Prägnanz entsprach ihm. Seine
programmatischen Texte sind von Wort-Sperrungen durchsetzt, Leitbegriffe wurden zu
Befehlen, optischen Paukenschlägen. Paulcke war ein Künder einfacher Wahrheiten in
einer Zeit, die widerhallte von »Rufern« und Propheten. *Scharf* und *straff* waren Lieb-
lingsadjektive in seinem Wortschatz und wir dürfen sie als Leitwörter in der politischen
Semantik seiner Zeit verstehen. Wenn wir in Paulckes Biografie Stereotypen suchen, soll
die Szene dabei aber keinesfalls zum Tribunal geraten. Spätsiege von Historikern sind
immer peinlich und wir fragen nicht nach richtig oder falsch, hell- oder kurzsichtig, wert-
voll oder heillos. Wir wollen die Generation der Kriegsteilnehmer nicht anachronistisch
»vorführen«, sondern Weltbilder rekonstruieren.

Sehen wir uns also in einem zweiten Durchgang Stationen dieser Biografie noch einmal
genauer an. Wesentliche Bausteine dazu liefert Rüdiger Hitz in seinem Beitrag in diesem
Band. Eine Episode aus der leuchtend geschilderten Kindheit in Davos kann drastisch
verdeutlichen, welchem Härte-Ideal sich Paulcke unterstellte: Mit seinen Kameraden übte
er, an einen Marterpfahl gebunden, nicht zu zucken, wenn ein Tannenzapfen ins Gesicht
traf.[14] An ähnliche Spiele mit Eisbrocken sollte dann Matthias Zdarsky seine erwähnte
Vermutung eines psychischen Defekts bei Paulcke anknüpfen. Für Paulcke war die Geschichte aber wichtig und sie gehörte zu den Einleitungsrequisiten seiner Lebenserzäh-
lung. Erst in der Fassung von 1946 (sollen wir sie »geläutert« oder »gereinigt« nennen?)
verschwanden solche Erinnerungen aus der Erzählung. Die Davoser Welt Paulckes liefert
einen Verständnisschlüssel auch in anderer Hinsicht: Der Vater konnte es sich leisten, sein
Leben als Rentier fern seines Betriebs zu genießen. Er wurde Apotheker genannt, war
aber eher sächsischer Pharma-Unternehmer, der aus dem Bergidyll mit der Familie dann
eine großbürgerliche Münchener Villa bezog. Auch der frühe Tod beider Eltern ließ Paulcke in gesicherten Verhältnissen; er wuchs in Baden-Baden in einem ebenso weltläufigen
Haus auf und konnte sich für sein Studium in Freiburg ein eigenes Haus kaufen. So war er
in seiner Karriere kein »Aufsteiger«, der sich die Welt erkämpfen musste, sondern die
»große Welt« war ihm selbstverständlich. Er war offen für Modernisierung, bewegte sich
leicht in der Gesellschaft und gab wohl wie von allein darin den Ton an. Wenn er später
Industrie-Sponsoren für den Sport suchte, musste er keine gesellschaftlichen Hürden nehmen, und auch seine Freundschaft mit Prinz Max von Baden – die auf einer Triberger Ski-
Ausstellung unter dem Patronat des Prinzen 1910 begann – war offenbar von Anfang an
unkompliziert, von der gemeinsamen Sport- und Bergbegeisterung getragen. Auch im
Heer hätte die vielgerühmte Kameradschaftlichkeit, bei der Standesunterschiede zurück-
traten, nicht ausgereicht, um Paulckes Freundschaft und Korrespondenz mit mehreren
Generälen zu erklären: Ohne seine soziale Position und seine Selbstvergewisserung daraus wäre dies kaum möglich gewesen.

Obwohl der Skisport im Schwarzwald wie in den Hochalpen revolutionär war, schien
Paulcke damit keinen Ausbruch aus der Gesellschaft seiner Zeit zu proben. Der Jugend-
bewegung stand er offenbar fern. Sicher gab es Berührungen im Äußeren – die Begeisterung für betont einfaches Leben, auch der unkomplizierte Umgang zwischen den Ge-
schlechtern – , aber er suchte nicht vor allem die Befreiung von Konventionen. Auf der

---

14   Ebenda, S. 12, zum Folgenden S. 59f.

Krimm Abb. 4:   Titlis von der Spannorthütte, o.D.

Krimm Abb. 5: Türkischer Friedhof Ejub, November 1915.

anderen Seite bestand auch zu den Korporationen Distanz. Deren Codex und Gruppen-
kultur blieb ihm beim Studium in Freiburg fremd. In Karlsruhe, nach dem Krieg, gewann
er sie als Verbündete für den Hochschulsport, aber das hatte andere Gründe, und wenn
die linke »Mannheimer Tribüne« argwöhnte, dass mit Paulckes Hilfe das Mensurwesen
nun wieder Urständ« feiern sollte,[15] war dies ein völliges Missverständnis – wir werden
dem noch einmal begegnen. Wichtig war Paulcke die kleine Gruppe der Freunde. Es
machte ihm Spaß, auch Frauen zum Skifahren zu motivieren, und seine Frau Marie Rin-
gier aus Aarau entsprach ihm erstaunlich in ihrer großbürgerlichen Herkunft – ihr Vater
war Ammann –, ihrer Weltoffenheit – sie hatte ein Studium zumindest begonnen – und in
ihrer Sportlichkeit; auch eine seiner beiden Töchter wurde ihm bei seinen späten Exkursi-
onen in die Gletscher eine wichtige Begleiterin. Aber er lebte und erlebte doch vor allem
in einer Männerwelt. Sport, Militär und Wissenschaft waren männliche Domänen und
auch seine Erziehungsideale zielten auf die männliche Jugend. Besonders ausgeprägt waren Paulckes Organisationstalent und seine Fähigkeit, ebenso im kleinen Zirkel wie öffentlich Vereinsbildung anzustoßen. Der Skiclub Schwarzwald von 1894, der Deutsche
Skiverband von 1905 und der Mitteleuropäische Skiverband von 1908 waren ohne ihn
nicht denkbar, zumindest nicht aus seiner Sicht – dass im ersten Dachverband der Skiclubs
die österreichischen Vereine ausgeschlossen bleiben sollten, weil sie zum Lager seines
Feindes Zdarsky zählten, zeigte Paulckes Führungsanspruch.[16] Die Kämpfe um den Gebrauch eines Skistocks oder zweier, wie sie die Lilienfelder *Spitalbrüder*[17] bevorzugten,
und um die *Schuss-Bumm-Technik,* bei der man sich in den Schnee fallen ließ, wenn man
nicht zum Hang hin abbremsen konnte – denn die Schwungtechnik Zdarskys war ver-
pönt –, waren ebenso berühmt wie grotesk. Aber wir sollten sie nicht als närrische Ara-
beske aus der Frühgeschichte des Skifahrens abtun oder so leicht darüber hinweggehen,
wie Paulcke in seinen Erinnerungen. Paulckes Unerbittlichkeit, sein Wille, sein Programm
gegen alle Argumente durchzuhalten und mit Affekt zu verteidigen, verraten einen Dok-
trinarismus, wie er zum Bild einer Führernatur seiner Zeit zu gehören schien. Dabei holte
er sich durchaus Hilfe von anderen. Das Idol einer ganzen Generation, Fritjof Nansen,
wurde als Instanz gegen die Österreicher und ihre *Alpenski* aufgeboten. Nansens Antwort
– die Hauptsache sei doch, *dass die jungen Menschen durch diese frische »Idraet« (um
nicht das englische Wort Sport zu benutzen, ich liebe es nicht) in die reine sublime Winter-
natur hinausgeführt werden*[18] – bezeichnete freilich die ganz andere Mentalität Paulckes.
Er suchte Leistung, nicht nur im Skifahren. 1910 war er in Karlsruhe Gründungsmitglied
des *Oberrheinischen Vereins für Luftfahrt,* der selbstverständlich die Spitzenposition des
deutschen Zuverlässigkeitsfluges einnahm. Nicht zufällig kooperierte Paulcke dabei aufs
engste mit dem Militär. Der General der Infanterie von Huene stellte Startgelände auf dem
Karlsruher Exerzierplatz, Flugzeiten und Organisationshilfen zur Verfügung und riet,

---

15   Vgl. 22.6.1921, GLAK 235/4255.
16   Vgl. allgemein G. Falkner, Paulcke (wie Anm. 5) und Ders., Vom Mitteleuropäischen Skiver-
     band (MESV) zur Skibrücke, in: FdSnow 27 (2009), S. 34–42.
17   Erinnerungen 1946, GLAK N Paulcke 59 fol. 19v.
18   15.12.1904, GLAK N Paulcke 237. Es folgt das ziemlich unverblümte Bekenntnis, dass in Nor-
     wegen der Streit um die richtige Skibindung – weswegen Paulcke zu Felde zog – nur sehr wenig
     interessiere, da es bereits so viele Modelle gebe.

Abb. 6:   Türkei, Skifabrik in Balat 1915.

auch den Karlsruher Garnisonskommandanten für den Verein zu gewinnen.[19] Diese Kooperation funktionierte natürlich auch umgekehrt: Der Skiclub Schwarzwald organisierte
für Paulckes Jägerbataillone die Wettkämpfe im Skipatrouillenlauf am Feldberg, die als
Anfang des Skifahrens im deutschen Heer so berühmt werden sollten. Es war nicht die
einzige Verbindung von Wintersport und Manöver vor dem Krieg; in Österreich bildeten
sich aus Bergführern des Alpenvereins Bergführerkompanien. In Paulckes Welt der Best-
leistung stand aber fest, dass die Vorbereitung zum Winterkrieg allein am Oberrhein ihren
Anfang genommen hatte.[20] Sein starker erzieherischer Wille, der stets ins Große ging und
das »Volk« suchte (auch die Volkswirtschaft: Mit Skifahren und Tourismus wollte er arme
Bergregionen vorwärtsbringen), korrespondierte mit ausgeprägtem Elitebewusstsein.
Den Massensport, dem er ja selbst den Weg bahnte, verachtete er. Indem er dem Vergnügen moderner Ski-Zivilisation die echte Ski-Kultur entgegensetzte,[21] griff er die verhäng-
nisvolle Dichotomie auf, mit der der frühe Thomas Mann in den *Betrachtungen eines
Unpolitischen* soviel Unheil anrichtete.
    Der Krieg ließ aus den sportlichen Wettspielen, die Paulcke für die oberrheinischen
Jägerbataillone erfunden hatte, Ernst werden. Das erste Freiwilligen-Ski-Corps bildete
sich noch 1914, Paulcke hatte den Plan dazu bereits 1909 entworfen; seine Mitglieder kamen vor allem aus den Skivereinen. Im Auftrag Ludendorffs bildete Paulcke in sechs

---

19   12.3.1911, GLAK N Paulcke 211. Zur Vereinsgründung vgl. www.fsv karlsruhe.de/fsv karls-
      ruhe/Vereinsgeschichte/1909–1945 (Aufruf 2010).
20   Vgl. W. PAULCKE, Vor 25 Jahren. Vom Schneeschuh-Bataillon zur Hochgebirgstruppe, in: Der
      Bergsteiger 12 (1940), S. 324, hier die korrigierende Redaktionsanmerkung.
21   Vgl. W. PAULCKE, Skilauf einst und jetzt, in: 30. Schweizerisches Skirennen 1935 Davos, Press-
      dienst 8.1.1936.

Abb. 7:   Türkei, Skiübungen in Hocharmenien 1916.

Abb. 8:   Türkei, Parade in Ersindjan 1916.

Wochen 1.500 Mann aus. Sein Organisationstalent machte solchen Eindruck, dass er 1915 an den osmanischen Verbündeten ausgeliehen wurde, um Skibataillone im Kaukasus aufzustellen. Das gelang zunächst vorzüglich; in einer Werkstatt in Istanbul ließ er nach einem Modell der Freiburger Firma Fischer 1.200 Paar Ski drechseln und machte sich mit türkischen Einheiten auf den Weg ins Gebirge. Das Ziel war Hocharmenien und der von Paulcke aufs höchste bewunderte Befehlshaber dort war Enver Pascha, der die Hauptverantwortung für Mord und Vertreibung der Armenier trug. Als Paulcke 1916 in Ersindjan ankam, dem Zentralort der Armenierverfolgung, war der Höhepunkt des Mordens bereits vorbei. In Paulckes Erinnerungen ist davon keine Rede. Wusste er davon? In Konstantinopel wohnte er in *einer verlassenen netten Armenier-Villa*[22] – er wusste also sehr wohl Bescheid, aber war kein zweiter Johannes Lepsius. Sein Interesse galt seinen tüchtigen türkischen Soldaten. Die Kommandostrukturen im Kaukasus waren dagegen offenbar unübersichtlich und er kehrte an die europäischen Fronten zurück, kämpfte in den Karpathen und am Isonzo. In dieser Zeit kam seine Instruktion für den Winterkrieg in den Bergen zur Geltung, die im Heer verteilt wurde. Sie endete mit dem – wie so oft gesperrt gedruckten – Satz: *Rücksichtsloses Vorgehen ist im Gebirge vom Einzelnen wie von der Gruppe in erhöhtem Maße zu fordern.*[23] Soll ja wohl heißen: Gefangene werden nicht gemacht. Härte war Pflicht, und wir haben Härte als Grundforderung im Menschenbild Paulckes schon kennengelernt. Schwer verwundet und seitdem gehbehindert, richtete er diese Härte vor allem gegen sich selbst; die Strapazen und Schmerzen, die er später bei seinen Alpen-Exkursionen mit Studenten auf sich nahm, müssen fürchterlich gewesen sein. Wann immer er aber nach dem Krieg ein Fazit seines Erlebens formulierte, verließ er den Bereich der militärischen Stereotypen nicht. Pflicht, Loyalität, Kameradschaft blieben die Schlüsselbegriffe, und begeistert von soviel Tüchtigkeit bestimmte das Bild der *prachtvollen Truppen* seine Erinnerung. Kritik oder auch nur Zweifel am Sinn des Krieges hatten in dieser Rhetorik keinen Platz.

Darum bedeutete 1918 nicht das Ende des Krieges, sondern das Ende der Werte. Die Verlierer waren unfähig, das Geschehen zu begreifen; Marie Paulcke kam es vor, *als löse sich jegliche Weltordnung auf.*[24] Diese Atmosphäre aus Erstarrung, Depression und Suche nach neuem Halt spiegelt die Korrespondenz des Ehepaars Paulcke mit Prinz Max von Baden, die nach Pausen im Krieg 1918/19 wieder dichter wurde. Sie hat sich zum Teil erhalten. Über den Gedankenaustausch des Prinzen mit Wilhelm Paulcke wissen wir fast nichts, beiden scheint wohl auch schweigendes Einverständnis wichtig gewesen zu sein. Aber der Briefwechsel zwischen dem Prinzen und Marie Paulcke – die für sich auch Konzepte anfertigte – , gibt doch Auskunft über Gemeinsamkeiten und Ausdrucksweise.[25] Dabei lassen sich Motive der Nachkriegszeit gewissermaßen »unterirdisch« auch in das Denken der noch heilen Welt vor 1914 zurückverfolgen. Alle drei liebten Wagner, die Begeisterung galt aber nicht nur dessen Musik. An den Abenden in Sils 1912/13 las der Prinz dem Ehepaar aus Tristan und vor allem aus der Götterdämmerung vor,[26] und wenn man

---

22 Berge als Schicksal (wie Anm. 4), S. 209.
23 W. PAULCKE, Taktische Grundsätze für den Gebirgskrieg, Wien o.D. (1916).
24 An Prinz Max von Baden, 2. Nov. 1918, Salem, Nachlass Prinz Max D 4 Nr. 1838.
25 Vgl. GLAK N Paulcke 1–24.
26 Vgl. W. PAULCKE, Berge als Schicksal (wie Anm. 4), S. 96.

Abb. 9:   Prinz Max von Baden und W. Paulcke ca. 1925 in Salem.

sich später wehmütig an die *seligen Höhen* im Engadin erinnerte, dann war auch diese Wagnersche Schicksalswelt mitgemeint. Deren Sog und Proklamation von Zwang war schwer zu entkommen; der Gedanke, seinem Schicksal und schließlich auch dem Untergang verfallen zu sein, legte sich als Mythos über Generationen und tauchte irdische wie politische Niederungen in den Dunst des scheinbar Unentrinnbaren. *Wahn und Wahnsinn geht durch die Welt,* klagte der Prinz 1920.[27] Noch war er wie gelähmt und dachte nicht daran, wie Ludendorff und Tirpitz sofort apologetisch zu publizieren. Er litt unter der *Vergiftung* der *Parteienagitation.* Vieles musste die Zeit ja erst lernen; noch immer war es wie im Kaiserreich üblich, »Wahlaufrufe« der bürgerlichen Parteien von »Agitation« der Linksparteien zu unterscheiden.

Paulcke, einfacher in seinem Denken und wohl weniger zu erschüttern als der überaus sensible Prinz, suchte Halt in der Pflicht und im militärischen Handeln. Auch er sah *Zer-*

---

27   25.4.1920, an Marie Paulcke, GLAK N Paulcke 9, hier auch das folgende Zitat.

Abb. 10:   Prinz Max von Baden und das Ehepaar Paulcke ca. 1912 in Sils.

rissenheit ... tiefste Erniedrigung des inneren Unfriedens ... Würdelosigkeit[28] und so schrieb er auch im Sommer 1919 aus der Schweiz an Prinz Max: *Es ist ein Jammer, wenn man die deutschen Zeitungen liest: Streit, Zank, kleinlich Menschliches, Würdelosigkeit schreien einem aus allen Zeilen entgegen und noch nirgends ist im Volk der ernste Wille zur Arbeit, zu aufbauendem, Werte erzeugenden Schaffen bemerkbar.*[29] Aber in seinem Gespür für Organisation und Militärhandwerk stellte er gegen den Spartakus im Januar 1919 in Karlsruhe eine *Ordnungswehr* aus Studenten und Kriegsteilnehmern auf; als Platzmajor der Garnison[30] verfügte er über den notwendigen Apparat und ließ die Regierungsgebäude mit Maschinengewehr-Posten verteidigen. Als sich dagegen eine *Volkswehr* zu bilden begann, wurde am 23. Februar 1919 über Karlsruhe der Belagerungszustand verhängt. Schließlich verlief sich das alles, in der badischen Landeshauptstadt gab es ja keine eigentliche Revolution. Paulcke konnte sich aber auf seine Verdienste zur Rettung der Regierung berufen; schon im Juli 1919 forderte er dafür von Finanzminister Wirth den Bau von Sportanlagen für die Hochschule im früher großherzoglichen, jetzt staatlichen Fasanengarten[31] – wir werden dem wieder begegnen. Wichtig war für Paulcke bei seiner paramili-

---

28   W. PAULCKE, Berge als Schicksal (wie Anm. 4), S. 57.
29   25. 8.1919, Salem, Nachlass Prinz Max D 3 Nr. 1829.
30   Vgl. seinen Bericht vom 21.10.1919, GLAK N Paulcke 67. Vgl. allgemein P. BRANDT/R. RÜRUP (Bearb.), Arbeiter-, Soldaten- und Volksräte in Baden 1918/19, Düsseldorf 1980, S. 172 Anm. 5.
31   2.7.1919, KITA 23006/13.

tärischen Aktion sicher nicht die Erhaltung der jungen Demokratie – die lehnte er von Anfang an ab, zumindest erzählte er dies 1933 und auch noch 1945 –, sondern die Rettung der bürgerlichen Ordnung. Die neuen Werte, vor allem auch die explodierende neue Kultur blieben ihm fremd. Als passionierter Maler fühlte er sich herausgefordert, gegen den Expressionismus zu Felde zu ziehen; in einem krausen Werk über die Kunst der Steinzeit verteufelte er den *Neuaufbau des Primitivismus* in der Kunst der Moderne: *Der Versuch, das der tiefsten Eigenart einer fremden Rasse entsprungene Kunstgut aufzunehmen und z.B. mit deutscher Kunst zu paaren, kann nur zu minderwertigen oder sterilen Bastardbildungen führen ... Germanischer Psyche ist diese Art von Kunst fremd, sie sucht tiefe, innere Einfachheit und Größe.*[32] Paulcke holte sich den Applaus für seine Kulturkritik bei den Uralt- und Altmeistern seiner Zeit, bei Hans Thoma vor allem – dem er als Rektor der Karlsruher Hochschule 1919 zum Ehrendoktor verhalf – aber auch bei Slevogt und Liebermann.[33] 1933 brachte er diesen *Kampf für echte deutsche Kunst* bei Kultusminister Wacker in Erinnerung und noch 1946 endete die Reihe der großen deutschen Maler für ihn bei Hans Thoma.[34]

Die Moderne abzulehnen hieß auch, der Kultur des Westens zutiefst zu misstrauen. Dabei war Paulckes Erfahrungswelt ja nicht mitteleuropäisch begrenzt. 1913 reiste er in die USA und nach Kanada. Mit »Demokratie« verband er aber vor allem Verelendung; hier mischte sich augenscheinlich das Erlebnis deutscher Wirtschaftsmisere in der Republik mit der Anschauung sozialer Spannungen in den angelsächsischen Ländern. Dagegen brachte er aus Amerika durchaus auch Ideen zur militärischen Erziehung eines Volkes mit nach Hause. Im Ausschuss für Leibesübungen, den er schon 1912 an der Karlsruher Hochschule einrichtete, berief er sich 1914 auf den Pflichtsport an den amerikanischen Universitäten – in Deutschland in dieser Zeit noch undenkbar! – und nach dem Krieg berichtete er von der verwunderten Frage eines amerikanischen Freundes, warum man denn in Deutschland anstelle der aufgehobenen Wehrpflicht keinen Pflichtsport einführe.[35] So stand Paulckes Karlsruher Rektorat 1919/20 ganz unter dem Zeichen seines Sportprogramms für die akademische Jugend. Sporterziehung bedeutete dabei zunächst Sozialerziehung; die sozialen Gegensätze, die im Wirtschaftschaos der Nachkriegszeit deutlicher wahrgenommen wurden als in der Monarchie, sollten sich im gemeinsamen Sport aufheben.[36] Die ertüchtigte Jugend *bilde lebendiges Kapital für den Neuaufbau des deutschen Nationalvermögens*[37] – eine typische sprachliche Flucht ins Mythische der Nation, wenn die Volkswirtschaft nicht mehr funktionierte und man die notwendigen Instrumente der Wirtschaftspolitik nicht kannte. Die Nation ist letztes Ziel des Sports, und in der Berufung auf die Antike – *dum ludere videmur, pro patria est*[38] – wurde der Wehrpflichtersatz zum abendländischen Traditionsgut. Die militärischen Ziele waren dabei offenkundig, die

32 W. PAULCKE, Steinzeitkunst und Moderne Kunst, Stuttgart o.J. (1923), S. 49 und 58.
33 GLAK N Paulcke 231, 246 und 251.
34 28.6.1933, GLAK 235/2369 und GLAK N Paulcke 59, *Kunst*.
35 Vgl. W. Paulcke, Die Erziehung von Körper und Geist an der Technischen Hochschule zu Karlsruhe, Vortragsmanuskript, GLAK N Paulcke 27.
36 Vgl. 18.7.1922, Paulcke an das Kultusministerium, KITA 23006/13.
37 9.12.1918, Gutachten Paulckes im Schreiben der Hochschule an das Kultusministerium, GLAK 235/4253.
38 W. PAULCKE, Entwicklung des Skilaufs (wie Anm. 7), S. 13.

»Mannheimer Tribüne« durchschaute den revanchistischen Charakter sofort.[39] Das blieb auch der badischen Regierung nicht verborgen und sie bremste Paulckes Elan, solange es ging – sehr lange hielt der Widerstand nicht an, aber Paulcke konnte seine Pläne auch nicht *Schlag auf Schlag* umsetzen, wie er sich später gerne erinnerte.[40] Er wollte ein sportliches *Leistungsbuch* einführen, zur Teilnahme am Hochschulsport verpflichten und – als wirksamstes Mittel – diese Teilnahme zur Voraussetzung zur Prüfungszulassung machen. Dagegen beharrte das Kultusministerium zunächst auf der Eigeninitiative der Studenten.[41] Aber das Argument, dass *auch Kant nicht boxen konnte,* verfing nicht wirklich, und seitdem der Hochschulsport 1922 *probeweise* eingeführt worden war, kam Paulcke in Etappen seinem Ziel stetig näher: Seit 1925 ließ er einen Sportbeitrag einziehen, der möglichst zum Pflichtbeitrag aller werden sollte, und 1926 legte er eine Kartothek an, mit deren Hilfe sich die Teilnahme am Hochschulsport aktiv überwachen ließ – eine doppelte Kontrolle also, das Leistungsbuch des Einzelnen schien nicht mehr zu genügen. Denn zur Begeisterung für den Studentensport kam auch das Misstrauen gegenüber denen, die diese Begeisterung nicht teilen wollten. Sie wurden vor allem bei den nicht korporierten *Freistudenten* ausgemacht – die Korporationen rückten geschlossen an – und diese *anderen* traf Paulckes Verachtung. Ihre *Teilnahmslosigkeit und Schlaffheit*[42] erklärte er daraus, dass sie nicht am Weltkrieg teilgenommen hatten; wer diese Lebensschule nicht durchlaufen hatte, konnte nur verkommen sein, verfangen in materialistischer und individualistischer Weltanschauung. Die letzte Stufe wurde dennoch erst 1933 erreicht: Jetzt entfielen am *Sportnachmittag* alle anderen Veranstaltungen. Gegen den Willen des angesehenen Hochschulsportlehrers Twele, der nur für *mehr Sport* eingetreten war, wurde jetzt offen *Wehrsport* betrieben, bei dem *wehrtechnischer Unterricht* (eine Karlsruher Besonderheit gegenüber anderen Hochschulen) direkt zu Militärübungen überleitete.[43] Das Fundament dafür legte Paulcke aber 1921. Mit Hilfe des Schützenvereins führte er schon damals Schießübungen in den Hochschulsport ein.[44]

Obwohl der militarisierte Sport in der Kritik von links als antidemokratisches Relikt verstanden wurde[45] – an dem sich deswegen auch die Korporationen leicht beteiligen ließen –, sind trotzdem modernisierende Elemente nicht zu übersehen; wie so oft im frühen Faschismus konnte Sportpolitik Fortschrittlichkeit gegen Rückständigkeit beanspruchen und dadurch Attraktivität erzielen. Zu grotesken Rollenverteilungen kam es z.B., als Paulcke nach amerikanischem Vorbild Box-Schaukämpfe veranstaltete und dazu Farbige einlud. Jetzt war es die demokratische Regierung, die – wie Staatspräsident Willy Hellpach 1924 – die *völkische Würde* verletzt sah[46] oder – wie sein Vorgänger Hermann Hum-

---

39 Wie Anm. 15.
40 Berge als Schicksal (wie Anm. 4), S. 238. Vgl. auch W. Paulcke, 15 Jahre Kameradschafts- und Körpererziehung an der Technischen Hochschule, Typoskript (1933), KITA 23103/1.
41 12.8.1921, Kultusministerium an Paulcke, KITA 23006/6. Hier und 23006/47 auch allgemein zum Folgenden.
42 W. PAULCKE, Die Erziehung von Körper und Geist (wie Anm. 35).
43 Vgl. GLAK 235/30766.
44 Vgl. 20.12.1921, Paulcke an Kultusministerium, GLAK 235/4376 u.a.
45 Wie Anm. 15.
46 1.7.1924, Paulcke an Kultusministerium, KITA 23006/6, dazu 26.6.1924, Senat der TH an Kultusministerium, GLAK 235/4255.

mel 1923 – im Auftritt von Negern *niedrigste Schaulust*[47] verspürte. Sie wurden von Paulcke belehrt, dass auch Boxkämpfe Mittel *demokratischer Völkerverständigung* sein
können. Die Wettkämpfe, die Paulcke seit 1920 organisierte,[48] hoben nach seiner Meinung
vor allem soziale Schranken auf, und auch wenn die Statistik dies keineswegs eindeutig
bewies, beschwor Paulcke immer wieder die Teilnahme der gesamten Studentenschaft an
diesen Sportveranstaltungen; dabei ließ er auch Studenten gegen Arbeiter Fußball spielen.
Das Programm der NS-Volksgemeinschaft war hier deutlich vorgeformt und seinem Sog
entzogen sich die Studenten immer weniger; 1931 nahmen nach der Sportstatistik ca. 80%
der Immatrikulierten an Sportveranstaltungen teil.

Paulcke kamen dabei sein finanzielles Geschick und seine organisatorische Beharrlichkeit sehr zu Hilfe. Die Umstände waren anfangs desaströs und auch die Widerstände bemerkenswert; das alles konnte er überspielen. Während der Inflation reichte der Etat für
den Sportausschuss zeitweise gerade noch für einen Stoß Konzeptpapier, und die badischen Kultusminister bremsten nicht nur Boxkämpfe, sondern den Hochschulsport überhaupt. Willy Hellpach hielt Sportwettkämpfe von Studenten für überflüssig und Adam
Remmele lehnte die Verankerung des Hochschulsports in einem Institut für Leibesübungen noch 1925 ab; das Institut entstand erst 1931, als der Hochschulsport zur Pflicht aller
geworden war. Finanzielle Hilfe erhielt Paulcke dagegen aus der Industrie. In den Sponso-
rengesprächen konnte er sogar erreichen, dass Firmen vorzugsweise Teilnehmer am
Hochschulsport einstellen wollten. Mittel des Landes Baden – wenn auch begrenzt – erhielt Paulcke als Vorsitzender des Sportausschusses ständig, dazu kamen Zuschüsse des
Reichsinnenministeriums, wo man Paulckes Karlsruher Initiativen für den Hochschulsport für *mustergültig und bahnbrechend* hielt.[49] Nach 1933 stellte Paulcke dies anders
dar; nun war er der Sportpionier, der aus eigener Kraft den Widerstand der Systempoliti-
ker gebrochen hatte.

Der Erfolg schien Paulckes Programm recht zu geben. Es ging dabei zwar nicht gleich
um *Jahrhunderte*,[50] aber das Sportgebäude von Hermann Alker (dessen Fassade noch
steht) und das Stadion (das überbaut ist) festigten Paulckes Ruhm in Karlsruhe bis heute
immerhin in Form eines Straßenschildes. Hinter dieser ebenso erstaunlichen wie erfolgreichen Energie im pragmatischen Handeln stand ein Menschenbild, das nicht nur am
Gedanken der Volksgemeinschaft, sondern ebenso am unbedingten Führerprinzip ausgerichtet war. Die Führer, zu denen die Jugend durch den Sport erzogen werden sollte,
mussten an sich selbst die höchsten Ansprüche stellen. Diese Unbedingtheit galt aber auch
für die Geführten: *Nie darf der Schwächere einen Augenblick am Führenden zweifeln.*[51]
Solche Sätze standen im Kontext von Sportprogrammen, sie zielten aber auf eine *Erziehung des Volkscharakters* und ließen sich zwanglos auch in Paulckes Gesellschaftsbild
einfügen. Hauptquelle dafür ist seine Karlsruher Rektoratsrede von 1919 über *Entwicke-*

---

47   24.5.1923 Kultusministerium an den Senat der TH, GLAK 235/4253. Hier auch das folgende
      Zitat (6.6.1923, Paulcke an das Kultusministerium).
48   Erstes Turn-, Spiel- und Sportfest der TH am 5.6.1920, vgl. GLAK 235/4255.
49   2.3.1923, Reichsinnenministerium an das badische Kultusministerium, GLAK 235/4253.
50   9.12.1918, Paulcke fordert in einem Gutachten zu künftigen Sportanlagen im großherzoglichen
      Fasanengarten, dass *für Jahrhunderte vorausgedacht werden* muss, GLAK 235/4253.
51   W. PAULCKE, Gesundheit, Erziehung und Sport, Vortragsmanuskript 12.3.1909, GLAK N Paul-
      cke 38 fol.9, hier auch das folgende Zitat.

Abb. 11:   TH Karlsruhe, Stadiongebäude 1928.

lungsgesetze. In ausgeprägtem Sozialdarwinismus übertrug Paulcke hier Prinzipien der Selektion bei biologischen Prozessen auf Staat und Gesellschaft. Der Auslese und Fortpflanzung der Tüchtigsten entsprachen das Ausschalten bzw. das Ausmerzen ungünstiger Varianten und Untauglicher. Funktionierte der Staat nach den Gesetzen eines Organismus, konnte es gleiches Recht nur für die gleich Tüchtigen geben. Die Besten übernahmen die Herrschaft; in Paulckes Verständnis konnte »Demokratie« dann nur bedeuten, dass das ganze Volk an den Aufgaben der Gesamtheit mitzuarbeiten hatte.

Paulcke selbst verstand dieses Programm von 1919 als frühes nationalsozialistisches Dokument; in diesem Sinn widmete er noch 1943 ein Exemplar der Rektoratsrede einem Enkel.[52] Freilich stand er mit seinen Vorstellungen zu einer künftigen Elitebildung im Nachkriegsdeutschland nicht allein und die Forderung nach einer charakterlich und sportlich geschulten Elite musste auch nicht automatisch in faschistische Postulate einmünden. Wir kennen die Lektüre und die Anreger Paulckes für seine Erziehungsvorstellungen nicht, können aber annehmen, dass er sich zumindest nach dem Krieg mit Prinz Max von Baden auch über Erziehung und gerade über Sporterziehung als Charakterbildung unterhielt. Paulcke war mehrfach dessen Gast auf Schloss Kirchberg, diese Ferienaufenthalte fielen in die Gründungszeit des Salemer Internats. Ideengeber des Prinzen war hier Kurt Hahn; es sollte sich lohnen, dessen pädagogische Ziele mit denen Wilhelm Paulckes zu vergleichen, um die Segmente zu erkennen, in denen sich die Vorstellungen beider überdeckten – und diejenigen, in denen sich die Salemer Reformpädagogik aus anderen Erfahrungen speiste und anderen Themen öffnete.[53] Auch hatte der Prinz sehr verschiedene Gesprächspartner. Houston Stewart Chamberlain gehörte dazu, aber ebenso Pfarrer Erwin Eckert,[54] der in Überlingen seine Thesen des religiösen Sozialismus vertrat und wie Paulcke auf Schloss Kirchberg Feriengast des Prinzen war – immerhin solange, bis er 1926 vehement für die Fürstenenteignung eintrat und dem Gespräch mit Prinz Max dann doch die Grundlage fehlte. Der kleine Exkurs sei erlaubt, weil er die Ambivalenz der Persönlichkeit Max' von Baden charakterisiert; er ließ sich eben nicht auf den nationalistisch-reaktionären Diskurs festlegen, sondern reagierte vielfältig auf eine Vielzahl von Partnern. Wilhelm Paulcke war einer von ihnen und wohl ein wirklicher Freund, aber Paulckes antidemokratischen Erziehungsenthusiasmus wird man in Salem so nicht finden.

Die Sportpolitik Paulckes, wie er sie an der Karlsruher Hochschule betrieb, machte ihm 1933 den Übergang zu den Nationalsozialisten leicht. Mit Recht konnte er in einem langen Brief an den neuen Kultusminister Wacker[55] behaupten, dass er seit Jahren Sporterziehung im Sinn von Volkserziehung entwickelt habe und sein Ansatz dabei schon 1918 *national und social* gewesen sei. Seine Erzählung vom Kampf gegen das *Undeutsche* und das *Parteiunwesen* mochte dem Adressaten rhetorisch geschuldet sein, aber sie war auch

---

52   GLAK N Paulcke 270.

53   Vgl. allgemein E. Dargel u.a. (Hgg.), »In Dir steckt mehr als Du glaubst«. Prinz Max von Baden, Kurt Hahn und die Gründerjahre der Schule Schloss Salem 1919–1933 (Salemer Hefte 4), Tettnang 2010, mit ausführlicher Bibliographie.

54   Vgl. F.-M. Balzer, Klassengegensätze in der Kirche. Erwin Eckert und der Bund der Religiösen Sozialisten, Bonn ³1993 u.v.a. Veröffentlichungen Balzers. Zu Kirchberg vgl. 21.5.1926, Prinz Max an Marie Paulcke, GLAK N Paulcke 15.

55   28.6.1933, GLAK 235/2369.

nicht falsch; das Führerprinzip war ihm wirklich innerstes Anliegen, das Kleinkaliber-schießen an der Hochschule seine Erfindung und auch die Attacken des *Systempolitikers* Hellpach gegen ihn waren nicht erfunden, allenfalls etwas dramatisiert. Trotzdem sprach er nicht als »alter Kämpfer« (der er ja auch nicht war), sondern in der spürbaren Befangen-heit des älteren Wissenschaftlers, der glaubte, sich gegenüber einer jungen Generation von Tatmenschen rechtfertigen zu müssen. Seine Worte an den Minister lassen sehr deutlich die Unsicherheit seiner Generation erkennen, die den politischen Umbruch keineswegs nur als Eintritt des seit 1918 vage Ersehnten erlebte, sondern auch als Generationenwech-sel und forschen Angriff auf das *verkalkte* Establishment, gleich welcher politischen Fär-bung. So brach Paulcke – unerschrockener Kämpfer, der er sein Leben lang war – auch jetzt gleich eine Lanze für die gescholtene Professorenschaft, die im neuen Staat zunächst argwöhnisch unter Generalverdacht gestellt wurde. Vor der Spruchkammer erinnerte sich Paulcke später, dass er seine vorzeitige Emeritierung wegen des Systemwechsels, vor al-lem wegen der Behandlung der jüdischen Professorenkollegen beantragt habe.[56] Dass er offiziell 1935 von seinen Verpflichtungen entbunden werden wollte, weil ihm seine Kriegsverletzungen zu sehr zusetzten, musste dem nicht widersprechen. Abseits zu ste-hen, lag ihm aber auch nicht. Er unterhielt Briefkontakt mit Fritz Todt, mit den Generälen Dietl und von Bock, schickte Reichsinnenminister Frick eines seiner Gemälde und Hitler selbst seine Veröffentlichungen; bei den Olympischen Winterspielen in Garmisch ließ er sich in der Nähe oder auch im Gespräch mit den hohen Rängen fotografieren.[57] Mit Kriegsbeginn fühlte sich der nun schon weit über 60jährige wieder in der Pflicht; er ent-warf ein Hochschulprogramm für Reichsinnenminister Frick, wollte im Heer als Dolmet-scher dienen und lieferte auch wieder Instruktionen für den Winterkrieg;[58] 1941 verfasste er vor allem für Wehrmacht und Schutzpolizei sein Gefahrenbuch des Bergsteigers und Skiläufers.[59]

In dieser Zeit wohnte er aber schon lange nicht mehr in Karlsruhe, sondern in einem ausgebauten Ferienhaus am Ammersee. Hier erlebte er Kriegsende und Entnazifizierung. Die Spruchkammer Landsberg gruppierte ihn als Parteimitglied seit 1938 unter die *Mit-läufer* ein; dagegen protestierte er, da er *innerlich gegnerisch eingestellt* gewesen sei und *offen Kritik* geübt habe. Die Weihnachtsamnestie von 1947 kürzte aber alle weiteren Ver-handlungen ab und 1948 wurde das Verfahren eingestellt.[60] Lehrreicher als der ja eher stereotype Ablauf der Entnazifizierung sind Paulckes Notizen zum Kriegsende.[61] Die Rhetorik von 1919 taugte noch immer, um das Geschehen zu deuten und in Bildern an-schaulich zu machen. Wieder ging es um den Volksorganismus, der geschwächt und krank, aber *im Kern gesund ist* – nachdem die *Pestbeule* der NS-Führung herausgeschnit-

---

56   Vgl. GLAK N Paulcke 68.
57   Vgl. GLAK N Paulcke 263 und 312.
58   Vgl. zu den Korrespondenzen GLAK N Paulcke 195 (von Bock), 201 (Dietl), 205 (Frick), 242 (von Reichenau), 243 (Reichskanzlei).
59   Wie Anm. 2.
60   Vgl. GLAK N Paulcke 68.
61   Vgl. GLAK N Paulcke 59, Lebenserinnerungen 1946. Hier die folgenden Zitate, die in der Häu-fung von Nachträgen und Einzelnotizen schwer exakt nachzuweisen sind, vgl. v.a. die Texte *Nachträge 26* und *37*, *Nachträge und Einschaltungen 25.2.1946*, *Demokratie*, *Das deutsche Volk*, *Notizen*, *Deutschlands Grenzen*.

Abb. 12: Winterspiele Garmisch 1936, Paulcke unter den Ehrengästen.

ten war, konnte *das ganze deutsche Volk an die Arbeit gehen* und seine alte *Kraft und Tüchtigkeit* beweisen. *Untermenschen* hatten den NS-Staat beherrscht. Dessen soziale Leistungen blieben Paulcke freilich in guter Erinnerung und grenzten ihn ab gegen den *Westen* – in Deutschland gab es keine Slums. So blieb auch der Demokratiebegriff negativ besetzt. Mit der *demokratischen Dressur* durch die *Politiker der Systemzeit* konnte sich Paulcke auch jetzt nicht befreunden, ja er steigerte sich in Spottverse auf die Weimarer Republik hinein:

Nichts erstrebten, gar nichts dachten sie,
von Problemen keines lösten sie,
wie das Kalb beim Schlachten, blöd nur dösten sie.

Die Feinde der beiden Kriege sahen nach wie vor so aus, wie es die alltägliche NS-Propaganda in Parolen und Illustrierten-Bildern ausgemalt hatte: Die Franzosen waren zynische Sadisten, die Engländer rücksichtslose und grausame Blutsauger ihrer Kolonien, und von der unfähigen *polnischen Wirtschaft* brauchte man erst gar nicht zu reden. Auch die inneren Feinde waren wieder da, krasser Egoismus beherrschte die Gesellschaft. Aber Negationen, *die immer Unzufriedenen, die Nörgler* und *gefährliche Zersetzungselemente* durften die öffentliche Meinung nicht weiter bestimmen. Es galt, *die Jugend scharf an die Zügel* zu nehmen, um *anständige Kerle* aus ihr zu machen – usw. usw., wir kennen solche Wendungen jetzt zur Genüge. Paulcke war inzwischen 73, aber sein Elan und sein Pflichtgefühl schienen ungebrochen. So kam es zu einem schon fast tragischen letzten Kapitel: Im Bewusstsein der allgemeinen Not und des Neuanfangs bot er der Hochschule noch einmal seine Dienste an, wollte lehren und erziehen und glaubte Franz Schnabel so verstehen zu dürfen, als sei er in Karlsruhe hoch willkommen.[62] Er gab sein Haus am Ammersee auf und übersiedelte in die zerstörte Ex-Kapitale. Dort war die Verlegenheit groß, man hatte keinen Lehrauftrag für ihn, geschweige denn Honorare, und er musste zuletzt verbittert um finanzielle Unterstützung bitten. Sein Tod am 5. Oktober 1949 durch einen Leitersturz in seiner Bibliothek setzte dem ein Ende; die Nachrufe schilderten seine großen Verdienste um Wissenschaft und Sport.[63]

Wie gehen wir nun mit dieser Biografie um? Sie spiegelt ihre Zeit – wie alle Biografien – und war zugleich die Biografie eines Menschen, der seine Zeit gestalten wollte und auch tatsächlich und sichtbar mitgestaltete. Wissenschaftliche Energie, sportliche Begeisterung und didaktischer Eros fanden breite Resonanz. Der Hang zur Doktrin war prägend, er wurde begleitet und erleichtert durch starkes, auf den Tag gerichtetes Pflichtgefühl, dem *Grübeleien und Illusionen* fremd waren.[64] Paulcke richtete diese Härte der Pflicht gegen sich und andere, militärische Denkmuster wirkten tief in das zivile Leben hinein. Seine künstlerische Begabung, seine Fröhlichkeit und seine Fähigkeit zur Freundschaft lassen ahnen, dass er auf viele Möglichkeiten hin angelegt war, dass die Regelwelt aber seine stärkste und von nichts umstoßbare Stütze blieb. War er ein »typischer Deutscher« der Zeit zwischen 1900 und 1945? Belassen wir es beim »Menschen in seinem Widerspruch«.

---

62   5.4.1948, GLAK 235/2369.
63   Vgl. GLAK N Paulcke 78.
64   GLAK N Paulcke 59, Erinnerungen 1946, Nachtrag 37.

Gretel Bergmann – gefeiert, verfolgt und dann vergessen! Leistungen und Schicksal einer jüdischen Sportlerin in Deutschland

Vorbemerkung

Eigentlich ist über Gretel Bergmann, Margret Lambert, alles bekannt. Es gibt über sie einen Eintrag in der online-Enzyklopädie »Wikipedia«, und wer weiter Gretel Bergmann googelt, findet zahlreiche Beiträge[1] und Fotos und aktuell zwei Artikel in »Der Spiegel«.[2] Das hängt nicht zuletzt zusammen mit dem Film »Berlin 36«, der im September 2009 in die deutschen Kinos gekommen ist und die Geschichte von Gretel Bergmann und Dora Ratjen erzählt. Darüber hinaus gibt es zahlreiche biografische Beiträge über Gretel Bergmann, einen Film des SWR »Die Angst sprang mit«, eine Dokumentation von HBO »Hitler's Pawn« und nicht zuletzt ihre Autobiografie »Ich war die große jüdische Hoffnung«.[3] Im Rahmen der Leichtathletik WM im August 2009 in Berlin wurde eine

---

[1]   U. Bayer, Margret Lambert oder der lange Weg zur Aussöhnung, in: Gesellschaft für Geschichte und Gedenken e.V. Laupheim (Hg.) 4 (2001), S. 18–26; C. Diederix, Ausgegrenzt – ausgebootet – zur Flucht getrieben. Die Lebensgeschichte der jüdischen Hochspringerin Gretel Bergmann, in: SportZeit. Sport in Geschichte, Kultur und Gesellschaft 1 (2001) 2, S. 5–30; H. Dressler, Wie war das damals mit Gretel Bergmann?, in: Olympisches Feuer 36 (1986) 5, S. 7–9; L. Heid, Bergmann, Gretel, in: J. Dick/M. Sassenberg (Hgg.), Jüdische Frauen im 19. und 20. Jahrhundert. Lexikon zu Leben und Werk, Reinbek 1993, S. 56–58; A.-R. Löwenbrück, Spielball der Nationalsozialisten. Die Erinnerungen der jüdischen Hochspringerin Gretel Bergmann, in: Momente. Beiträge zur Landeskunde von Baden-Württemberg 3–4 (2003), S. 37–42; G. Pfister, Gretel Bergmann – um den Olympiasieg betrogen, in: A. R. Hofmann/M. Krüger (Hgg.), Südwestdeutsche Turner in der Emigration, Schorndorf 2004, S. 189–200; J. Roos, Sportlerin im Würgegriff. Margaret Lambert erzählt, damit Geschichte nicht vergessen wird, in: Frankfurter Rundschau v. 29.12.2003, S. 19; J. Roos, Gretel Bergmann schrieb unfreiwillig olympische Sportgeschichte, wenn auch nicht als Hochspringerin. Der NS-Sport benutzte sie als Alibijüdin – und betrog sie am Ende um die Teilnahme an der Olympiade von Berlin 1936, in: TAZ v. 24/25.01.2004.

[2]   K. Brinkbäumer, The German Mädel, in: Der Spiegel 35/2009, S. 112–114; S. Berg, Die wahre Dora, in: Der Spiegel 38/2009, S. 150–154.

[3]   G. Bergmann, Ich war die große jüdische Hoffnung. Erinnerungen einer außergewöhnlichen Sportlerin, Karlsruhe 2003.

Ausstellung präsentiert über »Jüdische Leichtathletinnen vor und nach 1933«, die an Lilli Henoch und Martha Jacob und auch an Gretel Bergmann erinnerte.[4]

Warum also ein weiterer Beitrag über Gretel Bergmann? Der Titel dieser Konferenz lautet: »Nicht nur Sieg und Niederlage. Sport im deutschen Südwesten im 19. und 20. Jahrhundert«. Ziel dieser Tagung ist es u.a. die »sozialen und politischen Implikationen des Sports« und seine »gesellschaftliche Bedeutung auf regionaler Ebene des deutschen Südwestens« zu thematisieren. Unter diesen Aspekten passt – aus meiner Sicht – ein Beitrag über eine der erfolgreichsten Sportlerinnen der 1930er Jahre, die aus dem Südwesten Deutschlands stammt und darüber hinaus als Jüdin den Auswirkungen des gesellschaftlichen und politischen Wandlungsprozesses nach dem 30. Januar 1933 unmittelbar ausgesetzt war, in das Tagungsprogramm.

Das Ziel der neuen politischen Machthaber war die Herausbildung einer nationalsozialistischen Volksgemeinschaft und dieser Prozess war verbunden mit Exklusion und Inklusion und nicht zuletzt mit Gewalt. Rassismus wurde zur Staatsdoktrin, die Mär von der Überlegenheit der arischen Rasse und der Minderwertigkeit der jüdischen Rasse zur Wahnvorstellung. Der Lebensweg von Gretel Bergmann in den 1930er Jahren, aber auch in der Nachkriegszeit in Deutschland, steht im Zeichen gesellschaftlicher, politischer und sozialer Exklusion und Inklusion. Ziel des Beitrages ist es, diesen Lebensweg, ihr Schicksal, das eng mit ihren sportlichen Leistungen verbunden ist, nachzuzeichnen.

Kindheit und Jugend in Laupheim

Über 200 Jahre lebten Juden und Christen in Laupheim, der größten jüdischen Gemeinde im Königreich Württemberg, in friedlicher Koexistenz. Das Zusammenleben war aber wohl eher durch ein Nebeneinander als durch ein Miteinander geprägt, so dass das fragile Gleichgewicht durch den wachsenden Antisemitismus in den 20er Jahren des 20. Jahrhunderts bereits erste Risse bekam. Die Gründung einer NSDAP-Ortsgruppe in Laupheim im Jahre 1923 bildete gleichsam den Wendepunkt in der Geschichte der christlich-jüdischen Beziehungen der Kleinstadt.

In diesem Klima der ersten Spannungen zwischen jüdischen und christlichen Einwohnern wuchs die am 12. April 1914 geborene Gretel Bergmann auf. Die Firma Bergmann, die Vater Edwin zusammen mit anderen Familienmitgliedern leitete, war in den 20er Jahren der größte Arbeitgeber in Laupheim und die Familie Bergmann war fest im gesellschaftlichen Leben der Stadt verankert. Das Familienleben der Bergmanns war keineswegs durch tiefe jüdische Traditionen und Religiosität geprägt. Der Besuch der Synagoge stand lediglich an hohen jüdischen Feiertagen an und Gretel Bergmann begleitete ihre christlichen Freundinnen auch schon einmal in die katholische Kirche, wo sie sich jedoch als Außenseiterin fühlte, da sie beim Gebet nicht niederkniete.

Trotz der nach dem Ersten Weltkrieg auch in Laupheim erkennbaren antisemitischen Störungen verbrachte Gretel Bergmann eine unbeschwerte Kindheit und Jugendzeit in

---

4   J. BRAUN, Gretel Bergmann, in: B. BAHRO/J. BRAUN/H.J. TEICHLER, (Hgg.), Vergessene Rekorde. Jüdische Leichtathletinnen vor und nach 1933 (Begleitband zur gleichnamigen Ausstellung im Centrum Judaicum Berlin 2009), Berlin 2009, S. 89–99.

Abb. 1: Gretel Bergmann um 1929 mit ihren beiden Brüdern Rudolph (li) und Walter (re).

der schwäbischen Kleinstadt. Die Familie bot soziale Sicherheit und Geborgenheit. In ihren Erinnerungen schreibt Gretel Bergman über diese Zeit: *Wir konnten gehen, wohin wir wollten, und kannten in Laupheim jeden. Wir liefen barfuss über taunasse Wiesen und staubige Landstraßen und nahmen uns von den Früchten, die am Wegrand wuchsen. Wir ernteten Kirschen, Beeren, Pflaumen und Pfirsiche und kümmerten uns nicht um die Bauchschmerzen, die uns die vielen unreifen Äpfel eintrugen. Wir sprangen nackt in die umliegenden Flüsse und Teiche und bedauerten alle, die in einem Schwimmbad baden mussten.*[5]

Gefeiert – Gretel Bergmanns frühe Leidenschaft für Sport

Eine sportliche Tradition gab es in der Familie nicht. Trotzdem wurde der Sport bald zum Lebensinhalt der jungen Gretel. Der Frauensport steckte zu Beginn des 20. Jahrhunderts noch in den Kinderschuhen. Sport war immer noch eine Domäne der Männerwelt. Mediziner, Pädagogen, Philosophen führten die abstrusesten Theorien ins Feld, um Frauen den Zugang zum Turnen und Sport zu erschweren. Bereits mit sechs oder sieben Jahren trat Gretel Bergmann in den Turn- und Sportverein ein. Gretel Bergmann war eine Allrounderin: Schwimmen, Leichtathletik und Handball im Sommer und im Winter wurden die jahreszeitgebundenen Verhältnisse genutzt zum Ski- und Schlittschuhlaufen. Nur Turnen

---

[5] BERGMANN (wie Anm. 3), S. 12.

mochte sie nicht. In einem Interview mit Claudia Diederix im Jahre 1993 erinnert sich Gretel Bergmanns ehemalige Sportfreundin Anne Heudorf: *Ich habe mich immer amüsiert früher beim Turnen, mit ihren langen Armen und Beinen, wenn sie Übungen gemacht hat, das hat ausgesehen wie bei einer Spinne, so einer Zimmermannsspinne, die so lange Haxen hat.*[6]

Die langen Beine sollten später zu ihrem Markenzeichen werden. Im Alter von zehn Jahren bestritt Gretel Bergmann erfolgreich ihre ersten Wettkämpfe. Einziger Wermutstropfen bei den Reisen zu den auswärtigen Sportfesten war die ständige Anwesenheit der Mutter. Der Mutter waren zu viele Jungen bei diesen Veranstaltungen. Vater Bergmann war stolz auf die Erfolge seiner Tochter und sammelte alle Zeitungsausschnitte. Diese Sammlung, die in einem Bucheinband durch ein Siegel zusammengehalten wird, das von einer der gewonnenen Medaillen stammt, ist heute noch im Besitz von Gretel Bergmann.

Ihre erste Schulzeit verbrachte Gretel Bergmann in Laupheim: zunächst auf der jüdischen Volksschule. Nach drei Jahren wechselte sie auf die Realschule, wo sie das einzige Mädchen und auch das einzige jüdische Kind unter dreizehn christlichen Jungen war, *was aber beides nie eine Rolle gespielt hat.* In den Mittagspausen spielte man gemeinsam Fußball und trank auch schon mal ein Bier zusammen.[7] Da die Realschule in Laupheim nur bis zur zehnten Klasse führte, besuchte Gretel Bergmann ab 1930 ein Mädchengymnasium in Ulm und trat auf Anraten ihres Onkels dem Ulmer Fußballverein bei. Der Onkel war überzeugt, dass der Verein für das jugendliche Talent bessere Trainingsmöglichkeiten und auch qualifiziertere Trainer bieten würde.[8] Schnell kristallisierte sich der Hochsprung als Paradedisziplin von Gretel Bergmann heraus, obwohl sie für ihren neuen Verein in zahlreichen Wettkämpfen auch in anderen Disziplinen erfolgreich an den Start ging. In den Jahren 1930 bis 1932 und noch einmal 1933 wurde sie zu Lehrgängen unter dem damaligen Spitzentrainer Georg Brechenmacher nach Ettlingen eingeladen. Erstmalig trainierte sie unter einer fachlichen Anleitung: *Er [Brechenmacher, L.P.] trainierte uns in allen Disziplinen der Leichtathletik, widmete aber meiner Spezialität, dem Hochsprung, viel Zeit. Als ich den Bewegungsablauf beim Hochsprung einmal begriffen hatte, wurde ich ständig besser.*[9]

Die ersten Erfolge ließen nicht lange auf sich warten. Sie wurde 1931 süddeutsche Meisterin und sprang mit 1,50 m bereits in der deutschen Rangliste auf Platz 4, zum Platz 1 fehlten ihr lediglich zwei Zentimeter! Ein Jahr später verteidigte sie ihren Titel als süddeutsche Meisterin erfolgreich – wiederum mit der Höhe von 1,50 m -, und sie wurde darüber hinaus Meisterin im Dreikampf mit 172 Punkten. Die Leistung im Hochsprung wiederholte sie wenige Wochen später bei den Kreismeisterschaften und errang sechs (sic!) weitere Titel.[10] Gretel Bergmann war auf dem besten Wege, sich im Kreis der besten deutschen Hochspringerinnen zu etablieren. Eine Teilnahme an Olympischen Spielen schien in erreichbare Nähe zu rücken. Im Mai 1931 hatte das Internationale Olympische Komitee Berlin die Austragung der Olympischen Sommerspiele 1936 übertragen. Zu die-

---

6   DIEDERIX (wie Anm. 1), S. 8.
7   BERGMANN (wie Anm. 3), S. 46.
8   Ebenda, S. 65.
9   Ebenda.
10   »Der Schild« vom 5.10.1934.

sem Zeitpunkt war Gretel Bergmann ein angesehenes und erfolgreiches Mitglied in ihrem Ulmer Verein und in der süddeutschen Leichtathletikgemeinschaft. Die Zeit der Lehrgänge in Ettlingen zu Anfang der 1930er Jahre *was the best times of my life*, so Gretel Bergmann gegenüber Claudia Diederix im Jahre 1993.[11] Wie für viele andere jüdische Sportlerinnen und Sportler war die Mitgliedschaft in einem deutschen Verein selbstverständlich, zumal die Zahl der jüdischen Turn- und Sportvereine im Makkabi-Verband und in »Der Schild« sehr überschaubar war. So zählte der deutsche Makkabi-Kreis innerhalb der internationalen Makkabi-Organisation bis 1933 insgesamt »nur« ca. 30 Vereine mit ca. 8.000 Mitgliedern. In den Sportgruppen des Reichsbundes jüdischer Frontsoldaten hatten sich bis 1933 ca. 7.000 Mitglieder zusammengeschlossen. Die Mehrzahl der Juden in Deutschland fühlte sich als Deutsche und zu dieser Mehrzahl zählte auch Gretel Bergmann. Jüdische Sportlerinnen und Sportler waren durch ihre Mitgliedschaft in den deutschen Vereinen integriert in die deutsche Turn- und Sportbewegung – ein Zeichen für die weitgehende Assimilation der Juden in der deutschen Gesellschaft zu Beginn des 20. Jahrhunderts. Deutsche Vereine waren ihre sportliche Heimat und bildeten auch weitgehend ihr soziales Umfeld. Deutsch zu sein und gleichzeitig Jude zu sein, war bis Anfang des Jahres 1933 kein Widerspruch!

Abb. 2:   Gretel Bergmann im Trikot des Ulmer FV.

Ausgegrenzt und verfolgt

Nach der Machtübernahme durch die Nationalsozialisten am 30. Januar 1933 änderte sich diese Situation schlagartig. Das Jahr 1933 ist gekennzeichnet durch einen politischen und gesellschaftlichen Wandlungsprozess, der in der deutschen Geschichte einmalig ist. Bis zu diesem Zeitpunkt geltende ethische und moralische Wertvorstellungen und Normen, demokratische Prinzipien und grundlegende Elemente einer humanitären Gesellschaft verloren ihre Gültigkeit. Menschen wurden zu Staatsfeinden, weil sie eine andere politische Meinung vertraten oder weil sie der jüdischen Glaubensrichtung angehörten. Der Antisemitismus, »die Feindschaft gegen Juden als Juden«,[12] wurde in Deutschland zur Staats-

---

11   DIEDERIX (wie Anm. 1), S. 9.
12   A. PFAHL-TRAUGBER, Ideologische Erscheinungsformen des Antisemitismus, in: Aus Politik und Zeitgeschichte 31 (2007), S. 5.

doktrin. Der erste vorläufige Höhepunkt der nazistischen Gewalt war das reichsweite Pogrom am 1. April 1933 gegen jüdische Geschäfte, Anwaltskanzleien und Arztpraxen.

Lange Zeit galten »Verführung und Gewalt« als die beiden zentralen Kategorien, die das Verhalten des Regimes gegenüber der deutschen Bevölkerung kennzeichneten. Mittlerweile hat die zeithistorische Forschung überzeugend herausgearbeitet, dass dieses Bild »nicht haltbar« ist.[13] Der Machteroberungsprozess der Nationalsozialisten wurde in den ersten Wochen und Monaten nach dem 30. Januar 1933 nicht von einer kleinen politischen Elite gesteuert und durchgeführt, sondern war getragen von einer breiten Massenloyalität in der deutschen Bevölkerung und den verschiedenen gesellschaftlichen Organisationen. Und diese »Massenloyalität, in welcher die überwältigende Mehrheit der deutschen Bevölkerung dem NS-Regime nahezu bis zu dessen völligen Zusammenbruch gegenüberstand, (war) keineswegs erzwungen«.[14]

Zu den erklärten Zielen der Politik der Nationalsozialisten zählte die Schaffung einer rassisch homogenen Volksgemeinschaft durch »Negativmaßnahmen, durch die Diskriminierung, Entfernung, Ausschaltung und Beseitigung von Fremden«, was den Ausschluss der Juden aus der deutschen – und später der europäischen – Gesellschaft bedeutete. Um dieses Ziel zu erreichen, war nicht nur die »Hilfe bloßer Befehlsempfänger« notwendig, »sondern [...] solcher Akteure, die Eigeninitiative entwickelten und intuitiv verstanden, was die Führung von ihnen wollte«.[15] Zu diesen »Akteuren«, die die Politik der neuen Machthaber unmittelbar in ihre Alltagsarbeit übernahmen, zählten auch deutsche Turn- und Sportvereine und ihre Verbände. In vorauseilendem Gehorsam führten sie das Führerprinzip ein und entledigten sich damit ihrer demokratischen Traditionen. Führertum, Rassismus und Militarismus wurden zu erklärten Zielen der sportlichen und verbandspolitischen Arbeit in der deutschen Turn- und Sportbewegung.

Nur wenige Wochen nach der nationalsozialistischen Machtübernahme wurde auch Gretel Bergmann ein erstes Opfer der Rassenpolitik in der deutschen Turn- und Sportbewegung. Unmittelbar vor ihrem 19. Geburtstag am 12. April 1933 erhielt sie einen Brief von ihrem Verein, dem Ulmer Fußballverein. *In dem Brief informierte man mich, meine Mitgliedschaft im UFV sei gekündigt und ich dort nicht mehr willkommen. Vergessen die schönen Stunden, die wir zusammen verbracht hatten, vergessen die vielen Medaillen, die ich für den Verein gewonnen hatte, vergessen die Kameradschaft!*[16]

Für Gretel Bergmann brach eine Welt zusammen, zumal auch die Deutsche Hochschule für Leibesübungen in Berlin ihr als Jüdin eine abschlägige Antwort auf ihre Bewerbung geschickt hatte. Da in Laupheim kein jüdischer Sportverein existierte, war ihr die Möglichkeit genommen, ihr Training fort zu setzen. *Ich hatte mein ganzes Leben mit nichtjüdischen Klassenkameraden, nichtjüdischen Sportskameraden, nichtjüdischen Verehrern verbracht, und jetzt fühlte ich mich gefangen, eingesperrt und hatte nichts, womit ich mich beschäftigen konnte.*[17] Trotz aller Niedergeschlagenheit ergriff Gretel Bergmann

---

13 U. HERBERT (Hg.), Nationalsozialistische Vernichtungspolitik 1939–1945. Neue Forschungen und Kontroversen, Frankfurt/M. 1998, S. 38.
14 E. SYRING, Das nationalsozialistische Deutschland. 1933–1945, Bonn 1997, S. 10.
15 P. LONGERICH, Tendenzen und Perspektiven der Täterforschung. Essay, in: Aus Politik und Zeitgeschichte 14–15 (2007), S. 4f.
16 BERGMANN (wie Anm. 3), S. 77.
17 Ebenda, S. 81.

in dieser Situation selbst die Initiative. Ein Kartoffelacker, der von seinem jüdischen Besitzer zur Verfügung gestellt worden war, wurde eingeebnet und zum Sportplatz umfunktioniert, auf dem jetzt Handball und Fußball gespielt werden konnte mit Gretel Bergmann als der einzigen weiblichen Mitspielerin. Gespielt wurde gegen andere jüdische Mannschaften aus der Umgebung.

Welche Spielräume hatten eigentlich die deutschen Turn- und Sportvereine im Frühjahr 1933 gegenüber ihren jüdischen Mitgliedern? Wurde ein Ausschluss von der neuen nationalsozialistischen Reichssportführung verfügt? Als Reichsportkommissar wurde erst am 28. April 1933 Hans von Tschammer und Osten berufen und am 19. Juli 1933 zum Reichssportführer ernannt. Damit kann zum Zeitpunkt des Ausschlusses von Gretel Bergmann noch keine Weisung der neuen Regierung vorgelegen haben. Sportvereine und -verbände handelten aus eigenem Gutdünken, um sich dem neuen Regime anzudienen. Sie zählten im Sinne von Longerich zu diesen »Akteuren, die Eigeninitiative entwickelten«,[18] indem sie die Judenpolitik der neuen Machthaber in ihrer Organisation umsetzten. Sie waren Handelnde (!) im Machteroberungsprozess der Nationalsozialisten und der »kumulativen Radikalisierung« im Jahre 1933![19]

Der Reichssportführer hatte zwar in einer Rundfunkrede Anfang Mai 1933 darauf hingewiesen, *dass es dem jüdischen Turner und Sportler im neuen Deutschland nicht möglich ist, eine führende oder mitbestimmende Stellung einzunehmen.* Anlässlich des Endspiels um die Deutsche Fußballmeisterschaft am 16. Juni 1933 Köln warnte er aber in der »Arierfrage« vor übereilten Handlungen und verordnete später, dass die Aufnahme von Juden den Vereinen frei stehe.[20] Hintergrund dieser zurückhaltenden Politik gegenüber den jüdischen Sportlerinnen und Sportlern waren die bevorstehenden Olympischen Spiele 1936 und die ersten Boykottandrohungen aus den USA. Deutsche Turn- und Sportvereine und ihre Verbände dagegen waren sehr schnell bereit, sich freiwillig in die neue nationalsozialistische Volksgemeinschaft zu integrieren und auf diesem Wege war für ihre jüdischen Mitglieder kein Platz mehr!

- Die Deutsche Turnerschaft schloss ihre jüdischen Mitglieder bereits Anfang April 1933 durch die Aufnahme des Arierparagraphen in die Satzung aus.
- Der Deutsche Schwimmverband bekannte sich im April 1933 zum »Arierparagraphen« und schloss die Juden aus den Vereinen aus.
- Die beiden deutschen Boxsportverbände strichen im April 1933 sämtliche Juden, auch christlich getaufe, aus ihren Mitgliederlisten.
- Der Verband Brandenburgischer Athletik-Vereine trennte sich im April 1933 von den kooperativ angeschlossenen jüdischen Vereinen. Die Punktspiele des jüdischen Vereins S.C. Hakoah Berlin wurden einfach abgesagt und dem Verein verboten, Freundschaftsspiele durchzuführen.
- Der Deutsche Ruderverband beschloss im Mai 1933 die Aufnahme ausschließlich arischer Mitglieder in seinen Vereinen.

18　Longerich (wie Anm. 15), S. 5.
19　H. Mommsen, Der Nationalsozialismus: Kumulative Radikalisierung und Selbstzerstörung des Regimes, in: Meyers Enzyklopädisches Lexikon 16 (1976), S. 785–790.
20　Stadtarchiv Hannover HR 15 Nr. 441.

- Der Deutsche Fußballbund und die Deutsche Sportbehörde teilten am 19. April 1933 ihren Untergliederungen und Vereinen mit, dass sie *Angehörige der jüdischen Rasse* [...] *in führenden Stellungen der Landesverbände und Vereine nicht für tragbar* halten.[21]
- 14 Vereine aus dem Süden und Südwesten der Republik hatten sich bereits zuvor, *der nationalen Regierung* [...] *freudig und entschieden* zur Verfügung gestellt und ihre Mitarbeit *insbesondere in der Frage der Entfernung der Juden aus den Sportvereinen* angeboten.[22]

Diese Liste ließe sich beliebig fortsetzen!

In dieser ausweglosen Situation nutzte Gretel Bergmann die geschäftlichen Beziehungen ihres Vaters nach England und ging nach London, um dort ihre sportliche Karriere fortzusetzen. Sie schrieb sich am Londoner Polytechnikum ein. Bei dem Rundgang durch die Schule kam sie auch in die Turnhalle, wo eine Gruppe junger Mädchen Hochsprung trainierte. Gretel Bergmann nahm die Aufforderung zum Mitmachen gerne an mit dem Ergebnis, dass sie für die Schule an mehreren Wettkämpfen teilnahm und 1934 die Chance erhielt, an den britischen Meisterschaften teilzunehmen. Am 30. Juni 1934 gewann sie mit der Höhe von 1,55 m die britische Meisterschaft. Der Traum von einer Teilnahme an den Olympischen Spielen in Berlin – als Vertreterin für die britische Mannschaft – schien in greifbare Nähe zu rücken. Als sie nach England ging, hatte sie sich vorgenommen, irgendeinen Weg ins britische Olympiateam zu finden und durch einen Rekord oder Gewinn einer Meisterschaft den Nazis zu zeigen: *Seht her, ihr Bastarde, so gut kann eine Jüdin sein.*[23]

Aufgrund der fortgesetzten Diskriminierung und Verfolgung der jüdischen Bevölkerung in Deutschland hatte die Boykottbewegung mittlerweile in den USA, England und Frankreich an Zulauf gewonnen, so dass sich die nationalsozialistische Reichssportführung in Absprache mit Reichskanzler Hitler genötigt sah, gegenüber dem IOC in der Beteiligung jüdischer Sportlerinnen und Sportler im deutschen Team Zugeständnisse zu machen.[24] In diesem Zusammenhang ist die Mitteilung zu sehen, die Vater Edwin seiner Tochter in London überbrachte, dass sie nach Deutschland zurückkommen sollte, um sich für die deutsche Olympiamannschaft zu qualifizieren. Im Falle einer Verweigerung drohten die Nazis mit Konsequenzen für die Familie und die jüdische Sportbewegung.[25]

Als Jüdin wurde Gretel Bergmann aus ihrem Verein ausgeschlossen, ihrer Trainingsmöglichkeiten und ihres gesamten sozialen Umfeldes beraubt, jetzt sollte sie für das nationalsozialistische Deutschland, das Juden als minderwertig abqualifizierte, bei den Olympischen Spielen starten? Der seelische Zwiespalt, in den Gretel Bergmann hineingezogen

---

21   Zitiert nach G. FISCHER/U. LINDNER, Stürmer für Hitler. Vom Zusammenspiel zwischen Fußball und Nationalsozialismus, Göttingen 1999, S. 192.

22   Zitiert nach A. HEINRICH, Der Deutsche Fußballbund. Eine politische Geschichte, Köln 2000, S. 143.

23   BERGMANN (wie Anm. 3), S. 89.

24   Vgl. A. KRÜGER, Die Olympischen Spiele 1936 und die Weltmeinung. Ihre außenpolitische Bedeutung unter besonderer Berücksichtigung der USA, Berlin 1972; H.J. TEICHLER, 1936 – ein olympisches Trauma. Als die Spiele ihre Unschuld verloren, in: M. BLÖDORN (Hg.), Sport und Olympische Spiele, Reinbek 1984, S. 47–76.

25   BERGMANN (wie Anm. 3), S. 95f.

wurde, ist offenkundig. Der Weg, mit dem britischen Olympiateam nach Deutschland zurückzukehren, war verschlossen. *Wie war das möglich, wo sie mich doch vor knapp einem Jahr aus dem deutschen Leben ausgeschlossen und mich für unerwünscht und wertlos erklärt hatten? Je mehr ich erfuhr, desto stärker hatte ich das Gefühl, in ein Intrigennetz verstrickt zu werden, aus dem es kein Entrinnen gab. [...] Die Seifenblase war geplatzt. Die Bemühungen, in die britische Olympiamannschaft zu kommen, waren zu Ende, und ich stand möglicherweise am Beginn eines quälenden Alptraums.*[26]

Nach ihrer Rückkehr nach Laupheim fand Gretel Bergmann keine Trainingsmöglichkeiten vor. Es gab zwar mit der RjF-Sportgruppe Laupheim einen jüdischen Sportverein, aber nur den eingeebneten Kartoffelacker als Trainingsstätte. Für eine Leistungssportlerin, die sich für die Olympischen Spiele qualifizieren wollte, war dies ein unmöglicher Zustand, der aber die Alltagssituation des jüdischen Sports insgesamt in dieser Zeit widerspiegelt. Reichssportführer von Tschammer und Osten hatte zwar den jüdischen Sportlerinnen und Sportlern im November 1933 zugesichert, sich in eigenen Vereinen und Verbänden zu organisieren und Sport zu treiben. Aber wo sollten sie trainieren? Die Kommunen verweigerten jüdischen Vereinen häufig die Anmietung kommunaler Sportstätten und darüber hinaus besetzten marodierende SA-Gruppen die wenigen vereinseigenen Plätze. Ein geordneter Übungs- und Trainingsbetrieb war unter diesen Gegebenheiten nicht möglich. In dieser ausweglosen Situation bot der jüdische Verein »Schild Stuttgart« Gretel Bergmann an, auf seinem Gelände zu trainieren. Sie nahm das Angebot an und fuhr häufiger für einige Tage ins 120 km entfernte Stuttgart zum Training. Aber selbst unter diesen Bedingungen war ein systematisches Leistungstraining nicht möglich.

Im jüdischen Sport ein »Star« – gefangen im Netz der nationalsozialistischen Rassenpolitik

Gretel Bergmann verkörperte in der jüdischen Bevölkerung und der jüdischen Presse die »große jüdische Hoffnung«. Durch ihre herausragenden sportlichen Erfolge war sie der Star in der jüdischen Sportszene und sie war ein Werbeträger. *Autogrammwünsche wurden zur Regel, und ganze Schwärme von Kindern und Jugendlichen liefen mir nach, wenn ich mich im Stadion sehen ließ. [...] In deutsch-jüdischen Kreisen im ganzen Land war mein Name eine feste Größe.*[27]

In den Zeiten der Verfolgung und Diskriminierung entwickelte sich der Sport in den jüdischen Gemeinden zu einem wichtigen Bindeglied in dem täglichen Kampf um Selbstbehauptung. *Turner und Sportler sind in erster Reihe dazu berufen, heute das jüdische Dasein mit Freude zu erfüllen und alle, die in ihre Reihen treten, auf Stunden vergessen zu lassen, was sie sonst beschwert.*[28] In vielen jüdischen Gemeinden entstanden eigene Sportvereine, die sich entweder »Makkabi« oder »Schild«, dem Sportbund des Reichsbundes jüdischer Frontsoldaten, anschlossen. So wuchs die Zahl der Mitglieder in den Sportgrup-

26 Ebenda, S. 96f.
27 BERGMANN (wie Anm. 3), S. 102.
28 M. FUSS-OPET, Jüdischer Sport in der Gegenwart, in: Israelitisches Familienblatt vom 18. Januar 1934.

Abb. 3: Gretel Bergmann spricht zum Nachwuchs! Leichtathletiksportfest in Darmstadt 1936.

pen des RjF von 7.000 auf 21.000 im Jahre 1936 – organisiert in 216 Sportgruppen – und auch im Makkabi-Verband verdreifachte sich die Mitgliederzahl von ehemals 8.000 im Jahre 1933.[29]

Die großen Hoffnungen, die die jüdische Bevölkerung in Deutschland mit Gretel Bergmann verband, drückte sich in zahlreichen Beiträgen in der jüdischen Presse aus. Im Oktober 1934 wird Gretel Bergmann in »Der Schild« als »Olympiahoffnung« vorgestellt. Das Mädel kann noch unendlich mehr leisten, davon war der Sportwart des RjF, Paul Yogi Mayer, nach den ersten Trainingseindrücken überzeugt: *Noch fehlt jener letzte Schliff, noch fehlt jene letzte Technik des Meisters, sie verspricht so wie im Training auch im Wettkampf einmal 1,60 und mehr zu springen, den deutschen Rekord damit weit überbietend. Wer einmal mit ihr zusammengearbeitet hat, die Leichtigkeit des Sprunges sah, den langsam sich steigernden Anlauf, die täuschende Lässigkeit des Absprunges, die Einfachheit des Abscherens, wer sieht, wo noch Steigerungsmöglichkeiten liegen, der weiß, daß hier eine echte Olympiahoffnung in unserem Lager steht.*[30]

Eine echte Chance, systematisch und langfristig unter Anleitung zu trainieren, sollte Gretel Bergmann aber nicht bekommen. Zusammen mit anderen jüdischen Leichtathletinnen und Leichtathleten erhielt sie eine »Einberufung zum Lehrgang des Reichssportführerringes« im Oktober 1934 nach Ettlingen. An diesem ersten von zwei Lehrgängen nahmen Sportlerinnen und Sportler beider jüdischer Verbände teil. Der zweite Lehrgang fand ausschließlich für Athletinnen und Athleten des Schildverbandes vom 16.-22. Juni 1935 wiederum in Ettlingen statt. Folgt man dem zeitgenössischen Bericht, dann war die Stimmung auf diesem Lehrgang sehr gut.[31]

Gast auf dem zweiten Ettlinger Lehrgang war auch ein Journalist der französischen Zeitung »L'Auto«. Damit wurde die besondere politische Funktion dieser Veranstaltung deutlich. Durch den abschließenden Kommentar des Journalisten über das Ettlinger Trai-

---

29 »Der Schild« vom 20.05.1936.
30 »Der Schild« vom 05.10.1934.
31 Sportjugend in Ettlingen, in: »Der Schild« vom 05.07.1935.

Abb. 4:　Gretel Bergmann im Trainingslager in Ettlingen, eingerahmt von ihren jüdischen Sportkameraden Paul Yogi Mayer (li) und Julius Bendorf.

ningslager in »L'Auto« am 18. September 1935 *man habe keinen Grund mehr, an der Loyalität der Leiter des deutschen Sports hinsichtlich der Teilnahme jüdischer und nicht-ari-
scher Sportsleute an den Olympischen Spielen in Berlin zu zweifeln,*[32] hatten die Nazis ihr
Ziel erreicht. Gegenüber der Weltöffentlichkeit standen sie als loyale Gastgeber dar.

Die Teilnahme an Meisterschaften des Deutschen Reichsbundes für Leibesübungen
war jüdischen Sportlerinnen und Sportlern verwehrt, als Mitglied in einem jüdischen
Sportverein waren sie ausgeschlossen. Somit beschränkte sich die Wettkampferfahrung
auf die Teilnahme an jüdischen Meisterschaftswettkämpfen. Bei den Reichsmeisterschaften des RjF am 25. August 1935 in Berlin siegte Gretel Bergmann mit der Höhe von 1,55
m, während Elfriede Kaun wenige Wochen zuvor »deutsche« Meisterin mit der Höhe von
1,53 m geworden war.[33]

Als einzige jüdische Sportlerin wurde Gretel Bergmann in die sogenannte »Kern-
mannschaft« für die Olympischen Spiele in Berlin aufgenommen. Das bedeutete die Teilnahme an verschiedenen Lehrgängen in Hannover und wiederum in Ettlingen. Auch
wenn Gretel Bergmann in ihren Erinnerungen die Aufnahme durch die »arischen« Konkurrentinnen und Konkurrenten als sehr positiv beschreibt: *ich wurde problemlos in die
Gruppe aufgenommen, eine Sportlerin unter anderen,*[34] es waren potemkinsche Dörfer,
die die Nazis mit Gretel Bergmanns Einladung und Teilnahme an den Lehrgängen der
Olympia-Kernmannschaft aufgebaut hatten. Sie hatten einzig und allein das Ziel, die
Weltöffentlichkeit zu täuschen, um einen drohenden Olympiaboykott zu verhindern, der

---

32　Zitiert nach P. Y. MAYER, Jüdische Olympiasieger. Sport – ein Sprungbrett für Minoritäten.
　　Kassel 2000, S. 75.
33　Tag des Kampfes und der Kameradschaft, in: »Der Schild« vom 30.08.1935.
34　BERGMANN (wie Anm. 3), S. 107.

Abb. 6: Beim 100m-Start: Gretel Bergmann, Ruth Meyer, Else Gatrowska. Leichtathletiksportfest in Darmstadt 1936.

Abb. 5: Reichsmeisterschaften der Leichtathletik in Berlin 1935.

Abb. 7: Gretel Bergmann beim Fünf-Verbände-Kampf in Fürth 1936.

für das nationalsozialistische Deutschland einen immensen Gesichtsverlust bedeutet hätte. Der »schöne Schein« sollte gewahrt bleiben.

Die Realität der Sportpolitik der Nazis gegenüber den jüdischen Olympiakandidatinnen und -kandidaten spiegelt sich in zwei unabhängig voneinander verfassten Berichten wider. Der Bericht des amerikanischen Botschafters, William E. Dodd, vom 11. Oktober 1935 ist bekannt, in dem er gegenüber dem State Department auf die schlechten Trainingsbedingungen der jüdischen Athleten hinweist. In einem Bericht des Jewish Central Information Office »Deutschland und die Olympischen Spiele. Tatsachen über die Behandlung der jüdischen Sportler« vom 18.10.1935 wird ebenfalls auf die unzureichenden Bedingungen der jüdischen Athletinnen und Athleten verwiesen: *Es ist nach dem Urteil von Sachverständigen durchaus anzunehmen, dass diese Sportler (die Kurzstreckenläufer Schattmann und Levin und der Schwerathlet Seligmann) bei normalen Trainings- und Wettkampfmöglichkeiten Bestleistungen erreicht haben würden. Einzig der Hochspringerin Gretel Bergmann [...] gelang es, in die deutsche Bestklasse zu kommen. Aber auch die*

Behandlung dieser hochbegabten Sportlerin [...] ist bezeichnend für die ungeheuren Wi-
derstände, unter denen entgegen allen Zusagen und Richtlinien die jüdischen Sportler zu
leiden haben. Fräulein Bergmann wurde in diesem Jahre Württembergische Meisterin und
war damit berechtigt, an den grossen Reichsausscheidungskämpfen teilzunehmen. Zu den
Olympia-Frauenausscheidungskämpfen in Wuppertal-Elberfeld im Sommer 1935 war sie
gemeldet. Sie wurde kurz vor dem Sportfest veranlasst, mit Rücksicht auf die Stimmung
der Bevölkerung zurückzutreten. Dasselbe Spiel wiederholte sich kurz darauf bei den
deutschen Leichtathletikmeisterschaften, wo Fräulein Bergmann wiederum nicht starten
konnte. Diesmal hatte man eine andere Begründung gefunden. Startberechtigt sei nur, wer
Mitglied des Reichsbundes für Leibesübungen sei, der Juden selbstverständlich nicht als
Mitglieder aufnimmt. [...] Als letzte der grossen Ausscheidungskämpfe fanden die Aus-
scheidungskämpfe in München statt. Obwohl zu diesem Ausscheidungskämpfen alle dafür
qualifizierten Sportler eingeladen wurden, wurde Fräulein Bergmann wieder nicht einge-
laden. Erst auf wiederholte und mit äusserster Energie vorgebrachte Beschwerden beim
Reichssportkommissar gelang es schließlich am Tage vor dem Sportfest, die Meldung von
Fräulein Bergmann zu den Hochsprungwettbewerben durchzusetzen, in dem sie dann
auch prompt gesiegt hat.[35]

Trotz dieser Behinderungen und Schikanen hatte sich Gretel Bergmann in den letzten
beiden Jahren vor den Berliner Spielen als eine der konstantesten deutschen Hochspringerinnen erwiesen und ihre unmittelbare und schärfste Konkurrentin, Elfriede Kaun, bei
einem Wettkampf im Juni 1935 in Ulm mit der Höhe von 1,56 m geschlagen. Mit der Ein-
stellung des kurz zuvor von Elfriede Kaun aufgestellten deutschen Rekordes von 1,60 m
bei einem regionalen Sportfest im Juli 1936, bei dem ihre Konkurrentinnen bereits bei der
Höhe von 1,40 m ausgestiegen waren, stellte Gretel Bergmann ihre herausragende Form
nochmals unter Beweis. Wenige Tage später erhielt sie ein Schreiben des Reichssportfüh-
rers, datiert vom 16.7.1936 – einen Tag nach der Abreise der amerikanischen Mannschaft
aus New York –, mit der Mitteilung, er habe es *nicht vermocht, Sie in die Mannschaft [...]*
einzureihen. [...] Sie werden auf Grund der in letzter Zeit gezeigten Leistungen wohl selbst
nicht mit einer Aufstellung gerechnet haben.[36]

Gretel Bergmanns Reaktion auf diese Entscheidung schwankte zwischen maßloser Enttäuschung und Erleichterung. Einerseits überwog die Enttäuschung, nach all den Jahren
der Vorbereitung unter widrigsten Verhältnissen und der Hoffnung, unter den Augen der
versammelten Naziführung vor 100.000 Zuschauern die nationalsozialistische Rassentheo-
rie ad absurdum führen zu können. Andererseits war der Alptraum beendet, der sie seit
ihrer erzwungenen Rückkehr aus London gequält hatte. *Es ist immer derselbe peinigende,*
schreckliche Traum: Ich stehe im Berliner Olympiastadion und warte auf den Beginn des
entscheidensten, wichtigsten Wettkampfes meines Lebens. Ganz allein stehe ich da. Das
riesige Stadion mit seinen 100.000 Plätzen ist restlos ausverkauft. Als ich es wage aufzubli-
cken, scheint mir, als trüge jeder einzelne Zuschauer die Naziuniform, die schwarze der SS-
Elite oder die braune der SA. Überall sind Hakenkreuze. Ich spüre, wie mich die Blicke aus
100.000 Augenpaaren durchbohren. Der überwältigende Wunsch, um jeden Preis teilzu-

---

35   Wiener Library London, Deutschland und die Olympischen Spiele. Tatsachen über die Behand-
     lung der jüdischen Sportler (Manuskript undatiert, 10 S.). 067-WL-1626.
36   Abdruck des Schreibens in MAYER (wie Anm. 32), S. 81 sowie DIEDERIX (wie Anm. 1), S. 30.

nehmen, kämpft mit dem überwältigenden Bedürfnis, mich zu verstecken, wegzulaufen. Jetzt kündigt der Lautsprecher den Hochsprung an. Ich hole tief Luft. Es ist so weit. Aber ich kann mich nicht bewegen. Ich bin gelähmt, stehe wie angewurzelt, die Füße sind wie einzementiert. Zitternd und schweißgebadet wache ich auf, voller Zorn auf mich selbst.[37]

In der Presse wurde die Nichtnominierung Gretel Bergmanns nicht zur Kenntnis genommen. Die Nazis hatten ihr Ziel erreicht. Am 1. August wurden die Olympischen Spielen eröffnet – die amerikanische Mannschaft mit viel Beifall begrüßt. Am 8. Mai 1937 verließ Gretel Bergmann mit wenigem persönlichen Gepäck und dem von den Nazis erlaubten Höchstbetrag von 10 RM ihre deutsche Heimat. Beim Abschied von ihrer Familie schwor sie, *never set foot on German soil again.*[38]

Einzig die jüdische Presse meldete die Emigration ihrer großen jüdischen Hoffnung in die USA:

Auch Gretel Bergmann verabschiedet sich.

Einer nach dem anderen aus den Reihen jüdischer Sportler und Sportlerinnen verlässt Deutschland, um sich in anderen Ländern, anderen Erdteilen eine neue Heimat zu suchen. Diesmal ist es Gretel Bergmann, die beste, erfolgreichste und würdigste Vertreterin der jüdischen Sportbewegung, [...]. Wer ist sie und was sie geleistet hat? Es dürfte kaum jemanden aus der grossen Familie der am jüdischen Sport Beteiligten und Interessierten geben, der die stets lustige Sportlehrerin aus Laupheim i. Württ. nicht kennt, [...]. Trotz ihrer vielen Erfolge – und das gerade machte sie zum Vorbild im Bereich des Sports jüdischer Frauen – blieb sie das einfache, bescheidene, stets zu kameradschaftlichen Diensten bereite Mädel, das man lieb gewinnen musste.

Gretel Bergmann leb wohl! [...][39]

Am 15. Oktober 1937 berichtete »Der Schild« in einem ausführlichen Beitrag über Gretel Bergmanns sportlichen Erfolge bei den Meisterschaften der USA: *Gretel Bergmanns großer Doppel-Sieg.* Sie siegte im Hochsprung mit *4 feet, 11 ½ Inches, das sind 1,51 bis 1,52 m* und im Kugelstoßen mit *37 feet, 6 ¾ Inches, das sind 11,45 bis 11,50 m (Inge Mellos Sportbund-Rekord steht auf 11,36 m).*[40] Zehn Monate später findet sich die letzte Meldung über Gretel Bergmann in der jüdischen Presse: *Gretels USA-Meisterschaft bestätigt.*[41] Es war für viele Jahrzehnte die letzte Nachricht in einer in Deutschland erscheinenden Zeitung!

Vergessen!

Die Erinnerung an Gretel Bergmann war in der nachkriegsdeutschen Sportszene nicht präsent. Überhaupt litt das deutsche Sportgedächtnis bezüglich der ehemaligen jüdischen Sportlerinnen und Sportler an einer über 40-jährigen kollektiven Amnesie! Während Sportgrößen der 1920er und 1930er Jahre wie Otto »Tull« Harder – als Kommandant ei-

---

37   BERGMANN (wie Anm. 3), S. 3.
38   Zitiert nach DIEDERIX (wie Anm. 1), S. 20.
39   M. FRIEDMANN, Auch Gretel Bergmann verabschiedet sich, in: C.-V.-Zeitung vom 20. Mai 1937, S. 10.
40   Gretel Bergmanns großer Doppel-Sieg, in: »Der Schild« vom 15.10.1937.
41   In: »Der Schild« vom 26.08.1938.

nes Außenlagers des KZ-Neuengamme und SS-Mitglied verwickelt in Verbrechen gegen die Menschlichkeit –, Bernd Rosemeyer, Elly Beinhorn, Rudolf Carraciola, Christl Cranz, Max Schmeling, Ernst Baier und Maxi Herber vielen Sportfans geläufig waren, war die Erinnerung an Gretel Bergmann, Lilli Henoch, David Prenn, die Cousins Alfred und Gustav Felix Flatow, Walter Bensemann, Julius »Juller« Hirsch, Gottfried Fuchs – um nur einige der national herausragenden Sportlerinnen und Sportler zu nennen – ausgelöscht.

Wer im Gedächtnis seiner Lieben lebt, der ist nicht tot, der ist nur fern; tot ist nur, wer vergessen wird. Tot im Sinne des großen deutschen Philosophen Immanuel Kant waren die Leichtathletin Lilli Henoch – mehrfache deutsche Meisterin im Kugelstoßen, Diskuswerfen und in der 4x100m-Staffel –, die Cousins Alfred und Gustav Felix Flatow, die für ihr Vaterland Deutschland bei den ersten Olympischen Spielen der Neuzeit 1896 in Athen Goldmedaillen errungen hatten, Julius Hirsch, mehrfacher Fußballnationalspieler. Sie alle waren in nationalsozialistischen Konzentrationslagern ermordet und zusätzlich aus den Annalen des deutschen Sports gestrichen worden. Dagegen war es Gretel Bergmann, dem Tennis-Davis-Cup-Spieler Daniel Prenn, dem Fußballnationalspieler Gottfried Fuchs, der mit zehn in einem Spiel erzielten Toren bei dem 16:0 Sieg der deutschen Mannschaft gegen Russland beim Olympischen Turnier 1912 immer noch den deutschen Rekord hält und Walther Bensemann, dem Begründer der heute noch erscheinenden großen deutschen Sportzeitung »Der Kicker« gelungen, rechtzeitig dem antisemitischen Terror durch Emigration zu entfliehen. Aus dem kollektiven deutschen Sportgedächtnis wurden aber auch sie getilgt.

Ohne gründliches Wissen um seine Geschichte kann auf die Dauer kein Volk bestehen. [...] Wenn ein Volk aber versucht, in und mit seiner Geschichte zu leben, dann ist es gut beraten, in und mit seiner ganzen Geschichte zu leben und nicht nur mit ihren guten und erfreulichen Teilen. [...] Für mich ist jeder Versuch, die Verbrechen des Nationalsozialismus aus der geschichtlichen Erinnerung auszublenden, letztlich nur eine besondere Form intellektueller Feigheit.[42] Mit diesen Worten hat der damalige Bundespräsident Roman Herzog anlässlich des Holocaust-Gedenktages 1999 eine Revision der deutschen Geschichtspolitik und Aufarbeitung der nationalsozialistischen Vergangenheit in der deutschen Gesellschaft und ihren gesellschaftlichen Organisationen und Institutionen angemahnt. Diese *besondere Form der intellektuellen Feigheit* zeichnete den deutschen Sport und seine führenden Repräsentanten in Vereinen und Verbänden noch bis in die 1980er Jahre aus. Es ist kein Zufall, dass zunächst Journalisten auf das Schicksal jüdischer Sportlerinnen und Sportler während der Zeit des Nationalsozialismus aufmerksam machten. Gretel Bergman war im Jahre 1980 in die »Jewish Hall of Fame« im Wingate Institut/Israel aufgenommen worden. Anlässlich der Ehrung, die in Los Angeles am 2. Februar 1980 stattfand, erschien eine kurze Biografie in der »New York Times«, was wiederum die deutsche Presse veranlasste, diesen »Fall« aufzunehmen. In dem Bericht der »Schwäbischen Zeitung« vom 7. Februar wurde nicht nur die Erinnerung an Gretel Bergmann aufgenommen, sondern die Versäumnisse des deutschen Sports in Bezug auf ihre Geschichtspolitik angeprangert:

---

[42]   R. HERZOG, Feigheit ist das letzte, was ich von meinem Volk erleben möchte. Walser, Bubis und die Erinnerung. Die Rede des Bundespräsidenten Roman Herzog aus Anlaß des Holocaust-Gedenktages, in: Frankfurter Rundschau vom 28. Januar 1999.

Die Aufnahme in die jüdische Ruhmeshalle des Sports [...] ist eine Wiedergutmachung, die nur den einen Schönheitsfehler hat, dass der deutsche Sport nichts zu ihr beigetragen hat.[43]

Ohne das folgende Engagement des Ehrenvorsitzenden Burkhard Volkholz des TSV Laupheim wäre diese Zeitungsmeldung sicherlich im Sande verlaufen. Burkhard Volksholz nahm Kontakt mit Gretel Bergmann auf, der sich zunächst sehr zögerlich, dann aber zu einer Freundschaft entwickelte und ohne die Hartnäckigkeit, mit der er sich für eine Ehrung Gretel Bergmanns durch den Verein und die deutschen Sportverbände – Deutscher Leichtathletik-Verband und Nationales Olympischen Komitees – einsetzte, wäre der deutsche Sport sicherlich wieder zur Tagesordnung übergegangen. Zur eigenen Geschichte in der Zeit des Nationalsozialismus und vor allem zur eigenen Rolle in dieser Zeit, der Beteiligung an dem Ausschluss jüdischer Mitglieder etc. hatten die deutschen Verbände ein gespaltenes Verhältnis, wenn sie es denn überhaupt thematisierten. Es dauerte noch drei weitere Jahre, bis der DLV beschloss, Gretel Bergmann mit der Ehrenplakette auszuzeichnen. Im Zusammenhang mit der Bewerbung Berlins um die Austragung der Olympischen Spiele 2000 gerieten die Berliner Spiele von 1936 und damit auch das Schicksal der jüdischen Athletinnen und Athleten wieder in den Blick der Öffentlichkeit. Es sollte aber noch bis zum Frühjahr 1996 dauern, bis sich das NOK zu einem symbolischen Akt entschloss und Gretel Bergmann zusammen mit ihrem Ehemann Bruno als Ehrengäste zu den Olympischen Spielen 1996 in Atlanta einlud. 60 Jahre (!) nach dem Ausschluss Gretel Bergmanns von den Olympischen Spielen 1936 konnte sich das Nationale Olympische Komitee für Deutschland endlich dazu durchringen, einen Schandfleck in der jüngeren Geschichte der deutschen Sportbewegung als Schandfleck und begangenes Unrecht, das im Namen des deutschen Sports ausgeübt worden war, anzuerkennen.

Im Herbst 1999 nahm Gretel Bergmann persönlich den Georg-von-Opel-Preis »Die stillen Sieger« in der Kategorie »Unvergessene Meister« entgegen. Ihr Beitrag zur Versöhnung mit dem deutschen Sport, aber auch mit ihrer deutschen Heimat, war der Bruch ihres Schwurs *never set foot on German soil again*. Im Juli 1936 hatte Gretel Bergmann mit der übersprungenen Höhe von 1,60 m den deutschen Rekord eingestellt. Es vergingen mehr als 70 Jahre (!) bis dieser Rekord vom Deutschen Leichtathletikverband anerkannt worden ist. *Wir wissen, dass dies keine Wiedergutmachung sein kann. Aber es ist ein Akt der Gerechtigkeit und eine symbolische Geste des Respekts vor Gretel Bergmann*, so der Ehrenpräsident Theo Rous zu der späten Entscheidung seines Verbandes.[44]

---

43   Zitiert nach DIEDERIX (wie Anm. 1), S. 23.
44   Gretel Bergmanns Rekord anerkannt, in: DOSB-Presse vom 24.11.2009, S. 16.

Adolf Rosenberger – Zur Geschichte eines deutschen Juden. Vom erfolgreichen Rennfahrer zum Mitbegründer der Porsche AG

VON MARTIN WALTER[1]

Adolf Rosenberger hatte vor über achtzig Jahren mit zahllosen Siegen bei Grand-Prix-Rennen und bei schwierigsten Bergrennen großen Anteil am Erfolg und Aufstieg des deutschen Motorsports. Als reiner »Herrenfahrer« und mit dem entsprechenden Portemonnaie ausgestattet war er einer der deutschen Automobilisten, die es sich in den Jahren der Weimarer Republik leisten konnten, mit PS-starken Fahrzeugen bei hochkarätigen Rennen in Deutschland aber auch im europäischen Ausland an den Start zu gehen. Rosenberger besaß Zeit seines Lebens beste Kontakte zu den Firmen Daimler und Benz aber auch zu Ferdinand Porsche. Als dessen Finanzier in späteren Jahren spielte er eine bedeutende Rolle am Werden der eigenständigen Firma Porsche. Zudem hatte er großen Anteil an der Entstehung der legendären Auto-Union Rennwagen, mit denen u. a. Bernd Rosemeyer von Sieg zu Sieg eilte.

Neben dem Verfasser sind bisher nur wenige auf den Kaufmann und Rennfahrer aus Pforzheim aufmerksam geworden. Dr. Paulo Sandler beschäftigt sich seit vielen Jahren u.a. mit der Automobilgeschichte seines Heimatlandes Brasilien. In den Mittelpunkt seiner Arbeiten rückt er immer wieder die Entstehungsgeschichten von Volkswagen und Porsche in Deutschland. Er hinterfragt kritisch die jeweiligen Entstehungssituationen und setzte in seiner Beurteilung neue Schwerpunkte.[2] In Deutschland ist es Eberhard Reuß, der sich in seinem Band »Hitlers Rennschlachten – die Silberpfeile unterm Haken-

---

1   Der Autor bedankt sich bei nachfolgendem Personenkreis sehr herzlich für wertvolle Hinweise und Unterstützung: Frau Andrea Binz-Rudek, Stadtarchiv Pforzheim; Herrn Bernhard Brägger, Schweiz; Frau Ute Dieckhoff, StAChem; Herrn Hugo Esslinger, Los Angeles; Herrn Hans Etzrodt, Hawaii; Herrn Dieter Grossherr, Thyrnau; Herrn Thomas Kernle, ADAC-Vereinsbibliothek München; Herrn Prof. Dr. Peter Kirchberg, Auto Union GmbH Ingolstadt; Herrn Dieter Landenberger, Historisches Archiv der Porsche AG; Herrn Stan Peschel, Konzernarchiv DaimlerChrysler; Frau Annett Post, Stadtarchiv Pforzheim; Herrn Dr. Heinz Rabe, Korntal-Münchingen; Herrn Eberhard Reuß, SWR Studio Mannheim Hörfunk und Fernsehen; Herrn Dr. Paulo Cesar Sandler, Sao Paulo; Herrn Hartmut Wagner, Pforzheim; Herrn Jürgen Wagner, Pforzheim; Frau Monika Bühler-Wagner, Pforzheim.
2   Zur Automobilgeschichte Brasiliens erschienen bisher: P. Sandler, DKW. A Grande História da pequena Maravilha, Sao Paulo 2006; Ders., Simca. A História desde as Origens, Sao Paulo 2005. Und vor allem: Ders., Karmann Ghia. O que Design virou História, Sao Paulo 2009 und

kreuz« mit Rosenberger inhaltlich und mit der eher traurigen Rolle der Firma Porsche einem ihrer Mitbegründer gegenüber kritisch auseinandersetzt.[3]

Von der Statur her gesehen war Adolf Rosenberger eher klein, maß etwa einen halben Kopf weniger als sein Freund und Konkurrent auf der Rennstrecke Rudolf Caracciola. Er war aber auch ein Mann von Welt, immer akkurat und modisch schick gekleidet. Als Rennfahrer dagegen war er ein Draufgänger, jemand der immer bis an die Grenzen ging und manchmal auch darüber hinaus. Kein Wunder also, dass der Pforzheimer gegen Ende der 1920er Jahre zu den erfolgreichsten europäischen Rennfahrern zählte. Er war ein Mann, der sich seiner badisch-schwäbischen Herkunft bewusst blieb. Ob dies der Grund war, dass er während seiner gesamten Laufbahn als Rennfahrer nur Renn- und Sportwagen der Firmen Benz, Daimler und ab 1926 Mercedes-Benz fuhr, wird allerdings Spekulation bleiben. Seine motorsportliche und mit vielen Höhepunkten versehene Karriere dauerte annähernd ein ganzes Jahrzehnt und wurde durch die »Machtergreifung« der Nationalsozialisten 1933 jäh gestoppt. Nicht nur, dass er als Jude angeblich wegen so genannter »Rassenschande« 1935 in ein KZ verschleppt wurde und es ihm untersagt wurde, Rennen zu fahren – von den anderen Ungerechtigkeiten ihm gegenüber ganz zu schweigen –; darüber hinaus wurden seine motorsportlichen Erfolge gewissermaßen aus den Geschichtsbüchern getilgt. Während andere im Mittelpunkt der nationalen Medienberichterstattung standen und zu nationalen Helden generiert wurden, da verschwand der Name des Juden Rosenberger ganz einfach und geriet in Vergessenheit. Ein Mann, der ohne Zweifel in die »Hall of Fame« des deutschen Motorsports gehört, trat von da an nicht mehr in Erscheinung.

Kindheit und Jugend

Adolf Rosenberger wurde am 8. April 1900 als Sohn einer jüdischen Kaufmannsfamilie in Pforzheim/Baden geboren. Sein Vater, Simon Rosenberger – ein Pforzheimer Kaufmann, starb 1942 im Exil in Südfrankreich. Der junge Adolf besuchte zunächst die Volksschule in Pforzheim und wechselte dann im Alter von zehn Jahren auf die Oberrealschule. Von 1913 bis 1915 war er Schüler der Rauscher-Schule in Stuttgart. Mit 17 Jahren wurde er zum Kriegsdienst einberufen und landete bei den »Fliegern«. Hier wurde er zwar nicht zum Pilot ausgebildet, sondern vielmehr bei der technischen Betreuung der Flugzeuge eingesetzt. Dennoch erweckte dies sein technisches Interesse und die Begeisterung für neue Technologien, die ihn Zeit seines Lebens nicht mehr los lassen sollten.

Als Rennfahrer unterwegs

Nach dem Ersten Weltkrieg erzielte Adolf Rosenberger im Alter von nur 22 Jahren erste Erfolge als Motorradrennfahrer. Ab 1923 wandte er sich dem automobilen Rennsport zu

---

DERS., Volkswagen. A História sincera do Carro honesto, Sao Paulo 2010. Das Buch zu Porsche ist in Vorbereitung.

3   E. REUSS, Hitlers Rennschlachten – die Silberpfeile unterm Hakenkreuz, Berlin 2006.

und konnte in den Jahren bis 1929 rund vierzig erste Plätze erringen. Legendäre Siege errang er auf den Mercedes-Kompressor-Rennwagen und hält bis heute zahlreiche Bergrekorde im In- und Ausland. Dabei startete er nicht nur bei den damals wichtigsten und schwierigsten Bergrennen, sondern er erzielte zudem großartige Erfolge auf der AVUS bei Berlin und dem Nürburgring in der Eifel bei Adenau. Obwohl er zu den talentiertesten Rennfahrern seiner Epoche gehörte, musste er nach 1933 aufgrund seiner deutsch-jüdischen Abstammung seine rennfahrerischen Ambitionen aufgeben. Einige Beispiele sollen im Folgenden seine rennsportliche Karriere verdeutlichen:

Das Bergrennen an der Pforte des Schwarzwaldes

1922 wurde das Bergrennen zwischen Pforzheim und Huchenfeld (heute Stadtteil von Pforzheim) begründet.[4] Es wurde von 1922 bis 1925 jährlich veranstaltet und erlebte unter Federführung des NSKK 1937 eine fünfte Auflage. Rosenberger war in den Jahren 1924 und 1925 mit einem Mercedes-Rennwagen am Start. Beide Rennen gewann er nicht nur mit einem Klassen-, sondern auch mit einem souveränen Bergrekord.

Das Herkules Bergrennen in Kassel

Bereits 1923 trug sich Rosenberger in die Siegerliste des berühmten Kasseler Herkules-Bergrennens ein, das von 1923 bis 1927 ausgetragen wurde.[5] In der Tourenwagenklasse 2 war er bei der ersten Austragung nicht zu bezwingen. 1924 war er in Kassel nicht am Start. Bei der 1925er Ausgabe des Rennens errang der grandiose badische Rennfahrer schließlich den Gesamtsieg auf dem Benz-Tropfenrennwagen Typ RH. Dieser originelle Rennwagen aus Mannheim zählt zu den interessantesten Rennwagenkonstruktionen der 1920er Jahre. Benz hatte kurz zuvor Edmund Rumpler die entsprechenden Patente abgekauft und konnte so in relativ kurzer Zeit einen äußerst konkurrenzfähigen Stromlinien-Rennwagen präsentieren.[6] Der Benz-Rennwagen besaß einen Mittelmotor und in seiner letzten Ausführung (Sommer 1925) einen Frontkühler. Im Jahr 1926 konnte Rosenberger diese Erfolge auf dem 8-Zylinder Mercedes und 1927 auf der sogenannten »Großmutter« eindrucksvoll wiederholen. Mit insgesamt drei Gesamtsiegen zählte er zu einem der erfolg-

---

4   Näheres zum Bergrennen Pforzheim-Huchenfeld vgl. M. WALTER, »Motore donnern über die Bergstrecke«. Motorsport in der Goldstadt – Das Bergrennen an der Pforte des Schwarzwaldes, in: Neue Beiträge zur Pforzheimer Stadtgeschichte Band 3, hrsg. von C. GROH, Ubstadt-Weiher 2011; M. WALTER, Im Donner der Motoren. Die Geschichte von Karl Kappler, des erfolgreichsten deutschen Rennfahrers der 1920er Jahre, Gudensberg-Gleichen 2004. Rosenberger startete mehrfach selbst in diesem Rennen, wie auch eine im Stadtmuseum Pforzheim verwahrte silberne Taschenuhr belegt, die Rosenberger als Ehrenpreis von der Stadt Pforzheim 1925 erhielt.
5   Diese Rennen wurden 2005 als Herkules Bergpreis auf der historischen Rennstrecke wieder begründet und haben seitdem drei Mal stattgefunden.
6   Die Rumpler-Tropfenwagen erlebten einen traurige Bekanntheit in Fritz Langs wegweisenden Film »Metropolis«. Alle bei den Dreharbeiten eingesetzten Rumpler-Wagen überlebten den Film nicht und wurden zerstört.

Abb. 1:   Rosenberger am Start beim Herkules-Bergrennen Kassel. Bei dem Fahrzeug handelt es
sich um den Benz Tropfenrennwagen Typ RH in der letzten Ausbaustufe mit Frontkühler. Rosenberger holte sich den Gesamtsieg, Mai 1925.

reichsten Rennpiloten im Kasseler Bergpark unterhalb des Herkules.[7] Mit dem Grand
Prix Mercedes von 1914 gelang ihm 1927 sogar ein fulminanter Bergrekord, der bis heute
Gültigkeit besitzt. Der Vorkriegsrennwagen wurde in den 1920er Jahren grundlegend
modifiziert und auf den damals neuesten Stand der Technik gebracht. Mit seinen 240 PS
zählte der Mercedes zu den gewaltigsten und schnellsten Rennfahrzeugen seiner Epoche.

Das Automobilturnier in Baden

Kaum zu schlagen war Rosenberger zudem beim mondänen Automobilturnier in Baden-
Baden. Hier stehen insgesamt fünf Mal die »schnellste Zeit des Tages«, sechs erste und
zwei zweite Plätze zu Buche. Hier errang er 1923 übrigens seinen ersten Sieg bei einem
Bergrennen.

Das Stuttgarter Solitude-Bergennen

1924 erreichte Adolf Rosenberger beim Solitude Bergrennen einen Klassensieg auf Mercedes in der Sportwagenklasse bis 1,5 Liter und erhielt u. a. den Preis des Reifenherstellers

---

7   Vgl. hierzu: M. WALTER/H. JORDAN, Und weiter oben wird's ganz fürchterlich. Das Herkules-
      Bergrennen in Kassel, Kassel 2005.

Abb. 2: Das Foto der Sieger und der Kasselaner Funktionäre des AVD Kurhessen stammt aus dem Jahr 1927 und wurde 1928 in der Zeitschrift Echo-Continental veröffentlicht. Zweiter von links mit dem großen Pokal ist Rosenberger. Ganz rechts der Gernsbacher Rennfahrer Karl Kappler.

Peters Union, eine wertvolle Meißener Porzellanvase in Chinadekor. Ein Jahr darauf, 1925, vollbrachte er dasselbe Kunststück auf Benz in der Tourenwagen-Klasse bis 8 Steuer-PS. Bei dieser Veranstaltung im Mai 1925 setzte Rosenberger den brandneuen und aufsehenerregenden Benz Typ RH ein. Mit einer Durchschnittsgeschwindigkeit von 90,3 km/h stellte er den ersten dort erzielten Rundenrekord auf und fuhr die beste Zeit der Sportwagen. Damit der Benz in der Sportwagenklasse teilnehmen konnte, wurde er mit Kotflügeln, Scheinwerfern und einer Windschutzscheibe ausgestattet. Die Distanz bei den Sportwagen betrug fünf Runden (111,5 km), bei den Rennwagen das Doppelte. Neben dem Preis für den Klassensieg erhielt Rosenberger auch einen für die schnellste Runde.

Das Prager Bergrennen in Königsaal

1924 startet Rosenberger zum ersten Male mit der Werksunterstützung von Mercedes im Ausland beim 8. Prager Bergrennen in Königsaal (Zbraslav/Jíloviště). Mit dem bereits genannten 1,5 Liter Mercedes gewann er am 24. April 1924 das sorgfältig organisierte Bergrennen in der Klasse bis 1,5 Liter Hubraum mit neuem Klassenrekord[8] und konnte mit einer Zeit von 3.49 Minuten seinem Konkurrenten Rudolf Caracciola im direkten Vergleich 8,6 Sekunden abnehmen. Auch Caracciola stellte einen neuen Klassenrekord in der Klasse bis 1,75 Liter Hubraum auf.[9] Beide starteten als erste Deutsche in dieser Konkurrenz und waren so schnell unterwegs, *dass der Kinooperateur, der in der Kurve Aufstellung genommen hatte, Stativ und Apparat packte und entsetzt das Weite suchte,*[10] als die beiden an ihm vorbeidonnerten. Im Gesamtklassement des Königsaal-Rennens reichte es für den respektablen 8. Platz. Vor über 100.000 Zuschauern gewann hier der 50-jährige Altmeister Otto Salzer aus Möglingen bei Ludwigsburg den Gesamtsieg mit neuem Streckenrekord.[11]

Das Klausenpassrennen in der Schweiz – Rekorde für die Ewigkeit

1924 gelang Rosenberger beim Klausenpassrennen in der Schweiz ein weiterer aufsehenerregender Erfolg mit einer guten Platzierung, weitere Starts folgten in den Jahren darauf 1925 und 1926. 1927 erzielte er auf Mercedes, der sogenannten »Großmutter«,[12] mit 17.17,0 Minuten Bergrekord und verwies die Konkurrenz auf die Plätze. Dafür erhielt er eine Kristallbowle mit silbernem Sockel sowie eine silberne Schale mit Deckel und einem Greifvogel als Knauf, die der Hotelier und Rennfahrer Hans Kracht aus Zürich gestiftet

---

8   E. TRAGATSCH, Die großen Rennjahre 1919–1939, Bern 1972, S. 40.

9   Motor, Mai-Ausgabe 1924, S. 69 und 128, Privatsammlung Hans Etzrodt.

10   Ebenda, S. 69

11   Allgemeine Automobil Zeitung Nr. 9/1924, Privatsammlung Hans Etzrodt.

12   Es handelt sich bei diesem Fahrzeug um den gleichen Typ wie der Mercedes Grand Prix Rennwagen (Konstrukteur Paul Daimler) von 1914, mit dem Christian Lautenschlager im selben Jahr den Großen Preis von Frankreich gewann. Das Fahrzeug von Rosenberger war mit einem 4-Zylinder Reihenmotor mit 4.500 ccm Hubraum ausgestattet, der in seiner ursprünglichen Version 115 PS leistete. 1924 wurde der Wagen durch Ferdinand Porsche grundlegend regeneriert. Er erhielt einen Kompressor, die Verdichtung wurde erhöht sowie Vorderradbremsen eingebaut und das Fahrwerk überarbeitet. Die Leistung betrug nun 240 PS.

hatte. Im selben Jahr zählte er zu den bekanntesten Rennfahrern in der Schweiz: »Namen wie Caracciola, Stuck, Chiron, Campari, Rosenberger und Otto Merz waren bald allen Schulbuben geläufig«.[13] Bernhard Brägger, einer der profiliertesten Schweizer Motorsporthistoriker, berichtet über das unglaubliche Geschehen am Klausenpass 1927: »Da schreit Rosenbergers ›Großmutter‹ markerschütternd auf, wie wenn sie um Gnade rufen wollte. Aber Rosenberger kennt die Qualitäten der alten Dame. Er hetzt sie ununterbrochen den Berg hinauf. 17.17,0! Ein Raunen geht durchs Publikum. Ist denn so etwas möglich?«[14] Der Pforzheimer konnte sich im Rennen mit seinem 240 PS starken Rennwagen u. a. gegen Otto Merz mit dem brandneuen Mercedes-Benz SSK behaupten. Spätestens mit diesem internationalen Erfolg in der Schweiz zählte Rosenberger zur Crème de la Crème der europäischen Rennfahrer. 1929 wurde er auf der neu karosserten »Großmutter« Gesamtdritter. Nur Hans Stuck und Louis Chiron musste er damals an sich vorbeiziehen lassen. Doch zurück zu den Rennen im Jahr 1927. Am Tag nach seinem Sieg wurde am Klausen das Internationale Rennen ausgerichtet. Sieger an diesem Sonntag wurde Louis Chiron, allerdings war er elf Sekunden langsamer als Rosenberger am Vortag. Der Pforzheimer hatte an diesem Sonntag mit technischen Problemen zu kämpfen. Bernhard Brägger berichtet: »Nun ist Rosenberger an der Reihe. Voll auf Sieg fahrend, pfeilt er die berüchtigt schmale Strasse der Fruttberge hinauf. Nach 15 Minuten erreicht er die Vorfrutt. Noch ahnt niemand, in welch beklemmender Lage der Deutsche ist. Verzweifelt versucht er die Passhöhe zu erreichen. Die ›Großmutter‹ brennt! Rauch dringt ins Cockpit. Unvermindert heult der Kompressor weiter. Noch 1 Kilometer bis ins Ziel. Da greift das Feuer auf den Fahrer über. Rosenberger gibt noch nicht auf. Noch wenige hundert Meter. Da zieht endlich Rosenberger die ›Notbremse‹. Mit gewaltigen Sprüngen retten sich Fahrer und ›Heizer‹ ins Freie. Streckenposten eilen hinzu und setzen Feuerlöscher in Gang. Etwas beklommen schaut Rosenberger dem nachlassenden Vergaserbrand zu. So feurig hat er sich die ›Großmutter‹ nun auch nicht gewünscht.«[15]

In der höchsten Klasse unterwegs – Rosenberger und die Grand Prix-Rennen in Deutschland, Italien, Österreich und der Schweiz

Schon der oben beschriebene Brand seines Wagens am Klausenpass deutet die Gefährlichkeit des Rennsports in der damaligen Zeit für Leib und Leben der Beteiligten, insbesondere der Rennfahrer an. Noch schrecklichere Auswirkungen jedoch hatte Rosenbergs Unfall bei einem der größten Rennen der damaligen Zeit: dem Großen Preis von Deutschland auf der AVUS in Berlin am 11. Juli 1926. Vor den Augen von mehr als 200.000 Zuschauern war im Verlauf des Rennens Caracciola als Erster von der idealen Fahrlinie abgekommen. Nachdem dessen Motor abstarb, konnte sich Rosenberger zunächst Caracciolas Malheur zu Nutze machen und sich an die Spitze setzen. Das Glück währte aber nicht lange. Der Äther-Behälter am Heck des Wagens, der zum schnellen Start beigetragen hatte, ließ ihn das Rennen auch vorzeitig beenden. Der Behälter riss und die betäubenden Gase strömten ins Cockpit. Sie zwangen Adolf Rosenberger sich weit aus dem Auto zu

---

13   B. BRÄGGER, Die Klausenrennen. Kompressoren am Berg, Altdorf ³1989, S. 64.
14   Ebenda, S. 72.
15   Ebenda, S. 76.

lehnen, um Frischluft einatmen zu können.[16] In der Nordkurve verlor er dabei die Kontrolle über seinen Mercedes und kam am Ende der Kurve von der Piste ab. Das Auto schlug in die Rundenzähltafel und in das dort befindliche Zeitnehmerhäuschen ein. Während Rosenberger und sein Beifahrer den Unfall verletzt überstanden, starben zwei Studenten im Zeitnehmerhäuschen und der Schildermaler an der Rundentafel. Nicht zuletzt trugen sicherlich auch die widrigen Witterungsbedingungen, während des Rennens hatte Regen eingesetzt, und der unzureichende Straßenbelag zum tragischen Tod der Helfer und zum Ausscheiden Rosenbergers bei. Von den 46 gemeldeten Fahrern erreichten ohnehin nur 17 ins Ziel. Das Rennen gewann zwar am Ende der gänzlich erschöpfte Rudolf Caracciola, doch richtige Freude wollte aufgrund der schrecklichen Begleitumstände nicht aufkommen. Auch die Veranstalter zogen die Konsequenzen aus dem verheerenden Unfall: Erst 1931 sollten auf der berühmten AVUS wieder Rennveranstaltungen stattfinden. Für Rosenberger blieb dieser tragische Unfall, der drei Menschen das Leben kostete, auch in späteren Jahren immer in Erinnerung. Wie seine Ehefrau Anne Robert zu Beginn der 1980-er Jahr berichtete, soll Caracciola damals gesagt haben, *wenn Rosenberger nicht den Unfall gehabt hätte, hätte ich nicht gewonnen.*[17] Mit Rudolf Caracciola verband Rosenberger eine tiefe Freundschaft, die von beiden auch in den Jahren nach dem Krieg gepflegt wurde.

Ein international anerkannter Erfolg gelang Rosenberger beim Eröffnungsrennen auf dem Nürburgring am 19. Juni 1927. Adolf Rosenberger wurde auf dem 1,9 Tonnen schweren Mercedes-Benz Modell S mit dem beeindruckenden 6,8 Liter Triebwerk Zweiter. Das spektakuläre Rennen gewann Rudolf Caracciola auf einem baugleichen Fahrzeug. Beim Großen Preis von Deutschland 1928 wurde er zusammen mit Georg Kimpel Fünfter auf dem Mercedes-Benz SS (mit 7.720 ccm Hubraum) vor dem Bugatti-Rennfahrer Louis Chiron. 1929 wurde Rosenberger in der Sportwagenklasse über 3.000 ccm Hubraum Zweiter nach August Momberger, beide fuhren Mercedes-Benz.[18] Erfolgreich startete der Mercedes »Semi-Werksfahrer«, wie ihn der Motorsportjournalist und Autor zahlreicher Bücher Erwin Tragatsch gerne bezeichnete, auch in St. Moritz, wo er beim Großen Preis 1929 siegte und mindestens zwei Preise mit nach Hause nehmen konnte. In Italien wurde er einmal Dritter beim italienischen Grand Prix in Monza. Seine Teilnahme in der Klasse über 3.000 ccm ist für den September 1929 verbürgt. In Österreich beim Semmering Bergrennen wurde er 1927 mit dem Mercedes-Benz S Erster in der Sportwagenklasse mit Bergrekord (7:02,85 Minuten) bei den Sportwagen.

Diese ganzen Erfolge verhalfen Rosenberger in der Welt des Automobils zu großer Anerkennung. Dies fand seinen Ausdruck nicht zuletzt darin, dass ihm der ADAC am 20. Dezember 1931 für seine Verdienste um den deutschen Automobilsport das Goldene ADAC-Sportabzeichen verlieh, die höchste Auszeichnung des Vereins. Doch die Wirkung der Rennerfolge reichte über den Sport hinaus. Zwar fuhr Rosenberger seit 1929 keine Rennen mehr, zu den Akten gelegt hatte er dieses gefährliche Kapitel in seinem Le-

---

16   K. Ludvigsen, Mercedes-Benz Renn- und Sportwagen, Gerlingen 1993, S. 79ff.
17   Wertvolle Hinweise zu Rosenbergers Biografie und die Angaben von Anne Robert wurden entnommen aus: StadtAPf, Pforzheimer Zeitung, Juli 1982, Artikel »Leben an der Seite eines Rennfahrers«. Nähere Angaben zu diesem Rennen bietet eindringlich: R. Caracciola, Meine Welt, Wiesbaden 1958, S. 42ff.
18   Ergebnis aus: Th. Hornung, Die Nürburgring-Story. Rennsport-Faszination, Stuttgart 1997.

Abb. 3:   Rosenberger war trotz aller Anspannung immer für ein freundliches Wort zu haben. Hier trifft er letzte Vorbereitungen am Start mit seinem Mercedes Typ S.

ben jedoch keinesfalls. Im Jahr 1932 wurde – im Zusammenhang mit den Verhandlungen zur Auto Union AG – deutlich, dass Rosenberger weiterhin willens war, sich als Rennfahrer an das Volant eines Auto-Union-Rennwagens zu setzen. Auch bei den ersten Versuchsfahrten des intern »P-Rennwagen« bezeichneten Fahrzeuges auf dem Nürburgring im November 1933 vor illustrem Publikum war Rosenberger mit dabei. Schon während der ersten Planungen für den Auto-Union-Rennwagen war man sich bei Porsche einig, dass Rosenberger selbst mit dem Fahrzeug Rennen fahren sollte. Er hatte als Einziger bei Porsche entsprechende Erfahrungen als Rennfahrer und war in dieser Funktion in den 1920er Jahren mit Porsche bekannt geworden. Nach Rosenbergers eigenen Angaben

nahm er neben Hans Stuck und Ferry Porsche an diesen Versuchsfahrten auf dem Nürburgring teil und wurde um die Beurteilung des Leistungsvermögens des Silberpfeils gebeten: *Nachdem ich erklärt hatte, dass ich nicht gewohnt bin, einen Rennwagen vom
Vorbeifahren zu beurteilen, haben die anwesenden Herren mich gebeten, vorsichtig einige
Runden zu drehen, um meinen eigenen Fahreindruck zu bekommen. Innerhalb 5 Runden
auf einem neuen unbekannten Wagen fuhr ich zweitschnellste Zeit mit einer Sekunde Abstand zu dem damals schnellsten Fahrer Hans Stuck. Ich wurde darauf abgewunken, da
man besorgt war, dass bestimmt kein Unfall passieren würde mit einem jüdischen Fahrer
am Steuer. Verständlicherweise hätte ich immer noch bessere Zeiten gefahren, wenn ich
mit dem Wagen mehr vertraut gewesen wäre.*[19] Diesen Wunsch gewährte ihm Porsche
natürlich gerne, obwohl ihm die Lizenz als Rennfahrer bereits im Frühjahr 1933 entzogen
worden war. Die Rennabteilung der Auto-Union soll nach dem Abschluss der Versuchsfahrten sogar ein Gesuch an Adolf Hitler formuliert haben, damit man Rosenberger die
1933 entzogene Lizenz als Rennfahrer wieder erteilen möge. Rosenberger schrieb hierzu:
*Dieses Gesuch ist bei Hühnlein stecken geblieben, welcher Bedenken hatte, es Hitler vor-
zulegen.*[20] Zu weiteren Einsätzen Adolf Rosenbergers als Rennfahrer kam es in Deutschland nicht mehr. Ein neuer und zugleich letzter Versuch als Rennfahrer eingesetzt zu
werden, scheiterte in der Emigration 1935 bei Talbot in Frankreich. Rosenberger war aufgrund schwerer gesundheitlicher Probleme damals kaum noch in der Lage, das Lenkrad
zu halten – eine direkte Folge seines zuvor durchlittenen KZ-Aufenthaltes. Einer seiner
behandelnden Ärzte, Prof. Dr. Isaac, nahm als Grund hierfür einen leichten Schlaganfall
an, den Rosenberger nach eigenen Angaben im Konzentrationslager Kislau erlitten hatte.[21]

Die Gründung der Porsche GmbH: »Porsches dritter Mann«

Rosenberger hatte nicht nur mehrfach eindrucksvoll bewiesen, dass er einer der besten
Rennfahrer Europas war. Er war zudem ein äußerst talentierter und erfolgreicher Kauf-
und Geschäftsmann. Schon 1923 hatte ihm der damalige Mercedes-Verkaufsdirektor
Gross einen Posten als »erster Sekretär« in dessen Abteilung angeboten. Rosenberger
schlug das Angebot allerdings aus. Er engagierte sich lieber in verantwortlicher Position
in einer eigenen Firma. Zusammen mit Ferdinand Porsche und dessen Schwiegersohn Dr.
Anton Piëch gründete er am 25. April 1931 die Firma »Dr. Ing. h.c. F. Porsche Gesellschaft
mit beschränkter Haftung, Konstruktionen und Beratungen für Motoren und Fahrzeug-
bau« in der Stuttgarter Kronenstraße 24. Den Hauptteil der Anteile der GmbH hielt Ferdinand Porsche mit 70% selbst, die restlichen 30% der Gesellschafteranteile gingen zu
gleichen Teilen an Dr. Anton Piëch und Rosenberger. Rosenberger wurde zudem zum
Geschäftsführer (Kaufmännischer Direktor) der Firma bestellt. Mehrfach half Rosenber-

---

19   GLAK 480/11122 Band 1, Abschrift eines Briefes von Rosenberger vom 9. Mai 1957, Eingang
      Landesamt für Wiedergutmachung am 11. März 1958, Adressat unbekannt.
20   Ebenda.
21   GLAK 480/11122 Band 1, Schreiben von Hermann Bienstock an das Landesamt für Wiedergut-
      machung am 28. Oktober 1960.

ger der Firma, an der er auch selbst beteiligt war, mit eigenem Kapital aus. So überwies er im Februar 1931 3.000 RM aus privaten Mitteln auf das Firmenkonto, damit die Gehälter der Mitarbeiter bezahlt werden konnten. Rosenbergers Gehalt als Geschäftsführer betrug 1.000 RM per Monat. Er verpflichtete sich in seinem Geschäftsführervertrag vom 23. März 1931 ausschließlich für Porsche tätig zu sein.

Rosenberger Bekanntschaft mit Porsche hatte bereits 1926 begonnen. Damals war Porsche technischer Direktor bei Mercedes-Benz und Rosenberger startete in dem Jahr auf Rennwagen der Marken Mercedes und Mercedes-Benz. Seit 1929 soll Rosenberger dann geschäftliche Beziehungen mit Porsche unterhalten haben. Wie diese in jenen Jahren aussahen, ist allerdings nicht überliefert. Nach der Gründung der Firma gehörte zu Rosenbergers zentralen Tätigkeiten neben der kaufmännischen Geschäftführung vor allem die Akquise von Aufträgen. So reiste er beispielsweise am 1. September 1931 nach Nürnberg zur Firma Zündapp, um dort über das Vorhaben eines Volkswagens (Typ 12) zu sprechen. Der Vertrag kam Ende des Monats zu Stande. Rosenberger erinnerte sich im Interview 1966 an dieses Projekt: *Dieser Wagen hatte schon die meisten Merkmale des später zur Reife gebrachten VW, der späterhin zur Großproduktion kam. Er hatte bereits eine selbsttragende Karosserie, war in der Form dem heutigen VW sehr ähnlich, hatte Torsionsfedern und hinten liegenden Motor. Die Besprechungen über die Entwicklung und was nötig war, waren immer zwischen Dr. Porsche und mir, als Mitinhaber und Mitbegründer der Firma, meistens unter Zuzug unseres Chefkonstrukteurs Karl Rabe.*[22] Die Idee zur Konstruktion eines Volkswagens war schon in diesen Jahren allerdings nicht mehr ganz neu. So publizierte Josef Ganz in der von ihm 1928 gegründeten Zeitschrift »Motor-Kritik« seit 1929 diese Ideen zur »Volks- und Massenmotorisierung« und gab wiederholt Anregungen hierzu.[23]

Neben diesem wichtigen Zündapp-Auftrag war die Entwicklung und Realisierung des Auto Union Rennwagens für Porsche von größter Bedeutung. Im Jahr 1931 fuhr Rosenberger mit Ferdinand Porsche deshalb mehrfach nach Chemnitz zu den Wanderer-Werken und führte schwere Verhandlungen[24] über den geplanten Rennwagen, die schließlich zum Erfolg führten. Für die entscheidenden Kontakte zum Vertriebsvorstand des Unternehmens, Klaus Detlov von Oertzen, war nach Auffassung des Auto-Union-Historikers Peter Kirchberg Adolf Rosenberger allein verantwortlich. Er kannte von Oertzen sehr gut.[25] Der Pforzheimer verkehrte wie von Oertzen in höchsten gesellschaftlichen Kreisen. So hatten sich beide wohl beim Rotary Club Berlin kennen gelernt, in dem die Top-Mana-

---

22   Kreisarchiv Rastatt, Sammlung Rosenberger, Maschinenschriftlicher Mitschrieb der ZDF-Sendung »Bilanz« vom 11. Oktober 1966.
23   D. GROSSHERR, »Der Volkswagen feiert seinen 25. Geburtstag«, in: Süddeutsche Zeitung vom 20.10.1961. Zu Josef Ganz vergleiche auch: U. KUBISCH, Aller Welts Wagen. Die Geschichte eines automobilen Wirtschaftswunders, Berlin 1985, S. 38.
24   Privatsammlung Dr. Heinz Rabe. Tagebuchaufzeichnungen von Karl Rabe.
25   Von Oertzen (Jahrgang 1894) war mit einer Jüdin verheiratet und emigrierte 1935 nach Südamerika. Seit 1928 war er Vorstand der Wanderer-Werke. Nach der Gründung der Auto Union AG wurde er Vorstand für »Inlandvertrieb und Viertaktprogramm«. Nach 1945 kam er nach Deutschland zurück und war für Audi und Volkswagen tätig. Dafür, dass neben Mercedes-Benz auch die Auto Union staatliche Mittel für den Bau eines Rennwagens erhielt, war er verantwortlich. Hierbei halfen gute Kontakte zu seinem »Fliegerkameraden« aus dem Ersten Weltkrieg Rudolf Hess.

ger des damaligen Deutschen Reiches Mitglied waren. Beide waren sich im Herbst 1931 über die besondere Werbewirkung eines neu zu entwickelnden und erfolgreichen Rennwagens für die Wanderer-Werke einig. Auf dem Pariser Automobilsalon desselben Jahres erteilte Wanderer-Generaldirektor Klee dann Porsche den Auftrag zur Konstruktion des Wanderer-Rennwagens. Die wichtigsten Eigenschaften des geplanten Fahrzeuges waren nach einem Protokoll vom 15. November 1932: ein *16-Zylindermotor in V-Anordnung mit 4,4 L Hubraum und Aufladung durch einen Roots-Kompressor.* Zudem sollte der Motor, der besseren Gewichtsverteilung wegen, hinter dem Fahrer angeordnet werden.[26] Das war nach Einschätzung des Verfassers auf den Einfluss Adolf Rosenbergers zurückzuführen, der als Rennfahrer 1925 mit dem Mittelmotorkonzept bei Benz (Rennwagen Typ RH) allerbeste Erfahrungen gemacht hatte. Mit seinen einschlägigen Erfahrungen aus der Rennpraxis *wirkte Rosenberger an der Konstruktion mit.*[27]

Zur Auto-Union hielt Rosenberger auch nach der »Machtergreifung« durch die Nationalsozialisten Kontakt. Im März 1933 konnte Rosenberger zum Preis von 1.800 RM einen Wanderer Versuchswagen von der Auto-Union erwerben. Es handelte sich um ein so genanntes »Urach-Cabriolet«,[28] dessen Erscheinungsbild bis heute unbekannt ist. Allerdings musste auf Anweisung der Auto-Union die vordere Schwingachse entfernt werden.[29] Noch im Juli 1934 hatte Rosenberger den Kaufpreis nicht beglichen. Sein Nachfolger bei Porsche, Baron Veyder-Malberg, belastete das Firmenkonto von Porsche zu Gunsten Rosenbergers mit diesem Betrag. Was aus dem Fahrzeug wurde, ist nicht überliefert. Kapitalnot und ein neuer Vorstand hatten jedoch zunächst einmal das Vorhaben der Auto-Union, einen neuen Rennwagen zu bauen, verzögert. Anne Robert, die spätere Frau Rosenbergers und in jenen Jahren Sekretärin bei Porsche, konnte sich noch als hochbetagte Dame gut an manch kuriose Geschichte aus den ersten Jahren der Firma Porsche erinnern: *Oft habe sie von Stuttgart nach Pforzheim fahren müssen, um 50 Mark zu holen, damit die Firma (Porsche) irgendeine Rechnung bezahlen konnte.* Und: *Für den ersten Auftrag, für die Wanderer Werke in Chemnitz einen Rennwagen zu bauen, musste mein späterer Mann bürgen, denn Porsche war ihnen nicht gut genug,* berichtet sie in einem Gespräch mit der Pforzheimer Presse 1982.[30] Adolf Rosenberger führte in seiner Eigenschaft als kaufmännischer Direktor der Firma Porsche darüber hinaus mit zahlreichen anderen Firmen die Verhandlungen, so etwa mit »Phänomen« in Zittau oder mit der »Röhr AG« in Oberramstadt. Trotz aller Anstrengungen war die finanzielle Situation der Firma nicht rosig. Rosenberger musste im Mai 1932 seinen Angestellten eine 20-prozentige Gehaltskürzung mitteilen. Eingehende Gelder wurden dann aber »gerecht« verteilt. Im Dezember 1932 fuhr Rosenberger mehrfach nach Berlin, wo wichtige Besprechungen wegen des Auto-Union-Rennwagens anstanden. Unter NS-Herrschaft kam dann ab 1933

---

26   F. PORSCHE/G. MOLTER , Ferry Porsche. Mein Leben, Stuttgart ⁵2002, S. 59.
27   GLAK 480/11122 Band 1: Hans Baron von Veyder-Malberg in einem Aktenvermerk für das Landesamt für Wiedergutmachung 1957.
28   StAChem Bestand 31050 Nr. 1611, Bl. 524.
29   Zu diesem Zeitpunkt gab es bei Wanderer/Auto-Union kein Serienfahrzeug, das als »Vollschwingachser« ausgerüstet war. Aus diesem Grund musste die moderne Vorderachse an diesem Prototyp ausgebaut werden. Sicherlich wurde sie gegen eine einfachere Ausführung getauscht.
30   StadtAPf, Pforzheimer Zeitung, Juli 1982, Artikel »Leben an der Seite eines Rennfahrers«.

dank staatlicher Subventionen[31] dann wieder Bewegung in das ehrgeizige Projekt. Dies führte dann unmittelbar zu den berühmten Konstruktionen der Auto-Union Rennwagen, die bis Kriegsausbruch kaum zu schlagen waren.[32]

Düstere Vorzeichen

Nach der »Machtergreifung« wurde Rosenberger mehr und mehr aus seinem beruflichen Umfeld gedrängt. De jure hatte der kaufmännische Direktor Rosenberger 1933 zwar »freiwillig« seine Anteile veräußert, diese wurden von Baron Hans von Veyder-Malberg zum Nennwert übernommen. Allerdings ergibt sich aus den Umständen des Vorgangs klar, dass Rosenberger dies »wegen seiner jüdischen Abstammung« tun musste, so die Feststellung des Historikers Eberhard Reuß.[33] Die Transaktion erwies sich zudem als finanziell nachteilig für Rosenberger, denn der tatsächliche Wert der Aktien war bereits zu diesem Zeitpunkt schon sehr viel höher als deren Nennwert. Allerdings enthielt der Abtretungsvertrag auch einige Passagen, die Rosenberger entgegen kamen. So erfolgte die Auszahlung in österreichischen Schilling. Diese Währung war damals noch frei konvertierbar, d. h. Rosenberger konnte das ihm verbliebene Kapital umgehend in Dollar umwandeln. Diesen »Deal« fädelte Rosenberger selbst ein. Er wusste wohl, was auf ihn aufgrund seiner jüdischen Abstammung zukommen sollte. In diesem Zusammenhang kann man Porsche kein unrechtmäßiges Tun vorwerfen, im Gegenteil. Für *Adolf Rosenberger aber bedeutete dies einen sehr tiefen Einschnitt, denn freiwillig hatte er 1933 seine Anteile nicht aufgegeben. Ghislaine Kaes, der Privatsekretär von Ferry Porsche, berichtet über diese schwierigen Jahre: Adolf Rosenberger wurde bald nach 1933, er war Jude, von den Stellen verfolgt und musste davon schon frühzeitig geahnt haben, denn im Januar 1933 hatte er einen Nachfolger als seinen kaufmännischen Direktor angefangen einzuarbeiten, Hans Baron Veyder-Malberg. Verfolgt wurde er unter den verschiedensten Vorwänden.*[34]

In den kommenden Jahren war Rosenberger aber weiterhin in geschäftsführender Funktion für die Firma Porsche tätig. Baron Veyder-Malberg fungierte zunächst wohl mehr oder weniger als Strohmann. Dies bezeugen die akribischen Tagebuchaufzeichnungen des Porsche-Ingenieurs Karl Rabe. Dieser notierte sogar Weisungen, die er von Rosenberger erhalten habe, ein deutliches Indiz für die immer noch wichtige Funktion Adolf Rosenbergers bei Porsche. Weiterhin fanden unter Rosenbergers Beteiligung Gespräche mit Firmen wie z. B. Matthis, Citroen oder der Auto Union u. v. m. statt. Rosenberger knüpfte für die Firma sogar Kontakte in London und reiste mehrmals dorthin. Im Januar und im September 1934 fanden zwei Gesellschafterversammlungen statt. Mit dabei: Adolf Rosenberger. Bis in den August 1935 war Rosenberger auf diese Weise für Porsche tätig. Dann wurde er verhaftet und damit endete auch diese Art der Tätigkeit. 1936 musste Por-

---

31 Adolf Hitler betonte schon im Februar 1933 auf der Automobilausstellung von Berlin, dass er den deutschen Motorsport fördern wolle.
32 P. KIRCHBERG, Grand-Prix-Report Auto-Union 1934–1939, Berlin 1984.
33 StALB EL 300/33 Bü Rest S 2682, Schriftsatz der Rosenberger-Anwälte vom 30. November 1949. Zitiert nach REUSS (wie Anm. 3), S 95.
34 Kreisarchiv Rastatt, Sammlung Rosenberger, Maschinenschriftlicher Mitschrieb der ZDF-Sendung »Bilanz« vom 11.Oktober 1966.

sche schließlich sogar die Korrespondenz und Zahlungen an Rosenberger »auf Druck von oben« einstellen. Bis dahin hatte Rosenberger rückständige Gehälter etc. in monatlichen Raten erhalten.

Im KZ Kislau

Der sympathische und über die Grenzen hinaus bekannte Rennfahrer wurde 1935 verhaftet und zunächst ins Karlsruher Gestapo-Gefängnis gebracht und von dort ins Konzentrationslager Kislau überführt. Das KZ in Kislau, heute ein Ortsteil von Bad Schönborn, war von den Nazis zur Irreführung über die wahren Verhältnisse in den vielen anderen Lagern als Vorzeigelager organisiert worden. Journalisten wurden herumgeführt. Neben Rosenberger waren auch andere bekannte Personen der damaligen Zeit, wie beispielsweise der Karlsruher Politiker Ludwig Marum, der 1934 in Kislau ermordet werden sollte, dort inhaftiert. Die Gestapo begründete die Festnahme damit, der »Jude« Rosenberger habe eine Beziehung zu einer »arischen« Frau unterhalten, was nach der Verabschiedung der Nürnberger Rassengesetze (Gesetz zum Schutze deutschen Blutes und der deutschen Ehre) am 15. September 1935 verboten war. Auch Ferry Porsche hebt einen dahingehenden Verhaftungsgrund hervor, wenn er berichtet: »Die eigentliche Ursache für Rosenbergers Schwierigkeiten war, dass er verbotenerweise mit einer ›Arierin‹ liiert war. Deshalb wurde er eines Tages verhaftet und in Karlsruhe ins Gefängnis eingeliefert.«[35] Die Darstellung in der Erinnerung von Ferry Porsche steht allerdings im Widerspruch zu den Angaben von Rosenberger selbst. Denn danach war er bereits im August in 1935 »Schutzhaft« geraten. Wenngleich der sogenannte »Schutzhaftbefehl«, der sich in den Wiedergutmachungsakten erhalten hat, erst vom 5. September 1935 datiert, so lag das Datum aber doch auf jeden Fall vor der Verabschiedung der Gesetze von Nürnberg und entlarvt die von der Gestapo angegebenen Verhaftungsgründe als Vorwand. Am 23. September wurde Adolf Rosenberger nach Kislau verbracht und dort vier Tage festgehalten.[36] Was er dort im Einzelnen erlebt hatte, kann nicht mehr geklärt werden. Unter der Verpflichtung, aus dem Deutschen Reich auszureisen, wurde er am 27. September 1935 entlassen. Begleichen musste er die entstandenen Gerichts- und Haftkosten in Höhe von 53,40 RM, seine Verpflegung in Höhe von 150,– RM und das Honorar seines Rechtsanwaltes Dr. Weill, der ebenfalls Jude war, in Höhe von 750,– RM. Als man Rosenberger in Kislau noch kurz vor der Abreise die Haare abschneiden wollte, soll er laut Anne Roberts zu den Wärtern gesagt haben: *Ihr könnt mir zwar die Haare abschneiden, aber in Paris werde ich dann erzählen, wie es hier zugeht.*[37] Ferry Porsche erinnert sich weiter: *Adolf Rosenberger wurde dann zu allem Übel noch ins Gefängnis gesperrt, und wir mussten unseren ganzen Einfluss aufwenden, um ihn wieder frei zu bekommen, was uns auch gelang.*[38] Ob Rosenberger tatsächlich dem entschlossenen Einsatz der Familie Porsche sein Leben verdankte, bleibt

---

35   KUBISCH (wie Anm. 23), S. 38.
36   Vgl. hierzu R. OSTERROTH, Ferdinand Porsche. Der Pionier und seine Welt, Reinbek 2004, S. 124ff.
37   StadtAPf, Pforzheimer Zeitung, Juli 1982, Artikel »Leben an der Seite eines Rennfahrers«.
38   PORSCHE/MOLTER (wie Anm. 26), S. 58.

zumindest fraglich. Er selbst sah dies nicht so und war der Auffassung, wenn er denn irgendjemandem zu Dank verpflichtet sei, dann sei es Hans Baron von Veyder-Malberg. Diese Version wird durch die Tagebuchnotizen von Karl Rabe untermauert. [39]

Wegen Lähmungserscheinungen in beiden Armen und Händen wurde Rosenberger mit Genehmigung des Sicherheitsdienstes (SD) zunächst von einem jüdischen Arzt in Frankfurt am Main behandelt und dann aber zur Ausreise gezwungen. Als Adolf Rosenberger seine Heimat verlassen musste, verabschiedete ihn nur ein einziger Freund, nämlich Karl Roller, am Pforzheimer Hauptbahnhof, als er in den Zug nach Paris stieg. Am 7. Oktober 1935 kam es dann aber anlässlich des Pariser Automobil-Salons im Hotel »König Georg V.« zu einem Treffen mit Porsche, der von Ghislaine Kaes begleitet wurde. Im Mittelpunkt des Gespräches stand das weitere berufliche Engagement Rosenbergers für Porsche. Kaes berichtet, dass »Rosenberger in bescheidenen Verhältnissen lebe« und dass »Dr. Porsche ihm auf dem Bahnsteig Geld zusteckte.«[40] Im August 1936 – und sicher auch bis zu seiner Ausreise in die USA 1938 – wohnte Rosenberger in Paris, 5 Rue du Dobropol, und hatte seinen Vornamen inzwischen in Alfred geändert. Rosenberger erwarb unter anderem die Option auf Porsche und Auto-Union-Patente, so auf eine Spindellenkung für Großbritannien und die USA. In Paris war Rosenberger *Vertrauensmann der Dr. Porsche GmbH* für Lizenzangelegenheiten.[41] Bei Porsche geriet Rosenberger in den folgenden Jahren allerdings in Vergessenheit.[42] So wird Rosenberger in der 1951 erschienenen Biografie Porsches von Herbert Quint, das ist Richard von Frankenberg, nur noch als »Mitarbeiter« oder »Angestellter« von Porsche genannt.[43] Ferdinand Porsche profitierte in den Jahren nach der »Machtergreifung« durch die Nationalsozialisten von den neuen Verhältnissen in Deutschland. Er erhielt die Professorenwürde sowie den staatlichen Auftrag zur Planung und Konstruktion des »Volkswagens«. Zur gleichen Zeit musste sich Rosenberger in den Vereinigten Staaten unter schwierigsten Bedingungen eine neue Existenz aufbauen.

Der Neubeginn in Amerika – »Emigration ist fürchterlich!!«

Im Januar 1938 kam Rosenberger von Le Havre aus in New York an. Dort blieb er bis zum Ende des Jahres. Er war arbeitslos, alle Gelder waren aufgebraucht. Ende 1939 startete er einen unternehmerischen Versuch und führte bis 1941 eine eigene Firma. Allerdings scheiterte das Unternehmen. Rosenberger hatte nun Schulden in Höhe von 10.000 $. Er verlor seine deutsche Staatsbürgerschaft zum 2. Dezember 1940 und war zunächst

---

39 Privatsammlung Dr. Heinz Rabe. Tagebuchaufzeichnungen von Karl Rabe.
40 Maschinenschriftlicher Mitschrieb der ZDF Sendung »Bilanz« vom 11.Oktober 1966, Privatsammlung D. Grossherr.
41 StAChem Bestand 31050 Nr. 2933, Bl. 81–85 und 90.
42 Das Porsche-Archiv wurde im Zweiten Weltkrieg zerstört. Aus diesem Grund konnten dort keinerlei Schriftwechsel oder andere Belege für das Tun Rosenbergers aufgespürt werden. Auch dies mag als Begründung dafür dienen, dass man die Rolle Adolf Rosenbergers bis heute nicht entsprechend gewürdigt hat.
43 H. QUINT (alias Richard von Frankenberg), Porsche. Der Weg eines Zeitalters, Stuttgart 1951, S. 307.

staatenlos. Nach dem Kriegseintritt der USA wurde er als »feindlicher Ausländer« behandelt, durfte sich in den Jahren von 1941 bis 1943 nur in einem Umkreis von fünf Meilen bewegen und sein Haus nachts nicht mehr verlassen. Er, der Deutschland gegen seinen Willen verlassen hatte müssen, der alles hatte zurücklassen müssen, was ihm lieb und teuer wer, wurde nun zum »feindlichen Ausländer« degradiert.

Nach dem Zusammenbruch seiner Firma zog er nach Detroit und versuchte dort bei General Motors (GM) und Chrysler unterzukommen. Da er noch nicht die amerikanische Staatsbürgerschaft besaß, scheiterte jedoch auch dies. Nach einem halbjährlichen ergebnislosen Aufenthalt in der amerikanischen Metropole der Automobilindustrie fuhr er nach Los Angeles. Dort eröffnete er mit einem befreundeten jüdischen Emigranten eine Tankstelle. Für Rosenberger waren dies quälende Monate. Er war den Anforderungen körperlich kaum mehr gewachsen und hatte heftige Schmerzen in beiden Armen und Händen. Er musste das Projekt beenden. Von nun an schlug er sich bis 1943 als Gelegenheitsarbeiter durch. Er änderte seinen Namen in Alan Arthur Robert. Den Vornamen Adolf hatte er als Nazi-Verfolgter bereits in Paris abgelegt, seinen Nachnamen änderte er, da dieser für die Amerikaner schwer aussprechbar war.

Sein Einkommen reichte in jener Zeit kaum zum Überleben. In den Jahren 1944 und 1945 verkaufte er Plastikwaren, das Geschäft besserte sich, allerdings wurden die Gewinne wieder aufgebraucht.[44] 1944 erhielt er endlich nach langem Warten die amerikanische Staatbürgerschaft. Wie es in Rosenbergers Seelenleben ausgesehen hat, kann man nur erahnen. Die psychische Belastung wird enorm gewesen sein. Hinzu kam der Verlust seines »alten Lebens« als erfolgreicher Geschäftsmann und Rennfahrer. Er schrieb an seinen Pforzheimer Freund Hermann Bienstock: *Emigration ist fürchterlich!!*[45] Mehrfach versuchte er kurz nach dem Ende des Zweiten Weltkrieges die VW-Generalvertretung für Kalifornien und andere US-Bundesstaaten zu erhalten. Er erkannte schon damals das Potential des Volkswagens für den amerikanischen Markt. Aus diesem Grund unterhielt er mit dem damaligen VW-Verkaufsdirektor Dr. Karl Feuereisen engen Kontakt. Feuereisen erklärte ihm gegenüber, *dass durch die englische Besetzung des VW-Werks sie derzeit die Vertretung noch nicht abgeben könnten. Wenn jedoch der Zeitpunkt gekommen wäre, würde er in erster Linie Rosenberger berücksichtigen.*[46] Rosenberger ließ auch weiterhin nichts unversucht. Auf der Deutschen Ausstellung in New York (wohl Ostern 1949) traf er mit Heinrich Nordhoff, der seit dem 1. Januar 1948 Generaldirektor des Volkswagenwerks war, zusammen. Rosenberger unterstrich erneut sein Interesse an einer Vertretung von Volkswagen in Amerika. Doch der VW-Chef betonte ihm gegenüber, dass er die Vertretung für ganz Amerika einer New Yorker Firma übergeben wolle. Als dieses Vorhaben *schief geht*, so Rosenberger, *sei er darüber nicht informiert worden.*[47] Auch von Porsche versuchte Rosenberger die Alleinvertretung für Kalifornien zu erhalten. Ferry Porsche soll ihm dies zwar mündlich zugesichert haben, allerdings konnte Rosenberger nicht das entsprechende Kapital aufbringen. Die einzige Vergünstigung, die er zeitweise erhielt, war

---

44   GLAK 480/11122 Band 1: Rosenbergers Jahreseinkünfte von 1944 bis 1949: 1944: 681,42; 1945: 2698,05; 1946: 2518,38; 1947: Verlust; 1948: Verlust; 1949: 0,00.

45   Ebenda.

46   Brief von Adolf Rosenberger an Dieter Grossherr vom 7. September 1966, Privatsammlung Grossherr.

47   GLAK 480/11122 Band 1.

die Lieferung einiger Fahrzeuge zum amerikanischen Händlerpreis. Weiterhin hielt er zu Karl Rabe Kontakt. Er schrieb ihm 1947 nach Gmünd/Kärnten, wohin Porsche aufgrund der Luftangriffe auf Stuttgart 1944 den Sitz der Firma verlegt hatte. Die Korrespondenz hat sich bedauerlicherweise nicht erhalten.

Um das Jahr 1950 gründete Rosenberger seine Firma »Roberts of California«. Dieses Unternehmen produzierte und vertrieb »Creations of Decorative and Useful Home Accessories«. Zum Lieferprogramm gehörten Porzellanfiguren, Blumenvasen oder Aschenbecher. Die Firma war profitabel, das Geschäft lief im Großen und Ganzen gut. Alan Robert konnte ein Haus in Beverly Hills erwerben. Seine Mutter Elsa sowie seine Schwester Paula, denen es gelungen war, dem Naziterror zu entkommen, wohnten in unmittelbarer Nähe.[48]

Im Jahr 1949 verlangte Rosenberger von der Porsche GmbH Wiedergutmachung und Entschädigung. Er war der berechtigten Auffassung, dass er durch den NS-Staat gezwungen worden war, sich aus der gemeinsamen Firma zurückzuziehen.[49] Porsche erkannte zunächst keine Wiedergutmachungsansprüche an. Daraufhin klagte Rosenberger, was zur Folge hatte, dass die Firma Porsche unter Aufsicht der Alliierten Reparationskommission gestellt wurde.[50] Insgesamt strebte Rosenberger eine Abfindung in Höhe von 200.000 DM an. Der damalige Wert des Unternehmens wurde von den Treuhändern der alliierten »property control« auf knapp 1,178 Millionen DM beziffert. Daraus begründete er seinen Anspruch, verlangte 15 Prozent der Firmenanteile, eben jenen Anteil, der ihm einmal vor der »Machtergreifung« durch die Nationalsozialisten gehört hatte.[51] Fast ein Jahr lang wurden Schriftsätze gewechselt, bis am 29. September 1950 ein Vergleich zu Stande kam. Als Ausgleich für seinen Gesellschafteranteil erhielt Rosenberger einmalig 50.000 DM. Dazu soll er einen Volkswagen Export erhalten haben.[52] Der Vergleich erfolgte aufgrund eines richterlichen Vorschlages, den beide Seiten ohne langes Zögern annahmen. Rosenberger sprach sich mit Ferry Porsche *freundschaftlich* aus und *begräbt das Kriegsbeil*.[53]

Dank des neuen Kapitals aus der Entschädigungszahlung ließ er im Sommer 1953 eine sich bietende unternehmerische Chance nicht ungenutzt vorbeistreichen und beteiligte sich an einem Automobilzulieferer. *Nun hat sich für Al* [Rosenberger] *eine wunderbare*

---

48   StadtAPf, Pforzheimer Zeitung, Juli 1982, Artikel »Leben an der Seite eines Rennfahrers«.
49   Seit 1937 wurden die Gelder von der UFA auf ein Sperrkonto bei der Deutschen Bank und Diskontogesellschaft in Berlin überwiesen. Auf diese Gelder erhob das Finanzamt die so genannte »Judenvermögensabgabe« und zog die Pachterträge ein. Adolf Rosenberger sah bis zu seinem Lebensende von diesem Geld nie wieder etwas. Insgesamt hat man Adolf Rosenberger zu einer Abgabe in einer Gesamthöhe von 46.532,86 RM aufgefordert. Die Bezahlung der »Judenvermögensabgabe« erfolgte beim Finanzamt Berlin-Moabit-West. Im Rahmen des Wiedergutmachungsverfahrens erhielt Adolf Rosenberger nur einen verschwindend geringen Bruchteil dieser Summe zurück. Zum Verhängnis wurden zahlreiche Aktenverluste bei Gerichten, Finanzämtern oder Banken, die es ihm unmöglich machten, seine Forderungen zu belegen.
50   KUBISCH (wie Anm. 23), S. 38.
51   REUSS (wie Anm. 3), S. 96.
52   Die Angaben, ob Rosenberger einen VW kostenlos bekommen hat oder nicht, sind nicht zweifelsfrei zu belegen. Ferry Porsche spricht in seinem Porsche-Buch, das Ende der 1970er Jahre in der 1. Auflage erschienen ist, von *mehreren Tausend Mark und einem Volkswagen*, die Rosenberger als Ausgleich erhalten haben soll. Zu diesem Zeitpunkt ist Rosenberger aber schon lange nicht mehr am Leben.
53   PORSCHE/MOLTER (wie Anm. 26), S. 192.

Gelegenheit geboten, wieder in sein altes Fach hinein zu kommen, an dem sein Herz von jeher hing, nämlich ins Autofach. Die Firma ist eine AG. Al kennt die beiden Aktionäre seit 10 Jahren, berichtet Anne Robert in einem Brief an die Familie in Pforzheim.[54] In technischen Fragen wandte er sich an einen guten »Bekannten« aus der gemeinsamen Porsche-Zeit, nämlich an Porsches Chefkonstrukteur Karl Rabe, so im Sommer 1953, und bat um dessen Meinung zu einer Klimaanlage, die in PKW eingebaut werden sollte.[55] In den Jahren darauf besserte sich das Verhältnis auch zu Porsche zusehends. Von Ferry Porsche erhielt er »2 sehr liebe Briefe« und meinte dazu: *Ich freue mich, dass die alte Verbindung, welche, wie Sie* [Karl Rabe] *wissen, mir sehr am Herzen liegt, weiterhin in bestem Einvernehmen besteht.*[56] Auch der geschäftliche Kontakt blieb weiterhin bestehen. Im Sommer 1954 (18. Juli bis 14. August) besuchte Adolf Rosenberger u. a. die Firma Porsche und bekam für diese Zeit einen Sportwagen zur Verfügung gestellt. Grund des Besuchs war die Konstruktion einer Klima-Anlage, die allerdings nicht befriedigte. Zu einem geschäftlichen Abschluss kam es wohl nicht.[57] Sein heute in Pforzheim lebender Neffe Hartmut Wagner erinnert sich gerne daran, dass »Onkel Al« immer bei seinen Besuchen in Deutschland einen Porsche zur Verfügung gestellt bekam und dass Rosenberger gerne damit entsprechend sportlich gefahren sei. *Uns Kindern hat das natürlich immer sehr viel Spaß gemacht!*, so Hartmut Wagner dem Verfasser gegenüber. Rosenbergers Firma mit Namen »Coachcraft« expandierte zu einem bekannten Zulieferungsbetrieb für die amerikanische Automobilindustrie und soll nach Auskunft des Vetters, Hugo Esslinger, immer noch existieren.[58] Das Unternehmen produziert u. a. Gepäckträger und Auspuffanlagen für Chrysler.

Im August 1956 erlitt Alan Robert einen ersten Schlaganfall und musste im Anschluss daran sieben Wochen im Krankenhaus verbleiben. 1958 versuchte er einzelne Produktionssparten seiner Firma zu verkaufen. Ein Jahr später beendete er seine aktive Tätigkeit für die »Coachcraft«, blieb ihr aber als Teilhaber und Geldgeber verbunden. Seit etwa 1962 belasteten ihn erhebliche gesundheitliche Probleme, u. a. am Herzen und ein Leistenbruch. Im Sommer reiste Alan Robert mit seiner Ehefrau ein drittes Mal nach dem Krieg nach Deutschland. Bei diesem Besuch in Deutschland regelte Alan Robert noch nicht geklärte Vermögensangelegenheiten in Pforzheim. Gerne hätte er wieder alte Rennfahrerfreunde getroffen. Aber: *Es ist schade, dass das Nürburgrennen nicht während unseres Dortseins stattfand, Al wäre in diesem Fall auch hingefahren, und hätte manche alten Kameraden wieder getroffen*, schreibt seine Frau Anne wieder in Los Angeles angekommen nach Pforzheim.[59] Mit Adolf Rosenbergers Gesundheit stand es nun nicht mehr zum Besten. Sie erlaubte ihm nicht mehr, kontinuierlich einer Arbeit nachzugehen. Vom Land

---

54   Anne Robert, Brief vom 17.07.1953, Sammlung Wagner.
55   Schreiben von Adolf Rosenberger vom 20. Juni 1953 an Karl Rabe, Sammlung Dr. Heinz Rabe.
56   Schreiben von Adolf Rosenberger vom 10. Februar 1954 an Karl Rabe, Sammlung Dr. Heinz Rabe.
57   Aktennotiz vom 17. August 1954 von Karl Rabe, Sammlung Dr. Heinz Rabe.
58   Das Telefongespräch mit Herrn Hugo Esslinger wurde am 20. September 2005 geführt. Darin erfolgte auch die Mitteilung über persönliche Verhältnisse Rosenbergers (so z. B. KZ-Aufenthalt 1935 wegen »Rassenschande«). Esslinger wurde 1921 in Pforzheim geboren und lebt heute in Los Angeles.
59   Privatsammlung Hartmut Wagner, Pforzheim.

Baden-Württemberg erhielt er von April 1965 an, er war nun 65 Jahre alt, eine Entschädigungsrente von monatlich 1.000 DM.[60] Hinzu kam eine amerikanische Berufsschadensrente in Höhe von 116 $. Im April 1961 war das seit 1949 geführte langjährige Wiedergutmachungsverfahren endlich zum Abschluss gekommen. Adolf Rosenberger erhielt 89,81 DM. Zum zweiten Mal widerfuhr ihm bitteres Unrecht. Aus seiner Sicht war auch das Gutachten der Universitätsklinik Heidelberg ein Fiasko, deren Ärzte in einem sogenannten »Medizinischen Gutachten« zum Ergebnis gelangten, dass sein KZ-Aufenthalt 1935 keineswegs für Krankheiten Rosenbergers ursächlich war. Die Heidelberger Mediziner hatten Rosenberger jedoch nie untersucht. Sie entschieden zum Wohle der Bundesrepublik Deutschland im Rahmen einer fragwürdigen Ferndiagnose. Die Meinung der amerikanischen Mediziner, die sehr wohl eine Kausalität zwischen dem damals aktuellen medizinischen Zustand und einem im KZ Kislau erlittenen Schlaganfall festgestellt hatten, wurde in keinster Weise berücksichtigt.[61] Auch in diesem Fall erlitt Rosenberger also eine juristische Niederlage.

Im heimatlichen Haus in der North Kings Road, Los Angeles, ging es in den Jahren nach 1961 beschaulich und ruhig zu. Alan Robert spielte ab und an mit dem Gedanken, wieder nach Pforzheim zurückzukehren. Zu einer Realisierung des Vorhabens kam es indes nicht. In Deutschland wurde Rosenbergers Geschichte Anfang der 1960er Jahre zumindest partiell der Vergessenheit entrissen. In sechs Ausgaben der heute immer noch erfolgreich existierenden VW-Kundenzeitschrift »Gute Fahrt« berichtet Dieter Grossherr über die Geschichte des Volkswagens und erinnert darin als einer der wenigen in jener Zeit auch an Adolf Rosenberger, einen der Väter des Volkswagens.[62] Darüber hinaus plante das ZDF einige Jahre später anlässlich des 30. »Geburtstages« des Volkswagens – am 12. Oktober 1936 waren die ersten drei Prototypen in Berlin vorgeführt worden – einen Filmbeitrag über ihn in der Sendung »Bilanz«. Der 10-minütige Film inklusive des mit Rosenberger geführten Interviews wurde am 11. Oktober 1966 ausgestrahlt. Verantwortlich für die Sendung war wiederum Dieter Grossherr.[63] 1966 endlich endete das letzte von Adolf Rosenberger angestrengte Wiedergutmachungsverfahren. Im März des Jahres erfolgte im Schlichtungsverfahren gegen das Land Baden-Württemberg wegen der »Rückerstattung von Bankguthaben« ein Richterspruch. Rosenberger erhielt mit rund 50 DM nur einen Bruchteil des eingeklagten Schadens von rund 50.000 RM zurück.

Am Nikolaustag 1967, am späten Vormittag um 11.25 Uhr, starb Adolf Rosenberger im Mount Sinai Hospital in Los Angeles. Sein letzter Wunsch, die Bestattung in seiner

---

60   GLAK 480/11122 Band 2.
61   Ebenda.
62   Gute Fahrt Ausgabe 6/1961 bis 10/1961: Artikelfolge: Die VW-Story von Dieter Grossherr.
63   Der 1929 geborene Journalist Dieter Grossherr, viele Jahre lang Auslandskorrespondent des ZDF, stieß bei seinen Recherchen im Porsche-Archiv auf den Namen Rosenberger. Dabei führte er intensive Gespräche mit Ghislaine Kaes, der für den Kontakt mit Robert/Rosenberger sorgte und die Adresse mitteilte. Das Interview mit Alan Robert führte die Journalistin Ingeborg Wurster, die damals im ZDF-Auslandsbüro in Washington arbeitete. Die Dreharbeiten zogen sich über drei Tage hin. In der mit Dieter Grossherr geführten Korrespondenz bedankte sich Alan Robert für die gute Zusammenarbeit, machte aber auch auf die seiner Ansicht nach mangelhafte Wiedergutmachung aufmerksam.

Heimatstadt Pforzheim, sollte jedoch unerfüllt bleiben. Sein Grab befindet sich auf dem Jüdischen Friedhof in New York.

Würdigung

Adolf Rosenberger war ein begnadeter Rennfahrer, einer der Begründer des Automobilkonzerns Porsche und eine herausragende Persönlichkeit in der deutschen Automobilgeschichte. Die Firma Porsche hat es bis heute leider nicht geschafft, an ihn in angemessener Weise zu erinnern. Es wäre zu wünschen, dass nicht nur die Firma Porsche den Verdiensten und dem Wirken von Adolf Rosenberger wieder den Stellenwert zuerkennt, den er tatsächlich verdient.

Im Spannungsfeld von französischem Gestaltungswillen und Selbstbestimmung. Sport an der Saar und in der Pfalz nach dem Ende des Zweiten Weltkrieges

VON HANS AMMERICH

Politische Ausgangssituation

Im März 1945 besetzten amerikanische Truppen das Saarland. Am 12. Juli 1945 lösten die Franzosen die Amerikaner ab. Mit der Aufnahme Frankreichs in den Kreis der Besatzungsmächte wurden das Saargebiet, die Pfalz, Rheinhessen und der südliche Teil der Rheinprovinz mitsamt vier früher zur preußischen Provinz Hessen-Nassau gehörigen Landkreisen der französischen Besatzungszone zugeschlagen. Das Saarland wurde allerdings sofort abgetrennt und in einen von Frankreich abhängigen »Saarstaat« umgewandelt. Das noch auf Anweisung der amerikanischen Militärregierung gebildete Regierungspräsidium Saar, das unter der Leitung von Hans Neureuter stand, wurde aus der Unterstellung gegenüber dem Oberpräsidium Mittelrhein in Neustadt an der Weinstraße gelöst. Es wurde zur obersten zivilen deutschen Verwaltungsbehörde für das Saarland erhoben. Frankreich strebte nach einer festen Einbeziehung des Saarlandes in seinen Machtbereich. Nachdem eine Eingliederung in den französischen Staatsverband auf Ablehnung seiner Verbündeten stieß, wählten die Franzosen schließlich die Form der Wirtschafts- und Währungsunion. Die Neuentfaltung des politischen Lebens an der Saar in den ersten Nachkriegsjahren war daher eng an das französische Saarkonzept gebunden.

Die Pfalz wurde – nach 130-jähriger Zugehörigkeit zu Bayern – Teil des von den Franzosen am 30. August 1946 neu geschaffenen Landes Rheinland-Pfalz. Die französische Besatzungsmacht bestimmte sowohl im Saarland als auch in der Pfalz die Rahmenbedingungen für die Wiedergründung von Parteien und Gewerkschaften, für den wirtschaftlichen und sozialpolitischen Neuanfang wie auch für das kirchliche, gesellschaftliche und kulturelle Leben.

Sport als Teil der Kulturpolitik der französischen Besatzungsmacht

Nach 1945 war die französische Kultur- und Bildungspolitik als wesentlicher Rahmen für die Demokratisierung und Umerziehung der Deutschen äußerst bedeut-

sam.[1] Sie stellte einen maßgeblichen Bestandteil einer neu konzipierten Sicherheitspolitik dar. Kulturpolitik kann auch »Machtersatzpolitik« sein; ihre Bedeutung wird
dadurch erhöht.[2] »In einer langen Besatzungsperiode hoffte Frankreich über eine Re-
formierung des Schulwesens, der Lehrerausbildung, der Erwachsenenbildung, mit
Neugründungen von Hochschul- und Fachhochschuleinrichtungen, mit Jugendaus-
tauschprogrammen, durch Förderung neuer Entwicklungen von Theater, Kino, Musik,
Literatur und Kunst und durch die Vermittlung französischer Kultur und Sprache bei
den Deutschen eine Überwindung tiefsitzender mentaler Strukturen und politischer
Kulturen zu erwirken.«[3] Neue Werte sollten sein: Freiheitssinn und Humanismus, Verantwortungsbewusstsein, Selbständigkeit und Toleranz, Demokratie und Pluralismus.
Vermittelt werden sollten eine regionale und europäische Identität und die Bereitschaft
zu Völkerverständigung und deutsch-französischer Annäherung. »Es ging der französischen Besatzungsmacht sowohl um eine Überwindung des Nationalsozialismus als
auch um eine *Déprussianisation* und eine Schwächung konservativer gesellschaftlicher
Kräfte, die nicht zuletzt über die Heranbildung neuer Eliten ermöglicht werden sollte.
Daß die französische Besatzungsmacht dabei nicht nur durch die häufig zitierten Defizite in der Kompetenzabgrenzung zwischen den verschiedenen Verwaltungsstellen,
durch Interessenskollisionen innerhalb der Besatzungsmacht, durch Opportunismus
und vielschichtige deutschlandpolitische Konzeptionen, sondern auch aufgrund des
spezifischen Widerspruches zwischen Demokratisierungsziel und restriktiver Vermitt-
lungsmethode oft inkonsequent handelte, belastete das französische Vorhaben zwar
sehr; dies ändert aber nichts an der außerordentlichen Bedeutung, die der Politik der
›innenpolitischen Abrüstung‹ zukam.«[4]

So war auch der deutsche Sport ein wichtiges Mittel der gesellschaftspolitischen Ein-
flussnahme der französischen Besatzungsbehörden. Wegen seiner pädagogischen Möglichkeiten und seiner Anziehungskraft für breite Bevölkerungsschichten war Sport emi-
nent wichtig. Zudem hatte der organisierte Sport seit der Begründung des Turnens in der
Zeit der napoleonischen Herrschaft in Deutschland eine zentrale Funktion für die Entwicklung einer nationalen Identität inne.[5] Durch ihre vorausgegangene Verstrickung in
Nationalismus und Militarismus war die deutsche Turn- und Sportbewegung jedoch in
den Augen der Franzosen problematisch, so dass intensive Eingriffe vonnöten waren.

Die sportpolitische Situation an der Saar seit 1945

Mit der Ernennung von Colonel Gilbert Grandval zum »Délégué Supérieur de la
Sarre« am 30. August 1945 begann für das Saarland eine eigenständige Sportpoli-

---

1   S. WOITE-WEHLE, Zwischen Kontrolle und Demokratisierung: Die Sportpolitik der französi-
    schen Besatzungsmacht in Südwestdeutschland 1945–1950, Schorndorf 2001, S. 13.
2   Ebenda, S. 14.
3   Ebenda.
4   Ebenda.
5   Ebenda, S. 15.

tik.[6] Sie unterscheidet sich in ihrer Zielsetzung und ihren Richtlinien grundsätzlich von allen anderen alliierten Übereinkommen. Sie grenzt sich auch deutlich von der Entwicklung in der französisch besetzten Pfalz ab. Grandval war von den Möglichkeiten der Sportbewegung als Mittel politischen Handelns überzeugt. Die Sportpolitik nahm im französisch-deutschen Kräftespiel um die Saar einen besonderen Stellenwert ein.[7] Der straff organisierte Saarsport wurde innen- wie außenpolitisch zum Wegbereiter staatspolitischer Ziele. In relativ kurzer Zeit gelang es, die internationale Akzeptanz des Saarsports zu erreichen.

In der Sekundärliteratur zur Sportpolitik der französischen Besatzungsmacht an der Saar wird die politische Instrumentalisierung des Sports herausgearbeitet.[8] Der Franzose Pierre Lanfranchi ordnet in seinem Beitrag zur Rolle des saarländischen Fußballs in der französischen Saarpolitik von 1947 bis 1952 die französische Sportpolitik als staatspolitisch bedeutsame Maßnahme ein.[9] Die französische Besatzungsmacht habe versucht, einerseits die bisherige politische Nutzung des Sports zu verhindern, andererseits Sport für die eigenen politischen Interessen zu instrumentalisieren. Aus der Perspektive sowohl der Fußballverbände als auch der französischen Saarpolitik insgesamt gibt Lanfranchi einen knappen Überblick über die verschiedenen Etappen der französischen Politik der Abtrennung des saarländischen Fußballs vom deutschen Sport und der versuchten Anbindung an das französische Verbandswesen. Dieses Vorhaben der Besatzungsmacht, Fußball als Mittel einer Annäherung der Saar an Frankreich zu nutzen, scheiterte aber nicht nur an den saarländischen Widerständen, sondern auch an den innerfranzösischen Interessen.[10] Insbesondere die Vertreter des Elsasses und Lothringens im französischen Fußballverband, die aufgrund ihrer wechselvollen Geschichte ihres jeweiligen Grenzlandes ein ausgeprägtes Abgrenzungsbedürfnis gegenüber den Saarländern zeigten, leisteten Widerstand gegen Grandvals Annäherungspolitik.[11] Daraufhin strebte die französische Besatzungsmacht einen unabhängigen saarländischen Fußball an. Sie erreichte für den saarländischen Fußball 1950 sogar die internationale Anerkennung als Nationalverband.[12]

Mit Entschiedenheit wollte die französische Besatzungsmacht den Sport für ihre politischen Ziele an der Saar nutzen. Noch ausführlicher als Lanfranchi dokumentiert dies

---

6   W. Harres, Sportpolitik an der Saar 1945–1957, Saarbrücken 1997, S. 243. Eine kurze Darstellung seiner Thesen ist publiziert in: Ders. Sportpolitik an der Saar 1945–1957, in: Magazin Forschung der Universität des Saarlandes 2/1998, S. 34–37; J. Grossmann, Sportpolitik im Saarland 1945–1954, in: Jahrbuch für westdeutsche Landesgeschichte 31 (2005), S. 509–530; D. M. Schneider, Gilbert Grandval, Frankreichs Prokonsul an der Saar 1945–1955, in: S. Martens (Hg.), Vom »Erbfeind« zum »Erneuerer«. Aspekte und Motive der französischen Deutschlandpolitik nach dem Zweiten Weltkrieg, Sigmaringen 1993, S. 201–243, hier S. 219.
7   Harres (wie Anm. 6), S. 243; Grossmann (wie Anm. 6), S. 511f.
8   Woite-Wehle (wie Anm. 1), S. 23.
9   P. Lanfranchi, Le football sarrois dès 1947 à 1952. Un contre-pied aux actions politiques, in: Viengtième siècle 2 (1990), S. 59–65 ; in deutscher Sprache veröffentlicht unter dem Titel : P. Lanfranchi, Der saarländische Fußball von 1947 bis 1952. Gegenspieler der Diplomatie, in: G. Ames (Red.), Von der »Stunde 0« zum »Tag X«. Das Saarland 1945–1955. Katalog zur Ausstellung des regionalgeschichtlichen Museums im Saarbrücker Schloss, Saarbrücken 1990, S. 351–376.
10 Lanfranchi, football (wie Anm. 9), S. 61–64.
11 Ebenda, S. 62f.; Woite-Wehle (wie Anm. 1), S. 23f.
12 Woite-Wehle (wie Anm. 1), S. 24 Anm. 57.

Wolfgang Harres mit seiner Dissertation »Sportpolitik an der Saar 1945–1957«.[13] Der Schwerpunkt dieser Arbeit liegt auf der Instrumentalisierung des Sports für die staatspolitischen Ziele an der Saar und den verbandspolitischen Auseinandersetzungen. Auf einer breiten Quellenbasis weist Harres nach, dass die französische Militärregierung zuerst über den sofortigen Anschluss des Saarsports an die französischen Sportverbände (*Affiliation*) und später über die Förderung eines autonomen Saarsports staatliche Entwicklungen zur Selbständigkeit des Saarlandes einleiten wollte (Ammerich Abb. 1; siehe Farbabbildung nach S. 224). Den Anfang machten 1947 saarländisch-französische Sportbegegnungen, die eine Annäherung beider Länder fördern sollten.[14] Harres bescheinigt der französischen Besatzungsmacht in ihrem Versuch des »Nation-Building through Sports« einige Achtungserfolge.[15] Konnten sich auch Projekte wie die Schaffung saarländisch-westeuropäischer Fußballstrukturen als Ersatz für den verlorenen deutschen Aktionsraum nicht durchsetzen[16] und blieben die Sportinteressierten überwiegend dem deutschen Raum verbunden,[17] so erreichte Frankreich durch seinen Einfluss in den internationalen Sportgremien die Anerkennung eines eigenständigen Saarsports.[18] Dieser bot neue Möglichkeiten der Selbstdarstellung.[19] Verschiedene »Länderkämpfe« saarländischer »Nationalmannschaften« wurden ausgetragen.[20] Aber vor allem die Teilnahme einer eigenen saarländischen Delegation an den Olympischen Spielen in Helsinki 1952 (Ammerich Abb. 2; siehe Farbabbildung nach S. 224), trug zu einem neuen saarländischen Selbstbewusstsein bei.[21] Damit schien den französischen Plänen einer Abtrennung der Saar vom deutschen Staatsverbund der Boden bereitet.[22] Besonders im Vorfeld des Saarreferendums 1955 setzte Frankreich noch einmal große Hoffnungen auf die Wirkung des Sports. Die Franzosen ermöglichten deshalb den Saarländern die Durchführung der sechsten Weltmeisterschaft im Querfeldeinfahren (3. bis 6. März 1955), die den Saarsport als international etabliert präsentieren sollte (Ammerich Abb. 3; siehe Farbabbildung nach S. 224).[23]

Johannes Großmann behandelt in seiner Studie »Sportpolitik im Saarland 1945–1954« die sportpolitischen Konzeptionen der französischen Militärverwaltung und ihren Einfluss bis 1954. Besonderes Gewicht legt er auf die Rolle des Fußballs, »denn dieser setzte sich während jener Zeit – durch die steigende Anzahl an Aktiven und eine besonders hohe

---

13   HARRES (wie Anm. 6); dort die bibliographischen Angaben.
14   Ebenda, S. 53–59; WOITE-WEHLE (wie Anm. 1), S. 24 Anm. 59.
15   HARRES (wie Anm. 6), S. 244; WOITE-WEHLE (wie Anm. 1), S. 24.
16   WOITE-WEHLE (wie Anm. 1), S. 24. Im Jahr 1949 initiierte die Besatzungsmacht einen internationalen Saarpokal mit Mannschaften aus Luxemburg, Belgien und Frankreich; doch wurde dieser von den Fußballinteressierten nicht angenommen und im zweiten Jahr eingestellt; vgl. HARRES (wie Anm. 6), S. 107ff.
17   Weder die Affiliationspolitik Grandvals (HARRES, wie Anm. 6, S. 97) noch die Autonomie fanden bei der Basis größere Zustimmung (HARRES, wie Anm. 6, S. 213 und S. 219); WOITE-WEHLE (wie Anm. 1), S. 24.
18   HARRES (wie Anm. 6), S. 113f.; WOITE-WEHLE (wie Anm. 1), S. 24.
19   HARRES (wie Anm. 6), S. 200 und S. 203.
20   Ebenda, S. 124–130; WOITE-WEHLE (wie Anm. 1), S. 24.
21   HARRES (wie Anm. 6), S. 152–162; GROSSMANN (wie Anm. 6), S. 527f.
22   HARRES (wie Anm. 6), S. 204ff.; WOITE-WEHLE (wie Anm. 1), S. 24.
23   HARRES (wie Anm. 6), S. 210f.

Öffentlichkeitswirksamkeit – als bedeutendste Sportart durch und übte folglich auch entscheidenden Einfluss auf die sportpolitische Entwicklung aus«.[24]

Der Saarfußball als politische Kraft

Im Mai 1948 gab der französische Fußballverband nach einer Tagung in Paris, an der auch Vertreter der saarländischen Regierung und des Sports teilnahmen, bekannt, dass den saarländischen Fußballvereinen künftig nur noch Freundschaftsspiele gegen französische und internationale Mannschaften erlaubt seien.[25] Damit waren sämtliche Spiele gegen deutsche Mannschaften unterbunden. Am 25. Juli 1948 wurde der Saarländische Fußballbund (SFB) gegründet, der immer größeren Einfluss im Landessportverband und unter den Aktiven gewann.[26] Der VfB Neunkirchen, der 1945 seinen Vereinsnamen Borussia hatte ablegen müssen, der SV Saarbrücken (= Saar 05) und die SG Völklingen spielten in der Landesklasse Saar. Der 1. FC Saarbrücken (1. FCS) schlug einen Sonderweg ein. An der innersaarländischen Meisterschaft wollte sich die Mannschaft nicht beteiligen, da man keine Möglichkeit zur sportlichen Weiterentwicklung sah. Stattdessen wurden Freundschaftsspiele gegen französische Spitzenvereine durchgeführt. Seit der Saison 1948/49 spielte der 1. FCS in der zweiten französischen Division. Obwohl er Meister wurde, durfte er nicht aufsteigen, weil er außer Konkurrenz starten musste. In der Saison 1951/52 konnten der 1. FCS sowie Borussia Neunkirchen wieder in der Oberliga Südwest mitspielen.[27]

Hintergrund dieses Umschwungs war, dass die Affiliationspolitik Grandvals zwischenzeitlich einen herben Rückschlag erlitten hatte.[28] Am 17. Juli 1949 hatte in Sulzbach der Bundestag des Saarländischen Fußballverbands (SFB) stattgefunden, auf dem es zu einer für den saarländischen Sport zukunftsweisenden Abstimmung gekommen war.[29] Von den 963 Delegierten stimmten 299 für die Affiliation und 609 dagegen; 55 enthielten sich ihrer Stimme.[30] Parallel zu der Veranstaltung in Sulzbach kamen in Dudweiler die Vertreter des Handballsports zusammen. Hier waren es – durch ein anderes Quorum – lediglich 44 Mitglieder, die sich mit der Anschlussfrage beschäftigten. Sie sahen in der Affiliation einen Rückschritt, da die Integration ihres Bundes in den Weltverband schon weiter fortgeschritten war und der französische Verband gegenüber dem saarländischen bezüglich Spielkultur und Leistungsfähigkeit als schwächer galt.[31] In diesen für Grandval

---

24 GROSSMANN (wie Anm. 6), S. 510.
25 Ebenda, S. 517; B. REICHELT, Kicken für die Autonomie. Wie 1949 im Neunkircher Ellenfeld das Fußballspiel einer Saarauswahl gegen Göteborg zum Politikum geriet, in: saargeschichte/n. Magazin zur regionalen Kultur und Geschichte, Ausgabe 4/2008, S. 10–13; H. AMMERICH, Die südwestdeutsche Fußballszene vor der Einführung der Bundesliga, in: Kaiserslauterer Jahrbuch für pfälzische Geschichte und Volkskunde 8/9 (2008/2009), S. 539–552, hier S. 543.
26 GROSSMANN (wie Anm. 6), S. 516.
27 HARRES (wie Anm. 6), S. 140–144; AMMERICH (wie Anm. 25), S. 543 und S. 545.
28 Zum Streit um die Affiliation: HARRES (wie Anm. 6), S. 91–99; GROSSMANN (wie Anm. 6), S. 520.
29 HARRES (wie Anm. 6), S. 95; GROSSMANN (wie Anm. 6), S. 521.
30 HARRES (wie Anm. 6), S. 95; GROSSMANN (wie Anm. 6), S. 521.
31 HARRES (wie Anm. 6), S. 95.

ernüchternden Ergebnissen zeigte sich die Unzufriedenheit mit der französischen Sportpolitik.[32] Dieses Ergebnis ist mit dem des sechs Jahre später erfolgten Referendums vom
23. Oktober 1955 (32,3% : 67,7%) nahezu deckungsgleich.[33] Der 17. Juli 1949 war ein
großer sportpolitischer Misserfolg Grandvals.[34] Die Auseinandersetzung um die Affiliation war damit aber noch nicht beendet. Als sich am 23. Juli der »Conseil National« der
»Fédération Française de Football« (FFF) weigerte, den 1. FC Saarbrücken sowie andere
saarländische Vereine als vollwertige Mitglieder in die französischen Meisterschaftswett-
bewerbe aufzunehmen, reichte Grandvals seinen Rücktritt ein. Zwar nahm Außenminis-
ter Schuman das Rücktrittsgesuch an – ein Nachfolger für das Amt war schon bestimmt –,
doch behielt Grandval seinen Posten.[35]

In einer »bewundernswerten, sportdiplomatischen Bravourleistung« (Harres) gelang
es dem neuen »Chef de la Section Jeunesse et Sports«, Emile Gauthier, die »Affiliations-
schlappe« auszuwetzen und in kurzer Zeit die internationale Akzeptanz des Saarsports zu
erreichen.[36] Dabei kam der Anerkennung der Saar als »Olympische Nation« durch das
Internationale Olympische Komitee am 15. Mai 1950 eine Schlüsselfunktion zu.[37] Die
sportliche Autonomie des Saarlandes stabilisierte sich zunehmend. Durch die Verflechtung in das internationale Sportgeschehen war daher sogar die Rückkehr saarländischer
Vereine in die Spielrunden deutscher Ligen zu verschmerzen.[38] 1952 wurde der 1. FC
Saarbrücken in der Heimat gefeierter Deutscher Vizemeister, vier Wochen später brachten
gar die Olympischen Spiele in Helsinki das Saarland in das Blickfeld der politischen
Welt.[39] Die hierdurch eingeleitete internationale Anerkennung verhalf auch dem saarländischen Ministerpräsidenten Johannes Hoffmann zu großer Popularität. Die systemstabi-
lisierende Wirkung des Saarsports trug entscheidend dazu bei, dass Hoffmann am Ende
des Jahres 1952 überzeugend die Landtagswahl gewann.[40] Der international anerkannte
und inzwischen durchaus erfolgreiche Saarsport sollte zum »öffentlichkeitswirksamen
Prestigeobjekt« eines staatlich unabhängigen Landes werden (Ammerich Abb. 5 und 6;
siehe Farbabbildungen nach S. 224).[41]

Sport war zum identitätsstiftenden Element geworden, in dem sich das Saarland als
selbstständige »Nation« wiederfinden konnte. Darin war auch der Vereinsfußball invol-
viert. So bildeten noch vor der Aufnahme der offiziellen FIFA-Länderspiele internationale Fußballspiele im Neunkircher Stadion, dem »Ellenfeld«, sportliche Höhepunkte für
den VfB Neunkirchen.[42] So hatte der Saarländische Fußballbund den schwedischen Fuß-

---

32   Ebenda, S. 91.
33   Ebenda, S. 95.
34   Ebenda; GROSSMANN (wie Anm. 6), S. 521.
35   GROSSMANN (wie Anm. 6), S. 521. Die politischen Hintergründe sind in der Forschung unklar.
36   HARRES (wie Anm. 6), S. 243.
37   Ebenda.
38   Ebenda, S. 142–144, S. 244. GROSSMANN (wie Anm. 6), S. 523.
39   HARRES (wie Anm. 6), S. 243; GROSSMANN (wie Anm. 6), S. 527.
40   HARRES (wie Anm. 6), S. 244.
41   Ebenda.
42   REICHELT (wie Anm. 25), S. 10. Bernd Reichelt (Tübingen) widmete seine Saarbrücker Diplom-
      arbeit im Studiengang »Historisch orientierte Kulturwissenschaften« dem Thema: »Fußball
      und regionale Identität im Saarland der 1950er und 1960er Jahre. Entwicklung und Anpassung
      eines Fußballvereins in Zeiten des beschleunigten Wandels am Beispiel Borussia Neunkirchen.«

REGIERUNG DES SAARLANDES
DER MINISTERPRÄSIDENT

SAARBRÜCKEN, den **15. Juni 1949.**

An den
Landessportverband

S a a r b r ü c k e n
Bahnhofstr. 42

Betrifft: Anschluss der saarländischen Sportverbände **an**
die entsprechenden französischen Verbände.

Um die freundschaftlichen Bande zwischen dem
Saarland und Frankreich auf dem Gebiete des Sports zu
festigen, haben die Regierung der Französischen Republik
und die Regierung des Saarlandes in Art. 8 des am 15. Dezember 1948 abgeschlossenen französisch//saarländischen
Kulturabkommens vereinbart, dass die sportlichen Beziehungen
zwischen beiden Ländern entwickelt werden sollen.

Zur Verwirklichung dieses Artikels und
um die Tätigkeit der Sportvereine in Uebereinstimmung mit
der politischen Linie des Saarlandes zu bringen, regt die
Regierung die verschiedenen im Landessportverband zusammen-
geschlossenen Verbände an, sich den entsprechenden französischen Verbänden anzugliedern.

Die Regierung der Französischen Republik
hat ihrerseits die nötigen Schritte unternommen, damit
dem Ersuchen der saarländischen Verbände von Seiten der
französischen Verbände entsprochen werde.

Regierung des Saarlandes
Der Ministerpräsident:

Der Minister des Innern: Der Minister für Finanzen
m.d.W.d.G.b.   und Forsten:

Der Minister der Justiz: Der Minister für Kultus, Unter-
                                  richt und Volksbildung:

Der Minister für Arbeit und   Der Minister für Wirtschaft, Ver-
Wohlfahrt: kehr , Ernährung und Landwirtschaft

Abb. 4:   Das »Schlüsseldokument« der Sportpolitik an der Saar.

ballverein GAIS Göteborg, der eine Gastspielreise in Westeuropa unternahm, zum Spiel
gegen eine Saarauswahl eingeladen. Das Spiel in Neunkirchen am 6. März 1949 war bis zu
diesem Zeitpunkt nicht nur eines der größten sportlichen Ereignisse an der Saar, sondern
sollte nach dem Willen der Regierung Johannes Hoffmanns und des Französischen Hohen Kommissariats auch die saarländische Selbstständigkeit aufzeigen.[43] Josef Becker, der
spätere Pressewart beim VfB Neunkirchen und Schriftleiter der »Saarländischen Volkszeitung«, beschreibt die Stimmung in Neunkirchen wie folgt: *Fast in allen Läden und
Fenstern hingen seit Tagen die bunten Plakate, auf denen die olympischen Ringe das gelbe
Schwedenkreuz auf blauem Grund mit dem weißen Kreuz der saarländischen Flagge auf
blau-rotem Grund verbanden. Das nordöstliche Saarland stand am Sonntag ganz im Zei-
chen des Spieles. Wagen mit allen Kreisnummern von 01–08 steuerten der Hüttenstadt zu.
Die Züge führten Tausende heran, alle Verkehrsmittel standen großzügig zur Verfügung.*[44]
Zum ersten Mal wurde dabei nicht Saarbrücken als Austragungsort gewählt, sondern die
Industriestadt Neunkirchen. Die Wahl fiel auf das Ellenfeld, um der *schaffenden und
sportbegeisterten Bevölkerung im Neunkirchener Industriegebiet eine besondere delikate
Fußballkost zu bieten,* wie die der Sozialdemokratischen Partei des Saarlandes (SPS) nahe
stehende »Volksstimme« befand.[45] Neunkirchen hatte mit dem Ellenfeld den einzigen
Rasensportplatz im ganzen Saarland. »In Neunkirchen herrschte ›Länderspielstimmung‹.
Außer den kleinen Mängeln, dass ausgerechnet der hochgelobte Sportrasen in diesen frühen Märztagen mehr einem Acker glich und die Bergkapelle vergeblich auf die Noten der
schwedischen Nationalhymne wartete, hatte die Presse nichts zu beanstanden. Sie lobte
das Spiel, das ganz im Sinne der Völkerverständigung vor 16.000 Zuschauern mit 2:2 unentschieden ausging, in höchsten Tönen.«[46] Pathetisch äußerte sich die »Volksstimme«:
*Mit dem Einlauf der Schweden erstrahlte die Sonne über dem Ellenfeld-Stadion. Schwe-
den- und Saarlandkreuz flatterten im leichten Frühlingswinde. Uns erschien es wie ein
Symbol.*[47]

   »Die Bedeutung des ersten internationalen Auswahlspiels in Neunkirchen für die Au-
ßendarstellung des ›Saarstaats‹ bezeugte nicht nur die ›Staatssymbolik‹, sondern auch die
Anwesenheit von Vertretern der Saarregierung, des Hohen Kommissariats und der Stadtverwaltung. Friedrich Brokmeier, Bürgermeister von Neunkirchen, und Willy Koch,
Präsident des Saarländischen Fußballbundes, ordneten in ihren Reden die Veranstaltung
einem höheren Ziel unter, der »Hoffnung auf den lang ersehnten allgemeinen
Völkerfrieden«.[48] Auch Erich Menzel vom »Sport-Expreß« befand: *Neben der Vorfreude
auf ein Sportereignis von auserlesener Güte beherrscht die saarländischen Herzen ein Ge-*

Saarbrücken 2007. Er erstellt zurzeit seine Dissertation zum Thema: »Fußballsport im deutsch-
französischen Grenzraum Saarland/Moselle 1900–1950«.

43   Reichelt (wie Anm. 25), S. 10.
44   Sport-Expreß, 2. Jg. Nr. 10, 6. März 1949: ›Am Rande des großen Spiels‹; Reichelt (wie Anm.
     25), S. 10.
45   Volksstimme, 41. Jg. Nr. 25, 1. März 1949: »GAIS Göteborg – Saarauswahl«; Reichelt (wie
     Anm. 25), S. 11.
46   Ebenda, S. 12.
47   Volksstimme, 41. Jg. Nr. 28, 8. März 1949: »Schwedische Fußballer begeistern 1500 im Ellen-
     feld«; Reichelt (wie Anm. 25), S. 12.
48   Reichelt (wie Anm. 25), S. 12.

fühl der Dankbarkeit und der Freundschaft für die schwedischen Sportkameraden, die im Gesamtrahmen der Bemühungen um die Wiederherstellung freundschaftlicher Beziehungen uns hier an der Saar mit ihrem Besuch beehren.[49]

Seit 1949 wurden internationale Freundschaftsspiele für den VfB Neunkirchen zur Norm. Nach Abschluss der gewonnenen Meisterschaft in der Landesliga folgten im Mai und Juni in Neunkirchen mehrere Spiele gegen international renommierte Gegner: AGF Aarhus, FC Wien, Stade Reims, Hajduk Split und FC Toulouse. Die Spiele des in der Landesliga unterforderten VfB Neunkirchen gegen europäische Spitzenvereine stellten eine sportliche Abwechslung dar. Zugleich waren sie aber auch ganz im Sinne der saarländischen Regierung und des Hohen Kommissariats.[50] Das Spiel im Mai 1949 gegen den AGF Aarhus zeigte den Versuch, die Veranstaltung symbolisch aufzuwerten und dadurch eine saarländische Identität zu schaffen.[51] Dies unterstrich auch die obligatorische Beflaggung: *Über den Köpfen der Menge leuchten die roten, weißen und blauen Fahnen des Danebrog, der Saarlandflagge und der Trikolore.*[52] Vor der Begegnung fand ein Spiel der Neunkircher Hockeyabteilung gegen eine Mannschaft des Stade Universitaire de Nancy statt. Bevor das Spiel angepfiffen wurde, sprach neben dem SFB-Präsidenten Willy Koch, dem Neunkircher Beigeordneten Delheid und dem Vereinsvorsitzenden Robert Neufang auch Kultusminister Emil Straus.[53] »Wie vielversprechend die Versuche waren, mithilfe von Sportveranstaltungen eine Politik der Identitätsstiftung zu betreiben, zeigt sich auch bei der Person Albrecht Menzels. Der Neunkircher Sportnestor, der nicht nur im Vorfeld der ersten Saarabstimmung 1935 für einen Anschluss an das Deutsche Reich geworben hatte und auch am ›Saarstaat‹ nicht mit Kritik sparte«,[54] schrieb voller Begeisterung im »Sport-Expreß«: *Ja, es war wieder ein großer Tag, der in der Neunkircher Fußballgeschichte ein ehrenvolles Kapitel füllt. Die VfB-Mannschaft war sich der Aufgabe bewusst, nicht nur Verein und Heimatstadt, sondern auch das ganze Saarland zu vertreten und hat diese Aufgabe glänzend gelöst.*[55]

Die Saarregierung konnte die Freundschaftsspiele als Erfolg verbuchen. Die geschickt inszenierten »internationalen« Begegnungen und Erfolge bildeten zunehmend ein Wir-Gefühl aus. Doch auch sie konnten die strukturellen Probleme, die den Saarfußball seit Frühjahr 1949 betrafen, nicht lösen. Für den VfB Neunkirchen stellte sich daher erneut die Frage, »wohin der Verein eigentlich gehöre«.[56] Der Verein blieb auf der Suche nach seinem Standort zwischen Frankreich, Deutschland und Europa.[57] Zudem war auch »die Legitimationsfunktion des Saarsports« nicht unbegrenzt belastbar.[58] Das wachsende regionale Selbstbewusstsein verstand sich »weiterhin als integrierender Teil deutscher

---

49   Zitiert nach REICHELT (wie Anm. 25), S. 12.
50   Ebenda, S. 13.
51   Ebenda, S. 13.
52   Sport-Expreß, 2. Jg. Nr. 21, 22. Mai 1949: »VfB Neunkirchen – Aarhus 6:1«; REICHELT (wie Anm. 25), S. 13.
53   Ebenda.
54   Ebenda.
55   Sport-Expreß, 2 Jg. Nr. 21, 22. Mai 1949: »VfB Neunkirchen – Aarhus 6:1«; REICHELT (wie Anm. 25), S. 13.
56   REICHELT (wie Anm. 25), S. 10.
57   Ebenda.
58   HARRES (wie Anm. 6), S. 244.

Identität.«[59] Das Deutsche Turnfest 1953 und die Fußball-Weltmeisterschaft 1954 ließen die weiterbestehenden emotionalen Bindungen an die Bundesrepublik offenkundig werden. »Darüber hinaus wird das Legitimationsdefizit eines autonomen Saarstaates durch die Idee seiner ›Europäisierung‹ allzu deutlich.«[60] Mit dem ablehnenden Votum zum europäischen Saarstatut (23. Oktober 1955) und der Eingliederung des Saarsports in den Deutschen Sportbund[61] endete 1957 eine besondere Epoche regionaler Sportgeschichte. Für das ursprüngliche Ziel der französisch-saarländischen Sportpolitik, auf der Grundlage einer international sanktionierten Autonomie des Saarlands und mit Hilfe des Identitätsbewusstseins der Saarländer eine »Nationen-Bildung durch Sport« zu erreichen, war nun die Zeit endgültig vorbei.[62]

Grundzüge der französischen Sportpolitik in der Pfalz

Für die Sportpolitik der französischen Besatzungsmacht in der Pfalz[63] gibt es – im Gegensatz zum Saarland – nur wenige Hinweise. So muss man sich bezüglich der Maßnahmen der Franzosen im Bereich der regionalen und überregionalen Strukturen sowie dem Aufbau einer Selbstverwaltung des Sports an den von Woite-Wehle beschriebenen Verhältnissen in Südbaden und Württemberg-Hohenzollern orientieren. Die Wiederbelebung des Sports als Anzeichen erster Normalisierungstendenzen fand in den regionalgeschichtlichen Darstellungen bei der Beschreibung des Alltags in der Nachkriegszeit im Allgemeinen nur wenig Beachtung. Lediglich die Situation des südwestdeutschen Fußballs – insbesondere des 1. FC Kaiserslautern – in der Nachkriegszeit wird verschiedentlich thematisiert.[64]

Die von Woite-Wehle für ihre Arbeit formulierten Forschungsziele müssen auch für die Erforschung der sportpolitischen Verhältnisse in der Pfalz während der französischen Besatzungszeit zu Grunde gelegt werden. Die einschlägigen Quellenbestände in rheinland-pfälzischen und französischen Archiven – insbesondere in Paris (Ministère des Affaires Étrangères) und in Colmar (Archives de l'Occupation Française en Allemagne et en Autriche) – sollten dabei umfassend aufgearbeitet werden.

Die deutsche Sportbewegung war für die französische Besatzungsmacht eine große Herausforderung. Mit Turnen und Sport stand ihr ein ideales »Erziehungsinstrument«

---

59   Ebenda.
60   Ebenda.
61   Ebenda, S. 222ff. und S. 244; GROSSMANN (wie Anm. 6), S. 528.
62   HARRES (wie Anm. 6), S. 244.
63   A. MARTIN, Kulturelle Eigenständigkeit und nationale Orientierung. Die Pfalz während der französischen Besatzung, in: G. NESTLER/H. ZIEGLER (Hgg.), Die Pfalz in der Nachkriegszeit, Kaiserslautern 2004, S. 13–30; H. FENSKE, Regierungsbezirk oder Provinz mit Sonderrechten? Das Ringen um den Status der Pfalz 1945–1947, in: G. NESTLER/H. ZIEGLER (Hgg.), Die Pfalz in der Nachkriegszeit, Kaiserslautern 2004, S. 77–98. Die Erforschung der französischen Sportpolitik in der Pfalz ist ein Desiderat. Zur damaligen Situation im gesamten rheinland-pfälzischen Gebiet: B. SCHWANK, 1945–1950: Sport – Leben in den Trümmern, in: Landessportbund Rheinland-Pfalz (Hg.), 1946–1986: 40 Jahre Sport in Rheinland-Pfalz. Unter der Leitung von H.-P. SCHÖSSLER und B. SCHWANK, Mainz 1987, S. 9–39.
64   AMMERICH (wie Anm. 25); dort die wichtigste Literatur zu diesem Themenkomplex.

CITIUS · ALTIUS · FORTIUS

OLYMPISCHES KOMITEE DES SAARLANDES

SAARBRÜCKEN · HAUS DES SPORTS

ᴛᴀɢ 21 septembre 1956.
Ru./ S.

Comité International Olympique
Mon Repos
L a u s a n n e
Suisse

Sarre

Messieurs,

Comme vous le savez, le Chancelier de la République Fédérale
Allemande et le Premier Ministre de France sont convenu à
Luxembourg dès le mois de juin de cette année que la Sarre
rentre à l'Allemagne. Pour rendre possible à nos athlètes
éventuellement qualifiés la participation aux Jeux de la
XVI. Olympiade à Melbourne dans le cadre de la délégation
de l'Allemagne entière, le Comité Olympique de la Sarre,
d'accord avec votre très honoré Président, Monsieur Avery
Brundage, et le Comité National Olympique pour l'Allemagne,
a décidé à l'occasion de sa réunion du 20 septembre 1956
de se dissoudre lui-même. Nous avons l'honneur de vous faire
part de cette décision et de vous prier de bien vouloir
l'approuver.

A cette occasion, nous ne voulons pas manquer d'exprimer
à vous, Messieurs du Comité International Olympique, nos
remerciements bien sincères des prévenances et de la parfaite intelligence que vous avez montrées vis-à-vis de
notre Comité à tout moment pendant que celui-ci fut membre
du Comité International Olympique.

A nos remerciements, nous joignons le voeu que le Comité
International Olympique et ses membres réussissent de dé-
velopper toujours en progressant le mouvement et l'esprit
olympiques et de cultiver ainsi l'amitié et le sens de commu-
nauté entre les hommes et les peuples. C'est en ce sens que
nous vous assurons de notre entière sympathie aussi à l'avenir.

Veuillez agréer, Messieurs, l'expression de notre parfaite
considération et nos salutations sportives distinguées.

(Dr. Ivo)
Secrétaire Général

(Rupp)
Vice-Président

TELEFON 22297 · BANKKONTO: SPARKASSE DER STADT SAARBRÜCKEN NR 1043

Abb. 7:   Der olympische »Abschiedsbrief« des Saarlandes.

zur Verfügung, mit dem sie Zielgruppen erreichte, die über die Kultur- und Bildungspolitik nur schwer anzusprechen waren.[65] Über den Sport waren insbesondere die für den Erfolg von Umerziehungsvorhaben so wichtige Jugend und die männliche Bevölkerung zu erreichen. Ihnen konnte man über Sport Werte wie persönliche Entfaltung, Verantwortungsbewusstsein, Toleranz und Fairness, aber auch politische Inhalte wie regionale Identität und Internationalität vermitteln.[66] Hierdurch sollte das zentrale besatzungspolitische Ziel einer breit angelegten Demokratisierung gefördert werden. Über die Sportförderung waren zudem Sympathien bei der deutschen Bevölkerung zu erwerben. Die französische Besatzungsmacht benötigte zur Sicherung ihrer Autorität in einem noch höheren Maße als ihre Alliierten ein gewisses Ansehen bei der Bevölkerung. Mit der Zulassung von Sport bestand allerdings auch die Gefahr, seine sicherheitspolitische Problematik fortleben zu lassen und die Entnazifizierungs- und insbesondere die Entmilitarisierungsbestrebungen zu gefährden.[67]

Um die Nutzung des Sports für die langfristigen politischen Ziele zu gewährleisten, mussten die Franzosen ihr Misstrauen überwinden und gezielte Reformen vornehmen. Diese wurden allerdings von restriktiven Maßnahmen begleitet. Hierdurch setzte sich die Besatzungsmacht dem Risiko aus, eine negative Stimmung auf deutscher Seite zu erzeugen und die Bevölkerungskreise, die sie zu gewinnen suchte, gegen sich aufzubringen. Die französische Sportpolitik bewegte sich folglich auf einer Gratwanderung zwischen Kooperation und Autoritätsdemonstration und somit zwischen positiver Nutzung und Gefahren des deutschen Sports.[68]

Die ersten Monate der französischen Besatzungszeit 1945 waren bestimmt von einer Entlassungswelle, die ein Chaos in der gesamten Verwaltung mit sich brachte.[69] Deswegen war man früher als in den anderen Zonen dazu übergegangen, den deutschen Stellen die Entnazifizierung zu überlassen. Das Fehlen politischen Elans zeichnete sich zu Beginn der Herrschaft der Militärregierung deutlich ab. Allerdings galt es, sich ein Bild über das zerrüttete Deutschland zu verschaffen und bestehende Möglichkeiten zur Durchsetzung des politischen Konzepts auszuloten. Frankreich wägte in dieser Orientierungsphase Chancen und Risiken der Sportpolitik ab. Nach einer gründlichen Prüfung der Verhältnisse begann die französische Besatzungsmacht mit Beschlagnahmung von Sportmaterialien und Sportstätten sowie mit Vereinsverboten nach den Bestimmungen des SHAEF (Supreme Headquarters Allied Expeditionary Force), des Hauptquartiers der alliierten Streitkräfte in Nordwesteuropa mit dem Ziel einer Demontage des nationalsozialistischen Regimes.[70] Wiederauflebende Vereinsbegegnungen innerhalb der französischen Zone wurden unterbunden.[71]

Ab Herbst 1945 begann die Besatzungsmacht den Schulsport neu zu fördern. Jedoch scheiterten einige diesbezügliche Vorhaben, da den Regierungen keine konkreten Bestimmungen vorgegeben wurden. Vereine wurden weiterhin aufgelöst, allerdings nach diffu-

---

65 WOITE-WEHLE (wie Anm. 1), S. 17.
66 Ebenda.
67 Ebenda.
68 Ebenda, S. 18.
69 Zu den ersten Maßnahmen im Frühjahr 1945: WOITE-WEHLE (wie Anm. 1), S. 63–67.
70 Ebenda, S. 63f.
71 Ebenda, S. 65f.

Ammerich Abb. 1: Logo des Landessportverbandes Saar.

Ammerich Abb. 2: Sonderausgabe vom 29. März 1952 zu den Olympischen Spielen 1952 in Helsinki. Die saarländischen Olympiamarken sollen das sport- und staatspolitische Konzept unterstützen; Wert 15 Fr. + 5 Fr., dunkelgrün: olympischer Fackelträger; Wert 30 Fr. + 5 Fr., dunkelblau: Hand mit Lorbeerzweig und Weltkugel.

Ammerich Abb. 3: Sonderausgabe vom 28. Februar 1955 zur Weltmeisterschaft im Querfeldeinfahren der Radfahrer; Radrennfahrer auf Weltkugel, saarländische Flagge.

Ammerich Abb. 5 und 6: Sonderausgaben für die Olympischen Spiele in Melbourne. Am 20. September 1956 – knapp zwei Monate nach Erscheinen der Sondermarken (25. Juli) – löste sich das Olympische Komitee des Saarlandes auf.

sen Vorgaben, wobei die Vereine selbst prüfen sollten, inwiefern eine Auflösung auf sie zuträfe. Im Winter 1945 wurden schließlich grundlegende Bestimmungen erlassen. Das Turnverbot wurde verhängt, die Jugendbetreuung weitgehend geregelt, um eine Beeinflussung durch vom nationalsozialistischen Regime geprägte Erwachsene zu verhindern. Es sollte eine klare Trennung zwischen Jugendsport und Erwachsenensport gewährleistet sein.[72]

Seit Februar 1946 wurde die Neugründung so genannter Allsportvereine nach aufwändigem Verfahren zugelassen.[73] Die französische Besatzungsmacht forderte verschiedene bürokratische Maßnahmen, die von einer vorher nicht gekannten Strenge gekennzeichnet waren.[74] Mit der Genehmigung von Geräteturnen und Schwerathletik im Dezember 1947 sowie der Freigabe der Kampfsportarten im November 1948 setzte eine Abschwächung der strengen Sportgesetze ein.[75] Vereine wurden wieder materiell gefördert. Schließlich zogen sich die Franzosen aus der Vereinszulassung zurück.[76] Mit der Zustimmung zur Gründung der Bundesrepublik wurden Rahmenbedingungen des Sports von nun an nicht mehr in den Besatzungszonen, sondern auf der »Drei-Mächte-Ebene« geklärt. Der alliierte Arbeitsausschuss begann Grundlagen zur Eigenverwaltung der Sportorganisationen zu schaffen. Dies geschah allerdings parallel zu den sich selbst entwickelnden Sportinstitutionen innerhalb der Zone. Die Arbeit des erwähnten Ausschusses war mit der inhaltlichen und formalen Freigabe des Vereinsrechts im März 1950 beendet.[77]

Frankreich betrieb also zunächst eine konfuse Sportpolitik, die sich jedoch nach und nach zu einer geregelten, mit Maßnahmen untermauerten Direktive entwickelte. Das frühzeitige Heranziehen deutscher antifaschistischer Kräfte war ein wesentlicher Bestandteil der französischen Entnazifizierungspolitik, die kontinuierlich bis ins Jahr 1947 betrieben wurde. Sie verlief innerhalb der französischen Zone weitgehend einheitlich, ließ aber dennoch Platz für regionale Eigenheiten.[78] Die Dezentralisierung und Demokratisierung Deutschlands war ein weiterer wesentlicher Aspekt, den die Franzosen anstrebten; dies stand allerdings oft in Konflikt mit den Grundsätzen zum Wiederaufbau für Verwal-

---

72 Zu den Konzeptionen des Schulsports: WOITE-WEHLE (wie Anm. 1), S. 171–174; B. SCHWANK, Die Entwicklung des Schulsports in Rheinland-Pfalz 1946–1986, in: Landessportbund Rheinland-Pfalz (Hg.), 1946–1986: 40 Jahre Sport in Rheinland-Pfalz. Unter der Leitung von H.-P. SCHÖSSLER und B. SCHWANK, Mainz 1987, S. 153–161, hier S. 153.

73 Ebenda, S. 86f. In Grandvals Sportbestimmungen für das Saarland vom 29. Dezember 1945 wird der Vereinstypus »Allsportverein« erstmals erwähnt. WOITE-WEHLE (wie Anm. 1), S. 87 Anm. 90; HARRES (wie Anm. 6), S. 30.

74 WOITE-WEHLE (wie Anm. 1), S. 91.

75 Ebenda, S. 131–138.

76 Ebenda, S. 206–213. Zur französischen Bestandsaufnahme des deutschen Sports im Sommer 1950: ebenda, S. 337–342.

77 Ebenda, S. 212f.

78 R. MÖHLER, Entnazifizierung in Rheinland-Pfalz und im Saarland unter französischer Besatzung von 1945 bis 1952, Mainz 1992; DERS. Entnazifizierung, Demokratisierung, Dezentralisierung – Französische Säuberungspolitik im Saarland und Rheinland-Pfalz, in: S. MARTENS, Vom »Erbfeind« zum »Erneuerer«. Aspekte und Motive der französischen Deutschlandpolitik nach dem Zweiten Weltkrieg, Sigmaringen 1993, S. 157–173; DERS., »Politische Christenverfolgung«? Französische Entnazifizierungspolitik und der Verlauf der politischen Säuberung in der Pfalz nach 1945, in: G. NESTLER/H. ZIEGLER (Hgg.), Die Pfalz in der Nachkriegszeit, Kaiserslautern 2004, S. 123–148.

tungsapparate. Dennoch wurde an der großen »Bedeutung der Entnazifizierung als Voraussetzung für die Schaffung einer stabilen deutschen Demokratie« festgehalten.[79]

Die Beurteilung der französischen Sportpolitik in der Forschung

In der Forschung wird die Sportpolitik der französischen Militärregierung als hemmend und – besonders im Vergleich zu den beiden anderen westlichen Besatzungsmächten – negativ dargestellt. Der verhältnismäßig geringe Ertrag sportpolitischer Bemühungen der Franzosen war darauf zurück zu führen, dass die amerikanische Besatzungsmacht gegenüber dem deutschen Sport einen anderen Kurs verfolgte. Sie setzte wie die französische Militärregierung auf Demokratisierung im Sport, ließ ihm aber den entsprechenden Spielraum, sich in den traditionellen Strukturen zu erneuern. Zu diesem Ergebnis kommt Stefanie Woite-Wehle in ihrer bei Prof. Hudemann in Saarbrücken entstandenen Dissertation »Zwischen Kontrolle und Demokratisierung: Die Sportpolitik der französischen Besatzungsmacht in Südwestdeutschland 1945–1950«.[80] Sie beschäftigt sich mit der Sportpolitik der gesamten französischen Besatzungszone, wobei ihr Schwerpunkt nicht in der Pfalz, sondern in Südbaden und Südwürttemberg liegt. Offen bleiben nach Woite-Wehle »in den bisherigen Untersuchungen jedoch nicht nur Fragen nach dem Ausmaß und den Ausformungen der genannten Maßnahmen – hier zeichnet sich ein durchaus widersprüchliches Bild ab – sondern vor allem, in welchem Umfang die französische Besatzungsmacht eine sportpolitische Konzeption entwickelt hatte und verfolgte. Ob das als konstruktiv registrierte Verhalten der Sportfachleute in erster Linie persönliches Engagement oder Folge einer gesamtpolitischen Strategie war, wird nicht geklärt. Die bisherige Forschung bleibt fragmentarisch und konzentriert sich – überwiegend aus der Perspektive des deutschen Sports verfasst – vor allem auf Bereiche, in denen sich der deutsche Sport durch die französische Besatzungsmacht in seinem eigenen Aufbau gestört fühlte.«[81] Woite-Wehle bietet in ihrer Arbeit »eine systematische Analyse der französischen Sportpolitik« und untersucht »vom Standpunkt der französischen Akteure her«, »welche Inhalte, Maßnahmen und Faktoren die französische Sportpolitik bestimmten, und welche Gründe für die bisher oft mit Unverständnis quittierten Maßnahmen vorlagen«.[82]

Neuordnung und Kontrolle der Turn- und Sportbewegung

Seitens der Franzosen wurden nur zögerlich Zugeständnisse an den deutschen Sport gemacht. Zwar wurden Verbote aufgehoben und Vereins- und Verbandsgründungen genehmigt, jedoch zu meist nur unter Vorbehalten oder mit Ausnahmeregelungen.[83] Zur Zulassung mussten viele Stationen durchlaufen werden, bis es überhaupt zu einer Genehmigung

---

79   MÖHLER, Entnazifizierung, Demokratisierung, Dezentralisierung (wie Anm. 78), S. 173.
80   WOITE-WEHLE (wie Anm. 1), S. 400f.
81   Ebenda, S. 25.
82   Ebenda. Woite-Wehle legt einen umfangreichen Fragenkatalog vor.
83   Ebenda, S. 91–95.

kommen konnte. Die Franzosen wollten dem deutschen Sport nicht zu schnell die Möglichkeit geben, sich selbst zu entwickeln, um so zu verhindern, dass alte Strukturen wieder aufleben würden.[84] So griff die französische Militärregierung stark in das Sportgeschehen ein. Geräteturnen und Schwerathletik wurden wieder erlaubt; Boxer und Fechter durften allerdings nur im Saarland aktiv sein. Ein Stafettenlauf mit den Stationen Saarbrücken, Bad Kreuznach, Mainz zur Wiedereinweihung der Frankfurter Paulskirche wurde im Einvernehmen mit den Landessportausschüssen untersagt: Der Sport sollte nicht – wie in der nationalsozialistischen Zeit – der Rahmen für eine politische Veranstaltung sein.[85]

Die deutsche Turn- und Sportbewegung war nach der nationalsozialistischen Zeit – wie zahlreiche andere gesellschaftliche Bereiche – personell, ideell und materiell stark beschädigt. Sie war von der Notwendigkeit eines Neubeginns und einem entschiedenen Aufbauwillen gekennzeichnet. »Auch im Sport ging es um den fachlichen und organisatorischen Wiederaufbau und die Schaffung einer neuen geistigen und moralischen Basis. Konkrete Ziele waren die rasche Wiederbelebung der Vereinsbasis und des lokalen Sportbetriebs, aber auch regionaler und überregionaler Sportstrukturen bis hin zum Wiedereintritt in die internationale Sportwelt, in der Deutschland vor dem Krieg einen wichtigen Platz innehatte. Dabei waren sich alle maßgeblichen Vertreter darüber einig, dass man angesichts der vorangegangenen Fehlentwicklungen weder an die Sportstruktur der Weimarer Zeit in ihrer organisatorischen und ideologischen Zersplitterung noch an das Modell eines Staatsportes der NS-Epoche anknüpfen konnte, sondern neue Wege beschreiten musste. Leitlinie wurde daher die Reorganisation einer selbst verwalteten einheitlichen deutschen Turn- und Sportbewegung. Die damals viel beschworene ›Einheit im Sport‹ sollte durch die gemeinsame, auf eine Gesamtorganisation abzielende Aufbauarbeit aller traditionellen Sportgruppierungen – Turner, Arbeiterturn- und Sportbewegung, konfessionelle Sportorganisationen und bürgerlicher Sport – erreicht werden. Damit musste die Überwindung der politischen Anbindung von Leibesübung bzw. jeglicher sportfremder Orientierung einhergehen.«[86] Die Vertreter des Arbeitersports und der konfessionellen Organisationen waren ohne größere Vorbehalte bereit, auf ihre Selbstständigkeit zu verzichten und sich völlig in eine Gesamtsportorganisation zu integrieren. Doch die Turner blieben aufgrund ihrer Tradition zurückhaltend. »Während der durch den Nationalsozialismus geschwächte Arbeitersport seine Zukunft eher darin sah, die gemeinsame Sportorganisation mit den eigenen Idealen einer demokratischen Leibeserziehung beeinflussen und ein Gegengewicht zum stärker leistungs- und wettbewerbsorientierten bürgerlichen Sport mit seinen elitären und undemokratischen Traditionen bilden zu können, fürchtete die Turnerschaft nach der vorangegangenen Einverleibung in den nationalsozialistischen Einheitssport nun erneut um ihr Überleben. Die Einigung der deutschen Turn- und Sportbewegung auf ein Organisationsprinzip, in dem fachliche Unabhängigkeit und überfachliche Gemeinschaft zum Tragen kamen, war begleitet von harten Machtkämpfen, ungeachtet aller Plädoyers für einen unpolitischen Sport.«[87] Eine Auseinandersetzung mit der nationalsozialistischen Vergangenheit fand dabei im Sport ebenso wenig statt wie an-

---

84 Ebenda, S. 94f.
85 Ammerich (wie Anm. 25), S. 543.
86 Woite-Wehle (wie Anm. 1), S. 16.
87 Ebenda, S. 17.

dernorts. Turnen und Sport boten den Menschen in der schweren Nachkriegszeit ein wichtiges Stück »Normalität« und erwiesen sich als wesentliche Träger des angeschlagenen deutschen Selbstwertgefühls. Sie erkannten »weder die Problematik der politischen Belastung der Turn- und Sportfunktionäre, die während des Nationalsozialismus den Sport geleitet hatten, noch wollte man auf deren Kompetenz für den Wiederaufbau verzichten. Schließlich bestand nur wenig Bereitschaft, eine Einmischung der Besatzungsmächte in diesen emotional so wichtigen Rückzugsbereich zu tolerieren.«[88]

Pfälzischer Fußball als sportpolitisches Konfliktfeld

Die Franzosen bestimmten, ob und wo Fußball gespielt wurde. Sie gaben die Spielflächen nur frei, wenn sie das wollten. Dies zeigte sich beispielsweise an der Behandlung des 1. FC Kaiserslautern. Weil dessen Stadion auf dem Kaiserslauterer Betzenberg, nunmehr nach einem französischen General als »Stade de Montsabert« benannt, noch von den Franzosen beschlagnahmt war, begannen Fritz Walter und seine Mitspieler vom 1. FC Kaiserslautern in der zweiten Hälfte des Jahres 1945 auf dem Erbsenberg, der Heimat des Lokalrivalen VfR (Verein für Rasenspiele). Dort fehlte es jedoch an Elementarem: Es gab weder fließendes Wasser noch Umkleidekabinen. Erst im Winter 1945/46 erhielt der 1. FCK das Stadion auf dem Betzenberg zurück.[89]

In der durch vielerlei Sorgen und Nöte geprägten Zeit nach dem Zweiten Weltkrieg vereinbarten im Dezember 1945 die ehemaligen Gauligisten aus dem Südwesten – darunter der 1. FC Kaiserslautern und der 1. FC Saarbrücken – Punktspiele nach dem Beispiel der Oberliga Süd, die bereits am 4. November 1945 den Spielbetrieb aufgenommen hatte.[90] Im Januar 1946 war der erste Spieltag mit zehn Mannschaften. Bei den schlechten Verkehrsverhältnissen war es äußerst schwierig, zu einem auswärtigen Gegner zu kommen. Als Sieger ging aus dieser Runde der 1. FC Saarbrücken – vor dem 1. FCK – hervor. In den Spielen um die südwestdeutsche Meisterschaft setzte sich der 1. FCS gegen den Meister der Zone Süd, FC Rastatt, durch. Mehr als der Titel eines südwestdeutschen Meisters war in dieser Spielzeit nicht möglich, denn die Franzosen ließen über die eigene Besatzungszone hinaus keinen Spielbetrieb zu. Dies brachte es auch mit sich, dass sich die französische Militärbehörde bei geplanten Vereinswechseln von Spielern einmischte. Der Fall des Mainzer Spielertrainers Helmut Schneider macht dies deutlich. Dieser wollte eigentlich 1947 zum VfB Stuttgart wechseln, doch verboten ihm die Franzosen die Ausfuhr seiner Möbel in die amerikanische Zone.[91]

---

88   Ebenda.
89   AMMERICH (wie Anm. 25), S. 539f.
90   Ebenda, S. 540.
91   Ebenda, S. 543.

Facetten französischer Sportpolitik

Frankreich als »verspätete Besatzungsmacht« meisterte zu Anfang die Situation als Verwalter einer Besatzungszone nicht in dem Umfang wie die anderen Besatzungsmächte. Bei der Beurteilung der französischen Sportpolitik weisen zahlreiche Einzelergebnisse darauf hin, dass die französische Besatzungsmacht den Sport sowohl im Saarland als auch in der Pfalz einerseits über ein aufwändiges Vereinszulassungsverfahren, Turnverbot, Beschränkungen der überörtlichen Reorganisierung, Entnazifizierung und Überwachung streng kontrollierte und reglementierte. Andererseits konnte sie die Sportpolitik für eigene politische Ziele nutzen und durch manches Entgegenkommen fördern. Woite-Wehle zeigt an den Beispielen Südbadens und Württemberg-Hohenzollern, dass französische Vertreter auch Verantwortung für den deutschen Sport empfanden, seine Anziehungskraft konstruktiv nutzen und ihn fördern wollten. Bei der Beobachtung der pfälzischen Fußballsituation entsteht allerdings der Eindruck, dass die Restriktionen gerade in der Pfalz – stärker als in Südbaden und Württemberg-Hohenzollern – überwogen.

Im Saarland hingegen wurde mit Blick auf das eigene Image und auf spezielle Ziele wie die Anbindung der Saar an Frankreich auf weiterreichende Restriktionen verzichtet. Konstruktive und positive Züge der französischen Sportpolitik wurden in der bisherigen Forschung überwiegend einzelnen Sportverantwortlichen zugebilligt. Der Sportpolitik im Saarland fiel im Vergleich mit der Entwicklung in der übrigen Besatzungszone eine Sonderrolle zu. Die weitgehende Autonomie der Militärverwaltung in Saarbrücken ermöglichte eine weitreichende selbstständige Sportpolitik. Grandval war bei der Realisierung der französischen politischen Ziele an der Saar von der wichtigen Bedeutung des Sports und vor allem des Fußballs überzeugt. »Sein mittelfristiges Ziel bestand in der völligen Loslösung des Saarsports von jeglicher Bindung an Deutschland. Dadurch sollte ein die Wirtschaftsunion mit Frankreich gefährdendes Wiedererstarken der alten nationalistischen Sporttraditionen im Saarland verhindert werden. Dabei war Grandval die besonders große Breitenwirksamkeit des Sports im Saarland ebenso bewusst wie die Tatsache, dass über den Sport eine Altersgruppe erreicht werden konnte, die in besonderem Maße durch nationalsozialistisches Gedankengut beeinflusst war.«[92] Als die französische Militärverwaltung im Saarland am 1. Januar 1948 offiziell beendet war, hinterließ sie eine sportpolitische Verwaltungsstruktur, die von der saarländischen Regierung übernommen wurde. Allerdings entglitt vor allem der Fußball zunehmend staatlicher Kontrolle. Die Rückkehr saarländischer Fußballmannschaften in die deutschen Ligen ließ vielmehr die Autonomiepolitik der Regierung ab Sommer 1951 zweifelhaft erscheinen.

Vordringliches Ziel der französischen Sportpolitik in ihrer Besatzungszone war die rigorose Säuberung des Sports von nationalistischen und nationalsozialistischen Elementen. So kam dem Sport als wichtiger Bereich der französischen Kulturpolitik und damit auch der Sicherheitspolitik eine bedeutende Funktion zu.[93] Doch blieben der Einfluss und der Erfolg französischer Sportpolitik gering, wenn sie auch keineswegs bedeutungslos waren. »Ihr wichtigstes Ziel, durch strukturelle, personelle und inhaltliche Reformen die Geisteshaltung im deutschen Sport zu verändern, wurde zumindest in den Fällen erreicht,

---

92 GROSSMANN (wie Anm. 6), S. 513.
93 WOITE-WEHLE (wie Anm. 1), S. 387; GROSSMANN (wie Anm. 6), S. 512.

in denen sich französische mit deutschen Neuordnungsansätzen deckten. Der Aufbau eines politisch neutralen und demokratischen Vereinswesens war auch das Ziel des deutschen Sports und stieß per se nicht auf Widerstand; strittig war nur die Form.«[94] Eine erfolgreiche Sportpolitik hätte hingegen von der französischen Besatzungsmacht erfordert, ihre Einflussmöglichkeiten realistisch einzuschätzen und die eigenen verschiedenen Interessen und Bedürfnisse mit denen des deutschen Sports in Einklang zu bringen.[95] Die Beispiele aus dem Saarland und der Pfalz zeigen, dass dieses zweifelsohne schwierige Unterfangen nur teilweise als geglückt bezeichnet werden kann.

---

94   WOITE-WEHLE (wie Anm. 1), S. 398.
95   Ebenda, S. 18.

Doping, Sport und Staat – zur Genese eines komplexen gesellschaftlichen Problems[1]

VON MICHAEL KRÜGER UND MARCEL REINOLD

Vorbemerkungen und Vorgeschichte des Dopings

Doping im Sinne des Gebrauchs leistungssteigernder Mittel und Methoden ist zwar ein großes Problem des gegenwärtigen Sports, aber keineswegs ein neues Phänomen. Bereits die Athleten im antiken Griechenland, die vom griechischen Geist des Wettkampfs (agon) durchdrungen waren, kannten die Vorteile einer speziell abgestimmten »Diät«. Diese umfasste Nahrungsmittel wie zum Beispiel Fleisch in großen Mengen, Mastmittel aus Bohnen und Gerste zur Muskelbildung für Schwerathleten oder auch befremdliche Praktiken wie das Trinken von ausgelaugter Asche zur Regeneration und Stärkung der Eingeweide. Zudem gab es allgemeingültige Vorschriften, wie das Vermeiden von übertriebener Trainingsarbeit, genügend Schlaf und bestimmte Formen der Enthaltung zum Beispiel in Bezug auf Alkohol und Ausschweifungen vielerlei Art.[2] Bereits einige antike Autoren kritisieren die Athleten, indem sie auf die gesundheitlichen Risiken und den hohen Grad an Spezialisierung, welche die Sportler für andere Tätigkeiten unbrauchbar machen, hinweisen.[3]

Diese Methoden der Leistungssteigerung in der Antike zeigen bereits eine fundamentale Schwierigkeit des gesamten Dopingproblems: Ist dieses Verhalten nur als zielbewusste Ernährung[4] oder bereits als Nahrungsmanipulation, welche ihre Grenzen allein in den beschränkten Möglichkeiten der Zeit hatte,[5] zu kennzeichnen? Von Doping im heutigen Sinne, das nach aktuellem kollektiven Empfinden die Integrität der menschlichen Leistung in Frage stellt und daher im Bereich des Sports ein breit verurteiltes, verbotenes und durch Strafen kontrolliertes, sanktioniertes Vergehen darstellt, lässt sich jedenfalls bis zum 20. Jahrhundert zu keinem Zeitpunkt sprechen. Deshalb ist das Phänomen des »Do-

---

1   Der folgende Beitrag beruht auf dem Artikel von M. REINOLD, Doping, in: M. KRÜGER/H. LANGENFELD (Hgg.), Handbuch Sportgeschichte, Schorndorf 2010, S. 362–378.
2   Vgl. E. BALTRUSCH, Politik, Kommerz, Doping: Zum Sport in der Antike in: Gymnasium 104, S. 518f.; E. MARÓTI, Gab es Doping im altgriechischen Sportleben?, in: Acta classica Universitatis scientiarum Debreceniensis XL-XLI (2004), S. 69.
3   Vgl. BALTRUSCH (wie Anm. 2), S. 519f.; U. SINN, Olympia. Kult, Sport und Fest in der Antike. München 2002, S. 36ff.
4   Vgl. MARÓTI (wie Anm. 2), S. 70.
5   Vgl. BALTRUSCH (wie Anm. 2), S. 520.

pings« zunächst insofern zu differenzieren, als im engen Sinn von Doping nur die Rede sein kann, wenn entsprechende Regeln und Normen vorliegen, die bestimmte Nahrungsmittel, Medikamente und andere Methoden zur Leistungssteigerung im Sport verbieten. Doping ist hier also mit einer normativen Komponente verknüpft. Der Begriff Doping im weiten Sinn wird jedoch auch generell für die Verwendung leistungssteigernder Mittel und Methoden verwendet. In diesem weiten Sinn kann man in der Antike von Doping sprechen; allerdings stets mit dem Zusatz, dass es keine Dopingverbote gab. Die Athleten in der Antike mussten zwar einen Eid ablegen, dass sie sich an die Regeln halten, und sie mussten sogar vier Wochen unter Aufsicht trainieren, um ihre Eignung für den Wettkampf nachzuweisen, aber es ist nicht bekannt, dass besondere Nahrungsmittel, Heilmittel oder Trainingsmethoden verboten gewesen sind.

Begriff und Praxis des Dopings sind historisch betrachtet zunächst mit den Pferderennen verbunden, mit denen der moderne Sport im 18. Jahrhundert in England begann. Die Verabreichung von Aufputschmitteln an Pferde soll erstmals 1666 in England verboten worden sein. Ein Testverfahren wurde dafür 1910 von österreichischen Forschern entwickelt.[6] Sowohl das Verbot als auch das Kontrollverfahren über Dopingtests bezogen sich also zunächst auf Pferde und wurden erst allmählich auf den Menschen übertragen. Problematisch hinsichtlich der Übertragbarkeit des Dopings war sicherlich die mutmaßlich angewandte Methode im Pferdesport. Denn die favorisierten Rennpferde sollen mit Arsen vergiftet worden sein, und die Täter platzierten dann ihre Wetten auf die nicht vergifteten Pferde und steigerten so ihre Gewinnchancen und ihre Gewinne. Ob sich diese Form des Wettbetrugs auch bei den berühmten Pferderennen im badischen Iffezheim zugetragen hat, wäre noch zu untersuchen. Grundsätzlich ist jedoch Doping ein universell und sportartübergreifend verbreitetes Phänomen. Es gibt zwar Unterschiede zwischen Sportarten und -disziplinen, ebenso verschiedene Epochen der Dopingentwicklung, aber kein spezifisch regionales oder lokales Doping.

Die Veröffentlichung eines Beitrags zur Dopinggeschichte in einem Sammelband zum Sport im deutschen Südwesten rechtfertigt sich deshalb nicht durch die regionale Besonderheit einer badischen oder südwestdeutschen Dopinggeschichte, sondern durch mögliche Auswirkungen, die »Doping« als internationales Phänomen des Sports auch auf die regionale Sportentwicklung hat. Zwei badische Dopingbesonderheiten seien an dieser Stelle erwähnt: Jan Ullrich, einer der prominentesten Doping-Radsportler der jüngeren Vergangenheit, startete seine Radsportkarriere in der DDR und verlegte seinen Wohnsitz lange Zeit nach Südbaden; und zwar nicht nur wegen der guten Trainingsbedingungen im Schwarzwald. Die Sportmedizin an der Universität Freiburg war lange Zeit ein Zentrum der westdeutschen Dopingforschung und -anwendung. Viele gedopte Radsportler wurden von Freiburger Sportmedizinern betreut.[7]

---

6   Vgl. R. JÜTTE, Zur Geschichte des Dopings. Geschichte in Wissenschaft und Unterricht 59 (2008), S. 312ff.

7   Vgl. den Abschlussbericht der Expertenkommission zur Aufklärung von Dopingvorwürfen gegenüber Ärzten der Abteilung Sportmedizin des Universitätsklinikums Freiburg. Köln 2009. http://www.uniklinik-freiburg.de/presse/live/abschlussbericht/Abschlussbericht.pdf.

Doping am Ende des 19. und in der ersten Hälfte des 20. Jahrhunderts

Der Transfer des Dopings vom Pferdesport zum Sport der Menschen erfolgte seit den 1880er Jahren im immer populärer und professioneller werdenden Radrennsport. Der Radrennsport ging insgesamt letztlich aus dem Pferderennsport hervor. Wie im Reitsport waren es in erster Linie die durch Doping gesteigerten Ausdauerleistungen, welche in dieser Sportart den Gebrauch von Aufputschmitteln begünstigten. Gleichzeitig wurde auch intensiv an einer steten Verbesserung des Materials gearbeitet. Bei der Übertragung von der Verabreichung an Tiere hin zur Einnahme entsprechender Substanzen durch Menschen mussten zwar die erprobten Dopingpraktiken und -mengen entsprechend modifiziert werden, das Prinzip als solches konnte jedoch unverändert übernommen werden.[8] Als anstößig wurde das Verfahren nicht empfunden und so fanden sich in den Radsportzeitschriften Anzeigen, die für bewährte und neu entwickelte leistungssteigernde Präparate Reklame machten.[9] Dass Athleten in anderen Sportarten, die nicht von »Professionals«, sondern von »Amateuren« ausgeübt wurden, leistungssteigernde Substanzen zu sich nahmen und nicht sanktioniert wurden, offenbart beispielhaft der Fall des mit Strychnin gedopten, aber nicht deswegen, sondern wegen fremder Hilfe disqualifizierten italienischen Olympiasiegers im Marathonlauf von 1908, Dorando Pietri.[10] Sein »Vorbild« war offenbar Thomas Hicks, Sieger des olympischen Marathons in Saint Louis 1904, der mit einer Mischung aus Alkohol (Brandy), Strychnin und rohen Eiern gedopt gewesen sein soll. Ein Schuldbewusstsein scheint jedoch weder bei Hicks und Pietri noch bei der Jury oder den Organisatoren bzw. dem Internationalen Olympischen Komitee vorhanden gewesen zu sein. Niemand hatte etwas dagegen, wenn sich Sportler besonders ernährten oder andere Mittel einnahmen, um ihre Leistungen und Anstrengungen zu bewältigen, sei es ein Marathonlauf oder die Strapazen der Tour de France. Im Gegenteil: Das Publikum war davon begeistert, dass und wie solche Athleten in der Lage waren, die Grenzen der menschlichen Leistungsfähigkeit immer weiter zu verschieben. Von der Faszination des Mottos »Höher, weiter, stärker« leben bekanntlich die Olympische Idee und Bewegung, und sie war und ist ein wichtiger Grund für die bis heute mehr denn je anhaltende Attraktivität der Olympischen Spiele und des athletischen Hoch- bzw. Höchstleistungssports. Gegen Ende des 19. Jahrhunderts zielte ein Schwerpunkt naturwissenschaftlicher Forschung darauf, das menschliche Leistungspotenzial auszuloten und zu modifizieren. Physiologen experimentierten dabei mit Stimulanzien wie Koffein, Kokain und Strychnin. Solange Drogen nicht mit Gesundheitsproblemen, Abhängigkeit und sozialen Problemen stigmatisiert und stereotypisiert, sondern im Kontext der Steigerung von Produktivität, Effizienz und Rationalisierung positiv gesehen wurden, weil sie Ermüdung bekämpften, solange wurde auch der Sportler, der mit allen verfügbaren Mitteln seine Leistung steigert, moralisch nicht verurteilt.[11]

---

8   Vgl. J. HOBERMAN, Sterbliche Maschinen. Doping und die Unmenschlichkeit des Hochleistungssports, Aachen 1994, S. 133–155.
9   Vgl. R. RABENSTEIN, Radsport und Gesellschaft, Hildesheim u. a. ²1996, S. 171ff.
10   Vgl. P. DIMEO, A History of Drug Use in Sport 1876–1976. Beyond Good and Evil, London/New York 2007, S. 27ff.
11   Vgl. HOBERMAN (wie Anm. 8), S. 78ff.; DIMEO (wie Anm. 10), 17ff.

Doping in der Zwischenkriegszeit

Der Gebrauch von Dopingsubstanzen durch Sportler erfuhr nach dem Ersten Weltkrieg in der Ära des Massen- und Profisports eine wachsende Verbreitung und Ausdifferenzierung. Beckmanns Sportlexikon[12] führte unter dem Begriff des Dopings »Adrenalin, Hodenextrakte, Koffein, Digitalis, Strychnin, Kampfer, Nikotin, Kokain, Kolain, Heroin, Morphium, Arsen, Phosphor, Kalzium, Alkohol usw.« auf. Daneben wurde mit UV-Bestrahlung und Sauerstoffgaben experimentiert.[13] Zeitgleich setzten jedoch zwei gegenläufige Entwicklungen ein: Zum einen erwachte ein Bewusstsein dafür, dass Stimulanzien nicht nur die Leistung steigern, sondern auch gesundheitliche und soziale Probleme verursachen konnten. Zum zweiten gingen damit in Ansätzen eine Dopingdebatte und erste Dopingverbote einher. Der Internationale Leichtathletikverband (IAAF) nahm 1928 als erster internationaler Fachverband eine Dopingbestimmung in sein Regelwerk auf.[14]

Trotzdem kann man zu dieser Zeit noch nicht von einem Anti-Doping-Kampf sprechen, wie er in den 1960er Jahren begann. Insbesondere fehlte es an einer breiten gesellschaftlichen Verurteilung sowie an justiziablen Definitionen und Kontrollen zur Sanktionierung. Der Zweite Weltkrieg wirkte sich auch auf die Dopingentwicklung aus. Zunächst begünstigten die medizinische Forschung und Entwicklung von Stimulanzien zum Einsatz bei Soldaten auch Doping im Sport. Im nationalsozialistischen Deutschland wurden Aufputschmittel, insbesondere Pervitin, bei Zwangsarbeitern und Soldaten eingesetzt. Außerdem wurde der Sport immer mehr in nationale bzw. nationalstaatliche Zusammenhänge gestellt. Erfolge in internationalen Wettkämpfen wurden als nationale Stärke und Leistungsfähigkeit bzw. Überlegenheit gedeutet. Wenn Aufputschmittel im Krieg verwendet wurden, der für das »Vaterland« geführt wurde, warum dann nicht ebenso im sportlichen Wettkampf, der »zur Ehre des Vaterlands« bestritten wurde, wie es im Olympischen Eid hieß? Diese Verbindung fand nach 1945 ihre Fortsetzung im Zeitalter des Kalten Krieges, wo über massives Doping in Ost und West sportlicher und damit gleichzeitig auch nationalstaatlicher Erfolg gesucht und gefunden wurde.

Doping in den 1950er und 1960er Jahren

Aufputschmittel im Sport wurden offensichtlich bereits in der unmittelbaren Nachkriegszeit eingesetzt. Beispielhaft dafür sind die nicht unumstrittenen Enthüllungen zum legendären Sieg der deutschen Fußballnationalmannschaft in Bern 1954, die in den Medien hohe Wellen schlugen. Eggers[15] hält es u.a. aufgrund der engen Verbindungen zwischen Heer bzw. Luftwaffe einerseits und Spitzenfußball andererseits zumindest für wahr-

---

12 Beckmanns Sportlexikon A–Z, Leipzig/Wien 1933, S. 709.
13 Vgl. HOBERMAN (wie Anm. 8), S. 155ff.; DIMEO (wie Anm. 10), S. 33ff.)
14 Vgl. L. FIGURA, Doping. Zwischen Freiheitsrecht und notwendigem Verbot, Aachen 2009, S. 105.
15 E. EGGERS, »Die Helden von Bern – alle gedopt?« Zur bundesdeutschen Dopingdebatte in den 1950er Jahren, in: Jahrbuch 2005 der Deutschen Gesellschaft für Geschichte der Sportwissenschaft e.V. »Studien zur Geschichte des Sports«, S. 134.

scheinlich, dass in den Spritzen, die die Mannschaft damals bekam, kein Vitamin C, sondern eher die Aufputschmittel Pervitin oder Benzedrin genutzt wurden.

Am stärksten betroffen vom Gebrauch von Stimulanzien und Aufputschmitteln war der Radsport, wo in hohem Maße und mit zunehmender Verbreitung Amphetamine zum Einsatz kamen. Für die Zeit nach 1950 konstatiert Prokop,[16] dass kaum eine Radmeisterschaft ohne einen Dopingskandal verlaufe. Am drastischsten drückt sich diese Entwicklung darin aus, dass seit Ende der 1940er Jahre auf internationaler Ebene immer wieder von Todesfällen aufgrund von Amphetaminmissbrauch im Radsport berichtet wird, die vor allem gegen Ende der 60er Jahre deutlich zunahmen[17] und gleichzeitig auch andere Sportarten erfassten. Die Todesfälle des Radsportlers Tom Simpson (1967) sowie des französischen Fußballers Louis Quadri und des deutschen Boxers Jupp Elze (jeweils 1968) sind nur drei bekannte Beispiele dafür.

Anfänge der Dopingbekämpfung

Erste Schritte in Richtung Dopingbekämpfung in der Nachkriegszeit beginnen in der ersten Hälfte der 1950er Jahre. Nach einem Dopingskandal 1952 bei den deutschen Meisterschaften im Rudern, bei denen ein deutscher Olympiaarzt zwei Mannschaften Medikamente verabreicht haben soll,[18] gab es eine Erklärung des Deutschen Sportärzte-Bundes zum Thema Doping, die gegen eine Verwendung der im Wettkampf eingenommenen Aufputschmittel zielte. Darin wird Doping folgendermaßen definiert: »Der Deutsche Sportärztebund steht auf dem Standpunkt, daß jedes Medikament – ob wirksam oder nicht – mit der Absicht der Leistungssteigerung vor Wettkämpfen gegeben als Doping zu betrachten ist.«[19] Diese Definition hat der Deutsche Sportbund (DSB) 1953 übernommen, was allerdings ohne konkrete Folgen für die Praxis blieb, denn es fehlte, von Ausnahmen abgesehen,[20]an Dopingkontrollen im Wettkampf.

Vor dem Hintergrund der Zunahme spektakulärer Dopingfälle kann man in einigen europäischen Ländern vor allem seit der Mitte der 1960er Jahre eine von verbandlicher und oft auch staatlicher Seite gesteigerte Aktivität im Anti-Doping-Kampf beobachten. Wesentliche Schritte dahin waren die Problematisierung des Dopings auf Kongressen und vereinzelte, spärliche Dopingkontrollen seit der Mitte der 1950er Jahre sowie die Gründung von ersten Dopingkommissionen ab 1959. In manchen Ländern wie in Österreich (1962), Frankreich und Belgien (1965) kommt es in einem weiteren Schritt über Verordnungen und Gesetze zu staatlichen Maßnahmen gegen Doping.[21] 1963 befasste sich sogar der Europarat mit dem Thema Doping. Von seiner Dopingdefinition ging ein wichtiger

---

16   L. PROKOP, Zur Geschichte des Dopings und seiner Bekämpfung, in: Sportarzt und Sportmedizin 21, 6 (1970), S. 127f.

17   Eine ausführliche Liste mit Dopingfällen im Radsport von 1940–2006 präsentiert M. MISCHKE, Dopingfälle und -affären im Radsport, Bielefeld 2007, S. 253ff.

18   Vgl. JÜTTE (wie Anm. 6), S. 320f.

19   W. RUHEMANN, Doping, in: Sportmedizin 4 (1953), S. 26.

20   Vgl. PROKOP (wie Anm. 16), S. 126f.

21   Ebenda, S. 128f.

Impuls für die europäische und im weiteren Sinn internationale Bekämpfung des Dopings aus.[22]

In den 1960er Jahren begann ein systematisch geführter Anti-Doping-Kampf. Er ist u.a. auf eine veränderte soziale Wahrnehmung der Werte von Wissenschaft und Technologie sowie die verbreiteten Ängste in Bezug auf Drogenmissbrauch in der Gesellschaft zurückzuführen. Gleichzeitig wurden an den Sport hohe ideelle Erwartungen und Werte herangetragen, die in einer Zeit des professionellen, technologisierten, wettbewerbsorientierten und national vereinnahmten Sports verlorenzugehen schienen. Zu nennen wären die Ideale des Amateursports, des Sports als zwangloses und zweckfreies Spiel, des Fairplay sowie der »reinen«, »natürlichen« Leistung. Außerdem wurden dem Sport in Schulen und Vereinen in verstärktem Maße erzieherische Aufgaben vor allem in Bezug auf Gesundheit, aber auch auf die Vermittlung von charakterlichen und moralischen Eigenschaften übertragen. Der Gebrauch von Drogen durch die Vorbilder aus dem Leistungs- und Spitzensport war mit diesen Idealen unvereinbar. Diese Faktoren machen verständlich, warum sich die nicht zuletzt von den Medien geformte Dichotomie von Gut und Böse in Bezug auf Doping ausbilden konnte. Sie ließ sich außerdem gut in den großen politischen Kontext der Zeit einpassen, in der den kollektiv hoch gedopten Athleten im kommunistischen Osten angeblich nur eine kleine Minderheit von Fehlgeleiteten im Westen gegenüberstand.[23]

Die frühe Phase der Anabolika

Die ersten Verbote und Kontrollen bezogen sich auf Stimulanzien als kurzfristig im Wettkampf wirkende Substanzen. Neben dieser klassischen Form des Dopings entwickelte sich ab den 1950er Jahren mit der Anwendung von synthetisch hergestellten anabolen Steroiden eine neue Form der medikamentösen Leistungssteigerung, welche den Sport deutlich veränderten, Probleme verlagerten und gleichzeitig neue generierten.

Testosteron wurde zum ersten Mal 1935 synthetisiert. In den 1940er Jahren verbreitete sich das Wissen um die muskelaufbauende Wirkung zunächst unter Bodybuildern.[24] Die These, dass bereits die Nationalsozialisten Versuche mit Testosteron bei Sportlern unternahmen, lässt sich jedoch nicht belegen. 1954 tauchten angeblich vor dem Hintergrund von Beobachtungen bei den Gewichtheber-Weltmeisterschaften erste Berichte in den USA auf, wonach sowjetische Athleten ihre Leistungen mit Testosteron steigerten. Dies soll im Umfeld von US-Gewichthebern zu Versuchen mit Testosteron geführt haben.[25] Die Verbreitung der Anabolika als Dopingmittel im Leistungssport ging also Mitte der

---

22   *Doping ist die Verabreichung oder der Gebrauch körperfremder Substanzen in jeder Form und physiologischer in abnormaler Form oder auf abnormalem Weg an gesunde Personen mit dem einzigen Ziel der künstlichen und unfairen Steigerung der Leistung für den Wettkampf* (Europarat 1963, zitiert in B. BERENDONK, Doping-Dokumente. Von der Forschung zum Betrug, Berlin/Heidelberg/New York 1991, S. XIX).

23   Vgl. DIMEO (wie Anm. 10), S. 105–126.

24   Vgl. J. HOBERMAN/C.E. YESALIS, Die Geschichte der androgen-anabolen Steroide, in: Spektrum der Wissenschaft, April 1995, S. 82.

25   Vgl. HOBERMAN (wie Anm. 8), S. 307.

1950er Jahre von der UdSSR und den USA aus.[26] Sie verstärkte sich ab 1958, als das erste amerikanische anabol-androgene Steroid (Dianabol) auf den US-amerikanischen Markt kam. Gleichzeitig dehnte sich Ende der 1950er/ Anfang der 1960er Jahre der Anabolikamissbrauch vom Gewichtheben auf verschiedene Sportarten im Kraft- und Schnellkraftbereich der Männer aus und fand im Zuge der internationalen Verbreitung Eingang in die Dopingpraxis in der Bundesrepublik und der DDR. Man kann kurze Zeit später im Zeitraum von 1964–1968 von einer flächendeckenden Verwendung in bestimmten Sportarten und Disziplinen der Männer sprechen.[27]

Die Geschichte des Dopings in den ca. zwei Jahrzehnten nach dem Zweiten Weltkrieg war von drei wichtigen Entwicklungen geprägt: Erstens erfuhr der bereits seit der zweiten Hälfte des 19. Jahrhunderts praktizierte und nicht zuletzt durch die Verwendung im Zweiten Weltkrieg legitimierte Gebrauch von Stimulanzien eine Fortsetzung und weitere Verbreitung. Zweitens sind seit den frühen 1950er Jahren in steigendem Maße Bemühungen der Sportorganisationen zu beobachten, die darauf abzielten, Doping zu verbieten und zu bekämpfen. Drittens trat in dieser Zeit mit den Anabolika eine neue Art von Dopingsubstanzen auf, die ab den 1970er Jahren zum eigentlichen Dopingproblem werden sollten. Der Missbrauch betraf sowohl die Länder des kommunistischen Ostens als auch des kapitalistischen Westens, verlief jedoch im Einzelnen strukturell, quantitativ und qualitativ auf unterschiedliche Art und Weise. Die unterschiedlichen Formen des Dopings waren auf beiden Seiten jeweils mit der politischen Konstellation während des Kalten Krieges verknüpft. Darüber hinaus setzten Veränderungen in der Dopingbekämpfung ein, die bis heute grundlegend sind.

Eine neue Definition, Dopingkontrollen und das Anabolikaproblem

In den späten 1960er Jahren erfolgte der Wechsel von einer essentialistischen zu einer enumerativen Dopingdefinition. Doping wurde nicht mehr seinem »Wesen« nach als Versuch der körperlichen Leistungssteigerung durch die Einnahme unerlaubter Medikamente verstanden, sondern Doping wurde durch eine Liste von verbotenen Medikamenten bzw. Substanzen und Methoden definiert. Dieser prägende Schritt bei der Dopingbekämpfung war nach dem Tod von Tom Simpson 1967 von der im selben Jahr gegründeten Medizinischen Kommission des IOC beschlossen worden. Hintergrund dafür war die Tatsache, dass die Wesensdefinition des Dopings keine tragfähige Grundlage für die Bekämpfung darstellte. Bereits zeitgenössische Autoren stellten heraus, dass die größte Schwierigkeit für eine effiziente Dopingbekämpfung eine eindeutige Definition des Begriffs sei.[28] Bis heute wird Doping enumerativ über eine Liste definiert,[29] um einen justiziablen Tatbe-

---

26   Zur Frage, ob der Gebrauch von Anabolika tatsächlich zunächst von der UdSSR ausging, wie es vielfach gesagt und in der westlichen Literatur gerne unhinterfragt übernommen wird, vgl. DIMEO (wie Anm. 10), S. 72ff.
27   Vgl. A. SINGLER/G. TREUTLEIN, Doping im Spitzensport. Sportwissenschaftliche Analysen zur nationalen und internationalen Leistungsentwicklung, Aachen 2000, S. 186ff.
28   Vgl. PROKOP (wie Anm. 16), S. 129.
29   Zu den Einschränkungen siehe T. HAUG, Die Geschichte des Dopinggeschehens und der Dopingdefinitionen, Aachen 2007, S. 47ff.

stand überhaupt erst herstellen zu können. Ihre Einführung war ein grundlegender Schritt, mit dem bestimmte Probleme wirksamer als vorher bekämpft werden konnten. Das betrifft in erster Linie das klassische Doping mit Amphetaminen. Sie wurden bei Olympischen Spielen zum ersten Mal 1968 in Mexiko kontrolliert. Gleichzeitig zeichnete sich durch die Tätigkeit der Medizinischen Kommission des IOC und des Europarats als internationaler Organisation eine Tendenz ab, die für die effiziente Dopingbekämpfung in der heutigen Zeit eine wichtige Voraussetzung darstellt: Das Bemühen um die Internationalisierung und Harmonisierung von Dopingbestimmungen. Das Problem einer enumerativen Dopingdefinition besteht jedoch darin, dass dopingbereite Akteure ermutigt werden, Mittel zu entwickeln und einzusetzen, die zwar (noch) nicht auf einer Dopingliste stehen, aber trotzdem den Zweck erfüllen sollen, die sportliche Leistungsfähigkeit medizinisch zu manipulieren.

Die Liste des IOC für die Olympischen Spiele in München 1972 enthielt die beiden großen Wirkstoffgruppen Stimulanzien und narkotische Analgetika.[30] Anabolika wurden erst 1974 auf die IOC-Liste gesetzt. Bei Olympischen Spielen wurden sie 1976 in Montreal zum ersten Mal kontrolliert. Zeitgenossen sahen Anabolika als ungelöstes Grenzproblem an, da keine einheitlichen Auffassungen und daher auch keine allgemeingültigen Bestimmungen dazu bestanden.[31] Es spricht vieles dafür, dass im Bewusstsein der damaligen Zeit Dopingmittel mit aufputschenden, kurz vor dem Wettkampf eingenommenen Mitteln, welche nicht zuletzt aufgrund der gehäuften Todesfälle tatsächlich das zentrale Dopingproblem der Zeit darstellten, assoziiert wurden.[32] Anabolika jedoch sind muskelaufbauende Präparate. Sie finden vor allem im Training Anwendung und wurden von vielen eher als Substitutions-, Therapie- oder Regenerationsmaßnahme verstanden.[33] Anabolika stellten somit eine grundlegend neue Qualität des Dopings dar, an das die Zeitgenossen allerdings lange mit ihrem Verständnis des klassischen Dopings herangetreten sind.

Das Anabolikadoping wurde als das in den 1970er und 1980er Jahren zentrale Dopingproblem wesentlich durch politische Faktoren verschärft. Die konstante Konfrontation zwischen Ost und West im Kalten Krieg hat sich beim Doping im Hochleistungssport besonders niedergeschlagen. Der Sport mit seinen geltenden Werten und Regeln trat hinter dem Blockdenken zurück, wurde als Instrument nationaler Identifikation und Repräsentanz zur Durchsetzung staatlicher und ideologischer Interessen politisiert und dadurch letztendlich zu einem »Ersatzkriegsschauplatz«.[34]

---

30 Vgl. M. SEHLING/H. POLLERT/D. HACKFORT, Doping im Sport: Medizinische, sozialwissenschaftliche und juristische Aspekte, München 1989, S. 19.
31 Vgl. PROKOP (wie Anm. 16), S. 130.
32 Vgl. M. STEINBACH, Zum Dopingproblem, in: H. ACKER (Hg.), Rekorde aus der Retorte. Leistungssteigerung im modernen Hochleistungssport, Stuttgart 1972, S. 41.
33 Vgl. SINGLER/TREUTLEIN (wie Anm. 27), S. 48ff.
34 Vgl. HOBERMAN (wie Anm. 8), S. 28.

Doping in der DDR – einige Besonderheiten

Eine gewisse Einzigartigkeit zeigt dabei die Entwicklung in der DDR. Nach ersten Versuchen mit anabolen Steroiden 1966/1967 kam es von 1968 bis 1974 zu einer starken Verbreitung, insbesondere im Frauensport, was eine neuartige und folgenschwere Entwicklung darstellte, die in zunehmendem Maße allerdings auch international und spätestens ab 1976 in der Bundesrepublik zu beobachten war.[35] Dies hatte auch damit zu tun, dass der Frauensport noch wenig entwickelt war und Investitionen im Frauen-Leistungssport entsprechend medaillenträchtig waren. Deshalb förderte die DDR-Staats- und Parteiführung besonders den olympischen Frauensport und setzte sich für die Aufnahme von weiblichen Wettbewerben im olympischen Programm ein.

Ab 1974 handelte es sich bei der Dopingpraxis in der DDR um die konspirative Durchführung eines staatlich vorgeschriebenen und organisierten Dopings, was sicherlich den deutlichsten Unterschied zur Bundesrepublik darstellt. Spitzer[36] spricht dabei von der »zentralen Phase« des Anabolikadopings. Dieses System hatte im Hinblick auf den sportlichen Erfolg den Vorteil, dass es vom Staat zentral strukturiert und kontrolliert wurde. Insbesondere ermöglichte es der DDR, die Leistungen ihrer Athleten oft ohne ihr Wissen bzw. ohne entsprechende Aufklärung zielgerichtet allein auf den sportlichen Erfolg hin durch sogenannte »unterstützende Mittel« zu steigern. Gleichzeitig waren die Athleten zu einem internationalen Wettkampf durch wissenschaftlich genau bestimmtes Absetzen und Kontrollen vor der Ausreise »sauber«. Dieses System schlug sich deutlich in den sportlichen Erfolgen, vor allem ab den Olympischen Spielen 1972 in München, nieder.[37] Damit ist bereits eine weitere Schwierigkeit bei der Bekämpfung des Anabolikadopings skizziert: Egal, ob es sich primär um die totalitäre sportpolitische Praxis eines kommunistischen Staates handelt oder um das soziale Netzwerk eines professionalisierten, dopingwilligen Athleten des kapitalistischen Westens: Man konnte auf beiden Seiten relativ problemlos mit Anabolika dopen, solange die nachweisbaren Mittel rechtzeitig vor dem Wettkampf abgesetzt wurden.

Doping in der Bundesrepublik und im vereinten Deutschland

Der Leistungssport der Bundesrepublik war trotz seiner Autonomie, dem Bekenntnis zum unpolitischen Sport und den zweifellos vorhandenen strukturellen Unterschieden zur DDR ebenfalls fundamental mit der staatlichen Politik verknüpft. Dies zeigte sich am deutlichsten nach dem erfolgreichen Abschneiden der DDR in Montreal 1976, die im Medaillenspiegel auf Platz zwei noch vor den USA und weit vor der Bundesrepublik zu finden war. Der Höhepunkt der Diskussion über Anabolika und deren Freigabe, die von Sportmedizinern auf dem 1976 in Freiburg im Breisgau stattfindenden Kongress der deut-

---

[35] Vgl. Singler/Treutlein (wie Anm. 27), S. 201.
[36] G. Spitzer, Doping in der DDR. Ein historischer Überblick zu einer konspirativen Praxis. Genese – Verantwortung – Gefahren, Köln 1998, S. 56.
[37] Vgl. zum Doping in der DDR allgemein v. a. G. Spitzer, Doping in der DDR. Ein historischer Überblick zu einer konspirativen Praxis. Genese – Verantwortung – Gefahren, Köln 1998.

schen Sportärzte gefordert und von der Politik diskutiert wurde, ist vor diesem Hintergrund zu sehen. Trotzdem sprachen sich der DSB und das NOK für Deutschland 1977 in einer Grundsatzerklärung gegen »jede medizinisch-pharmakologische Leistungsbeeinflussung« aus, der sich letztendlich wenig später auch die Sportmedizin und die Politik angeschlossen haben.[38] Die Beendigung der Debatte bedeutete jedoch nicht das Ende des Dopingproblems. Vielmehr wurde es bis Ende der 1980er nie mehr so intensiv diskutiert und verschwand damit auch aus der Aufmerksamkeit der breiten Öffentlichkeit.

Was sich in Bezug auf Stimulanzien in den 1960er Jahren gezeigt hatte, traf in den 1970er und 1980er Jahren auch in Bezug auf Anabolika zu: Obwohl Doping nicht erlaubt war, blieb dies zu einem großen Teil ohne Folgen für die Dopingpraxis. Das sollte sich grundlegend erst Ende der 1980er Jahre mit der Einführung von sogenannten Trainingskontrollen außerhalb der Wettkämpfe ändern. Diese Idee existierte zwar zumindest in der Leichtathletik spätestens seit 1970,[39] aber erst eine Reihe von Skandalen in der zweiten Hälfte der 1980er Jahre führte zu ihrer tatsächlichen Einführung in bestimmten Sportarten und Ländern. Sie rückten das Dopingproblem wieder deutlicher ins Bewusstsein der Öffentlichkeit. Für die Bundesrepublik ist dabei vor allem an den Fall der Siebenkämpferin Birgit Dressel zu denken, die nach umfangreichem Medikamentenmissbrauch an einem toxisch-allergischen Schock starb.[40] Auf internationaler Ebene sorgte der spektakuläre Dopingfall des kanadischen Olympiasiegers und Weltrekordlers von Seoul über 100 Meter, Ben Johnson, für Aufsehen.

Mit den Erfolgen bei der Anabolikabekämpfung durch Trainingskontrollen ging gleichzeitig eine Verschiebung der Problematik auf andere Stoffe einher. Das betrifft in besonderem Maße das Doping mit rekombinant hergestelltem EPO, das seit 1989 zur Verfügung steht, aber erst 2002 bei den Olympischen Winterspielen in Salt Lake City im Urin nachgewiesen werden konnte.[41] Der Radsport war und ist in besonderer Weise vom EPO-Doping betroffen. Zahlreiche Dopingskandale vor allem seit 1998 haben die traditionsreichen Tour de France belastet. Generell kann die Zeit nach 1990 als »postanaboles Zeitalter«[42] bezeichnet werden. In dieser Phase wurden eine Reihe neuer Stoffe und Methoden, manchmal auch speziell für Dopingzwecke, entwickelt, was eine gänzlich neue Qualität darstellt. Beispielhaft dafür war der Balco-Skandal 2003. Im Mittelpunkt stand das Designersteroid THG, das durch chemische Veränderung eines anabolen Steroids hergestellt wurde und aufgrund der neuen Struktur von der Analytik nicht entdeckt werden konnte.[43] Man sieht an diesem Beispiel, wie angesichts des naturwissenschaftlichen Fortschritts die ständige Entwicklung neuer Stoffe den jeweiligen Nachweisverfahren zeitlich vorausgeht. Die extremste Form der Manipulation, die sich aus dem rasanten technologischen Fortschritt ergibt, ist das Gendoping, welches als verbotene Methode seit 2003 auf der Dopingliste steht.

---

38 Vgl. BERENDONK (wie Anm. 22), S. 19ff.
39 Vgl. ebenda, S. 17.
40 Vgl. BERENDONK (wie Anm. 22), S. 244ff., 448ff.
41 Vgl. D. CLASING, Doping und seine Wirkstoffe. Verbotene Arzneimittel im Sport, Balingen 2005, S. 109ff.
42 SINGLER/TREUTLEIN (wie Anm. 27), S. 137.
43 Vgl. HAUG (wie Anm. 29), S. 41; W. FRANKE/U. LUDWIG, Der verratene Sport, München 2007, S. 134.

Der Versuch, sich im sportlichen Wettbewerb einen Vorteil durch Doping unter Umgehung von Sanktionen zu verschaffen, hat neben den bereits beschriebenen Arten vor allem seit den 1990er Jahren vielerlei Formen angenommen. Sie reichen von der gezielten Suche nach leistungssteigernden Substanzen, die nicht auf der Liste stehen,[44] über den Gebrauch maskierender Mittel[45] bis hin zu Manipulationsversuchen bei der Kontrolle selbst.[46]

Die Perfektionierung von Dopingstrategien provoziert eine stärkere Reglementierung. Die Anzahl verbotener Substanzen erhöht sich, und die Kontrollen werden sowohl quantitativ als auch qualitativ ausgeweitet. So wurde bei den Olympischen Spielen in Sydney erstmals eine Kombination von Urin- und zusätzlicher Blutkontrolle eingesetzt.[47] Gleichzeitig ist durch diese Form der Überwachung ein Konflikt mit Freiheitsrechten der Athleten unumgänglich. Das zeigt sich in verschärften Formen bei den Diskussionen um die Abmeldepflichten von Athleten bei Trainingskontrollen,[48] um die Einschränkung der Therapie- und Medikationsfreiheit und um die Durchführung von Kontrollen unter Aufsicht. Vor diesem Hintergrund haben sich bei der Bekämpfung von Doping eine Reihe von Besonderheiten herausgebildet, die in kaum einem anderen gesellschaftlichen Bereich juristisch toleriert werden würden, die aber gleichzeitig für eine effektive Dopingbekämpfung kaum verzichtbar bzw. ersetzbar zu sein scheinen.

Nationale und internationale Entwicklung: Wiedervereinigung und weltweite Vereinheitlichung des Anti-Doping-Kampfs

Die Jahre um 1990 markieren durch den Zusammenbruch des kommunistischen Ostens einen Wendepunkt in der Geschichte. Dieser politische Umbruch hatte weitreichende Konsequenzen für die Entwicklung des Dopings in Deutschland. Nach einer Strategie der passiven Verdrängung wurde man in Westdeutschland durch den Beitritt der DDR und die Vereinigung Deutschlands direkt mit der Dopingproblematik konfrontiert. Sie sollte über Sonderkommissionen, Forschungsprojekte und Gerichtsverfahren gegen dopingbelastete Funktionäre und Trainer des DDR-Sportsystems aufgearbeitet werden.[49] Schwer wog dabei die Frage, welche Strukturen des DDR-Sports überhaupt aus ethisch-moralischer Sicht übernommen werden konnten. Dieses Problem zeigt sich bis in die aktuelle Gegenwart hinein, in der es um die Weiterbeschäftigung von belasteten DDR-Trainern geht.

---

44 Vgl. exemplarisch den Fall »Krabbe II«; K.-H. BETTE/U. SCHIMANK, Doping im Hochleistungssport. Anpassung durch Abweichung, Frankfurt/M. 1995, S. 163; FRANKE/LUDWIG (wie Anm. 43), S. 50ff.

45 Vgl. exemplarisch die Verschleierung der systematischen Manipulation der finnischen Mannschaft bei den nordischen Skiweltmeisterschaften in Lahti 2001 durch den Blutplasmaexpander HES; HAUG (wie Anm. 29), S. 39f.

46 Vgl. exemplarisch den Fall »Krabbe I«; FRANKE/LUDWIG (wie Anm. 43), S. 46ff.

47 Vgl. JÜTTE (wie Anm. 6), S. 322.

48 Vgl. zu den neuesten Entwicklungen S. MUSIOL, Verschärfung der Meldepflichten im Dopingkontrollverfahren, in: SpuRt, Zeitschrift für Sport und Recht, 3 (2009).

49 Vgl. HAUG (wie Anm. 29), S. 37.

Der »Ersatzkriegsschauplatz Sport« löste sich zumindest in der für den Kalten Krieg typischen Form auf, ohne dass dabei jedoch die Politisierung des Sports zu Ende gegangen wäre. Der Sport wird nach wie vor und in zunehmendem Maße zur nationalen Identifikation benutzt.[50] Durch die Verbreitung des Leistungssports in fast alle Winkel der Welt muss auch die Dopingbekämpfung in den internationalen Raum hineingetragen werden. Daraus ergibt sich die Notwendigkeit einer globalen Koordination durch einheitliche Regelungen. Dieses Bemühen ist auf mehreren Ebenen deutlich zu beobachten. Das Übereinkommen des Europarats gegen Doping von 1989, das die Vertragsstaaten u.a. dazu verpflichtet, durch geeignete Maßnahmen die Verfügbarkeit und Anwendung von Doping einzuschränken,[51] ist dabei auf der politischen Ebene zu nennen. Seit 1988 finden zudem Weltkonferenzen des IOC gegen Doping statt. Auf der Weltkonferenz 1999 in Lausanne wurde aufgrund des Festina-Skandals im Radsport 1998, bei dem das gesamte Festina-Team von der Tour de France ausgeschlossen wurde, die World Anti-Doping Agency (WADA) gegründet, der neben den Sportverbänden auch Staaten angehören. Dieser Organisation gelang es letztendlich über 80 Sportverbände und 200 Regierungen zur Annahme eines weltweiten Anti-Doping-Kodexes zu bewegen.[52] Mit dem sogenannten WADA-Code, der seit 2004 in Kraft ist, wird also versucht, die verbandlich unterschiedlichen Prinzipien und Definitionen des Dopings zu vereinheitlichen. Auf nationaler Ebene wurde im Jahre 2002 die seit 1991 bestehende Anti-Doping-Kommission (ADK) des DSB aufgelöst und die NADA (Nationale-Anti-Doping-Agentur) in Deutschland ins Leben gerufen.[53]

Ausweitung des Dopingproblems auf sportexterne Bereiche

Die Kommerzialisierung und Professionalisierung des Sports ist inzwischen durch die Bedeutung der Medien und der Wirtschaft für den Sport stark fortgeschritten und hat die Dopingproblematik in den letzten zwei Jahrzehnten verschärft. In den 1990er Jahren sind infolgedessen zahlreiche Fälle von gesperrten Athleten zu beobachten, die mit teilweise erheblichen Schadensersatzforderungen an die Verbände herantreten.[54] Die Verhandlungen konzentrieren sich dabei nicht nur auf Schadensersatzforderungen, sondern betreffen die miteinander zusammenhängenden Fragen des Berufsverbots, der Täterschaft, des Betrugs und der Körperverletzung. Die Grenzen der lange getrennt gehaltenen Bereiche Sport und Recht verschwimmen in zunehmendem Maße.[55] Das zeigt sich auch in den Be-

---

50   Vgl. BETTE/SCHIMANK (wie Anm. 44) , S. 96.
51   Vgl. HAUG (wie Anm. 29), S. 45f.
52   Vgl. JÜTTE (wie Anm. 6), S. 322.
53   Vgl. CLASING (wie Anm. 41), S. 184.
54   Dem früheren 400-Meter-Weltrekordler Reynolds wurde beispielsweise von einem US-Gericht aufgrund eines Laborfehlers 37 Millionen Dollar Schadenersatz zugesprochen. In Deutschland stellen der Fall Krabbe und der Fall Baumann zwei bekannte Beispiele dar, bei denen die betroffenen Sportler über außersportliche Instanzen versucht haben, ihre Ziele zu erreichen; vgl. B. HESS, Doping im Sport – Anlass für eine rechtswissenschaftliche Kontroverse, Tübingen 2002, S. 98ff.
55   Ebenda, S. 99.

stimmungen des WADA-Codes, bei denen eine deutliche Ausweitung des bisherigen Anwendungsbereichs von Dopingbestimmungen festzustellen ist. Konkret betrifft dies den Besitz und Handel von Dopingmitteln durch Athleten und Betreuer, jede Form der Tatbeteiligung Dritter, die explizite Gleichstellung von Versuch und vollendeter Tat sowie die Bewertung von Verstößen gegen die Meldepflichten der Athleten.[56] Diese Ausweitung erfordert in der Praxis zumindest in bestimmten Fällen intensive Ermittlungen staatlicher Behörden, wie sie 2006 bei den Razzien der Polizei beim Fuentes-Skandal in Spanien und bei den Olympischen Winterspielen in Turin stattgefunden haben. Wie in anderen Ländern wurden auch in Deutschland eine Reihe von Gesetzen erlassen und zwar angefangen von Veränderungen im Arzneimittelgesetz, das 1998 gezielt in Bezug auf Doping verschärft wurde,[57] bis hin zum »Gesetz zur Verbesserung der Bekämpfung des Dopings im Sport«[58] von 2007, welches auf die Bekämpfung der mit Dopingmitteln handelnden Netzwerke zielt.

Eine Lösung des Dopingproblems ist nicht abzusehen. Im Gegenteil scheint sich das Problem weiter zu verschärfen. Historisch gesehen war jedoch Doping immer ein Thema, auch wenn es möglicherweise nicht als Problem, sondern als mehr oder weniger selbstverständliche Maßnahme zur Verbesserung der Leistungsfähigkeit betrachtet wurde; und dies nicht nur im Sport, sondern auch in anderen gesellschaftlichen und kulturellen Bereichen, natürlich auch zur Steigerung der Leistungsfähigkeit in Arbeit und Beruf. Die Wahrnehmung von Doping als Betrug und strafrechtlich zu verfolgendes Vergehen ist jedoch eine neuere Erscheinung. Sie hat auch und vor allem mit der Verschiebung moralischer Werte und Kategorien zu tun. Was früher noch als selbstverständlich gesehen wurde, ist heute ein Tabu, dessen Bruch unter Strafe steht.

---

[56]   Vgl. HAUG (wie Anm. 29), S. 49.
[57]   Vgl. B. ZYPRIES, Subsidiäre Partnerschaft – der Beitrag der Politik im Kampf gegen Doping, in: H. DIGEL/H.-H. DICKHUT, Doping im Sport, Tübingen 2002, S. 43.
[58]   Das Gesetz ist abgedruckt in R. NICKEL/T. ROUS, Das Anti-Doping-Handbuch, Bd. 2: Dokumente, Regeln, Materialien, Aachen 2008, S. 18ff.

Abkürzungsverzeichnis

ABV	Arbeiterbildungsverein
ADB	Allgemeine Deutsche Biographie
ADGB	Allgemeiner Deutscher Gewerkschaftsbund
ADK	Anti-Doping-Kommission
AG	Aktiengesellschaft
Anm.	Anmerkung
ASB	Arbeiter-Samariter-Bund
ATB	Arbeiter-Turn-Bund
ATSB	Arbeiter-Turn- und Sportbund
AVUS	Automobil-Verkehrs- und Übungs-Straße
BASF	Badische Anilin- und Sodafabrik
Bl.	Blatt
CVJM	Christlicher Verein Junger Männer
DDR	Deutsche Demokratische Republik
Ders./Dies.	Derselbe/Dieselbe
DFB	Deutscher Fußballbund
DLV	Deutscher Leichtathletikverband
DM	Deutsche Mark
DOSB	Deutscher Olympischer Sportbund
DSB	Deutsche Sportbund
DT	Deutsche Turnerschaft
DTZ	Deutsche Turn-Zeitung
EPO	Erythropoetin
FC/FV	Fußball Club/Fußball Verein
FFC	Freiburger Fußball Club
GABer	Gemeindearchiv Bernau
GLAK	Landesarchiv Baden-Württemberg, Abteilung Generallandesarchiv Karlsruhe
GM	General Motors
GmbH	Gesellschaft mit beschränkter Haftung
HBO	Home Box Office, Inc.
Hg./Hgg.	Herausgeber
IAAF	Internationaler Leichtathletikverband
IOC	Internationales Olympisches Komitee
Jg.	Jahrgang
KFV	Karlsruher Fußballverein
KG	Kampfgemeinschaft für rote Sporteinheit
KITA	Karlsruhe Institute of Technologie Archive
KPD	Kommunistische Partei Deutschland
KrABH	Kreisarchiv Breisgau-Hochschwarzwald
KZ	Konzentrationslager
LSI	Luzerner Sportinternationale
MAZ	Mannheimer Abendzeitung
MFG	Mannheimer Fußballgesellschaft
MSPD	Mehrheitssozialdemokratische Partei Deutschlands
NADA	Nationale-Anti-Doping-Agentur
NOK	Nationales Olympisches Komitee
NS	nationalsozialitisch

NSDAP	Nationalsozialistische Deutsche Arbeiterpartei
Oberrh. Ztg	Oberrheinische Zeitung, Freiburg
PKW	Personenkraftwagen
PS	Pferdestärken
RjF	Reichsbund jüdischer Frontsoldaten
RM	Reichsmark
RSI	Rote Sportinternationale
S.C.	Sportclub
SA	Sturmabteilung
SASI	Sozialistische Arbeiter-Sport-Internationale
Schupo	Schutzpolizei
SCTA	Skiclub Todtnau Archiv
SD	Sicherheitsdienst
SPD	Sozialdemokratische Partei Deutschlands
SS	Schutzstaffel
StAChem	Staatsarchiv Chemnitz
StALB	Staatsarchiv Ludwigsburg
StadtA Baden	Stadtarchiv Baden-Baden
StadtAK	Stadtarchiv Karlsruhe
StadtAPf	Stadtarchiv Pforzheim
StALu	Stadtarchiv Ludwigshafen
StdA Stuttgart	Stadtarchiv Stuttgart
SWR	Südwestrundfunk
SZGS	Sozial- und Zeitgeschichte des Sports
TAZ	Tageszeitung
TH	Technische Hochschule
THG	Tetrahydrogestrinon
TV/TSV	Turnverein/Turn und Sportverein
u.v.m.	und vieles mehr
UdSSR	Union der sozialistischen Sowjetrepubliken
UFA	Universum Film AG
UFV	Ulmer Fußballverein
USA	Vereinigte Staaten von Amerika
USPD	Unabhängige Sozialdemokratische Partei Deutschland
UV	ultraviolett
VfB	Verein für Ballspiele/Bewegungsspiele
VfR	Verein für Rasenspiele
VSPD	Vereinigte Sozialdemokratische Partei Deutschlands
VVg	Verband der Vereine für Volksgesundheit
VW	Volkswagen
WADA	World Anti-Doping Agency
ZDF	Zweites Deutsches Fernsehen
ZGO	Zeitschrift für die Geschichte des Oberrheins
ZK	Zentralkomitee der KPD
	Zentralkommission für Sport und Körperpflege
ZsfDH	Zeitschrift für Deutschlands Hochschulen

Literaturverzeichnis

125 Jahre Internationaler Club Baden-Baden. Ein kurzer Streifzug durch die bewegte Geschichte des Internationalen Clubs und der internationalen Galopprennen Baden-Baden, Baden-Baden 1997.

ADER, A., Erlebter Sport. Sport in Autobiographien des 20. Jahrhunderts, hier Exkurs C: Vergleich von Sportausübung und Sportverständnis bei Konrad Paschen und Wilhelm Paulcke, Hamburg 2002, S. 109–115.

AMMERICH, H., Die südwestdeutsche Fußballszene vor der Einführung der Bundesliga, in: Kaiserslauterer Jahrbuch für pfälzische Geschichte und Volkskunde 8/9 (2008/2009), S. 539–552.

Arbeitsgemeinschaft hauptamtlicher Archivare im Städtetag Baden-Württemberg (Hg.), Revolution im Südwesten. Stätten der Demokratiebewegung 1848/49 in Baden-Württemberg, Karlsruhe 1997.

Arbeitskreis der Archive im Rhein-Neckar-Dreieck (Hg.), Der Rhein-Neckar-Raum und die Revolution von 1848/49. Revolutionäre und ihre Gegenspieler, Ubstadt-Weiher 1998.

BÄCHER, M., Die Pfullinger Hallen, der Architekt Theodor Fischer und der Stifter Louis Laiblin, in: Landesdenkmalamt Baden-Württemberg Außenstelle Tübingen (Hg.), Die Pfullinger Hallen. Ein Kulturdenkmal des frühen 20. Jahrhunderts, Pfullingen 1999.

BAEUERLE, D., »Arbeiter« in der Baden-Badener Revolution, in: Arbeitskreis für Stadtgeschichte Baden-Baden (Hg.), Revolution in Baden-Baden 1848–49, Baden-Baden 1998.

BAHNE, S., Die Kommunistische Partei Deutschlands, in: E. MATTHIAS/R. MORSEY (Hgg.), Das Ende der Parteien 1933, Düsseldorf 1984.

BALTRUSCH, E., Politik, Kommerz, Doping: Zum Sport in der Antike in: Gymnasium 104, S. 509–521.

BALZER, F.-M., Klassengegensätze in der Kirche. Erwin Eckert und der Bund der Religiösen Sozialisten, Bonn ³1993.

BASCHE, A., Geschichte des Pferdes, (Sonderausgabe) Künzelsau 1999.

BAUMANN, K., Ein Pfälzer Freiheitskämpfer: Franz Umbscheiden. Wie Jahns Saat in der Pfalz aufging, in: Pfälzische Heimatblätter 1 (1952), S. 11.

BAYER, U., Margret Lambert oder der lange Weg zur Aussöhnung, in: Gesellschaft für Geschichte und Gedenken e.V. Laupheim (Hg.) 4 (2001), S. 18–26.

BEAULIEU, F. CHALES DE, Vollblut. Eine Pferderasse erobert die Welt, Verden/Aller 1960.

BECHT, H.-P, ...alle Klassen der Gesellschaft lieferten ihr Kontingent? Überlegungen zur sozialen Basis der revolutionären Bewegungen in Baden 1848/49, in: C. REHM/H.-P. BECHT/K. HOCHSTUHL (Hgg.), Baden 1848/49. Bewältigung und Nachwirkung einer Revolution, Stuttgart 2002, S. 21–50.

BECK, O., Die Kickers, Stuttgart 1989.

BECKER, G., Das Protokoll des ersten Demokratenkongresses vom Juni 1848, in: Jahrbuch für Geschichte 8, Berlin (Ost) 1973, S. 379–405.

BECKER, K., Die KPD in Rheinland-Pfalz, Mainz 2001.

BECKER, K., Zwischen ultralinker Parteiopposition und titoistischer Verfemung. Die pfälzische KPD 1919–1956, in: Mitteilungen des Historischen Vereins für die Pfalz. 103 (2005), S. 344–346.

BECKER, K./SCHADE, J., 100 Jahre Naturfreunde in Deutschland, in: Pfalzsport, Ausgabe 05 (2005), S. 19.

Beckmanns Sportlexikon A–Z, Leipzig/Wien 1933.

Benz und Cie. Zum 150. Geburtstag von Karl Benz, Stuttgart 1994.

BERENDONK, B., Doping-Dokumente. Von der Forschung zum Betrug, Berlin/Heidelberg/New York 1991.

BERG, S., Die wahre Dora, in: Der Spiegel 38/2009, S. 150–154.

BERGMANN, G., Ich war die große jüdische Hoffnung. Erinnerungen einer außergewöhnlichen Sportlerin, Karlsruhe 2003.

BETTE, K.-H./SCHIMANK, U., Doping im Hochleistungssport. Anpassung durch Abweichung, Frankfurt/M. 1995.

BINZ, R., Räumliche Sozialisation und Fußball in Europa. Eine Einführung in die Bedeutung der Reisen im Fußballsport (http://www.ruhr-uni-bochum.de/fussball/_publi/Sozialisation.pdf., Stand 20. Februar 2010).

BRÄGGER, B., Die Klausenrennen. Kompressoren am Berg, Altdorf ³1989.

BRANDSTETTER, L., Wege und Hütten im Wald für Adel und Badegäste anfangs des 19. Jahrhunderts, in: Aquae 93, 1993, S. 49–55.

BRANDT, P./RÜRUP, R., (Bearb.), Arbeiter- und Soldaten- und Volksräte in Baden 1918/19, Düsseldorf 1980.

BRAUN, G., Sozialdemokratischer und kommunistischer Widerstand in der Pfalz, illegale Organisationsansätze und politische Traditionswahrung der Arbeiterparteien unter dem NS-Regime in: G. NESTLER/H. ZIEGLER (Hgg.), Die Pfalz unterm Hakenkreuz. Eine deutsche Provinz während der nationalsozialistischen Terrorherrschaft, Landau 1993, S. 377–411.

BRAUN, J., Gretel Bergmann, in: B. BAHRO/J. BRAUN/H. J. TEICHLER (Hgg.), Vergessene Rekorde. Jüdische Leichtathletinnen vor und nach 1933 (Begleitband zur gleichnamigen Ausstellung im Centrum Judaicum Berlin 2009), Berlin 2009, S. 89–99.

BRÄUNCHE, E. O., Fußballhochburg Karlsruhe, in: E. O. BRÄUNCHE und V. STECK (Hgg.), Sport in Karlsruhe von den Anfängen bis heute, Karlsruhe 2006, S. 168–218.

BREUER, J., Ein kindgerechter Schulbau. Die Heusteigschule in Stuttgart, in: Nachrichtenblatt des Landesdenkmalamtes Baden-Württemberg, 3/2001, S. 150–152.

BREUNIG, W., Anfänge der Ludwigshafener Sozialdemokratie, in: M. GEIS/G. NESTLER (Hgg.), Die pfälzische Sozialdemokratie, Edenkoben 1999, S. 98–107.

BRINKBÄUMER, K., The German Mädel, in: Der Spiegel 35/2009, S. 112–114.

CARACCIOLA, R., Meine Welt, Wiesbaden 1958.

Chronik der Haupt- und Residenzstadt Karlsruhe für das Jahr 1905, XXI. Jg., Karlsruhe 1906.

CLASING, D., Doping und seine Wirkstoffe. Verbotene Arzneimittel im Sport, Balingen 2005.

DARGEL, E. u.a. (Hgg.), »In Dir steckt mehr als Du glaubst«. Prinz Max von Baden, Kurt Hahn und die Gründerjahre der Schule Schloss Salem 1919–1933 (Salemer Hefte 4), Tettnang 2010.

DEHIO, G., Handbuch der deutschen Kunstdenkmäler, Baden-Württemberg I, bearbeitet von D. Zimdars, München/Berlin 1993.

Deutscher Fußball-Bund (Hg.), Deutsches Fußball-Handbuch 1927, Leipzig o. J. [1927].

Deutscher Turnverein zu London (Hg.), Festschrift zum Fünfzigjährigen Bestehen 1861–1911, [London] 1911.

Die Rennen in Iffezheim seit 1858 und 80 Jahre Rennen des Internationalen Clubs 1873 – 1953, zusammengestellt vom Generalsekretariat des Internationalen Clubs unter Mitwirkung von Herrn Oskar Christ, Baden-Baden 1953.

DIEDERIX, C., Ausgegrenzt – ausgebootet – zur Flucht getrieben. Die Lebensgeschichte der jüdischen Hochspringerin Gretel Bergmann, in: SportZeit. Sport in Geschichte, Kultur und Gesellschaft 1 (2001) 2, S. 5–30.

DIERKER, H., Arbeitersport im Spannungsfeld der Zwanziger Jahre, Essen 1990.

DIETZ, E., Heidelberger Communisten und Atheisten der 40er Jahre, in: Beilage zur Allgemeinen Zeitung (München), Nr. 310, 8.11.1893 (Beilage-Nummer 259), S. 1–3

DIMEO, P., A History of Drug Use in Sport 1876–1976. Beyond Good and Evil, London/ New York 2007.

DITTHARDT, J., Die Entwicklung von Leibesübungen und Sport in der Stadt Ludwigshafen vom Ende des Ersten Weltkriegs bis zur nationalsozialistischen Machtergreifung unter besonderer Berücksichtigung des Arbeitersports. Staatsexamensarbeit im Fachbereich Sport an der Johannes-Gutenberg-Universität Mainz 1992.

DRESSLER, H., Wie war das damals mit Gretel Bergmann?, in: Olympisches Feuer 36 (1986) 5, S. 7–9.

DÜDING, D., Nationale Oppositionsfeste der Turner, Sänger und Schützen im 19. Jahrhundert, in: DERS./P. FRIEDEMANN/P. MÜNCH (Hgg.), Öffentliche Festkultur. Politische Feste in Deutschland von der Aufklärung bis zum Ersten Weltkrieg, Reinbek bei Hamburg 1988, S. 166–188.

Düding, D., Organisierter gesellschaftlicher Nationalismus in Deutschland 1808–1847. Bedeutung und Funktion der Turner- und Sängervereine für die deutsche Nationalbewegung, München 1983.

Eckardt, F., Die turnerische Bewegung von 1848/49, Frankfurt/M 1925.

Eggers, E., »Die Helden von Bern – alle gedopt?« Zur bundesdeutschen Dopingdebatte in den 1950er Jahren, in: Jahrbuch 2005 der Deutschen Gesellschaft für Geschichte der Sportwissenschaft e.V. »Studien zur Geschichte des Sports«, S. 102–140.

Eisenberg, Ch., Fußball in Deutschland, in: Geschichte und Gesellschaft 20. Jg. Heft 2, 1994, S. 181–210.

Erbe, G., Der Jockey Club als gesellschaftlicher Mittelpunkt der Pariser Dandys unter der Julimonarchie, in: Francia 29/3 (2002), S. 1–11

Erhard, R., 1847–1997, vom Turnverein zur Turnerschaft, 150 Jahre Baden-Badener Turnvereine, Baden-Baden 1997.

Falkner, G., Der Verbandsgründer kam aus Sachsen, in: Ders./K.-D. Blüm, Zeitreise auf Skiern durch Sachsen, Aachen 2008, S. 12–25.

Falkner, G., Vom Mitteleuropäischen Skiverband (MESV) zur Skibrücke, in: FdSnow 27 (2009), S. 34–42.

Falkner, G., Wilhelm Paulcke (1873–1949). Initiator der Gründung des Mitteleuropäischen Skiverbandes, in: SportZeiten 8 (2008) S. 79–99.

Fanelsa, D., Regionalwirtschaftliche Effekte sportlicher Großveranstaltungen. Die Internationalen Galopprennen Baden-Baden, Baden-Baden 2003.

Fenske, H., Regierungsbezirk oder Provinz mit Sonderrechten? Das Ringen um den Status der Pfalz 1945–1947, in: G. Nestler/H. Ziegler (Hgg.), Die Pfalz in der Nachkriegszeit, Kaiserslautern 2004, S. 77–98.

Figura, L., Doping. Zwischen Freiheitsrecht und notwendigem Verbot, Aachen 2009.

Finker, K., Geschichte des Roten Frontkämpferbundes, Berlin (Ost) 1982.

Fischer, G./Lindner, U., Stürmer für Hitler. Vom Zusammenspiel zwischen Fußball und Nationalsozialismus, Göttingen 1999.

Fischer, K., »Faites Votre Jeu«. Geschichte der Spielbank Baden-Baden, Baden-Baden ²1983.

Fischer, K., Ein Dorf und seine Rennen. Iffezheim, in: Baden-Württemberg 34. Jg. H. 3 (1987), S. 4–13.

Franke, W./Ludwig, U., Der verratene Sport, München 2007.

Freiburger Turnerschaft (Hg.), 150 Jahre Freiburger Turnerschaft, Freiburg 1994.

Frey, J., 90 Jahre Karlsruher Fußballverein. Eine illustrierte Chronik, Karlsruhe 1981.

Furtwängler, M., Sport und Glücksspiel zwischen feiner Gesellschaft und Massenpublikum. 150 Jahre internationale Galopprennen in Iffezheim, in: ZGO 156 (2008), S. 285–313.

Furtwängler, M., Standesherren in Baden (1806–1848). Politische und soziale Verhaltensweisen einer bedrängten Elite, Frankfurt a.M. u.a. 1996.

Genzmer, F., Handbuch der Architektur. Bade- und Schwimmanstalten IV, 5. Heft 3, Leipzig 1899.

Geppert, K., Entstehung und Entwicklung des Fußballsportes in Baden, in: Sportschule Schöneck des Badischen Fußballverbandes. Festschrift aus Anlass der Eröffnung der Sportschule Schöneck auf dem Turmberg am 11. und 12. Juli 1953, Karlsruhe 1953.

Goegg, A., Nachträgliche authentische Aufschlüsse über die Badische Revolution von 1849, deren Entstehung, politischen und militärischen Verlauf, Zürich 1876.

Golf Club Baden-Baden (Hg.), 100 Jahre Golf Club Baden-Baden, Baden-Baden 2001.

Gotschlich, H., Zwischen Kampf und Kapitulation. Zur Geschichte des Reichsbanners Schwarz-Rot-Gold, Berlin (Ost) 1987.

Gounot, A., Die Rote Sportinternationale 1921–1937, Münster u.a. 2002.

Grossmann, J., Sportpolitik im Saarland 1945–1954, in: Jahrbuch für westdeutsche Landesgeschichte 31 (2005), S. 509–530.

Gründer, H., Geschichte der deutschen Kolonien, Paderborn ²1991.

Grüne, H. (u.a.), 100 Jahre Holstein Kiel. Kieler S.V. Holstein von 1900, Berlin 2000.

Grüne, H., 100 Jahre Deutsche Meisterschaft. Die Geschichte des Fußballs in Deutschland, Göttingen 2003.

GRÜNE, H., WILLIAM J. TOWNLEY. Der Engländer, der den »süddeutschen Stil« prägte, in: D. SCHULZE-MARMELING (Hg.): Strategen des Spiels. Die legendären Fußballtrainer, Göttingen 2005, S. 46–53.

GRUPE, O./KRÜGER, M., Einführung in die Sportpädagogik. Sport und Unterricht Bd. 6, Schorndorf 1997.

HAAG, F., Die Universität Heidelberg in der Bewegung von 1848/49. Diss. phil. Heidelberg 1934.

HAEBLER, R. G., Geschichte der Stadt und des Kurortes Baden-Baden, Baden-Baden 1969.

HAMMER, E., Gustav Techow und der Zeughaussturm am 14. Juni 1848 und die ferneren Schicksale des Techow, in: Zeitschrift des Vereins für die Geschichte Berlins, N. F. 55 (1938), 1, S. 52–57.

HANK, P., »Der Turner ist ein freier Mann!« Die politische Geschichte des Rastatter Turnvereins im Vormärz und in der Revolution von 1848/49 vor dem Hintergrund der deutschen Turnbewegung. Rastatt 1997.

HARRES, W., Sportpolitik an der Saar 1945–1957, Saarbrücken 1997, S. 243. Eine kurze Darstellung seiner Thesen in publiziert in: Ders. Sportpolitik an der Saar 1945–1957, in: Magazin Forschung der Universität des Saarlandes 2/1998, S. 34–37.

HAUG, B., »... auf dem neuen Turnplatz der Politik...« Turnvereine in Baden-Württemberg in der Revolution 1848/49, Schorndorf 1998.

HAUG, T., Die Geschichte des Dopinggeschehens und der Dopingdefinitionen, Aachen 2007.

HAUMANN, H./SCHADECK, H. (Hgg.), Geschichte der Stadt Freiburg i.Br., Bd. 3, Stuttgart 1992.

HEID, L., Bergmann, Gretel, in: J. DICK/M. SASSENBERG (Hgg.), Jüdische Frauen im 19. und 20. Jahrhundert. Lexikon zu Leben und Werk, Reinbek 1993, S. 56–58.

HEINRICH, A., Der Deutsche Fußballbund. Eine politische Geschichte, Köln 2000.

HERBERT, U. (Hg.), Nationalsozialistische Vernichtungspolitik 1939–1945. Neue Forschungen und Kontroversen, Frankfurt/M. 1998.

HERFURTH, TH., Dr. Wilhelm Paulcke, ein Pionier des Skisports, Zulassungsarbeit für das wissenschaftliche Lehramt an Gymnasien, Institut für Leibesübungen an der TH Karlsruhe 1977.

HERMANN, A., Die Geschichte der pfälzischen USPD, Neustadt an der Weinstraße 1989.

HERTERICH, K., 130 Jahre Turnen in Baden, Freiburg 1977.

HESS, B., Doping im Sport – Anlass für eine rechtswissenschaftliche Kontroverse, Tübingen 2002.

HIPPEL, W. von, Revolution im deutschen Südwesten. Das Großherzogtum Baden 1848/49, Stuttgart 1998.

HIRSCH, H.-J., Valentin Streuber, Mehlhändler, in: Arbeitskreis der Archive im Rhein-Neckar-Dreieck (Hg.), Der Rhein-Neckar-Raum und die Revolution von 1848/49. Revolutionäre und ihre Gegenspieler, Ubstadt-Weiher 1998, S. 296–299.

HOBERMAN, J., Sterbliche Maschinen. Doping und die Unmenschlichkeit des Hochleistungssports, Aachen 1994.

HOBERMAN, J./YESALIS, C.E., Die Geschichte der androgen-anabolen Steroide, in: Spektrum der Wissenschaft, April 1995, S: 82–88.

HOCHSTUHL, K., Iffezheim, Geschichte eines Dorfes am Rhein, Heidelberg/Ubstadt-Weiher 2006.

HOCHSTUHL, K., Schauplatz der Revolution. Gernsbach 1847–1849, Gernsbach 1997.

HOCHSTUHL, K./SCHNEIDER, R., Politische Vereine in Baden 1847–1849, in: ZGO 146 (1998), S. 351–436.

HOFMANN, A. R., Aufstieg und Niedergang des deutschen Turnens in den USA, Schorndorf 2001.

HOPSTOCK, K., Franz Umbscheiden, in: Arbeitskreis der Archive im Rhein-Neckar-Dreieck (Hg.), Der Rhein-Neckar-Raum und die Revolution von 1848/49. Revolutionäre und ihre Gegenspieler, Ubstadt-Weiher 1998, S. 312–314.

HORNUNG, TH., Die Nürburgring-Story. Rennsport-Faszination, Stuttgart 1997.

HÖSCH, F., Festschrift zum 50jährigen Stiftungsfest des Turnvereins Mosbach, Mosbach 1896.

HOTZE, D., Chronik, in: Ski-Club Freiburg e.V. (Hg.), 100 Jahre Freiburger Ski-Geschichte. Ski-Club Freiburg e.V. 1895–1995, Freiburg 1995, S. 151–209.

HUBER, E. R. (Hg.), Dokumente zur deutschen Verfassungsgeschichte 1, Stuttgart/Berlin/Köln/Mainz ³1978.

JAHN, G., Friedrich Ludwig Jahn und das deutsche Studententum 1798–1848, Diss. phil., Göttingen 1958.

JOST, R., Iffezheimer Meetings, mehr als nur Tradition ..., in: Regio-Magazin 10 (1995), S. 46–48.

JÜTTE, R., Zur Geschichte des Dopings. Geschichte in Wissenschaft und Unterricht 59 (2008), S. 308–322.

KÄRGEL, G., Der studentische Progreß und die oppositionelle Volksbewegung am Vorabend der bürgerlich-demokratischen Revolution 1844–1848, in: H. ASMUS (Hg.), Studentische Burschenschaften und bürgerliche Umwälzung. Zum 175. Jahrestag des Wartburgfestes, Berlin 1992, S. 232–241.

Karlsruher Sport-Club Mühlburg-Phönix e. V. (Hg.), Festschrift zum 60jährigen Jubiläum des Karlsruher Sportclub 1894–1954, , Karlsruhe 1954.

KAUFMANN, W., Die Deutschen im amerikanischen Bürgerkriege. ›Sezessionskrieg 1861–1865‹, München/Berlin 1911.

KEDDIGKEIT, J., Die Radikalisierung und das militärische Scheitern des pfälzischen Aufstandes 1849, in: E. SCHNEIDER/J. KEDDIGKEIT (Hgg.), Die Pfälzische Revolution 1848/49, Kaiserslautern 1999, S. 93–112.

KERSTINGER, F., Zur 50jährigen Jubelfeier des Heidelberger Turnvereins, Heidelberg 1896.

KILLY, W./VIERHAUS, R. (Hgg.), Deutsche Biographische Enzyklopädie, Bd. 10, München 1999.

KIRCHBERG, P., Grand-Prix-Report Auto-Union 1934–1939, Berlin 1984.

KIRCHHOFER, W., 100 Jahre FFC 1897–1997. Ein Stück Freiburger Fußballgeschichte, Freiburg 1997.

KIRN, D., Der Cannstatter Wasen – Exerzier- und Sportplatz Stuttgarts, in: Stadtarchiv Stuttgart Hg.), Wacker, Pfeil, Delphin, Gut Heil. Stuttgarter Großstadtsport 1860–1960. Broschüre zur Ausstellung vom 31.8.2007–6.10.2007, Stuttgart 2007, S. 58–59.

KLEMM, C., Lambrecht wählt 1909 den ersten sozialdemokratischen Bürgermeister in Bayern, in: M. GEIS/G.NESTLER (Hgg.), Die pfälzische Sozialdemokratie, Edenkoben 1999, S. 264–268.

KNOLL, L., Das Englische Vollblut. Zucht – Rennsport – Einfluß, Stuttgart 1990.

KOHLHAAS, W., Chronik der Stadt Stuttgart 1918–1933, Stuttgart 1964.

KREBBER, K., Die Heusteigschule von Theodor Fischer in Stuttgart 1904–1906, Stuttgart 1995.

KRÜGER, A., Die Olympischen Spiele 1936 und die Weltmeinung. Ihre außenpolitische Bedeutung unter besonderer Berücksichtigung der USA, Berlin 1972.

KRÜGER, M., Von Klimmzügen, Aufschwüngen und Riesenwellen. 150 Jahre Gymnastik, Turnen, Spiel und Sport in Württemberg, Tübingen 1998.

KUBISCH, U., Aller Welts Wagen. Die Geschichte eines automobilen Wirtschaftswunders, Berlin 1985.

LANFRANCHI, P., Le football sarrois des 1947 à 1952. Un contre-pied aux actions politiques, in: Vingtième siècle 2 (1990), S. 59–65 ; in deutscher Sprache veröffentlicht unter dem Titel : P. LANFRANCHI, Der saarländische Fußball von 1947 bis 1952. Gegenspieler der Diplomatie, in: G. AMES (Red.), Von der »Stunde 0« zum »Tag X«. Das Saarland 1945–1955. Katalog zur Ausstellung des regionalgeschichtlichen Museums im Saarbrücker Schloss, Saarbrücken 1990, S. 351–376.

LOESER, J., Geschichte der Stadt Baden-Baden von den ältesten Zeiten bis in die Gegenwart, Baden-Baden 1891.

LONGERICH, P., Tendenzen und Perspektiven der Täterforschung. Essay, in: Aus Politik und Zeitgeschichte 14–15 (2007), S. 3–7.

LORENZ, D., Die 48er Revolution in Mannheim aus der Sicht eines einfachen Bürgers, in: Badische Heimat 62 (1982), S. 239–254.

LÖWENBRÜCK, A.-R., Spielball der Nationalsozialisten. Die Erinnerungen der jüdischen Hochspringerin Gretel Bergmann, in: Momente. Beiträge zur Landeskunde von Baden-Württemberg 3–4 (2003), S. 37–42.

LUCAE, K., Kirchheimbolanden und der pfälzisch-badische Aufstand 1848–49, Kirchheimbolanden 1979.

LUDVIGSEN, K., Mercedes-Benz Renn- und Sportwagen, Gerlingen 1993.

Luftbad Verein Stuttgart (Hg.), 1903–1993. Luftbadverein Stuttgart, Stuttgart 1993.

MAEGERLEIN, H., Faszination Ski. 100 Jahre Skilauf, München 1980.

MARÓTI, E., Gab es Doping im altgriechischen Sportleben?, in: Acta classica Universitatis scientiarum Debreceniensis XL-XLI (2004), S. 65–71.

MARTIN, A., Kulturelle Eigenständigkeit und nationale Orientierung. Die Pfalz während der französischen Besatzung, in: G. NESTLER/H. ZIEGLER (Hgg.), Die Pfalz in der Nachkriegszeit, Kaiserslautern 2004, S. 13–30.

MARTIN, P., Salon Europas. Baden-Baden im 19. Jahrhundert, Konstanz 1983.

MARX, A., Turnen und Bewegungsspiel am Karlsruher Gymnasium. Beilage zu dem Programm des Großherzoglichen Gymnasiums zu Karlsruhe für das Schuljahr 1893/94 (Programm 1894 No 608), Karlsruhe 1894.

MAYER, P. Y., Jüdische Olympiasieger. Sport – ein Sprungbrett für Minoritäten. Kassel 2000.

MEINZER, L., Die Pfalz wird braun. Machtergreifung und Gleichschaltung in der bayerischen Provinz, in: G. NESTLER/H. ZIEGLER (Hgg.), Die Pfalz unterm Hakenkreuz. Eine deutsche Provinz während der nationalsozialistischen Terrorherrschaft, Landau 1993, S. 37–62.

MEINZER, L., Ludwigshafen am Rhein und die Pfalz in den ersten Jahren des Dritten Reiches, Ludwigshafen am Rhein 1991.

MEYER, B. M., Der Mann, der den Fußball nach Deutschland brachte. Das Leben des Walther Bensemann. Ein biographischer Roman, Göttingen 2003.

MIETINGER, A., Internationaler Club und internationale Rennen zu Baden-Baden, Baden-Baden 1898.

MISCHKE, M., Dopingfälle und -affären im Radsport, Bielefeld 2007.

MÖHLER, R., »Politische Christenverfolgung«? Französische Entnazifizierungspolitik und der Verlauf der politischen Säuberung in der Pfalz nach 1945, in: G. NESTLER/H. ZIEGLER (Hgg.), Die Pfalz in der Nachkriegszeit, Kaiserslautern 2004, S. 123–148.

MÖHLER, R., Entnazifizierung in Rheinland-Pfalz und im Saarland unter französischer Besatzung von 1945 bis 1952, Mainz 1992.

MÖHLER, R., Entnazifizierung, Demokratisierung, Dezentralisierung – Französische Säuberungspolitik im Saarland und Rheinland-Pfalz, in: S. MARTENS, Vom »Erbfeind« zum »Erneuerer«. Aspekte und Motive der französischen Deutschlandpolitik nach dem Zweiten Weltkrieg, Sigmaringen 1993, S. 157–173.

MOHR, A., Die Stadt Durlach in der badischen Revolution von 1848/49, Karlsruhe 1993.

MOMMSEN, H., Der Nationalsozialismus: Kumulative Radikalisierung und Selbstzerstörung des Regimes, in: Meyers Enyklopädisches Lexikon 16 (1976), S. 785–790.

MORWEISER, H., Auch in Ludwigshafen gab es Widerstand, Ludwigshafen a. Rh. 1981.

MÖRZ, S., Jakob Binder, in: S. MÖRZ/K. BECKER (Hgg.), Geschichte der Stadt Ludwigshafen am Rhein, Ludwigshafen am Rhein 2003.

MÜLLER, R., Die Baugeschichte der Stuttgarter Turnlehrerbildungsanstalt, in: M. KRÜGER (Hg.), »Eine ausreichende Zahl turnkundiger Lehrer ist das wichtigste Erfordernis …«. Zur Geschichte des Schulsports in Baden-Württemberg, Schorndorf 1999, S. 175–190.

MUMM, H.-M., Der Heidelberger Arbeiterverein 1848/49, Heidelberg 1988.

MUSIOL, S., Verschärfung der Meldepflichten im Dopingkontrollverfahren, in: SpuRt, Zeitschrift für Sport und Recht, 3 (2009), S: 90–93.

NANSEN, F., Auf Schneeschuhen durch Grönland. Autorisierte deutsche Übersetzung von M. Mann, Hamburg ²1897.

NEESE, B.-M., Die Turnbewegung im Herzogtum Nassau in den Jahren 1844–1852, Wiesbaden-Erbenheim 2002.

NEITZKE, P., Die politischen Flüchtlinge in der Schweiz 1848–49, Charlottenburg 1927.

NEUMANN, H., Die deutsche Turnbewegung in der Revolution 1848/49 und in der amerikanischen Emigration, Schorndorf 1968.

NICKEL, R./ROUS, T., Das Anti-Doping-Handbuch, Bd. 2: Dokumente, Regeln, Materialien, Aachen 2008.

NIELSEN, S., Sport und Großstadt, 1870–1930, Frankfurt/M. 2002.

NILSSEN, B., Das Erlebnis der ersten deutschen Skimeisterschaft, in: CARL J. LUTHER (Hg.), Deutscher Skilauf. Ein Querschnitt, [München 1930], S. 15–22.

NIPPERDEY, TH., Deutsche Geschichte 1866–1918. Bd. I. Arbeitswelt und Bürgergeist, München 1994.

NIPPERDEY, TH., Verein als soziale Struktur in Deutschland im späten 18. und frühen 19. Jahrhundert. Eine Fallstudie zur Modernisierung I, in: DERS., Gesellschaft, Kultur, Theorie. Gesammelte Aufsätze zur neueren Geschichte, Göttingen 1976, S. 174–205.

OBERMANN, K., Gustav Adolph Schlöffel, in: DERS. u. a. (Red.), Männer der Revolution von 1848, I, Berlin (Ost) 1988, S. 191–215.

OFFERMANN, W., Der Deutsche Ski-Verband. Begründung, Organisation und Entwicklung von 1905–1908, in: Ski-Chronik (1908/09), (Jahrbuch des Mitteleuropäischen Ski-Verbandes 1), Karlsruhe 1909, S. 318–339.

OSTERROTH, R., Ferdinand Porsche. Der Pionier und seine Welt, Reinbek 2004.

PAULCKE, W., Berge als Schicksal, München 1936.

PAULCKE, W., Der Skilauf. Seine Erlernung und Verwendung im Dienste des Verkehrs, sowie zu touristischen, alpinen und militärischen Zwecken, Freiburg [4]1908.

PAULCKE, W., Die Entwicklung des Skilaufs im deutschen Heere, in: »Ski Heil«. An der Wiege des deutschen Skilaufs, o.O., o.J (1935?).

PAULCKE, W., Gefahrenbuch des Bergsteigers und Skiläufers. Katechismus für Bergreisende im Sommer und Winter, Berlin 1941, [2]1942.

PAULCKE, W., Steinzeitkunst und Moderne Kunst, Stuttgart o.J. (1923).

PAULCKE, W., Taktische Grundsätze für den Gebirgskrieg, Wien o.D. (1916).

PAULCKE, W., Vor 25 Jahren. Vom Schneeschuh-Bataillon zur Hochgebirgstruppe, in: Der Bergsteiger 12 (1940).

PEISER, J., Gustav Struve als politischer Schriftsteller und Revolutionär, Diss. phil. Frankfurt/M. 1973.

PFAHL-TRAUGBER, A., Ideologische Erscheinungsformen des Antisemitismus, in: Aus Politik und Zeitgeschichte 31 (2007), S. 4–11.

PFISTER, G., Gretel Bergmann – um den Olympiasieg betrogen, in: A. R. HOFMANN/M. KRÜGER (Hgg.), Südwestdeutsche Turner in der Emigration, Schorndorf 2004, S. 189–200.

POLEDNIK, H., Weltwunder Skisport, Wels 1969.

PORSCHE, F./MOLTER, G., Ferry Porsche. Mein Leben, Stuttgart [5]2002.

PROKOP, L., Zur Geschichte des Dopings und seiner Bekämpfung, in: Sportarzt und Sportmedizin 21, 6 (1970), S. 125–132.

QUEVA, J., Der erste Ortsverein in der Pfalz. Erinnerungen an die Gründung des ADAV in Oggersheim, in: M. GEIS/G.NESTLER (Hgg.), Die pfälzische Sozialdemokratie, Edenkoben 1999.

QUINT, H. (alias Richard von Frankenberg), Porsche. Der Weg eines Zeitalters, Stuttgart 1951.

RAAB, H., Revolutionäre in Baden 1848/49, Stuttgart 1998.

RABENSTEIN, R., Radsport und Gesellschaft, Hildesheim u. a. [2]1996.

RASSBACH, W., Der süddeutsche Fußball-Verband, in: Deutscher Fußball-Bund (Hg.), Deutsches Fußball-Jahrbuch 1921–1922, Leipzig und Zürich o. J. [1921], S. 58–61.

REICHELT, B., Fußball und regionale Identität im Saarland der 1950er und 1960er Jahre. Entwicklung und Anpassung eines Fußballvereins in Zeiten des beschleunigten Wandels am Beispiel Borussia Neunkirchen, Saarbrücken 2007.

REICHELT, B., Kicken für die Autonomie. Wie 1949 im Neunkircher Ellenfeld das Fußballspiel einer Saarauswahl gegen Göteborg zum Politikum geriet, in: saargeschichte/n. Magazin zur regionalen Kultur und Geschichte, Ausgabe 4/2008, S. 10–13.

REINBOTE, K., 150 Jahre Rennbahn Iffezheim, Baden-Baden 2008.

REINOLD, M., Doping, in: M. KRÜGER/H. LANGENFELD (Hgg.), Handbuch Sportgeschichte, Schorndorf 2010, S. 362–378.

REUSS, E., Hitlers Rennschlachten. Die Silberpfeile unterm Hakenkreuz, Berlin 2006.

ROBINSON, R./GALLAGHER, J./DENNY, A., Großbritannien und die Aufteilung Afrikas, in: H.-U. WEHLER (Hg.), Imperialismus, Königstein (Taunus)/Düsseldorf [3]1979, S. 201–239.

RÖDLING, U./SIEBOLD, H., Der Münstergeneral, Lahr 1998.

ROEGNER, O., Einst und jetzt! in: A. STINGELIN (Hg.), Ski Heil. An der Wiege des deutschen Skilaufs, Freiburg [1936], S. 61–67.

ROESSLER, R., Das Coubertin-Denkmal und der Deutsch-Französische Kongreß, in: Aquae 97, 1997, S. 53–60.

ROOS, J., Gretel Bergmann schrieb unfreiwillig olympische Sportgeschichte, wenn auch nicht als Hochspringerin. Der NS-Sport benutzte sie als Alibijüdin – und betrog sie am Ende um die Teilnahme an der Olympiade von Berlin 1936, in: TAZ vom 24/25.01.2004.

ROOS, J., Sportlerin im Würgegriff. Margaret Lambert erzählt, damit Geschichte nicht vergessen wird, in: Frankfurter Rundschau vom 29.12.2003, S. 19.

RUHEMANN, W., Doping, in: Sportmedizin 4 (1953), S. 26.

Schadt, J. (Bearb.), Alles für das Volk. Alles durch das Volk. Dokumente zur demokratischen Bewegung in Mannheim 1848–1948, Stuttgart/Aalen 1977.

Schäfer, J., Die ersten konzessionierten Buchmacher in Baden-Baden, in: Badische Heimat 81 (2001), S. 284–298.

Schaible, K. H., Siebenunddreißig Jahre aus dem Leben eines Exilierten, Stuttgart 1895.

Schirmann, L., Blutmai 1929. Dichtungen und Wahrheit, Berlin 1991.

Schmanns, P., Von Herero bis Boreal, Isernhagen 2005.

Schmid, A., Die »Brummer«. Eine deutsche Fremdenlegion in brasilianischen Diensten im Kriege gegen Rosas, Porto Alegre ²1949.

Schneider, D. M., Gilbert Granval, Frankreichs Prokonsul an der Saar 1945–1955, in: S. Martens (Hg.), Vom »Erbfeind« zum »Erneuerer«. Aspekte und Motive der französischen Deutschlandpolitik nach dem Zweiten Weltkrieg, Sigmaringen 1993, S. 201–243.

Schoch, S., Liebes, altes Degerloch. Ein Heimatbuch für Degerloch mit Sonnenberg, Stuttgart 1985.

Schoenfelder, L., Antike und moderne Theater und Kampfstätten, in: Das Schulhaus Nr. 16, 1914, S. 285–292.

Schollmeyer, S., Julius »Juller« Hirsch. Deutscher Fußballnationalspieler. 1892 Achern – 1943 Auschwitz, Berlin 2007.

Schönhoven, K., Reformismus und Radikalismus, München 1989.

Schröder, W., Burschenturner im Kampf um Einheit und Freiheit, Berlin (Ost) 1967.

Schuhladen-Krämer, J., Politische Vereine in Karlsruhe während der Revolution 1848/49, in: Blick in die Geschichte. Karlsruher stadthistorische Beiträge, Nr. 36, 19. 9. 1997.

Schulze-Marmeling, D. (Hg.), Davidstern und Lederball. Die Geschichte der Juden im deutschen und internationalen Fußball, Göttingen 2003.

Schuster, K., Der Rote Frontkämpferbund 1924–1929, Düsseldorf 1975.

Schwank, B., 1945–1950: Sport – Leben in den Trümmern, in: Landessportbund Rheinland-Pfalz (Hg.), 1946–1986: 40 Jahre Sport in Rheinland-Pfalz. Unter der Leitung von H.-P. Schössler und B. Schwank, Mainz 1987, S. 9–39.

Schwank, B., Die Entwicklung des Schulsports in Rheinland-Pfalz 1946–1986, in: Landessportbund Rheinland-Pfalz (Hg.), 1946–1986: 40 Jahre Sport in Rheinland-Pfalz. Unter der Leitung von H.-P. Schössler und B. Schwank, Mainz 1987, S. 153–161.

Schweizer, O. E., Sportbauten und Bäder, Berlin/Leipzig 1938.

Sehling, M./Pollert, H./Hackfort, D., Doping im Sport: Medizinische, sozialwissenschaftliche und juristische Aspekte, München 1989.

Singler, A./Treutlein, G., Doping im Spitzensport. Sportwissenschaftliche Analysen zur nationalen und internationalen Leistungsentwicklung, Aachen 2000.

Sinn, U., Olympia. Kult, Sport und Fest in der Antike. München 2002.

Skrentny, W., Der Tod des »Juller« Hirsch, in: Ders. (Hg.), Als Morlock noch den Mondschein traf. Die Geschichte der Oberliga Süd, Essen 1993, S. 7–10.

Skrentny, W., Gottfried Fuchs – Nationalspieler mit Torrekord, in: D. Schulze-Marmeling (Hg.): Davidstern und Lederball. Die Geschichte der Juden im deutschen und internationalen Fußball, Göttingen 2003, S. 123–130.

Skrentny, W., Julius Hirsch – der Nationalspieler, den die Nazis ermordeten, in: D. Schulze-Marmeling (Hg.), Die Geschichte der Fußball-Nationalmannschaft, Göttingen 2004, S. 118–121.

Skrentny, W., Julius Hirsch – der Nationalspieler, der in Auschwitz starb, in: D. Schulze-Marmeling (Hg.): Davidstern und Lederball. Die Geschichte der Juden im deutschen und internationalen Fußball, Göttingen 2003, S. 115–122.

Skrentny, W., Julius Hirsch: Der Nationalspieler, den die Nazis ermordeten, in: L. Peiffer/D. Schulze-Marmeling (Hgg.), Hakenkreuz und rundes Leder. Fußball im Nationalsozialismus. Göttingen 2008, S. 489–497.

Spitzer, G., Doping in der DDR. Ein historischer Ueberblick zu einer konspirativen Praxis. Genese – Verantwortung – Gefahren, Köln 1998.

Sportverein Stuttgarter Kickers e.V. (Hg.), 70 Jahre Sportverein Stuttgarter Kickers, Stuttgart 1969.

Stadtarchiv Stuttgart (Hg.), Wacker, Pfeil, Delphin, Gut Heil. Stuttgarter Großstadtsport 1860–1960. Broschüre zur Ausstellung vom 31.8.2007–6.10.2007, Stuttgart 2007.

STEINBACH, M., Zum Dopingproblem, in: H. ACKER (Hg.), Rekorde aus der Retorte. Leistungssteigerung im modernen Hochleistungssport, Stuttgart 1972.

STEMMERMANN, P. H., Philipp Thiebauth. Revolutionär und Bürgermeister. Ettlingen in den Strömungen des 19. Jahrhunderts, Karlsruhe 1964.

STERNFELD, R., Von Patience zu Nereide. Drei Jahrzehnte des Aufstiegs der deutschen Vollblutzucht, Gelting 2002 (ND von 1937).

STOBER, K., Der Tribünenbau des ehemaligen Hochschulstadions in Karlsruhe, in: Institut für Sportgeschichte Baden-Württemberg e.V. (Hg.), Historische Sportstätten in Baden-Württemberg, Maulbronn 1998, S. 51–64.

STOCKERT, H., »…. der Jungen die Köpfe verwirrt. Fußball in Manheim, in: U. NIESS/M. CAROLI (Hgg.), Geschichte der Stadt Mannheim Bd. II 1801–1914, Mannheim 2007, S. 670–671.

STOFFREGEN-BÜLLER, M., Schlenderhan. Schwarz-blau-rot – die Farben der Sieger. 140 Jahre Vollblutzucht und Rennen, Hildesheim/Zürich/New York 2009.

STRECKFUSS, W., Adam Hammer 1818–1878. Ein Badischer Achtundvierziger, Sinsheim 1998.

STROECH, J., Die illegale Presse, Leipzig 1979.

STUCK, H./BURGGALLER, E. G., Das Autobuch, Berlin 1933.

Stuttgarter Turn- und Sportfreunde 1874 e.V. (Hg.), 110 Jahre Stuttgarter Turn- und Sportfreunde 1874 e.V., Stuttgart 1984.

SYRÉ, L., Julius Hirsch, in: Badische Biographien Neue Folge Bd. V, Stuttgart 2005, S. 124–126.

SYRING, E., Das nationalsozialistische Deutschland. 1933–1945, Bonn 1997.

TEICHLER, H.J., 1936 – ein olympisches Trauma. Als die Spiele ihre Unschuld verloren, in: M. BLÖDORN (Hg.), Sport und Olympische Spiele, Reinbek 1984, S. 47–76.

THÄLMANN, E., Reden und Aufsätze zur Geschichte der deutschen Arbeiterbewegung, Bd. 2, Berlin (Ost) 1956.

TIMMERMANN, H., Geschichte und Struktur der Arbeitersportbewegung, Ahrensburg 1973.

TIWALD, H., Matthias Zdarsky und Wilhelm Rickmer Rickmers, in: Zdarsky-Blätter 74 (1996).

TÖNNIHSEN, G., Julius Hirsch. Ein deutscher Fußballnationalspieler jüdischer Herkunft aus Karlsruhe, Karlsruhe 2008.

TRAGATSCH, E., Die großen Rennjahre 1919–1939, Bern 1972.

UEBERHORST, H., Frisch, frei, stark und treu. Die Arbeitersportbewegung in Deutschland 1893–1933, Düsseldorf 1973.

UEBERHORST, H., Turner unterm Sternenbanner: Der Kampf der deutsch-amerikanischen Turner für Einheit, Freiheit und soziale Gerechtigkeit 1848–1918, München 1978.

ULMRICH, E., Die Frühgeschichte des Ski-Clubs Freiburg (1895–1914), in: Ski-Club Freiburg (Hg.), 100 Jahre Freiburger Ski-Geschichte. Freiburg 1995, S. 34–74.

ULMRICH, E., Zur Geschichte des Skiclubs Schwarzwald von 1895 bis 1913, in: fdSnow. Fachzeitschrift für den Skisport (1993), S. 1–27.

ULMRICH, E./SPATHELF, K., Die Freiburger Skipioniere der Frühzeit, in: Ski-Club Freiburg (Hg.), 100 Jahre Freiburger Ski-Geschichte, Freiburg 1995, S. 75–86.

VERSPOHL, F.-J., Stadionbauten von der Antike bis zur Gegenwart. Regie und Selbsterfahrung der Massen, Gießen 1976.

VETTER, A., Der Feldberg, Freiburg 1968.

VOELTZEL, R., Denkschrift aus Anlass der Feier des fünfzigjährigen Bestehens der vom Internationalen Klub zu Baden-Baden veranstalteten Iffezheimer Rennen, Baden-Baden 1908.

Vollblut. Das Rennsportmagazin, Nr. 176, 182, 184, 186, 193, 197, 210.

VOLLGÄRTNER, K., Aus der Geschichte des Ski-Club Todtnau 1891, in: Ski-Club Todtnau: Jubiläums-Schrift zum 75-jährigen Bestehen des Ski-Club Todtnau 1891 e.V. 5. Februar 1966, Todtnau 1966 (Heft ohne Seitenzahlen).

VOLLMER, F. X., Offenburg 1848/49, Karlsruhe 1997.

WAHLIG, H., Dr. Ivo Schricker. Ein Deutscher in Diensten des Weltfußballs, in: L. PEIFFER/D. SCHULZE-MARMELING (Hgg.): Hakenkreuz und rundes Leder. Fußball im Nationalsozialismus. Göttingen 2008, S. 197–206.

WALTER, F., Mannheim in Vergangenheit und Gegenwart, Bd. 2, Mannheim 1907.

WALTER, F./REGIN, C., Der »Verband für Volksgesundheit«, in: F. WALTER/V. DENECKE/C. REGIN (Hgg.), Sozialistische Gesundheits- und Lebensreformverbände, Bonn 1991.

WALTER, M., Im Donner der Motoren. Die Geschichte von Karl Kappler des erfolgreichsten deutschen Rennfahrers der 1920er Jahre, Gudensberg-Gleichen 2004.

WALTER, M./JORDAN, H., Und weiter oben wird's ganz fürchterlich. Das Herkules Bergrennen in Kassel, Kassel 2005.

WEBER, H., Die Kommunisten, in: E. MATTHIAS/H. WEBER (Hgg.), Widerstand gegen den Nationalsozialismus in Mannheim, Mannheim 1984.

WEHLER, H.-U., Deutsche Gesellschaftsgeschichte 3. Von der »Deutschen Doppelrevolution« bis zum Beginn des Ersten Weltkrieges, 1849 – 1914, München 1995.

WETTENGEL, M., »... eine mobile Colonne, wenn es darauf ankommt, die Unruhen zu befördern«. Die hessischen und nassauischen Turnvereinsverbände während der Revolution von 1848/49, in: SZGS 7 (1993), S. 44–61.

WETTENGEL, M., Die Revolution von 1848/49 im Rhein-Main-Raum: Politische Vereine und Revolutionsalltag im Großherzogtum Hessen, Herzogtum Nassau und in der Freien Stadt Frankfurt, Wiesbaden 1989.

WIESER, L., »Den Bund für Zeiten, die der Turnerei günstiger sind, zu erhalten«. Hannover als Vorort des Deutschen Turnerbundes. Dokumente zur Geschichte des Turnens 1847–1857, in: Hannoversche Geschichtsblätter, N.F. 49, Hannover 1995, S. 193–229.

WIESER, L., »Für die Freiheit Deutschlands ist uns jedes Mittel recht« – Turner in Vormärz und Revolution von 1848/49, in: Sportwissenschaft 30 (2000), S. 141–155.

WIESER, L., 150 Jahre Turnen und Sport in Mannheim, Mannheim 1996.

WIESER, L., Deutsches Turnen in Brasilien, London 1990.

WIESER, L./WANNER, P. (Hgg.), Adolf Cluss und die Turnbewegung. Vom Heilbronner Turnfest 1846 ins amerikanische Exil, Heilbronn 2007.

WOITE-WEHLE, S., Zwischen Kontrolle und Demokratisierung: Die Sportpolitik der französischen Besatzungsmacht in Südwestdeutschland 1945–1950, Schorndorf 2001.

Wonneberger, G., Deutsche Arbeitersportler gegen Faschisten und Militaristen 1929–1933, Köln 1975.

ZEHNLE, O./Heimat- und Gewerbeverein Triberg e.V., Jubiläumsschrift. 100 Jahre Triberger Gewerbeverein 1853–1953. Die Geschichte des Vereins, Triberg 1953.

ZEILINGER, G., Die Pionierzeit des Fußballs in Mannheim. Die ersten Jahre von 1894 bis 1919, Heidelberg 1992.

ZEPF, R., Karl Hagen, in: F. ENGEHAUSEN/A. KOHNLE (Hgg.), Gelehrte in der Revolution. Heidelberger Abgeordnete in der deutschen Nationalversammlung 1848/49, Ubstadt-Weiher 1998, S. 155–182.

ZIEGLER, W., Iffezheim und seine Rennbahn, in: Um Rhein und Murg 2 (1962), S. 126–140.

ZSIGMONDY, E./PAULCKE, W., Die Gefahren der Alpen, München [9]1933.

ZUCKER, A. E., The Forty-Eighters. Political Refugees of the German Revolution of 1848, New York 1950.

ZYPRIES, B., Subsidiäre Partnerschaft – der Beitrag der Politik im Kampf gegen Doping, in: H. DIGEL/H.-H. DICKHUT, Doping im Sport, Tübingen 2002, S. 39–49.

Abbildungsnachweis

Ammerich (privat) — Ammerich Abb. 3, 5, 6

Archiv des Heidelberger Turnvereins von 1846 — Wieser Abb. 1, 2

Archiv des Vereins für Leibesübungen Hannover von 1848 — Wieser Abb. 3

BEYER, Der Mann, der den Fußball nach Deutschland brachte (vgl. Literaturverzeichnis) — Bräunche Abb. 2 (nach S. 464 unten)

BRAUN, Gretel Bergmann (vgl. Literaturverzeichnis) — Peiffer Abb. 4 (S. 94)

BRÄUNCHE, Fußballhochburg Karlsruhe (vgl. Literaturverzeichnis) — Bräunche Abb. 5 (S. 181); 10 (S. 191f.)

Comité International Olympique, Malley-Archives Lausanne — Ammerich Abb. 7

DIEDERIX, Ausgegrenzt – ausgebootet – zur Flucht getrieben (vgl. Literaturverzeichnis) — Peiffer Abb. 2 (S. 9)

FREY, 90 Jahre Karlsruher Fußballverein (vgl. Literaturverzeichnis) — Bräunche Abb. 8 (S .13)

Furtwängler (privat) — Furtwängler Abb. 1, 6, 7, 8, 11, 14–20

Galerie Neuse, Bremen, Copyright — Furtwängler Abb. 10

Gemeindearchiv Bernau, Firmenarchiv Köpfer — Hitz Abb. 2, 6

Generallandesarchiv Karlsruhe — Hitz Abb. 1, 3 (N Paulcke 261–3; 294–6, bzw. F-S Paulcke 7921; F-S Paulcke 8087) Krimm Abb. 1 (N Paulcke 266); 2 (N Paulcke 289); 3 (N Paulcke 265); 4 (N Paulcke 118); 5 (N Paulcke 116); 6 (N Paulcke 303,71); 7 (N Paulcke 305,37); 8 (N Paulcke 305,51); 9 (N Paulcke 273); 10 (N Paulcke 274); 11 (N Paulcke 297,4); 12 (N Paulcke 312,1)

GRÜNE, 100 Jahre Deutsche Meisterschaft. (vgl. Literaturverzeichnis) — Bräunche Abb. 4 (S. 25)

Illustrierte Zeitung 1848 — Wieser Abb. 4 (X, S. 298); 5 (XI, S. 293)

Harres, Sportpolitik an der Saar (vgl. Literaturverzeichnis) — Ammerich Abb. 1 (S. 11), 2 (S. 153)

Internationaler Club Baden-Baden. Iffezheim 1858–1958, Köln 1958 — Furtwängler Abb. 9 (S. 21)

Kreisarchiv Breisgau-Hochschwarzwald, Copyright — Hitz Abb. 4, 5

Landesarchiv Saarbrücken/ Harres, Sportpolitik an der Saar (vgl. Literaturverzeichnis) — Ammerich Abb. 4 (S. 89)

Löwenbrück, Spielball der Nationalsozialisten (vgl. Literaturverzeichnis)	Peiffer Abb. 1 (S. 38)
Pforzheim, 1. FC	Bräunche Abb. 17 (S. 20)
Sammlung Brägger	Walter Abb. 3
Sammlung Walter	Walter Abb. 1, 2
Schellenberg Collection. Leo Baeck Institute New York.	Peiffer Abb. 3, 5–7
Stadtarchiv Heilbronn	Wieser Abb. 6
Stadtarchiv Karlsruhe	Bräunche Abb. 1 (8/SpoA 1302); 3 (8/SpoA 5133); 6 (8/SpoA 1303); 7 (8/SpoA 1298); 9. (8/SpoA 3373); 11 (8/SpoA 555); 12 (8/PBS IV o209); 13 (8/SpoA 590); 14 (1/H-Reg. 2142); 15 (8/SpoA 559). Stober Abb. 4 (8/PBS XVI 1283), 5 (8/PBS XVI 1284)
Stadtarchiv Ludwigshafen	Becker Abb. 1 (Fotosammlung, Nr. 14739); 2 (N 22, Nr. 51); 3 (N 22, Nr. 51); 4 (Fotosammlung, Nr. 30956); 5 (StALu, N 22, Nr. 83a); 6 (N 22, Nr. 83a); 7 (N 22, Nr. 51); 8 (N 22, Nr. 73); 9 (Fotosammlung, Nr. 21776); 10, 11 (N 22, Nr. 51); 12 (StALu, Fotosammlung, Nr. 7466); 13 (N 22, Nr. 83a); 14 (Fotosammlung, Nr. 25484); 15 (Fotosammlung, Nr. 26228)
Stadtarchiv Stuttgart	Lotterer Abb. 1 (Bestand 116 Baurechtsamt Nr. 8666); 2 (F 35712)
Stadtarchiv/Stadtmuseum Baden-Baden, Copyright	Furtwängler Abb. 2 (F2 Nr. 403); 3 (F1 Nr. 2147); 4 (F3 Nr. 1255); 5 (F1 Nr. 2146); 12 (F2 Nr. 133), 13 (F2 Nr. 132). Stober Abb. 1 (F 1 Nr. 2097); 2 (Ausschnitt Stadtplan 1893); 3.
Wieser (privat)	Wieser Abb. 7
Zeilinger, Fußballarchiv Mannheim	Bräunche Abb. 16 (S. 53); 18 (S. 11); 19 (S. 129); 20 (S. 120)

Mitarbeiterverzeichnis

AMMERICH, Prof. Dr. Hans, Speyer
BECKER, Dr. Klaus J., Ludwigshafen
BRÄUNCHE, Dr. Ernst Otto, Karlsruhe
EHLERS, Martin, Maulbronn
FURTWÄNGLER, Dr. Martin, Karlsruhe
HITZ, Dr. Rüdiger, Freiburg
KRIMM, Prof. Dr. Konrad, Karlsruhe
KRÜGER, Prof. Dr. Michael, Münster
LOTTERER, Dr. Jürgen, Stuttgart
PEIFFER, Prof. Dr. Lorenz, Hannover
PFANZ-SPONAGEL, Dr. Christiane, Freiburg
REINOLD, Marcel, Münster
STOBER, Dr. Karin, Karlsruhe
WALTER, Martin, Rastatt
WIESER, Dr. Lothar, Mannheim